Andreas Graeser

Positionen der Gegenwartsphilosophie

Vom Pragmatismus bis zur Postmoderne

Verlag C.H. Beck

Die Deutsche Bibliothek – CIP-Einheitsaufnahme

Graeser, Andreas:
Positionen der Gegenwartsphilosophie : vom Pragmatismus
bis zur Postmoderne / Andreas Graeser. – Orig.-Ausg. –
München : Beck, 2002
   (Beck'sche Reihe ; 1455)
   ISBN 3 406 47595 7

Originalausgabe

© Verlag C. H. Beck oHG, München 2002
Gesamtherstellung: Druckerei C. H. Beck, Nördlingen
Umschlagentwurf: +malsy, Bremen
Printed in Germany
ISBN 3 406 47595 7

www.beck.de

Für Nilda Rodrigues Lima,
die in mein Leben trat

Inhalt

Vorwort
Seite 9

Vorbemerkung
Seite 11

Einleitung
Seite 14

1. Die Pragmatistische Wende
Seite 18

2. Die Sprachliche Wende
Seite 30

3. Wege der Begriffsanalyse
Seite 42

4. Auf der Suche nach der Bedeutung [1]
Seite 52

5. Flucht in die Metaethik
Seite 64

6. Die Entdeckung der Intentionalität
Seite 71

7. Die Hermeneutische Wende der Philosophie
Seite 81

8. Die Kritische Wende
Seite 91

9. Die Kritizistische Wende
Seite 103

10. Auf der Suche nach der Bedeutung [2]
Seite 116

11. Versuchungen des Anti-Realismus
Seite 131

12. Philosophie der Wissenschaft(en)
Seite 143

13. Rückkehr der Leib/Seele-Problematik
Seite 155

14. Verstehen und Interpretieren
Seite 166

15. Dimensionen der politischen Philosophie
Seite 175

16. Praktische Wende
Seite 184

17. Eine Attacke des Feminismus
Seite 192

18. Attacken des Post-Modernismus
Seite 199

19. Philosophie der Kunst
Seite 209

20. Person und Selbst
Seite 221

Rückblick und Ausblick
Seite 232

Anmerkungen
Seite 237

Literatur
Seite 277

Register
Seite 284

Vorwort

Die nachfolgenden Erörterungen gehen auf einführende Vorlesungen zurück, die ich für ein weiteres Publikum hielt und die daraufhin angelegt waren, für das Fach Philosophie als akademische Disziplin zu werben. Im Vordergrund stand dabei das Anliegen, relevante Kontroversen zu benennen und Argumente ‚für‘ und ‚wider‘ aufzuzeigen. Insbesondere aber war ich darauf bedacht, deutlich werden zu lassen, daß es zu sachlichen Auseinandersetzungen diesseits bloßer Insinuationen und unverbindlicher Rede keine Alternative gibt und Philosophie auch da weiterführt, wo die Probleme keine Lösung erfahren.

Dies ist auch die Absicht dieses Buches. Es versucht, einzelne Momente im Strom der Entwicklung des philosophischen Denkens zu beleuchten, die das Spektrum vertrauter Fragestellungen revidiert, modifiziert und unser Verständnis der Probleme jedenfalls bereichert haben. Es versteht sich, daß dies jeweils nur sehr punktuell geschehen kann, unter Verzicht auf die Darstellung größerer Zusammenhänge und weiterer Hintergründe. Doch hat diese Beschränkung auch Vorteile. Sie kann den Blick auf das Wesentliche lenken – bzw. auf das, was ich als wesentlich ansehe – und so auch dazu beitragen, daß jene Punkte, die mit einzelnen Richtungen oder Schulen assoziiert sind, vielleicht in ein gemeinsames Problembewußtsein eingehen.

Nun finden einige Momente der Diskussion hier keine Berücksichtigung. Dies hat im Zweifelsfall weniger mit Platzgründen zu tun als damit, daß es sich um vergleichsweise ephemere Phänomene handelt oder um Gebilde, die den Keim des Ungenügens allzu deutlich erkennen lassen und auch sonst nicht nach vorn weisen. Substantielle Kritik habe ich an anderer Stelle geübt. Wiederum andere Momente (z.B. Mögliche-Welten-Semantik, spezielle Thematiken der Wissenschaftstheorie) wurden ausgespart, weil sie zu schwierig sind und den Rahmen dieser Darstellung leicht gesprengt hätten. Danken möchte ich an dieser Stelle Rebecca Iseli und Klaus Petrus für Ratschläge – letzterer kommentierte das gesamte Manuskript und veranlaßte Ergänzungen – und Hildegard Lotter für ihre Hilfe mit dem Typoskript sowie Jonas Pfister für seine Umsicht bei der Redaktion des Textes und Heiko Holweg für die kritische Lektüre der vorletzten Fassung.

Bern, im Sommer 2001   A. G.

Vorbemerkung

Philosophie in der uns vertrauten Form abendländischen Denkens gibt es seit wenigstens 2500 Jahren. Im Laufe dieser Zeit wurde die Zahl der Systeme Legion, die Schar der Gestalten unübersehbar und die Vielfalt der Argumente beängstigend. Dieser Prozeß hat verschiedene Facetten. Zunächst ist es wichtig zu sehen, daß er sich nicht ohne weiteres als Wissenszuwachs interpretieren läßt. Denn seit Beginn der Neuzeit und dem Aufkommen der Wissenschaften hat die Philosophie kontinuierlich an Boden verloren. Tatsächlich geht der Terrainverlust so weit, daß Philosophie heute weniger denn je einen eigenständigen Bestand an Fragen hat, sondern tendenziell zu einer Meta-Disziplin wird, die sich mit den Begriffen, Praktiken und methodologischen Annahmen anderer Disziplinen befaßt. Zweitens ist zu beobachten, daß Philosophie (zumal der in den akademischen Institutionen behandelte Bestand an Fragen und Problemen) im Verlaufe des hinter uns liegenden Jahrhunderts gerade für Außenstehende mehr denn je Züge einer unzugänglichen, esoterischen oder zumindest technischen oder gar technikalisch anmutenden Angelegenheit angenommen hat. Diese Entwicklung steht in einem Gegensatz zu früheren Jahrhunderten und auch den ersten Jahrzehnten des 20. Jahrhunderts, da die allgemeine Kenntnis innerphilosophischer Diskussionen selbstverständlich schien, gebildete Menschen philosophische Publikationen mit Interesse und Neugier zur Kenntnis nahmen und sich z.B. fundiert über die Vorzüge Kantischer oder Fichtescher Thesen auseinandersetzten. Das ist heute nicht mehr möglich.

Der eigentliche Schnitt – und zugleich *point of no return* – ist hier wohl durch das Aufkommen der modernen Logik und in ihrem Gefolge der sog. analytischen Methode bestimmt, die Gottlob Frege in Jena sowie George E. Moore und Bertrand Russell in Cambridge praktizierten. Damit veränderte sich auch der Stil des Philosophierens. Denn fortan war eine bestimmte Präzision verlangt. Weder konnte man nun weiterhin alles mögliche behaupten noch so leichthin schreiben wie bis dahin. Natürlich blieb dieser

Wandel weithin unbemerkt. Namentlich im deutschsprachigen Bereich nahm man ihn zunächst nicht zur Kenntnis oder unterdrückte ihn sogar erfolgreich. Dabei spielten außerwissenschaftliche Faktoren eine wesentliche Rolle. Da waren einmal die traditionell weitverbreiteten Aversionen gegen anglo-amerikanische Denkweisen, die unter dem Eindruck zweier verlorener Kriege jeweils neue Nahrung erhielten. Zudem wurde die analytische Bewegung – dies muß gesagt werden – meist von Denkern verstärkt, die Emigranten waren und intellektuell auf eine Situation antworteten, die für sie selber keinen bloß feuilletonistischen Charakter hatte.

Dies bedeutete, daß das vorwiegend geisteswissenschaftliche Verständnis der Philosophie nunmehr substantiell bedroht schien. Wichtig waren nun nicht mehr gebildete, nur historische und historistische Einlassungen zum Verständnis der Genese philosophischer Richtungen. Gefordert war vielmehr eine kritische Einlassung auf die Frage der Wahrheit bzw. argumentativen Haltbarkeit der in Rede stehenden Thesen; und das erforderte sinngemäß nicht nur eine andere Mentalität, sondern auch andere Talente und neue Ressourcen. Als prohibitiv erwiesen sich aber auch die spezifischen Anti-Amerikanismen der sog. 68er. Denn deren Kritik der politischen und intellektuellen Situation basierte z. T. auf einer (neo-)marxistischen Orientierung, die mit der bürgerlichen Situation auch die bürgerliche Philosophie durchschaut zu haben beanspruchte. (Interessanterweise formte sich zwischen Vertretern der traditionell geisteswissenschaftlich und anti-systematisch orientierten Richtungen einerseits und Vertretern der neo-marxistisch orientierten Gruppierungen andererseits sogar eine Allianz gegen den Vormarsch der anglo-amerikanischen Philosophie. Dabei war das geheime Bindeglied natürlich Hegel bzw. die Vorstellung, daß Hegels Philosophie so etwas wie eine Vorwegwiderlegung analytischer Denkweisen geliefert habe.)

Drittens gilt es zu sehen, daß der oben erwähnte Prozeß spätestens in der zweiten Hälfte dieses Jahrhunderts zugleich zu einer massiven Spezialisierung geführt hat, die unter den Bedingungen einer außerordentlichen, vielleicht nie zuvor erlebten Prosperität auch in der Gründung zahlreicher neuer Fachzeitschriften Ausdruck fand. Die Expansion von Ein-Mann-Seminaren zu regelrechten Instituten entsprach nicht nur dem Wachstum der studentischen Population. Sie spiegelt auch die rapide Verästelung innerhalb der Fachdiskussion und das Aufkommen der sog. Bindestrich-Philosophien, die sich zu Domänen in eigenem Recht ausbildeten. Diese Entwicklung war wichtig. Doch hatte sie, längerfristig betrachtet, nicht nur segensreiche Wirkungen. Sie führte zu neuen Engführungen und Einseitigkeiten. Denn es liegt offenbar in der Natur menschlicher Gewohnheit, Räume abzustecken und Bereiche zu kultivieren – dies mit der Konsequenz, daß man die übrigen Belange nicht mehr zu überschauen vermag, die Fragestellungen nicht mehr wirklich versteht und mit dieser Situation auch allzuschnell seinen Frieden macht.

Was im Falle anderer Wissenschaften überwiegend gut sein mag, ist für die Geisteswissenschaften allerdings Quelle der Selbstdestruktion. Das gilt insbesondere für die Philosophie, die in der einen oder anderen Form auf Allgemeinheit hin angelegt ist und Verbindendes nicht aus dem Blick verlieren dürfte. Tatsächlich haben sich im deutschsprachigen Raum isolierende Tendenzen verfestigt. Derartige Kontroversen haben die Substanz der Sache verdeckt und zu einem peniblen Provinzialismus geführt. – Diese Entwicklung läßt sich wohl nur in der Weise auffangen, daß man den jeweils verfeindeten Positionen möglichst unbefangen begegnet, nämlich versucht, die jeweiligen Anliegen zu identifizieren und zu prüfen, was hier oder da seinerzeit neu in die Welt der philosophischen Diskussion Eingang gefunden hat und gegebenenfalls auch wieder bedacht werden sollte.

Einleitung

Interessante Entwicklungen vollziehen sich in der Philosophie vor allem da, wo Perspektivenwechsel stattfinden, d. h. eine Verlagerung des Standorts bemerkbar wird, die uns dazu bringt, vertraute Denkgewohnheiten zu distanzieren, selbstverständliche Szenarien in anderen Kontexten zu sehen und damit auch die Begrenzung des früheren Standorts zu erkennen.

Beispiele dieser Art sind die Entdeckung der Unbegrenztheit der Welt in der Renaissance oder die Umdeutung des Menschen zu einer Eigenschaft der einen Welt im sog. Pantheismus. Im einen Fall wurden die Erde und ihre Bewohner plötzlich zu einer Randexistenz – die privilegierte Stellung der Erde im heilsgeschichtlichen Zentrum einer geschlossenen Welt wurde hinfällig, und damit wurde auch die Selbstdefinition des Menschen erschüttert. Im anderen Fall wurde das Individuum, das sich sinngemäß als unabhängigen Betrachter der Natur gegenübergestellt verstand, als vergänglicher Teil der Natur angesehen – als bloße Weise, in der (bzw. auf die sich) die Natur äußert. Diese Neuorientierung verlangte nicht nur nach einer anderen Einschätzung des Verhältnisses von Freiheit und Notwendigkeit. Sie erforderte auch eine neue Beurteilung der Frage nach der Möglichkeit von Ethik. Ähnliche Erschütterungen brachten der Darwinismus mit sich und, im letzten Jahrhundert, die Tiefenpsychologie. Beide Bewegungen forderten zu einer Bestandsaufnahme und Kritik vertrauter Meinungen heraus. Da dieser Prozeß noch im Gange ist, ist nicht klar, wie diese Neuorientierung verlaufen wird. Weniger spektakulär, wenn auch enervierend war die These, daß Computer die paradigmatischen Träger von Intelligenz seien; eine große Herausforderung hingegen stellt sich in Gestalt der Annahme, daß Personen, oder was wir dafür halten, bildbar seien. Diese und andere Fragen bleiben hier weitgehend außerhalb der Diskussion. Diese beschränkt sich auf die Erörterung philosophischer Thesen und Positionen im engeren Sinn.

Lassen wir einige dieser Positionen Revue passieren, so ergibt sich folgendes Bild:

1. Im Pragmatismus begegnen wir einer Richtung, die starre Distinktionen begrifflicher Art relativiert und jeweils an dem Wert mißt, den sie für unser Denken haben.

2. Die Sprachliche Wende konfrontiert uns mit dem Anspruch, daß philosophische Probleme in Wirklichkeit Probleme der Sprache seien, und legt nahe, daß philosophische Rede in vielen Fällen einer begrifflichen Analyse nicht standhält.

3. In den Aktivitäten der Begriffsanalyse begegnen wir dem Anliegen, Gehalte des Denkens als Gebilde objektiver Art auszuweisen.

4. Die Diskussion der Bedeutung von ‚Bedeutung‘ dokumentiert, wie begriffliche Probleme als Fragen sprachlicher Bedeutung behandelt werden.

5. Im Aufkommen meta-ethischer Erörterungen registrieren wir die Ersetzung substantieller Fragen durch Fragen bezüglich der Bedeutung und Rolle von Ausdrücken der Sprache der Moral.

6. Die Wiederentdeckung der Intentionalität bei Brentano und Husserl lehrt, seelische bzw. geistige Phänomene als Phänomene *sui generis* zu verstehen.

7. Die sog. Hermeneutische Philosophie bietet ein Plädoyer für die These, daß Verstehen – welcher Art auch immer – in Vorverständnissen gründe, die geschichtlich bedingt seien und eine Objektivität eigener Art konstituieren.

8. In der Kritischen Wende der Frankfurter Schule artikuliert sich gesellschaftskritische Opposition zu positivistischen Verfestigungen bürgerlicher Denkweisen, die gegenüber ihrer eigenen Herkunft blind seien und zu weiteren Deformationen führen müßten.

9. Im Kritischen Rationalismus formiert sich Opposition gegen überzogene Ansprüche der Vernunft und utopistische Mystifikationen. Mit der Idee der kritischen Prüfung stellt sie ein verläßliches Korrektiv aller latent dogmatischen Ansätze in Aussicht.

10. In anderer Weise gewinnt das Problem der Rationalität auch in der neuen Sprachphilosophie und Kommunikationstheorie Beachtung. Spiritus rector war und ist hier der Versuch, Bedeutung(en) auf Sprecherabsichten zurückzuführen.

11. Komplikationen treten mit dem Aufkommen anti-realistischer Denkweisen in den Raum. Hier geht es u.a. um die Frage, ob wir mit einer Wirklichkeit und genau einer richtigen Beschreibung derselben rechnen müssen oder mit verschiedenen Welten bzw. Weltversionen.

12. Zu den einschneidenden und überfälligen Ereignissen der philosophischen Diskussion gehört die Ausbildung der Philosophie und Geschichte der Wissenschaft(en) als eigenständige Disziplin. Damit werden nicht nur Defekte kompensiert, sondern wie im Falle wissenschaftstheoretischer Reflexionen methodologische Normierungen artikuliert, die auch das Selbstverständnis der Philosophie als Fach irreversibel beeinflussen.

13. Im Kontext neuerer Diskussionen der Leib/Seele-Problematik zeichnet sich ein weiteres Spektrum kontroverser Fragen ab: Lassen sich menschliche Handlungen als Teil einer Ereigniswelt begreifen? Sind mentale Züge Teil eines eigenen, irreduziblen Bereiches? Wie weit reicht der Anspruch des Naturalismus?

14. Durch die Einführung des Szenarios der Radikalen Interpretation gewinnen die Erörterungen von Verstehen, Kommunikation und Bedeutung weitere Dimensionen. Auch hier eröffnen sich Problemnester, die aporetische Züge an den Tag legen.

15. Der herausragende Beitrag der Politischen Philosophie besteht in der Thematisierung der Idee des Liberalismus unter den Auspizien des Fairneß-Gedankens.

16. Mit der Überwindung des meta-ethischen Non-Kognitivismus (s. Kap. 5) rücken wieder substantielle Fragen ins Zentrum des Interesses. Darunter finden sich so wichtige Belange wie die der Umwelt im Allgemeinen und der Tierwelt im Besonderen.

17. Eine Herausforderung besonderer Art bedeutet das Aufkommen feministischer Denkweisen. Hier wird u.a. das Begriffsinventar der traditionellen Philosophie decouvriert und die Grundlage wichtiger Elemente wie die Universalisierung in der Ethik in Frage gestellt.

18. Im (Neo-)Pragmatismus Richard Rortys begegnen wir sodann einer machtvollen Attacke auf die Grundlagen der neuzeit-

lichen Philosophie überhaupt. Diese Attacke kommt von innen und erstrebt eine radikale Entmachtung der Philosophie.

19. In der Philosophie der Kunst dominieren Kontroversen bezüglich der Definierbarkeit von Kunst, des ontologischen Status von Kunstwerken und ihrer Identität. Dabei stellt sich die Frage, ob und wie sich Kunstwerke von bloßen Gegenständen unterscheiden.

20. Kontroversen ranken sich auch um den Personen-Begriff, der die Grundlage für das Verständnis des moralischen Status bestimmter Wesen bildet.

Dieses Bild präsentiert eine Szenerie von aufklärungsbedürftigen Fragen und Problemnestern. Im Nachfolgenden geht es darum, die skizzierten Punkte in ihren Problemlinien auszuziehen und in ihren Möglichkeiten und Grenzen deutlich werden zu lassen.

1. Die Pragmatistische Wende

I.

In den letzten Jahrzehnten des 19. Jahrhunderts artikulierte sich an einigen Universitäten der USA eine Denkströmung, die sich als Pragmatismus begriff. Diese Bewegung war vor allem mit den Namen Charles Sanders Peirce, William James und John Dewey verbunden und hat mit Richard Rorty heute einen prominenten Anwalt gefunden.[1] Als philosophische Richtung betrachtet, ist der Pragmatismus weniger ein Ensemble festgefügter Dogmen – darin unterscheidet er sich auch vom Empirismus klassischer und neuerer Art – denn eine Einladung, eine bestimmte Perspektive einzunehmen. Diese Perspektive ist die Betrachtung von Wissenschaft, Religion, Politik usw. als Tätigkeiten, in denen Menschen engagiert und gewissermaßen eingebettet sind. Vor diesem Hintergrund würde ein Pragmatist vis-à-vis der Unterscheidung zwischen den wesentlichen Eigenschaften eines Dinges und seinen nicht-wesentlichen Eigenschaften zu bedenken geben, daß die Auszeichnung dieser oder jener Eigenschaft(en) kontextrelativ sei und nicht etwa in einer Natur der Sache gründe. So wäre der Begriff der Vernunft für einen Zoologen, der unter ‚Mensch‘ einen ungefiederten Zweifüßler versteht, eine nicht-wesentliche Eigenschaft; entsprechend nähme sich der Begriff der Zweifüßigkeit für einen Kontext jener Betrachtung als unwesentlich aus, die den aristotelischen Philosophen zu der Auffassung bestimmt, der Mensch sei ein vernünftiges Lebewesen. Mit anderen Worten: Was in einem bestimmten Kontext wesentlich oder unwesentlich ist, hängt von den Interessen und Zielsetzungen ab, die unsere Unternehmungen leiten. Entsprechend läßt sich argumentieren, daß auch die so wichtige Unterscheidung zwischen analytischen Sätzen auf der einen und synthetischen Sätzen auf der anderen Seite nicht, wie Kant und seine Nachfolger dachten, eine ein für alle Male feststehende Gruppierung von Sätzen bereithält. Vielmehr ist die entsprechende Klassifikation – dies machte Morton G. White geltend[2] – definitionsrelativ. Wie wir einen Terminus definieren, ist Sache der jeweiligen Orientierung; und die wiederum ist durch Belange wie Bedürfnis, Zielsetzung, Interesse usw. bestimmt.

Dieser Punkt birgt, wie noch zu sehen sein wird, den Kern zum Verständnis dieser Denkrichtung. Denn offensichtlich ist es eine Sache, Begriffe, Ideen oder Gehalte, welcher Art auch immer, zu betrachten und sie dem geistigen Auge irreversibel zu erschließen suchen, eine andere, zu fragen, welche Rolle diese oder sonstige Gebilde *in* unserem oder *für* unser Denken spielen. Im einen Fall bewegen wir uns auf dem Pfad der Kontemplation tatsächlich oder angenommenerweise invarianter Verhältnisse; im anderen Fall untersuchen wir menschliche Angelegenheiten und Weisen, mit diesen Angelegenheiten zurechtzukommen. Die Wege der Kontemplation sind fragwürdig. Dies zumindest ist der Gedanke, den wir bei James und Dewey finden. Ersterer meinte, daß die bekannten Fragen metaphysischer Art nur Anlaß ewiger Streitigkeiten seien und prinzipiell keiner offiziell gültigen Klärung entgegengeführt werden könnten. Letzterer machte geltend, daß die scharfe Scheidung zwischen Theorie und Praxis, wie sie in der klassisch griechischen Philosophie vollzogen wurde, bestimmte Lebensbedingungen und ökonomische Verhältnisse des alten Athens spiegele; und es sei dieser Boden, von dem sich auch die Vorstellung spezifisch ewiger, invarianter Gehalte speise.[3] Mit der Neuorientierung philosophischer Fragen verändern sich auch die in Rede stehenden Probleme. Konkret zeichnen sich allerdings verschiedenartige Orientierungen ab. Denn Peirce, der von Hause aus Mathematiker war, interessierte sich in erster Linie für wissenschaftliche Begriffe (s.u.); James, der zunächst Medizin lehrte, sodann Psychologie, später zur Philosophie wechselte und als Humanist in Erscheinung trat, interessierte sich vor allem für weltanschauliche Belange; und Dewey, dessen Lebenszeit sich von Darwins *The Origin of the Species* bis hin zum Abwurf der Atombombe erstreckte, kam zwar vom Deutschen Idealismus her, interessierte sich aber besonders für sozialphilosophische und politische Belange.

II.

Offensichtlich handelte es sich beim Pragmatismus weder um eine monolithische Schule noch überhaupt um eine homogene Bewegung. So hat bereits 1908 Arthur Lovejoy, der spätere Autor von

The Great Chain of Being und Begründer der Ideengeschichte, in einer kritischen Studie, die im *Journal of Philosophy* erschien, auf verschiedene Positionen aufmerksam gemacht; und Peirce, der als der eigentliche Begründer dieser Denkrichtung gilt, hielt es für nötig, vis-à-vis der unterschiedlichen Auffassungen, die unter dem Titel ‚Pragmatismus‘ kursierten, für sein eigenes Verständnis der Sache schließlich den Ausdruck ‚Pragmatizismus‘ zu reklamieren. Daß hier in der Tat unterschiedliche Auffassungen im Raum standen, begann damit, daß Peirce und James – sie hatten im Metaphysical Club in Cambridge, Mass. und in Boston ihren Austausch begonnen – das Wort ‚pragmatisch‘ nicht gleich verstanden. James erklärt den Ausdruck ‚Pragmatismus‘ in der Weise, daß er sagt, das Wort komme aus dem Griechischen, und zwar von ‚*pragma*‘, was soviel wie ‚Handlung‘ (*action*) und ‚Übung‘ (*practice*) bedeute. Dabei ist es wichtig zu sehen, daß seine 1907 an der Columbia University in New York City vorgetragenen Erörterungen und 1908 veröffentlichten Vorlesungen *Pragmatism* im Untertitel *A New Name for some Old Ways of Thinking* lauten. Dieser Punkt ist interessant. Denn wenn nicht alles täuscht, bezieht sich James damit brennpunktartig auf Platon, und zwar genauer auf dessen These im *Staat*, daß das Gute den Dingen Wahrheit und Sein verleihe. Peirce hingegen bezieht sich zum Zwecke der Erklärung seiner Verwendung des Wortes ‚Pragmatismus‘ auf Kant (*Kr. d. r. V.* A 800/B 828); und er meint, damit einen genaueren Anknüpfungspunkt identifiziert zu haben, nämlich den Sinn von ‚empirisch bestimmt‘, d. h. basierend und bezogen auf Erfahrung. Allerdings wird deutlich, daß der philosophische Perspektivenwechsel hier, in der Einschätzung des Empirischen, tendenziell auf eine bewußte Neuinterpretation zusteuert. Das erhellt besonders eindrücklich eine Aussage Deweys um 1925: „Empirisch gesehen sind Dinge giftig, tragisch, schön, humorvoll, prächtig.“[4] Die Stoßkraft dieser lapidaren Bemerkung tritt besonders dann gut hervor, wenn bedacht wird, daß namentlich unter den Auspizien des Logischen Positivismus die These Akzeptanz gewann, daß Wert-Aussagen aller Art nicht kognitiv seien und insofern gar nicht als echte Aussage betrachtet werden könnten (s. Abschn. 5, I).

Nun kommt es hier auf die Frage einer korrekten oder *der* korrekten Ausdeutung des griechischen Wortes ‚*pragma*‘ ebensowenig an wie auf die Rechtmäßigkeit der Bezeichnung ‚pragmatisch'. Denn im 18. und 19. Jahrhundert wurde das Wort ‚pragmatisch' innerhalb der philosophischen Disziplinen recht weit verwendet. Dabei lassen sich zwei Bereiche isolieren: auf der einen Seite nämlich Anthropologie, Ethik und Psychologie, auf der anderen Seite Geschichtsschreibung und Philosophie der Geschichte. So spricht z. B. Comenius vom ‚bonus pragmaticus' und meint damit offenbar soviel wie ‚praktisch'; Rüdiger versteht ‚pragmatisch' im Gegensatz zu ‚dogmatisch'; und Mendelssohn unterscheidet formell zwischen pragmatischer und spekulativer Erkenntnis – pragmatische Erkenntnis bringe in der Seele bestimmte Regungen hervor. Dabei denkt er an Beweggründe, die sich einerseits von physischen bzw. physiologischen (d. h. unfreien) Faktoren unterscheiden, andererseits aber auch von Einsichten spekulativer Art verschieden seien, die unwirksam bleiben. Bei Kant gewinnt das Wort die Bedeutung von ‚praktisch', ‚nützlich', ‚wirksam', und in der Geschichtsschreibung zu Beginn des 18. Jahrhundert wird von ‚pragmatischer Geschichtsschreibung' gesprochen, wo man an lehrreiche Geschichtsschreibung denkt, d. h. an etwas, was für das eigene Leben nützlich sein kann und dem eigenen Handeln helfen mag. Dieses Verständnis von ‚pragmatisch' tritt dann im weiteren Verlauf des 18. Jahrhundert in den Hintergrund. Hier gewinnt das Wort zunehmend andere Nuancen, so z. B. die des inneren Handlungszusammenhangs. Zieht man diesen Hintergrund in Betracht, so ist leicht verständlich, daß der Pragmatismus vor allem im deutschen Sprachraum als plattes Nützlichkeitsdenken charakterisiert und – wie bei den Autoren der Kritischen Theorie – gelegentlich als typisches Produkt eines Industriedenkens desavouiert wurde.[5] Tatsächlich hatte bereits Bertrand Russell im Blick auf James' Metapher vom *‚cash-value'* einer Idee als Ausdruck merkantilistischer Obsessionen gesprochen.

III.

Der Entscheid zum Perspektivenwechsel und dazu, Begriffe, Ideen und Vorstellungen im Kontext der Praxis zu beurteilen, birgt zugleich auch den Entscheid für eine bestimmte Methode bzw. Technik, philosophische Themen und Probleme zu situieren und zu klären. Dies geschieht im Rekurs auf die Frage, wie Ideen, Begriffe und Vorstellungen in der Praxis funktionieren und – um mit James zu sprechen – ins Gewicht fallen, *what difference they make.* Den Pragmatismus in dieser Weise als philosophische Technik verstehen – Dewey verwendete gelegentlich den Ausdruck ‚*instrumentalism*‘ – heißt auch sehen, daß die Analyse der Konstellation eine gewisse Affinität zu Hegels Annahme dialektischer Verhältnisse aufweist. Denn Hegel versteht den Fortgang kultureller Prozesse vor dem Hintergrund der, wie er meinte, Tatsache, daß Theorien aller Art eine Diskrepanz zwischen dem aufweisen, was sie zu leisten bestimmt sind, und dem, was sie in der Praxis leisten.[6]

Ein besonders instruktives Beispiel für die Stoßkraft der pragmatistischen Denkweise findet sich in Peirces 1879 publiziertem Essay „How to make our Ideas clear".[7] In diesem Text, der programmatisch an Descartes' Projekt anknüpft,[8] bemängelt Peirce, daß Descartes es versäumt habe, eine „Unterscheidung zwischen einem Begriff, der bloß klar scheint, und einem, der es wirklich ist", in Betracht zu ziehen: „*The distinction between an idea seemingly clear and really being so never occurred to him.*"[9] Peirce äußert insbesondere auch skeptische Einwände gegen den Nutzen abstrakter Definitionen, wie sie von Leibniz gefordert wurden – als ob *Klarheit* daran gebunden sei, daß wir die in einer Definition aufgeführten Elemente klar erfassen (*clear apprehension of everything contained in the definition*). Demgegenüber verlangt er nach einem höheren Klarheitsgrad und versteht seinen Essay als Weg zu einer „Methode der Erreichung eines höheren Klarheitsgrades des Denkens als die ‚Deutlichkeit‘ der Logiker" (*Selected Philosophical Writings* Bd. I, S. 127). Diese Methode nun – oder Regel (*rule,* a.a.O., S. 132) – besteht in der „Überlegung, welche Wirkungen, die denkbarerweise praktische Bezüge haben könnten, wir dem Gegenstand unseres Begriffs in Gedanken zukommen lassen. Dann ist unser Begriff dieser Wirkungen das Ganze unseres Begriffs des Gegenstandes" („*Consider what effects which might conceivably have practical bearings, we conceive of the objects of our conception to have. Then our conception of these effects, is the whole of our conception of the object*" [a.a.O., S. 132/dt. S. 63]). Mit anderen Worten: Peirce meint, daß unser Begriff eines Gegenstandes sinnvollerweise einen Hinweis auf die Wirkungen enthalten müsse, die der Gegenstand unter relevanten Umständen ausübt.

Unter den Beispielen, die Peirce anführt, um seine pragmatische Maxime zu verdeutlichen, findet sich das der Härte bzw. eines harten Dinges. Ein Ding ‚*hart*‘ nennen heißt meinen, daß es nicht von vielen anderen Gegenständen bzw. Substanzen geritzt werden wird. Mit dem Ausdruck ‚*will not be scratched*‘ verweisen wir nicht auf seine Extension, etwa die Klasse der Dinge, auf die er Anwendung findet. Vielmehr verweisen wir, laut Peirce, auf eine *operation*, nämlich auf einen Kratztest und auf Resultate des Testes, die sich beobachten lassen und erwartet werden können. Wenn wir von einem Gegenstand g also sagen, g sei hart, so sagen wir: Wenn ein bestimmter Vorgang unter bestimmten Bedingungen an g vollzogen wird, dann werden sich diese oder jene Resultate einstellen. Was hier als Prozedere zu einem bestimmten Zweck in den Raum gestellt wird, erweist sich zugleich als fruchtbares Instrumentarium im Blick auf Fragen der Bedeutung von sprachlichen Ausdrücken; und es ist nicht verwunderlich, daß spätere Autoren die pragmatische Dimension der Sprachverwendung in Betracht zogen und auch semantische Fragen im Rekurs auf den Effekt zu beantworten suchten, den die Äußerung von Worten hat bzw. haben kann.[10]

IV.

Auch James macht geltend: „Um vollständige Klarheit in unserem Denken über ein Objekt zu erlangen, müssen wir demnach nur in Betracht ziehen, welche denkbaren Wirkungen praktischer Art der Gegenstand in sich haben mag – welche Wirkungen wir von ihm erwarten können und auf welche Reaktionen wir uns einstellen müssen.“[11] Doch empfand er die pragmatische Methode primär als Methode zur Auflösung metaphysischer Dispute, welche andernfalls unauflösbar wären (a. a. O., S. 28); vis-à-vis solcher Fragen wie „Ist die Welt eine, ist sie vieles, determiniert oder frei, geistig oder materiell?“ bietet James folgende Strategie an: „Die pragmatische Methode besteht in solchen Fällen darin, jeden Begriff zu interpretieren, indem man die jeweiligen praktischen Konsequenzen in Betracht zieht“ – „*what difference would it practically make to anyone if this notion rather than that notion were true?*“ Wenn sich kein praktisch relevanter Unterschied finden läßt, bedeuten die Alternativen, daß jeder Disput buchstäblich umsonst ist. Wenn ein Disput ernsthafter Natur ist, sollten wir in der Lage sein zu zeigen, daß sich von einer wie der anderen Seite her praktisch relevante Unterschiede abzeichnen. In diesem Sinn besteht die Funktion der Philosophie darin, herauszufinden, welchen Unterschied es für eine Person machen würde, wenn diese oder jene Welt-Formel (*world formula*) die wahre wäre (a.a.O., S. 30).

Daß James in diesem Zusammenhang den Pragmatismus auch als Empirismus betrachtet und von einer empiristischen Einstellung spricht (a.a.O., S. 31), ist vermutlich nicht auf Anhieb zu verstehen. Doch speist sich diese Verwunderung vielleicht aus der Annahme, daß wir bei der Jamesschen Anwendung der pragmatischen Maxime mit metaphysischen Sachverhalten konfrontiert seien. Diese Annahme wäre schief. Denn die Frage nach der Art der jeweiligen praktischen Konsequenzen betrifft Angelegenheiten, die uns in der Erfahrung gegeben sind: Dem einen bedeutet die theistische Annahme einer von Gott gelenkten Welt eine Quelle von Kraft und ein Reservoir von Wärme; die gegenteilige Annahme würde ihn vielleicht bedrücken und, sollte sie sich als wahr erweisen, die Welt als kalten Platz erfahren lassen. Stets geht es um den Gewinn oder Verlust eines vitalen Gutes (*vital good*). Die Anerkennung solcher vitalen Güter spielt namentlich in dem Essay „The Will to Believe" eine wichtige Rolle, und zwar dergestalt, daß die Auffassungen, die wir haben, oft als Sachen anzusehen seien, die wir glauben *wollen*. Diese Zentrierung des Interesses auf das Leben von Menschen und ihre vitalen Güter bringt James auch dazu, verschiedene Geisteshaltungen zu portraitieren bzw. Temperamente oder „*types of mental-make up*" zu charakterisieren (*Pragmatism* S. 13). So entwirft er gleich zu Beginn in der Pragmatismus-Vorlesung in Analogie zur Literatur- und Kunstgeschichte (Klassik und Romantik) und zur Politik (Autoritäre und Anarchisten) entsprechende Rubriken für die Philosophie – zunächst in Gestalt des Gegensatzes zwischen Rationalisten und Empiristen und schließlich in Gestalt einer umgreifenden Klassifikation von Zartbesaiteten (*tender minded*) einerseits und Hartgesottenen (*tough minded*) andererseits.

Dieser Antagonismus habe, so meint James, zu allen Zeiten auch die philosophische Atmosphäre geprägt, etwa nach dem Motto, der philosophische Empirismus mit seiner Orientierung an den bloßen Fakten sei womöglich nicht religiös genug und umgekehrt eine religiös gefärbte Philosophie nicht empirisch genug. Hier nun offeriert James seinen Pragmatismus „*as a philosophy that can satisfy both demands*" (a. a. O., S. 23). Sie könne religiösen Charakter haben, wie die Rationalismen, aber zur gleichen Zeit wie die Empirismen auch die reichste Intimität mit den Fakten wahren; und James wird nicht müde zu betonen, daß der Pragmatismus einen Mittelweg zwischen zwei Extremen darstelle.

Diese Aussage ist zweifelhaft und merkwürdig. Doch gilt es an dieser Stelle einen Punkt zur Sprache zu bringen, der eigentlich Angelpunkt von allem sein müßte – das ist die Frage nach der Wahrheit. Diese Frage drängt sich um so mehr auf, als unmittelbar nach Erscheinen von *Pragmatism* Bertrand Russell in einem Aufsatz „Transatlantic Theory of Truth"[12] harsche Kritik übte und James seinerseits ein Jahr später, nämlich 1909, mit dem Band *The Meaning of Truth* reagierte, in dem sich ein spezielles Kapitel mit dem Titel „Two English Critics" findet. Offensichtlich ist es James nicht gelungen, die Bedenken zu zerstreuen, geschweige denn seine Auffassung verständlicher zu machen.

V.

Beginnen wir darum mit einem Rückverweis auf die Stelle, wo es heißt, der Pragmatismus sei eine Methode, Dispute metaphysischer Art aufzulösen, die anderenfalls nicht klärbar seien; und nehmen wir ferner an, Wahrheit gehöre in den Bereich solcher Dispute. In der 5. Vorlesung („Pragmatism's Conception of Truth") lesen wir, daß Wahrheit als Eigenschaft von Gedanken (*ideas*) gelte und daß das Wort ‚Wahrheit', wie jedes Lexikon zeige, soviel bedeutet wie Übereinstimmung (*agreement*) mit der Realität und Falschheit (*falsity*) entsprechend Nicht-Übereinstimmung (*disagreement with reality*); und James betont, daß auch die Pragmatisten diese Definition übernehmen (a. a. O., S. 96). Im gleichen Atemzug betont James, daß alle Philosophen in diesem Moment darüber zu streiten beginnen, was mit dem Ausdruck ‚Übereinstimmung' gemeint sei und was mit dem Ausdruck ‚Wirklichkeit'. Dieser Streit, den er auch kurz schildert, ist offenbar ein Streit von der fruchtlosen Art, der auf keine Weise intern entschieden und beendet werden könne. Von daher wäre zu verstehen, daß James meint, hier sei nun der Ort, die pragmatische Methode ins Spiel zu bringen und (*its usual question*) zu fragen: „Angenommen, eine Idee oder ein Glaube sei wahr, welchen Unterschied wird ihr Wahrsein im tatsächlichen Leben irgendeines Menschen machen?" (a. a. O., S. 97). Mit dieser Frage hat er den allgemein akzeptierten Sinn von ‚Wahrheit' als ‚Übereinstimmung' vor Augen; und was ihm vorschweben dürfte, ist eine Klärung des allgemein akzeptierten Sinnes von ‚wahr' *als* ‚übereinstimmend mit …'.[13] Wenn wir die Frage so verstehen, wird auch deutlicher, was James im Nachfolgenden immer wieder in den Blick rückt: nämlich daß sich wahre Ideen oder Vorstellungen auszahlen bzw. einen Gegenwert haben (*cash value*), daß sie sich bestätigen (*verification*), daß sie Kredit haben, solange sie niemand zurückweise, sie uns *in* unserem Tun leiten und die Richtung unserer Aktivitäten bestimmen. So kommentiert er (*Pragmatism* S. 102) im Sinne einer Zwischenbilanz und vorläufigen Antwort auf die Ausgangsfrage: „*To ‚agree' in the widest sense with reality, can only mean to be guided either straight up to it or to its surroundings, or to be put into such working touch with it as to handle either it or something connected with better than if we disagreed.*" Und es ist hier aufschlußreich zu sehen, daß James hinzufügt, daß die Abbildung von Realität (*to copy a reality*) ein wichtiger Aspekt von ‚Übereinstimmung' sei, aber bei weitem nicht der wesentliche.

Um die positive Ingredienz dieser Analyse nicht aus dem Blick zu verlieren, scheint es sinnvoll, James' Punkt mit dem philosophischen Normalverständnis zu konfrontieren. Wenn man, wie oft geschehen, Wahrheit als Übereinstimmung von Denken und Wirklichkeit bestimmt und so gesehen von einem extremen Copy-Verständnis ausgeht, so stellt sich alsbald die Frage, wie es denn mit der Wahrheit moralischer Sätze (‚Töten ist schlecht', ‚Leute demütigen ist schändlich', ‚Er hat sich widerlich verhalten') bestellt sei. Hat die Rede von der Korrespondenz in solchen Fällen überhaupt einen Sinn? Die meisten Philosophinnen und Philosophen würden hier zurückschrecken und sagen, daß es keine eigentliche moralische Realität gebe, die von Sätzen oder Überzeugungen dieser Art abgebildet werde. Andere Philosophinnen und Philosophen sind noch weiter gegangen und haben vorsichtshalber geltend gemacht, daß Werturteile wie ‚Töten ist schlecht', ‚Das Bild ist schön' usw. gar nicht erst wahr oder falsch sein können, weil Wert-Ausdrücke keinen beschreibenden Sinn haben und wir im Falle ihrer Verwendung keine Tatsachen beschreiben oder zum Ausdruck bringen. Was immer die Meriten dieser Art oder jener Art von Betrachtung sein mögen – es ist klar, daß hier im Namen einer bestimmten philosophischen Konzeption unsere normalen Intuitionen gestutzt bzw. amputiert werden. Denn normalerweise meinen wir, daß Bilder tatsächlich schön sind, daß bestimmte Handlungen tatsächlich falsch sind und daß wir in Gesprächen über das Unrecht, das hier oder dort geschieht, tatsächlich wahrheitsfähige Gedanken behaupten. Insofern kann James' Position, unabhängig davon, wie sie sich im Detail nun analysieren lassen mag (s.u.), als Versuch gewürdigt werden, unseren normalen Intuitionen Rechnung zu tragen. Indem James nach einem Sinn von ‚agreement‘ sucht, der einem möglichst weiten Bereich der Verwendung von ‚wahr‘ gerecht wird, erweitert er den technisch engen Sinn von ‚Korrespondenz‘ zur Vorstellung des Passens, Sich-Fügens usw. Vor diesem Hintergrund scheinen sich die Dinge so auszunehmen, daß wir mit der Auszeichnung eines Gedankens, Satzes oder einer Idee als wahr soviel meinen, wie daß sich der in Rede stehende Gedanke, p, zu dem fügt, was wir sonst wissen oder meinen. Mit anderen Worten: Wir haben Grund zu glauben, daß wir mit der Annahme, daß p, gut fahren.

Doch gilt es nun, auch die Kehrseite der Medaille zu sehen und zu beachten, daß James' Formulierungen gravierende Verständnisprobleme schaffen. Sie führen z.B. zu Schwierigkeiten folgender Art: Die Annahme, daß Gott existiert, hat Anspruch auf den Titel ‚wahr‘, wenn sich der Glaube, Gott existiere, in einem Leben als hilfreich, nützlich und sinnvoll erweist. So kann es (auf dem Boden des pragmatischen Denkens) geschehen, daß ein Glaube wahr ist, aber der Gegenstand, dessen Existenz geglaubt wird, nicht existiert. (Natürlich gilt auch das Umgekehrte. Jemand mag der Meinung sein, daß die Annahme, Gott existiere, vor dem Forum wissenschaftlicher Erfahrung keinen Bestand habe, und die Annahme in diesem Sinn als falsch bezeichnen; und gleichwohl mag es sein, daß Gott existiert!) Diese Konstellation hat auch eine groteske Seite. Ferner könnte man argumentieren, daß der pragmatische Entscheid, vorteilhafte Annahmen als wahr zu bezeichnen und unvorteilhafte Annahmen entsprechend als falsch, verlange, daß wir in der Lage seien, zwischen vorteilhaften bzw. nützlichen Annahmen auf der einen und unvorteilhaften bzw.

schädlichen Annahmen auf der anderen Seite zu unterscheiden. Dies aber setzt voraus, daß wir bereits zwischen ‚wahr‘ und ‚falsch‘ unterscheiden, und zwar im normalen Sinn, und daß wir in der Lage sind, diese Unterscheidung anzuwenden.

VI.

Ob diese Einwände triftig sind und wirklich zur Sache sprechen, hängt allerdings davon ab, wie wir James' Analyse genauer verstehen bzw. auf was wir sie eigentlich beziehen. Diese Frage betrifft eine gewisse Doppelsinnigkeit des Wortes *,mean'* bzw. ‚bedeuten‘. Sie besteht darin, daß ‚bedeuten‘ *(i)*, wird es auf sprachliche Zeichen bezogen, das angeht, wofür das Wort steht, in anderen Fällen aber *(ii)*, wo es auf Dinge, Phänomene und ähnliches bezogen wird, keine semantische Beziehung ausdrückt. Man kann hier eher, wie im Fall von ‚Rezession bedeutet sozialen Unfrieden‘,[14] von ‚das Gewicht von […] haben‘ sprechen. Russell und andere Kritiker versuchten, James so zu begegnen, als wolle dieser eine Analyse des Wortes ‚wahr‘ im Sinne einer Bedeutungsexplikation geben oder aber so etwas wie eine stipulative Definition anbieten, d.h. einen Vorschlag, wie man das Wort ‚wahr‘ zu verstehen habe. Doch kann diese Auffassung nicht richtig sein. Zunächst ist daran zu erinnern, daß James weder eine Wesenserklärung von Wahrheit noch eine Worterklärung des entsprechenden Terminus anstrebt. Überhaupt ist von ‚Wahrheit‘ thematisch gesehen keine Rede. Denn James sagt, der Pragmatist teile die normalen Intuitionen, wonach ‚Wahrheit‘ in Begriffen der Übereinstimmung zu verstehen sei. Dies übersehen heißt ignorieren, daß James an den relevanten Stellen nur darüber nachdenkt, was Übereinstimmung bzw. Nicht-Übereinstimmung in konkreten Fällen bedeuten mag: Hier erfolgreiches Hantieren mit einer Hypothese, dort vorteilhafte Ergebnisse usw. Wenn dies so ist, scheint unsere Frage eher in Richtung der Vorstellung von Tragweite usw. zu weisen und damit den Sinn von ‚Bedeutung‘ anzugehen, der oben als *(ii)* abgegrenzt wurde.

An dieser Stelle ist es wichtig, auf jene These zurückzukommen, die besagt, daß das Wahre eine Spezies des Guten sei. Auch diese These – sie verweist ursprünglich auf Platons Charakterisierung der Idee des Guten im *Staat* 509 b als dasjenige, was den

Dingen ihre Erkennbarkeit und uns die Fähigkeit zur Erkenntnis gebe – ist nicht als Wesensaussage etwa zur Natur der Wahrheit zu lesen. Sie bietet vielmehr einen Kommentar zu der Art und Weise, wie die Wahrheitsvorstellung tatsächlich funktioniert; und dieser Kommentar besagt, daß Menschen Dinge, Ideen, Meinungen und Vorstellungen generell im Lichte von Interessen und Wünschen beurteilen. Dieser Punkt atmet sozusagen die Essenz des Pragmatismus. Es ist dies die Umkehrung der seit den Zeiten des Aristoteles so geläufigen Annahme einer Priorität des Kontemplativen bzw. Theoretischen vor dem Praktischen. Bei Lichte besehen, geht James' Gedanke aber noch über diesen unmittelbaren Punkt hinaus. Denn James koppelt diese Auffassung mit dem, was er Humanismus nennt und in der 6. Vorlesung thematisiert. Ähnlich wie sein philosophischer Mitstreiter Ferdinand Scott Schiller, der seit 1902 in Los Angeles lehrte und u.a. *Studies in Humanism* veröffentlicht hatte, vertritt James die Auffassung, daß der Mensch in gewissem Sinne die Welt auch erst gestalte. Schiller sagte, daß die Welt wie die aristotelische *hyle* sozusagen ‚plastisch‘ sei – etwas, an dem wir uns betätigen und das wir formen. James betont, daß wir im Ausgang vom Fluß der Wahrnehmungen, die uns aufgenötigt werden, über die Erfahrung von regelmäßigen Beziehungen zwischen den Wahrnehmungsgestalten zu eigenen, ja eigenständigen Wahrnehmungen gelangen: Eigen sind sie insofern, als sie vom Interesse der Zuwendung gesteuert werden und mithin von der Perspektive abhängen, in die wir die Dinge werfen: *„what we saw about reality thus depends on the perspective into which we throw it: The* that *of it is its own, but the* what *depends on the* which, *and the* which *depends on* us" (a.a.O., S. 118). Hier gibt James auch deutlich zu verstehen, daß die Rede von einer Realität unabhängig vom menschlichen Denken in Wirklichkeit kein Korrelat habe (*„when we talk of reality ‚independent‘ from human thinking, then, it seems a thing hard to find"* [a.a.O., S. 119]). Mehr noch, was ihm rückblickend genauer vorschwebte,[15] war die Vorstellung, daß die Welt selber nicht eine ewige Ausgabe sei, vorgefertigt und vollständig, sondern etwas, was noch im Prozeß der Erschaffung sei und seiner Vollendung harre.

2. Die Sprachliche Wende

Eine weitere Perspektivenverschiebung hat die philosophische Diskussion des 20. Jahrhunderts durch die Hinwendung zur Sprache genommen. Für dieses Phänomen hat sich der Ausdruck ‚Sprachliche Wende' eingebürgert.[1] Diese Sprachliche Wende hat sehr unterschiedliche Facetten und läßt sich genaugenommen nicht auf eine Frage reduzieren und erst recht nicht als einheitliche Richtung diagnostizieren. Denn die Hinwendung zur Sprache betrifft – auf seiten der Philosophie – solch verschiedenartige Phänomene wie die Frage, was und wie Wörter bedeuten, wie Wörter und Sätze verwendet werden, oder die Frage, wie sich die grammatischen Strukturen zu den eigentlich logischen Strukturen verhalten bzw. wie sich unser Denken von den grammatischen Strukturen irreführen läßt, oder die Frage, in welcher Hinsicht das Haben von Sprache auch unsere Vorstellung über die Wirklichkeit beeinflußt. Keine dieser Fragen ist wirklich neu. Sie haben einen alten und z. T. langen Hintergrund: die Konzentration auf Wörter im mittelalterlichen Nominalismus, die Einsicht in das täuschende Potential der Sprache bei Platon und die Annahme eines weltbildenden Charakters der Sprache bei Humboldt. Innerhalb der Sprachlichen Wende verzahnen sich diese Fragen; und die moderne Logik tat das Ihrige, um den Untersuchungen eine besondere systematische Stoßkraft zu verleihen, mit dem Resultat, daß die Sprachphilosophie heute als die philosophische Disziplin schlechthin gilt.[2]

Die mögliche Relevanz dieser Erörterungen mögen zwei Beispiele erhellen, mit denen Gilbert Ryle das illustrierte, was er systematisch irreführende Redeweisen nannte.[3] Das erste nimmt auf Sätze von der Art ‚Der Mensch ist ein Lebewesen' Bezug, wie sie seit den Zeiten des Aristoteles als Beispiele allgemein bejahender Sätze in syllogistischen Argumenten vorkommen. Die Ausdrucksweise ist insofern irreführend, als die Verwendung des ‚ist' hier den Eindruck einer Ding/Eigenschaftsbeziehung nahelegt.

Doch kann diese Beziehung nicht gemeint sein. Denn das Universale ‚Mensch‘ – sei es nun als Begriff oder Vorstellungsgehalt, als Idee oder Eigenschaft – ist kein Ding, das atmet, Beine oder Flügel hat oder Wasser schnaubt. Vielmehr handelt es sich um eine Beziehung, die als Fall von Klassen-Subordination zu deuten ist, oder – um mit Frege zu sprechen – um die Unterordnung eines Begriffes unter einen anderen. Diese Beziehung ist *toto coelo* verschieden von der Ding/Eigenschaftsbeziehung bzw. vom Fallen eines Gegenstandes unter einen Begriff. Ein anderes Beispiel betrifft Sätze von der Art ‚Gott existiert‘. Seit Kant hat sich die Einsicht durchgesetzt, daß ‚existiert‘ kein reales Prädikat ist. Aber dieser Befund ist nicht vollständig. Denn wenn ‚existiert‘ – dies ist Ryles Punkt – dem grammatischen Anschein zum Trotz kein reales Prädikat ist, sondern, wie wiederum Frege erläuterte, ein Begriff zweiter Ordnung, dann kann es sich auch bei dem Ausdruck ‚Gott‘ dem äußeren Anschein zum Trotz nicht um einen eigentlichen Subjektsterminus handeln. Ryle schlug vor, diesen Ausdruck als Prädikatsterminus zu deuten, der seinerseits solche Eigenschaften bündele wie unendliches Wesen, allmächtiges Wesen usw.

In anderer Weise hatte diese Problematik bereits 25 Jahre früher die philosophische Diskussion beschäftigt. Und zwar ging es um das Problem negierter Existenzaussagen wie ‚Pegasus existiert nicht‘.[4] Damit der Satz von Pegasus, dem legendären geflügelten Pferd, handeln kann, müssen wir offenbar annehmen, daß Pegasus existiert. Dies aber müßte heißen, daß der Eigenname ‚Pegasus‘ auf etwas verweist. Aber wenn der Satz ‚Pegasus existiert nicht‘ wahr wäre, müßten wir einräumen, das just dasjenige nicht existiert, was existieren muß, damit der Satz überhaupt von Pegasus handeln kann und somit als Spezimen sinnvoller Rede gelten darf (s. Abschn. 4, III). Russell glaubte, das Problem mittels der Behauptung lösen zu können, daß der Eigenname ‚Pegasus‘ wie auch andere Eigennamen kein echter Eigenname, d. h. kein echter singulärer Term sei, sondern eine abgekürzte Beschreibung ‚das fliegende Pferd‘, die auf einen Gegenstand zutrifft oder nicht. In diesem Sinn schlug er vor, den in Rede stehenden Satz als Behauptung ‚Es gibt nichts, was das fliegende Pferd ist‘ zu deuten.

Auch Frege glaubte, daß der Satz ‚Pegasus existiert nicht‘ nicht von einer Entität namens Pegasus handelt. Doch setzte Frege anders als Russell nicht beim Subjektsterminus, sondern beim Prädikatsausdruck an; und zwar machte er geltend, daß *existieren* als eine Eigenschaft zweiter Ordnung aufzufassen sei, nämlich als Eigenschaft eines Begriffes, von dem gilt, daß er nicht leer ist. In diesem Sinn ist ‚Pegasus existiert nicht' zu verstehen als Aussage ‚Der Begriff Pegasus ist leer' bzw. ‚Die Menge der Dinge, die identisch sind mit Pegasus, ist leer'.

Russells Analyse blieb nicht unwidersprochen. Doch hat sie in einer Hinsicht sicher Wirkung gezeigt. Sie bewog Willard V. O. Quine, einen der einflußreichsten Philosophen des 20. Jahrhunderts überhaupt, zu dem Vorschlag, Eigennamen aus der Philosophie zu eliminieren; dies soll auf die Weise geschehen, daß sie zu Prädikaten umgeprägt werden. Statt ‚Pegasus' hätten wir demnach ‚pegasiert' usw. Dabei ist der springende Punkt für ihn der, daß eine Sprache, die wissenschaftlichen Zwecken dienen soll, auf Eigennamen verzichten könne.

II.

Um zu sehen, wie Überlegungen dieser Art überhaupt Gestalt gewinnen, ist es nötig zu verstehen, daß der Bereich des Logischen ein Bereich eigener Art ist, mit dem wir Sprache und Denken konfrontieren können, dergestalt, daß etwa sprachliche Form etwas ist, was sich mit einer angenommenen logischen Form vergleichen lasse.

Daß das Logische etwas von solcher Art sei, ist eine Annahme, die seinerzeit keineswegs klar, geschweige denn selbstverständlich war. Denn Frege und andere Denker, insbesondere auch Edmund Husserl, der ebenfalls Mathematiker war, hatten mit bestimmten Vorurteilen ihrer Zeit zu kämpfen. Und zwar geht es hier um die Dominanz des sog. Psychologismus.[5] Unter ‚Psychologismus' versteht man im Kern die These, daß die logischen Gesetze die empirischen Gesetze des Denkens seien, dergestalt, daß jemand, der die empirischen Gesetze des Denkens ausfindig gemacht habe, auch die logischen Gesetze empirisch erklären könne. Mit anderen Worten: Im sog. Psychologismus begegnen wir der Position, daß Logik letztlich auf Psychologie zurückführbar sei, insbesondere auf die Denkpsychologie. Aus heutiger Sicht scheint dieses Unterfangen deshalb unplausibel, weil wir die Gesetze der Logik für absolut wahr halten, Naturgesetze aller Art aber den Status von Hypothesen haben, die jeweils nur bestätigt, jedoch niemals als endgültig wahr erwiesen werden können. Aber wie hätte man sich die denkpsychologische Einschätzung logischer Gesetze überhaupt vorstellen sollen? John Stuart Mill, der in dieser Tradition stand, analysierte den Satz des verbotenen Widerspruchs folgendermaßen: „Jede Aussage, die einen Widerspruch behauptet, und sei es auch von einem Gegenstand, der unserer Erfahrung gänzlich entzogen ist, können wir einfach nicht für wahr halten. Das ist im gegenwärtigen Zustand der Natur psychisch unmöglich." Der Naturalist Lange schrieb: „Dieses psychologische Gesetz des Widerspruchs ist […] unmittelbar durch unsere Organisation gegeben und wirkt vor aller Erfahrung als Bedingung aller Erfahrung. Seine Wirklichkeit ist eine objektive, und es braucht nicht erst zum Bewußtsein gebracht zu werden, um tätig zu sein." Entsprechend würde ein Vertreter des Psychologismus die Schlußfigur des *Modus Ponens*, wonach mit den Aussagen ‚A' und ‚Wenn A, dann B' auch ‚B' wahr ist, folgendermaßen deuten: Immer wenn Aussagen wie ‚A' und ‚Wenn A, dann B' als wahr beurteilt werden, wird auch ‚B' als wahr beurteilt. – Hier nun glaubte Frege Klarheit schaffen zu können; und auf seine Anregung hin befaßte sich auch Husserl mit diesen Problemen. Seine diesbezüglichen Erörterungen *Prolegomena zur reinen Logik* sind wahrscheinlich das wichtigste Dokument einer Auseinandersetzung mit dem Psychologismus überhaupt.[6]

Ein generell wichtiger Punkt ist sicher der, daß der Psychologismus die Tendenz hat, zwischen Denken bzw. Denkakten auf der einen und Gedachtem auf der anderen Seite nicht zu unterscheiden. Damit besteht eine gewisse Affinität zur Philosophie des Idealismus, der Gedanken tendenziell immer als Einheit und Zusammenspiel von Denken und Gedachtem ansah; so hat insbesondere Hegels Logik, wie sie in der *Wissenschaft der Logik* und in der *Enzyklopädie* vorliegt, die Tendenz, Denkinhalte als etwas anzusehen, was selbst denkt. Anders besteht zumindest in der von Frege her stammenden Tradition der Analytischen Philosophie die Tendenz, eine Trennung zwischen Denken als Tätigkeit und den Gehalten bzw. Objekten dieser Tätigkeit vorzunehmen. In der von Russell bevorzugten Terminologie würde man von propositionalen Einstellungen wie Hoffen, Fühlen, Fürchten und der Proposition, ‚daß es regnet', unterscheiden.

Freges Attacken gegen den Psychologismus gelten freilich noch einer anderen Sorge; und zwar handelt es sich um das Problem, wie man unter der Annahme psychologistischer Prinzipien überhaupt sinnvoll von Wahrheit sprechen könne. In seinem 1884 publizierten Buch *Die Grundlagen der Arithmetik* schreibt er: „Man muß, wie es scheint, daran erinnern, daß ein Satz ebensowenig aufhört, wahr zu sein, wenn ich die Augen schließe. Sonst kommen wir noch dahin, daß man beim Beweise des pythagoreischen Lehrsatzes es nötig findet, den Phosphorgehalt unseres Gehirns zu denken, und daß ein Astronom sich nicht scheut, seine Schlüsse auf längst vergessene Zeiten zu erstrecken, damit man ihm nicht einwende: ‚du rechnest da 2 × 2 = 4, aber die Zahlvorstellung hat ja eine Entwicklung, eine Geschichte! Man kann zweifeln, ob sie damals schon soweit war. Woher weißt du, daß in der Vergangenheit dieser Satz schon bestand?‘ Der Grundirrtum des Psychologismus ist, daß er den Begriff der Wahrheit aufhebt: ‚Aber diese Auffassung zieht alles ins Subjektive und hebt, bis ans Ende verfolgt, die Wahrheit auf.‘"[7] Wenn es wahr ist, daß mathematische Begriffe und Gegenstände nicht auf Empfindungen und Vorstellungen gründen, dann folgt, daß die Beschreibung und Analyse von Empfindungen nicht mit der Beschreibung mathematischer Gegenstände äquivalent sein kann.

An späterer Stelle argumentiert Frege speziell gegen die Vorstellung, daß Zahlen lediglich Ideen in unserem Bewußtsein seien. So macht er geltend, daß diese Annahme zu absurden Konsequenzen führe: „Wäre die 2 eine Vorstellung, so wäre es zunächst nur die meine. Die Vorstellung eines Anderen ist nicht als solche eine andere. Wir hätten dann vielleicht viele Millionen Zweien. Man müßte sagen: meine Zwei, deine Zwei, eine Zwei, alle Zweien" (S. 37/S. 41). Hier geht Frege von der Auffassung aus, Ideen seien private und damit *ipso facto* individuelle Bewußtseinsereignisse. Doch argumentiert er für diese These nicht näher. Dabei scheint dieser Punkt in wenigstens einer Hinsicht anfechtbar: Aus der Tatsache, daß Vorstellungen in dem Sinn subjektiv sind, daß sie jeweils eines Trägers bedürfen, folgt nicht, daß die jeweiligen Gehalte auch subjektiv sein müssen. Hier sind offenbar zwei verschiedene Begriffe von ‚subjektiv‘ im Spiel, die unterschieden werden sollten. Ebensowenig argumentiert er für seine Auffassung mathematischer Gegenstände. Er behauptet einfach, mathematische Gegenstände und Begriffe seien etwas Feststehendes und Bestimmtes, und damit scheint er sich im Kreise zu drehen. Doch scheint er einen indirekten Beweis dafür vorzulegen, daß es wenigstens einige feststehende, unveränderliche Dinge in der Welt geben müsse, denn sonst wäre die Welt unerkennbar: „Wenn in dem beständigen Flusse aller Dinge nichts Festes, Ewiges beharrte, würde die Erkennbarkeit der Welt aufhören und Alles in Verwirrung stürzen." So geht Frege davon aus, daß man Erkenntnisse über die Welt gewinnen könne und daß die Sätze der Logik und der Mathematik das für immer Feststehende seien, das diese Erkenntnis möglich mache.

Dieses Feststehende nennt Frege *objektiv* und unterscheidet es von dem, was, in seiner Terminologie, *wirklich* ist. Bereits im Kontext dieser Erwägungen unterscheidet Frege also sinngemäß drei Bereiche: den des Physischen, den des Mentalen bzw. Psychischen und den des Logisch-Mathematischen. In seinem späteren Aufsatz mit dem Titel „Der Gedanke" spricht Frege ausdrücklich von einem dritten Reich, nämlich dem Bereich der Gedanken. Unter Gedanken versteht er den Inhalt von Aussagesätzen, das, was heute vorwiegend ‚Proposition' genannt wird. Die Unterscheidung zwischen Denken als etwas Psychischem und Inhalten des Denkens als etwas Nicht-Psychischem führt ihn zur Beobachtung eines anderen Unterschiedes; und zwar geht es um den Unterschied zwischen Gesetzen, die die Psychologie untersucht, und den Gesetzen, die die Logik untersucht. Im ersten Fall haben wir es mit Gründen zu tun, aus denen heraus jemand etwas meint, hofft oder für wahr hält, im anderen um Gründe dafür, daß ein Gedanke wahr ist, bzw. um, wie Frege sagt, Gesetze des Wahrseins. Dieser Punkt ist so zu verstehen: Wenn eine wahre Aussage, *B*, aus zwei Prämissen, ‚Wenn *A*, dann *B*' und ‚*A*' gültig erschlossen wird, so besteht dieses Wahrsein unabhängig davon, daß es von irgend jemandem anerkannt wird, und – so fährt Frege in seinem Buch *Grundgesetze der Arithmetik* aus dem Jahre 1893 fort –: „Wenn das Wahrsein unabhängig davon ist, daß es von einem anerkannt wird, so sind auch die Gesetze des Wahrseins nicht psychologische Gesetze, sondern Grundsteine in einem ewigen Grunde befestigt, von unserem Denken überflutbar zwar, doch nicht verrückbar. Und weil sie das sind, sind sie für unser Denken maßgebend, wenn es die Wahrheit erreichen will" (S. XVI).

Hier nun gilt es zu sehen, daß Frege eigentlich mit dem Problem konfrontiert wird, sagen zu müssen, daß die Gesetze des Wahrseins ihrerseits wahr sind, und zu erklären, was die Gesetze des Wahrseins ihrerseits wahr macht. Dieses Problem hat ihn wenig verblüfft. Denn er schreibt: „Die Frage nun, warum und mit welchem Recht wir ein logisches Gesetz als wahr anerkennen, kann die Logik nur dadurch beantworten, daß sie es auf andere logische Gesetze zurückführt. Wo das nicht möglich ist, muß sie die Antwort schuldig bleiben" (*Grundgesetze* S. XII). In einem anderen Zusammenhang spricht er auch von Urwahrheiten. Doch ist das eigentliche Problem damit offensichtlich nicht gelöst.

IV.

Die Annahme, daß der Psychologismus unrecht habe und Denkinhalte von Denkakten getrennt werden müssen, führte Frege zu der Annahme, daß es sich bei dem Bereich der Inhalte um ein eigenständiges Reich handele. In der Arbeit „Der Gedanke"[8] spezifiziert Frege: „Ein drittes Reich muß anerkannt werden. Was zu diesem gehört, stimmt mit den Vorstellungen darin überein, daß es nicht mit den Sinnen wahrgenommen werden kann, mit den Dingen aber darin, daß es keines Trägers bedarf, zu dessen Bewußtseinsinhalten es gehört. So ist z.B. der Gedanke, den wir im pythagoreischen Lehrsatz aussprachen, zeitlos wahr, unabhängig davon wahr, ob irgend jemand ihn für wahr hält. Er bedarf keines Trägers. Er ist wahr nicht erst, seitdem er entdeckt worden ist, wie ein Planet, schon bevor jemand ihn gesehen hat, mit anderen Planeten im Wechselspiel gewesen ist" (S. 43); und in einer Anmerkung präzisiert er: „Man sieht ein Ding, man hat eine Vorstellung, aber man faßt oder denkt einen Gedanken. Wenn man einen Gedanken faßt oder denkt, so schafft man ihn nicht, sondern man tritt nur zu ihm, der schon vorher bestand, in eine gewisse Beziehung, die verschieden ist von der des Sehens eines Dinges und von der des Habens einer Vorstellung" (S. 44).

Aus diesen Zitaten geht deutlich hervor, daß Frege das Reich der Gedanken als etwas ansieht, was wir auffinden (und nicht etwa erfinden). Diese Auffassung verbindet ihn mit jener Position, die gemeinhin als Platonismus bekannt ist, also mit der in den Dialogen Platons vertretenen Auffassung assoziiert wird, daß der Mensch, das erkennende Subjekt, mit dem Reich an sich und für sich bestehender Ideen in einen geistigen Kontakt treten könne; ‚fassen‘, ‚berühren‘ usw. sind typische Metaphern für Erkenntnis. Dabei ist umstritten, wie stark dieser Fregesche Platonismus tatsächlich war. Doch ist klar, daß Frege die Annahme der Existenz von Gedanken nicht auf die Annahme von logischen oder mathematischen Sachverhalten einschränkt. Vielmehr gilt, daß sämtliche Sachverhalte, die in Aussagesätzen zum Ausdruck gebracht werden, Gedanken sind und mithin über diesen Status zeitloser Gebilde verfügen. Feststellungen wie ‚Es regnet in Berlin‘ bilden hier dann keine Ausnahme, wenn dieser Satz durch die Hinzufügung einer Angabe wie ‚am 28. April 1996‘ eine Präzisierung erhält, die es gestattet, den zum Ausdruck gebrachten Gedanken zu identifizieren. In diesem Sinn also sind die Gegenstände des Wissens für Frege wahre Gedanken. Und die Kenntnis über die Welt überhaupt artikuliert sich in wahren Gedanken. Dieser Punkt ist wichtig. Denn Frege ist vermutlich einer der ersten Denker überhaupt, die erkannten, daß Gedanken dasjenige sind, mittels dessen wir uns im Denken auf Gegenstände aller Art beziehen und somit auch den eigenen Bereich der mentalen Innenwelt durchbrechen. Von einem Gegenstand, x, welcher Art auch immer, etwas wissen heißt, einen wahren Gedanken über x haben, also wissen, daß x blau ist oder gerecht usw.

V.

Dieser Punkt legt eine weitere Frage nahe: Was gehört zum Gedanken und was nicht? Diese Frage erfährt, wie zu sehen sein wird, eine Reihe von Komplikationen. Nehmen wir den Satz ‚Albert ist immer noch nicht gekommen‘. Drückt man mit diesem Satz denselben Gedanken aus wie mit dem Satz ‚Albert ist nicht da‘? Und wie steht es mit Sätzen wie ‚Das Pferd ist gestorben‘ und ‚Der Klepper ist tot‘? Frege betont, daß Komplikationen dieser Art in mathematischen und physikalischen Darstellungen so gut wie nicht auftreten, wohl aber in den Geisteswissenschaften, die in seinen Augen der Dichtung näher stehen.[9] Für Frege macht es keinen Unterschied im Gedanken, ob das Wort ‚Gaul', ‚Roß' oder ‚Mähre' verwendet wird und ob wir statt einem einfachen ‚noch' ein ‚noch immer' gebrauchen. Denn Wörter, die, wie er meint, auf das Gefühl gehen, die Stimmung des Hörers anregen usw., haben mit dem zu tun, was man Stimmung, Duft, Beleuchtung in der Dichtung nennen könne (a.a.O., S. 37). Diese Bestandteile des Satzes erstrecken sich aber nicht auf die behauptende Kraft des Satzes und gehen nicht jenen Kern des Inhalts an, der als wahr oder falsch hingestellt wird: „So überragt der Inhalt eines Satzes nicht selten den in ihm ausgedrückten Gedanken" (a.a.O., S. 37). Diese Äußerung zeigt, daß Frege unter dem Gedanken jenen Teil des Inhaltes versteht, der den wahrheitsfähigen Kern der Aussage ausmacht (s. Abschn. 4, IX). Hier zeigt sich natürlich das Interesse des exakten Wissenschaftlers, der sich nur für das Fleisch interessiert und nicht für die Sauce, während Geisteswissenschaftler wohl in dem Rufe stehen, letzteres erheblich überzubewerten.

Der wahrheitsfähige Kern des Behauptungssatzes – der Gedanke – kann auch als dessen Bedeutung angesehen werden. Nur wird hier, an dieser Stelle, eine Eigenart im Terminologischen sichtbar. Denn Frege verwendet da, wo gemeinhin von ‚Bedeutung' gesprochen wird, den Ausdruck ‚Sinn'; und er verwendet das Wort ‚Bedeutung' da, wo wir heute von Bezug oder Referenz oder, genauer: vom Gegenstand der Referenz sprechen würden. Die Unterscheidung zwischen ‚Sinn' und ‚Bedeutung' gilt als eine der wesentlichen Errungenschaften der modernen Philosophie. Sie wurde von Frege 1892 in einem Aufsatz „Über Sinn und Bedeutung"[10] expliziert, und zwar im Ausgang von der Frage, was in Ausdrücken wie ‚$a = a$' oder ‚$b = a$' eigentlich Gegenstand der behaupteten Identitätsbeziehung sei. Ist von Namen bzw. Zeichen die Rede oder von dem, wofür die Zeichen bzw. Namen stehen? Im ersten Fall wäre zwischen ‚$a = b$' und ‚$a = a$' kein Unterschied gegeben. Denn wenn a und b als Zeichen gleich wären, so müßten die in Rede stehenden Sätze dasselbe ausdrücken. Aber dies scheint sinnwidrig. Denn ‚$a = a$' ist eine Tautologie, während ‚$a = b$' womöglich unsere Erkenntnis erweitert und insofern Erkenntniswert hat. Im zweiten Fall wäre die Identität eines Dinges mit einem anderen behauptet; und auch dies ist schwer zu akzeptieren.

Freges Lösung ist folgende: Wenn wir als Beispiel ‚Der Abendstern ist der Morgenstern' (‚a = b') nehmen, sehen wir, daß die Ausdrücke ‚Abendstern' und ‚Morgenstern' zwar denselben Gegenstand bezeichnen und insofern dieselbe Bedeutung haben (nämlich den Planeten Venus), aber unterschiedlichen Sinn. Diese Sinnverschiedenheit sieht Frege darin, daß ein und derselbe Gegenstand je verschieden gegeben wird bzw. unterschiedliche Gegebenheitsweisen (*Stern am Morgen* bzw. *Stern am Abend*) des bezeichneten Gegenstandes Ausdruck finden. Vom Sinn eines Namens unterscheidet Frege das, was er Vorstellung nennt. Damit meint er in diesem Kontext eigentlich das Vorstellungsbild, das die Nennung des Namens begleitet: „Nicht immer ist, auch bei denselben Menschen, dieselbe Vorstellung mit demselben Sinn verbunden. Die Vorstellung ist subjektiv: die Vorstellung des einen ist nicht die des anderen. Damit sind von selbst mannigfache Unterschiede der mit demselben Sinn verknüpften Vorstellungen gegeben. Ein Maler, ein Reiter, ein Zoologe werden wahrscheinlich sehr verschiedene Vorstellungen mit dem Namen ‚Bucephalus' verbinden. Die Vorstellung unterscheidet sich dadurch wesentlich von dem Sinn eines Zeichens, welcher gemeinsames Eigentum von vielen sein kann und also nicht Teil oder Modus der Einzelseele ist; denn man wird wohl nicht leugnen können, daß die Menschheit einen gemeinsamen Schatz von Gedanken hat, den sie von einem Geschlechte auf das andere überträgt" (S. 44).

VI.

Nun hat Frege soweit – in „Über Sinn und Bedeutung" – nur von Eigennamen gesprochen; und nachdem er seine Unterscheidung zwischen Sinn und Bedeutung an Beispielen dieser Wortklasse exemplifiziert hat, springt er sogleich auf die Frage nach Sinn und Bedeutung ganzer Sätze über. Die Frage, wie diese Unterscheidung im Falle von Prädikaten bzw. Begriffswörtern aussieht, wird übergangen.[11] Was nun die Frage nach Sinn und Bedeutung im Fall von Aussagesätzen angeht, so ist klar, daß als Sinn dasjenige zu gelten hat, was als Gedanke angesprochen wurde. Die Identifizierung der Bedeutung ist ungleich schwerer zu verstehen. Denn wenn Frege sagt, die Bedeutung von Aussagesätzen seien die

Wahrheitswerte *wahr* und *falsch* (bzw. *Das Wahre* und *Das Falsche*), so impliziert dies, daß alle Sätze, die wahre Gedanken ausdrücken, ein und dieselbe Bedeutung haben und ebenso alle Sätze, die falsche Gedanken ausdrücken. Diese Auffassung ist merkwürdig; aus den Darlegungen aus „Über Sinn und Bedeutung" (S. 49) geht allerdings hervor, daß Frege (Aussage-)Sätze ihrerseits als Namen verstanden wissen will, die für etwas stehen und deren Bedeutung das ist, was durch den Ausdruck benannt wird. Was also durch den Satz benannt wird, wäre der Umstand, daß der Satz, bzw. der durch ihn ausgedrückte Gedanke, wahr oder falsch ist.

Die andere Komplikation, die mit der Frage aufgeworfen wird, was zum Gedanken gehört und was nicht, besteht darin, daß Frege verschiedentlich sagt, daß Gedanken Teile haben und diese Teile – also Sinnelemente – den Teilen entsprechen, die wir an Sätzen isolieren können. Diese Auffassung legt die Vorstellung nahe, daß Gedanken etwas sind, was an sich strukturiert ist. Dies würde bedeuten, daß Gedanken sozusagen intrinsisch gegliedert sind. So spricht Frege z.B. von ‚Subjekt' und ‚Prädikat' im logischen Sinn als Teilen des Gedankens; und dies würde in der Tat für die Vorstellung sprechen, daß wir im Blick auf jeden Gedanken, *daß p*, vorgegebene Teile isolieren können. Doch scheint diese Vorstellung nicht akzeptabel. Denn Frege betont auch, daß Gedanken nichts Sprachliches an sich haben und uns gewissermaßen im Gewande von Sprache nur besser faßbar werden. Außerdem betont er, daß wir einen und denselben Gedanken unterschiedlich analysieren können. Dabei denkt er zunächst an Fälle, in denen wir ein und denselben Sachverhalt aktivisch oder passivisch ausdrücken können: ‚Hans schlägt Berta', ‚Berta wird von Hans geschlagen'. Dies zeigt u.a., daß Gedanken nicht von Hause aus ein bestimmtes Subjekt, im logischen Sinn, und ein bestimmtes Prädikat, im logischen Sinn, haben; und es zeigt, daß die Unterscheidung von Teilen des Gedankens – von Sinnelementen des Sinnes, der der Gedanke ist – nicht durch den Gedanken selber vorgegeben ist,[12] sondern vom Denken an ihn in gewisser Weise erst herangetragen wird. Nun müssen beide Thesen keinen Widerspruch bedeuten. Dann kann man geltend machen, daß Frege hier verschiedene Perspektiven einnimmt, einmal die, die mit dem Fassen des Gedankens zu tun hat, und einmal die, die den Gedanken in eigenem

Recht angeht. Im einen Fall ist uns der Gedanke schon immer in einem bestimmten sprachlichen Gewand präsent, und dies heißt, daß die sprachliche Artikulation als solche eine bestimmte Struktur hat und dem so ausgedrückten Sinn *ipso facto* seinerseits eine bestimmte Struktur eignet. Im anderen Fall wird der Gedanke als Gebilde an sich betrachtet.

3. Wege der Begriffsanalyse

I.

Ihre wirkungsvollste Stoßkraft entfaltete die Sprachliche Wende da, wo philosophische Bastionen vergangenen Denkens einer begrifflichen Analyse mittels der modernen Logik unterzogen wurden. Dazu gehörten die, wie Bertrand Russell betonte[1] und vor ihm John Stuart Mill geltend machte, frivolen Spekulationen um das Sein. Unmittelbaren Anlaß zur neuerlichen Konfrontation bot namentlich Martin Heideggers Rede vom Sein und dem Nichts. Die undankbare Rolle eines philosophischen Winkelrieds nahm seinerzeit Rudolf Carnap auf sich, der vielleicht wichtigste Exponent der aufkeimenden analytischen Richtung überhaupt: In bezug auf die Frage nach *dem* Sein sei geltend zu machen, daß sie eine sozusagen zweistufige Konfusion voraussetze.[2] Erstens gehe sie von der Annahme *eines* Infinitivs ‚sein‘ aus, zweitens gehe sie, durch die Verwendung des bestimmten Artikels ‚das‘ und die Großschreibung ‚Sein‘, davon aus, daß es etwas gebe, was dem Ausdruck ‚Sein‘ als Bedeutung gegenüberstehe. Beide Annahmen sind nicht gerechtfertigt. Die erste Annahme übersieht, daß *sein* im Sinne der Kopula ‚ist‘ nicht mit *sein* im Sinne von ‚es gibt‘, ‚existiert‘ identisch ist und wir es im einen Falle mit dem Hilfszeitwort zu tun haben, im anderen Fall hingegen mit einem Vollverb. Im Blick auf sein Vorkommen als Hilfszeitwort gilt es näherhin freilich zu beachten, daß das ‚ist‘ im Falle von ‚Shakespeare ist ein Dichter‘ logisch gesehen eine Ding/Eigenschaftsbeziehung signalisiert, im Falle von ‚Shakespeare ist der Dichter des *Hamlet*‘ eine Identitätsbeziehung. Beide Beziehungen sind logisch distinkt und nicht aufeinander reduzierbar. Das gleiche gilt für ‚ist‘ als Vollverb. Der Sinn des ‚ist‘ der Existenz läßt sich weder durch den Sinn des ‚ist‘ der Prädikation noch durch den des Identitätszeichens explizieren. Mithin gilt, daß wir kein Recht haben, von der Annahme *einer* Bedeutung von ‚sein‘ auszugehen.

Noch weniger sind wir berechtigt, aus der Antizipation einer solchen Bedeutung heraus *sein* groß zu schreiben und mit einem bestimmten Artikel zu versehen. Damit erhalten wir einen Ausdruck, dem logisch betrachtet die Funktion einer Gegenstandsbezeichnung eignet und dem ein benannter Gegenstand als Bedeutung gegenübersteht. Damit fallen wir einer typischen – wie W.V.O.Quine später sagen wird – substraktiven Täuschung zum Opfer: Aus dem bloßen Vorhandensein eines Wortes schließen wir auf das Vorhandensein von etwas, was dieses Wort bedeutet. (Nun hat Heidegger gelegentlich gesagt, das Sein sei kein Seiendes, und Sachwalter der Seins-Spekulationen nehmen diesen Rekurs auf die sog. ontologische Differenz zum Anlaß, den Einwand zu verharmlosen oder gar als gegenstandslos zu erweisen. Doch ist mit dem Hinweis auf diese Differenz – sie wurde von neuplatonischen Philosophen beobachtet und später auch von Schelling – weder etwas gerechtfertigt noch etwas gewonnen. Denn entscheidend sind nicht Worte, sondern Taten. D.h.: Entscheidend ist, ob in der Rede vom Sein der Gegenstand der Rede logisch-begrifflich dem Status von Gegenständen bzw. dinghaften Gebilden assimiliert wird oder nicht; und daß sich in der besagten Rede eine solche Angleichung niederschlägt, ist unbestreitbar.)[3]

Etwas anders steht es mit der Rede um das Nichts. Zwar unterliegen wir auch hier einer, wie James sagt, abstraktiven bzw. in Quines Terminologie substraktiven Täuschung. Denn wir schließen aus dem Vorhandensein eines Wortes auf die Existenz eines entsprechenden Gebildes und fallen dem Irrtum zum Opfer, daß Worte im Zweifelsfall als Namen fungieren. Die Geschichte dieser besonderen Faszination mit dem Nichts ist alt. Sie steht auch am Anfang jener frühmittelalterlichen Versuche, philosophische Fragen auf den Weg zu bringen. So hat Fredegisius von Tours im 9.Jahrhundert in einem Brief *Das Nichts und die Finsternis* an Karl den Großen geltend gemacht, der Gedanke der Schöpfung aus dem Nichts sei korrekterweise dahingehend zu verstehen, daß die Welt aus *etwas* geschaffen wurde. Und diese Interpretation stützte er u. a. auf die Erwägung ab, daß ‚nichts' (*nihil*) ein Name (*nomen*) sei, wenn auch ein – wie manche Grammatiker sagten – unbestimmter Name. Diese Erwägung ist gegenstandslos, sowohl historisch als auch systematisch. Aber daß es sich hier überhaupt nicht um einen *Namen* handelt, wurde erst im 20.Jahrhundert deutlich. So läßt sich leicht zeigen, daß ‚nichts' in unserer Sprache zum Zwecke der Negation solcher Aussagen wie ‚Etwas ist vor der Tür' verwendet wird. Damit entfällt auch die Berechtigung zur Annahme, es gäbe etwas, was dem ‚nichts' in ‚Nichts ist vor der Tür' entspräche.

II.

An dieser Stelle lohnt es sich vielleicht, einzuhalten und die Tragweite dessen abzuschätzen, was mit der Logischen Analyse in die Philosophie Einzug hält. Offensichtlich zeichnet sich hier ein *point of no return* ab – nämlich die Demarkierung bestimmter Linien, hinter welche die Diskussion in technischer Hinsicht nicht zurückfallen sollte. Dieser Gesichtspunkt wurde in weiten Kreisen als Bedrohung empfunden und gab bis heute Anlaß zu massiven und z.T. ideologisch verbrämten Retaliationen. Schon 1916 gab Heidegger in einer Fußnote seiner Dissertation gegen Russells Vorgehen zu bedenken, daß die Symbolische Logik dem Phänomen der lebendigen Sprache nicht gerecht werde. Doch trifft dieser Einwand, der auch spätere Verfechter der sog. Hermeneutischen Philosophie maßgeblich bestimmt hat (s. Abschn. 7, III), an entscheidender Stelle ins Leere.[4] Denn niemand, der die Beachtung logischer Belange als unverzichtbar ansieht, behauptet, daß man fortan den Sinn der Rede von ‚Er stand vor dem Nichts' nicht mehr verstehe oder verstehen könne. Was allenfalls behauptet wird, ist, daß aus der Bejahung oder Verneinung von Sätzen wie ‚Er stand vor dem Nichts' *stricto sensu* nicht die Annahme der Existenz von etwas folge, was mit dem Nichts identisch sei und damit sinnfällig als philosophischer Gegenstand etabliert werde. Dieser Punkt wurde – darauf ist gleich zurückzukommen – interessanterweise auch von Advokaten der sog. Alltagssprachen-Philosophie artikuliert (s. u. III).

Ein anderer Einwand geht dahin, daß die Vorstellung einer ‚Klärung' gedanklicher Strukturen im Lichte der modernen Logik als idealer Sprache womöglich eine Chimäre darstelle. Denn die Sprache der Logik als *die* ideale Sprache auszuzeichnen heißt, sagen zu können, weshalb und für welchen Zweck sie ideal sei. Dieser Punkt scheint etwas für sich zu haben. Namentlich im Blick auf die von Wittgenstein und Russell inaugurierte Tendenz, die wirklichen Strukturen der Welt in Begriffen bestimmter logischer Strukturen charakterisieren zu wollen, läßt sich einwenden, daß wir dieses Projekt nur dann beim Nennwert nehmen können, wenn wir schon auf unabhängige Weise wissen, wie die Welt beschaffen ist und daß sie Strukturen an den Tag legt, wie sie die Logik aufweist. Aber wie können wir dies wissen? In anderer Hinsicht freilich scheint auch dieser Einwand ins Leere zu gehen. Denn Logik ist nun einmal das, auf was wir uns einlassen, wenn wir irgendwelche Argumentationen verfolgen. Bereits dadurch, daß wir uns auf die Verwendung solcher Ausdrücke wie ‚denn‘ und ‚also‘ verstehen, erkennen wir die Geltung logischer Strukturen an. Allenfalls können wir – vis-à-vis spezieller Fragen und Zielsetzungen – für bestimmte Modifikationen der Logik plädieren; wir können aber nicht für die Abschaffung der Logik argumentieren. Insofern ist wohl auch dem Vorbehalt mit Vorsicht zu begegnen, philosophische Gedanken und Vorstellungen sperrten sich gegen jede Fixierung mittels prädikatenlogischer Instrumente. Natürlich sind hier Augenmaß und gegebenenfalls auch Innovation angezeigt. Doch hat Klarheit der Gedanken etwas mit der Klarheit von Sprache zu tun, in der sie ja Ausdruck finden.

III.

Daß philosophische Problemstellungen der vertrauten Art etwas mit der Art und Weise zu tun haben, wie man sich auf Phänomene der natürlichen Sprache einstellt oder eben nicht, scheint klar. So hat der jung verstorbene John L. Austin immer wieder darauf hinzuweisen versucht, daß eine ganze Reihe philosophischer Probleme künstlicher Natur seien. Sie bestehen nur, weil man die Belange der Alltagssprache nicht genau genug beobachtet. Eines der Beispiele, das von seiner systematischen Sprengkraft her eklatant ist, betrifft die im philosophischen Diskurs der ersten Jahrzehnte des 20. Jahrhunderts gebräuchliche Rede von direkter bzw. unmittelbarer Wahrnehmung einerseits und indirekter bzw. mittelbarer Wahrnehmung andererseits. Diese Unterscheidung war extrem wichtig. Schon der Versuch der Fundierung empirischen Wissens in bestimmten Wahrnehmungen war von dem Bemühen begleitet, bestimmte Wahrnehmungen auszuzeichnen, die irrtumsunfähig seien. Von solcher Art war vorzugsweise der Bereich eigentlicher Sinneswahrnehmungen: Ich kann mich darüber irren, ob der Gegenstand dort blau ist oder nicht, aber ich kann mich normalerweise nicht darüber im Irrtum befinden, daß ich eine Blau-Wahrnehmung habe, Schmerzen empfinde usw.; Wahrnehmungen letzterer Art wurden als unmittelbar im Sinne von nicht-urteilshaft angesehen oder, wie bei Russell, auch als Formen von *Wissen durch Bekanntschaft* charakterisiert. Derlei führte zu der Annahme bestimmter Objekte wie *sensa*, *sensibilia* oder Sinnesdaten (*sense data*), die als Gegenstände unmittelbarer Wahrnehmung aufgefaßt wurden. Dabei zeigte sich alsbald, daß der eigentliche ontologische Status derartiger Gebilde alles andere als klar war und die Annahme der Existenz derartiger Dinge offenbar mehr Probleme schaffte, als sie lösen könnte. Handelt es sich z.B. bei den Farbflecken um so etwas wie Oberflächen von Dingen oder um rein mentale Entitäten? Tatsächlich sind die Probleme Legion.[5]

Eine Strategie, diese Probleme zu eliminieren, dokumentiert sich im Versuch des amerikanischen Philosophen Wilfred Sellars, das Haben von Wahrnehmungen adverbiell zu konstruieren: ‚Er nimmt rötlich wahr'. Demnach müßten wir nicht über eine Beziehung von der Art ‚Ich habe eine Rot-Wahrnehmung' bzw. ‚Mir ist ein Rot-Ton gegeben' rätseln und über den Status des Relatum *Rot* oder *Rot-Ton* mutmaßen. Eine andere Strategie verfolgte Austin. In seinen Einführungsvorlesungen[6] an der Universität Oxford machte er geltend, daß die Verwendung von ‚unmittelbar', ‚mittelbar', ‚direkt', ‚indirekt' genaugenommen im Bereich des Idioms des Sehens beheimatet sei und außerhalb dieser Wahrnehmungsart absurd anmute: Man kann jemanden indirekt sehen, nämlich erst im Spiegel und dann vis-à-vis; aber man kann jemanden nicht indirekt spüren oder Musik indirekt hören usw. Mit anderen Worten: Die sattsam bekannten Probleme rühren von einer speziell philosophischen Verwendungsweise derartiger Termini her. Offensichtlich bedeutet hier die Abhebung von den Gegebenheiten der Alltagssprache einen irreversiblen Schritt ins Durcheinander.

In dieser Auffassung trifft sich Austin mit jener Haltung, die an der Universität Cambridge damals von Ludwig Wittgenstein propagiert wurde und außerhalb des Kreises seiner wenigen Schüler zunächst in den posthum veröffentlichten *Philosophischen Untersuchungen* Bekanntheit erlangte. In diesem Text kristallisiert sich die These heraus, daß typisch philosophische Fragen wie

‚Was ist (die) Zeit?‘ daherrühren, daß wir unterschiedliche Verwendungsweisen von Ausdrücken ignorieren und uns von der Täuschung leiten lassen, es gebe *eine* Bedeutung und *diese* Bedeutung sei sozusagen mit dem *Wesen* der Sache identisch. Wittgenstein kommentiert diese Situation in der Weise, daß er sagt, philosophische Probleme seien Verhexungen des Verstandes durch die Sprache und sie entstünden dann, wenn die Sprache feiere (*Philosophische Untersuchungen* § 39).

Bei der Beurteilung dieser Form von Analyse scheint es fair zu sagen, daß die Sache leicht zum kalkulierten Todesstoß wird. Denn Philosophie scheint nach diesem Verständnis – dies mag der innere Motor der Überlegungen Wittgensteins gewesen sein – allenfalls als Disziplin zu taugen, die ihre Vergangenheit und den ererbten Bestand von Fragen liquidiert. Diese Einstellung war weit von dem entfernt, was Bertrand Russell und George E. Moore seinerzeit ins Auge faßten. Für sie nämlich bestand Begriffsanalyse in der Isolierung wirklicher Gehalte; und der Sinn der Analyse – ‚*Analysis*‘ hat bereits bei Aristoteles die Bedeutung von ‚Rückführung auf einfachere und einfachste Gebilde‘ – war die Identifikation ultimativer Konstituentien des Wirklichen.

IV.

Moores Einfluß als Autor und Lehrer war beträchtlich. Die Stoßkraft seiner Erörterungen liegt in der Analyse philosophischer Thesen, die er auf begriffliche Unklarheiten und Verwirrungen hin betrachtet und auf diese Weise zu mehr Klarheit führt. Ein nachhaltiges Beispiel dafür liegt in Gestalt seiner Attacke auf John Stuart Mills Argument für das utilitaristische Prinzip vor. Mill hatte 1861 in seiner Studie *Utilitarianism* geltend gemacht, daß man die utilitaristische These, wonach Glück erstrebenswert und dies auch der einzige bzw. oberste Zweck sei, genaugenommen nicht beweisen könne. Doch könne man die Sache hinreichend klarmachen und im Rahmen dessen, was erforderlich sei, auch beweisen: „Der einzige Beweis, den man dafür geben kann, daß ein Ding sichtbar ist, ist, daß Leute es tatsächlich sehen. Der einzige Beweis, daß ein Klang hörbar ist, ist, daß Leute ihn hören; und so auch hinsichtlich anderer Erfahrungen. In entsprechender Weise ist, wie ich meine, die einzige Evidenz, die man dafür geltend machen kann, daß etwas erstrebenswert ist, daß Leute es tatsächlich erstreben."[7] Mill fährt fort: „Dafür, daß das allgemeine Glück wünschenswert ist, läßt sich kein anderer Grund angeben, als daß jeder sein eigenes Glück erstrebt, insofern er es für erreichbar hält. Da dieses jedoch eine Tatsache ist, haben wir damit nicht nur den ganzen Beweis, den der Fall zuläßt, sondern alles, was überhaupt als Beweisgrund dafür verlangt werden kann, daß Glück ein Gut ist: nämlich daß das Glück jedes einzelnen für diesen ein Gut ist und daß daher das allgemeine Glück ein Gut für die Gesamtheit der Menschen ist" (a.a.O., S. 61).

Hier macht Moore geltend, und zwar in § 40 seiner *Principia Ethica* aus dem Jahre 1903, daß Mills Argument bereits an früher Stelle einer Täuschung unterliege. Diese Täuschung besteht darin, daß Mill eine Entsprechung zwischen sichtbar (*visible*) und erstrebenswert (*desirable*) zugrunde lege. Im Falle der Sichtbarkeit haben wir es mit einem faktischen, d.h. empirisch identifizierbaren Charakteristikum zu tun, im Fall der Erstrebenswertigkeit jedoch mit einem Wertmoment: *„The desirable means simply what ought to be desired or deserves to be desired."*[8] Dieser Punkt ist offensichtlich wichtig; und er verdient um so mehr unsere Aufmerksamkeit, als er von vielen Moralphilosophen übersehen wurde. Aus der Tatsache, daß etwas, *x*, erstrebt *wird*, folgt nicht, daß *x* auch erstrebens*wert* ist. Was folgt, ist allenfalls, daß Menschen denken, *x* sei erstrebenswert. Moores Kritikpunkt wird gelegentlich mit jener Beobachtung identifiziert (und, wie ich meine, verwechselt), die David Hume hinsichtlich des Überganges von Ist (*is*)-Feststellungen zu Soll(te)(*ought*)-Feststellungen registriert; und zwar monierte Hume, daß in den Texten, die er gelesen habe, eine Zeitlang Aussagen über den Menschen usw. getroffen werden und urplötzlich ein Übergang zu Aussagen stattfinde über das, was der Mensch tun solle, ohne daß dieser Übergang als solcher geklärt oder gerechtfertigt werde (*Treatise* III, iii, i). Was Hume genau vor Augen stand, ist in der Forschung umstritten. Doch wurde seine Beobachtung in der Weise gedeutet, daß man ihm die Meinung zuschreibt, aus rein faktischen Aussagen allein könnten keine normativen Aussagen gewonnen werden; und diese Meinung bestimmt auch die Auffassung der meisten Moralphilosophen heute. Sie bedeutet direkt oder indirekt auch eine Absage an jene metaphysischen und naturrechtlichen Orientierungen, die aus tatsächlichen oder vermeintlichen Wahrheiten über das Sein des Menschen Wahrheiten bezüglich dessen abzuleiten versuchten, was der Mensch tun soll.

Überlegungen dieser Art mochten auch Moore bestimmt haben. Doch erwähnt er in diesem Buch Hume weder hier noch anderswo; und so liegt die Annahme nahe, daß er im Kern einen anderen Punkt vor Auge hatte. Was ihn interessierte, war die Frage der Definierbarkeit von ‚gut‘. Dabei scheint er von der Beobachtung ausgegangen zu sein, daß Philosophen wie Mill glauben, moralische Eigenschaften wie *gut* können durch sog. natürliche Eigenschaften wie *wird erstrebt, ist lustvoll* expliziert werden; und diese Annahme ist zweifelhaft und kritikwürdig und wird von ihm wiederholt als ‚naturalistischer Fehlschluß‘ gebrandmarkt.

V.

Nun ist seine eigene Position, bei Lichte besehen, nicht sehr klar. Dies beginnt relativ früh im Text, nämlich § 6 mit der Behauptung, daß ‚gut‘ wie auch ‚gelb‘ ein, wie er sagt, einfacher, nicht mehr weiter analysierbarer Begriff (*simple notion*) sei (S. 7/dt. S. 59). Mit ‚Nicht-Analysierbarkeit‘ bzw. ‚Einfachheit‘ meint Moore soviel, daß die solchermaßen charakterisierten Begriffe keine Merkmale enthalten und insofern auch keine weitere Analyse gestatten: „‚*Good*‘ *then, if we mean by it that quality which we assert to belong to a thing, when we say that the thing is good, is incapable of any definition in the most important sense of the word*“ (S. 9/dt. S. 61). Warum dies so ist, bleibt undurchsichtig. Zumindest die Analogie mit ‚gelb‘ ist problematisch. Denn ‚gelb‘ ist etwas, was sehr wohl als komplexes Gebilde aufgefaßt werden kann und sich seinerseits auf andere Gebilde zurückführen läßt. Aber vielleicht wollte Moore dies auch gar nicht in Frage stellen. Vielleicht meinte er, daß sich das Gebilde namens ‚gelb‘ nicht durch eine Aufzählung anderer Eigenschaften wie ‚grün‘ und ‚blau‘ explizieren lasse. Ein Nebeneffekt der These von der Nicht-Analysierbarkeit von ‚gut‘ ist die Auffassung, daß wir diese Eigenschaft nicht begrifflich-diskursiv erfassen können, sondern nur *in* und *mittels* der Intuition. Dieser Punkt hat Moore gelegentlich den Vorwurf irrationalistischer Inklinationen eingetragen, als ob er mit Platon und den modernen Phänomenologen gemeinsame

Sache mache und an philosophisch unrespektable Dinge wie Evidenz und dergleichen appelliere. Moore selber hat diese Vorwürfe zurückgewiesen.

Ein Versuch, seiner These der Nicht-Definierbarkeit von ‚gut‘ bzw. seiner Auffassung von ‚gut‘ als einfachem Begriff Rückhalt zu verleihen, ist der Test der sog. Offenen Frage. Moore behauptet, daß wir uns von der Richtigkeit seiner Auffassung dadurch überzeugen können, daß wir uns folgende Situation vorstellen: Jemand wird gefragt, weshalb er meine, diese oder jene Handlung sei gut. Er antwortet, sie sei lebensförderlich, barmherzig usw. In solchen Fällen mache es Sinn zu sagen: Ja, ich gestehe all dies zu. Diese Handlung weist alle der genannten Eigenschaften auf. Aber ist die Handlung auch wirklich gut? Mit anderen Worten: Mit der Angabe dieser oder jener Charakteristika sei die Sache weder erledigt noch ausgestanden. Die Tatsache, daß die Frage ‚Ist es aber auch gut?‘ noch gestellt werden könne und somit offengeblieben sei, zeige, daß der *Sui-generis*-Gehalt von ‚gut‘ noch nicht erfaßt sei. Moores These hat sich – dies gilt unabhängig von den Schwierigkeiten, die seine Auffassungen an den Tag legen mögen – direkt und indirekt als folgenreich erwiesen. Erstens hat sie Philosophinnen und Philosophen in der Annahme bestärkt, daß Ethik im Kern eine Disziplin sei, die sich nicht auf andere Domänen zurückführen lasse. Insbesondere wurde deutlich, daß etwa sozialwissenschaftliche Ansätze – wie interessant sie auch immer sein mögen – diesen *Sui-generis*-Gehalt übersehen. Gleichzeitig hat sie andere Philosophinnen und Philosophen in der Annahme bestärkt, daß Sätze der Ethik über keinen eindeutig deskriptiven Sinn verfügen und Ethik insofern aus dem Spektrum der Wissenschaften herausfalle (s. Kap. 5). Ähnliche Erwägungen sind dann auch im Blick auf die Ästhetik angestellt worden. Entsprechend den Unterscheidungen Moores hat man hier die These aufgestellt, daß sich ästhetische Begriffe wie ‚schön‘ und ‚anmutig‘ nicht auf außerästhetische Begriffe zurückführen lassen, daß wir also mit der Angabe solcher Eigenschaften wie ‚harmonisch‘, ‚proportional‘ usw. nicht auch schon ästhetische Eigenschaften expliziert haben (s. Abschn. 19, II).

Kritiker mögen einwenden, daß Moores Entscheid, *gut* als eine nicht-komplexe, einfache Eigenschaft anzusehen, deren Begriff sich nicht weiter analysieren lasse, womöglich einer Chimäre fröne. So ließe sich geltend machen, daß es überhaupt schon einmal ein Irrtum sei, den Ausdruck ‚gut‘ als Wort für irgendeine Qualität (*quality*) aufzufassen. Zwar rangiert das Wort ‚gut‘ ebenso wie ‚gerecht‘ und andere Ausdrücke in Sätzen so, daß es als Eigenschaftswort in Erscheinung tritt; doch dürfte dies nur die Oberfläche angehen. Denn ‚gut‘ fungiert bei näherem Hinsehen eben nicht als normales Eigenschaftswort, sondern als ein attributives Prädikat (s. Abschn. 5, II).[9] Dies meint, daß ‚gut‘ in solchen Wendungen wie ‚ein guter Freund‘, ‚ein gutes Messer‘ usw. beheimatet sein dürfte und daß die Bedeutung von ‚gut‘ in solchen Fällen von der Bedeutung jenes anderen Wortes (‚Messer‘, ‚Freund‘) mitbestimmt ist, welches wir auf den in Rede stehenden Gegenstand anwenden. Nimmt man diesen Gedanken ernst, so zeigt sich, daß wir mit der Anwendung des Ausdrucks ‚*x* ist gut‘ immer die Frage provozieren ‚ein gutes *Was*?‘. Und damit wird auch deutlich, daß wir beim Gebrauch des Wortes ‚gut‘ keine einfache, in allen Fällen ihres Vorkommens identische Eigenschaft vor Augen haben. Was wir meinen, ist eher, daß ein Ding, eine Handlung, eine Institution usw. ein gutes Spezimen seiner Art sei und somit bestimmten Kriterien genüge. Doch ließe sich auch geltend machen – und Rorty hat dies getan (s. Abschn. 16, II) –, daß die Vorstellung einer nicht analysierbaren Eigenschaft als Bedeutung von ‚gut‘ ein wenig weltfremd sei: Sie gelte vielleicht in den Zirkeln des Bloomsbury Clubs, nicht aber im Milieu der Industriearbeiter von Manchester; denn diese wüßten sehr wohl, was sie unter ‚gut‘ zu verstehen hätten.

4. Auf der Suche nach der Bedeutung [1]

I.

Daß die Frage nach der Bedeutung sprachlicher Ausdrücke weite Bereiche der philosophischen Diskussion dieses Jahrhunderts besetzt, ist kein Zufall. Denn mehr als früher gewann hier die Einsicht Gewicht, daß begriffliche Fragen eigentlich Fragen bezüglich der Bedeutung von Ausdrücken sind und daß insbesondere also auch Klärungen bezüglich des Zusammenhangs von Ideen, Vorstellungen und Begriffen nicht sinnvoll ohne den Umweg über die Klärung der dabei verwendeten Ausdrücke erlangt werden können. Diese Einsicht ist vermutlich weder sonderlich beliebt noch generell unbestritten. Sie ist es namentlich da nicht, wo begriffliche Verhältnisse nach wie vor in objektiven Gegebenheiten gegründet werden und, so betrachtet, etwa Wesensverhältnisse voraussetzen oder als Manifestationen eines überpersönlichen Geistes angesehen werden. Unter diesen und anderen Bedingungen dürfte die Frage nach der sprachlichen Bedeutung kein besonderes Gewicht erlangen. Wo sie es erlangt, ist sogleich auch das Selbstverständnis philosophischen Tuns angesprochen. Denn um etwa grundsätzlich zwischen Tatsachen- oder Vernunftwahrheiten unterscheiden und gegebenenfalls eine Gruppe von Sätzen als empirisch sachhaltig behaupten zu können, muß man eine Unterscheidung zwischen *analytisch* und *synthetisch* verwenden; und eine solche Unterscheidung – in Kants Verständnis handelt es sich um eine Unterscheidung zwischen Urteilen, in denen der Prädikatsbegriff im Subjektsbegriff enthalten bzw. nicht enthalten ist – involviert eine Unterscheidung zwischen Bedeutungsgleichheit bzw. Bedeutungsverschiedenheit. Hier stehen mithin zentrale Punkte auf dem Spiel, die letztlich auch die Möglichkeit der Philosophie als Disziplin besonderer Art betreffen; und insofern ist die Frage nach der Bedeutung keine Frage unter anderen.

II.

Nach dem Wesen sprachlicher Bedeutung zu fragen heißt, nur eine jener Weisen ins Licht zu rücken, in denen das Wort ‚bedeutet‘ eine Rolle spielen kann. Zu diesen Weisen gehören Fälle wie (a) „„snow" bedeutet Schnee‘, (b) ‚Rauch bedeutet Feuer‘, (c) ‚Rezession bedeutet Unfrieden‘, (d) ‚Der Tod hat keine Bedeutung‘, (e) ‚Sie bedeutet ihm zu gehen‘ und (f) ‚Er/sie/es ist bedeutend‘.

Ob diese Verwendungen ein gemeinsames Band haben und womöglich auf eine Wurzelvorstellung verweisen, ist nicht klar und jedenfalls umstritten.[1] Der britische Philosoph Paul Grice, der Bedeutungen in Sprecherintentionen lokalisierte, hatte im Blick auf (a) und (b) zwischen nicht-natürlicher und natürlicher Bedeutung unterschieden und die Vermutung ausgesprochen, daß ihnen eine Wurzel (*root*) zugrunde liege;[2] in anderer Weise hatte M. Heidegger Manifestationen von Bedeutung auf Sinn zurückgeführt und Sinn seinerseits als Grundzug menschlichen Seins ausgegeben.[3] Doch ist unbestreitbar, daß das Phänomen der sprachlichen Bedeutung typischerweise durch Fälle von der Art (a) repräsentiert wird. Indes ist nicht klar, welche Art von Phänomen auf diese Weise ins Licht gerückt wird und ob (a) tatsächlich ein Phänomen eigener Art ist. So scheint ein Satz wie ‚Napoleon starb auf St. Helena‘ die Bedeutung zu haben, die er hat. Doch erschöpft sich die Bedeutung des Satzes, wenn er von einem Freund des Korsen geäußert wird, der den Tod des Mannes beklagt, vielleicht nicht in der Bedeutung, die der Satz als Typus hat. Denn was hier bedeutet wird, ist, daß großes Leid über das Land ausgebrochen sei und Trauer darüber, daß dieser große Mann fern der Heimat sterben mußte usw. Insofern mag es naheliegen, diese Bedeutung(en) als Teil der Bedeutung des geäußerten Satzes anzusehen. Auffassungen solcher Art sind dem Einwand ausgesetzt, daß die Betrachtung des vom Autor Gemeinten als Teil des Gesagten eine Konfusion darstelle und ebenso problematisch sei wie die Auffassung, daß es sich bei dem Verständnis, das ein Leser einem Text entnimmt, um die (oder einen Teil der) Bedeutung des dort Gesagten handele.[4] Doch bedarf diese Frage weiterer Erörterung (s. u.).

III.

Die Frage ‚Was ist die Bedeutung eines sprachlichen Ausdrucks?‘ erfuhr und erfährt unterschiedliche Antworten. Dabei reichte das Spektrum zunächst von *(i)* referentiellen Theorien über *(ii)* ideationale Theorien bis hin zu *(iii)* Gebrauchstheorien;[5] später wurde Bedeutung in Sprachhandlungen verankert, auf Sprecherintentionen zurückgeführt oder mit den Wahrheitsbedingungen von Sätzen in Verbindung gebracht.[6]

Auf den ersten Blick betrachtet, handelt es sich hier um rivalisierende Auffassungen, die im Sinn selbstkorrigierender Theorien verstanden werden können. So ließe sich sagen, daß *(ii)* offenkundige Unzulänglichkeiten von *(i)* vermeidet und *(iii)* entsprechend Defekte von *(ii)*.

In diesem Sinne scheint es korrekt zu sagen, daß die Identifikation von Bedeutung mit Bezug (oder gar mit Bezugsgegenständen) offensichtlich daran leidet, daß sie mit Sätzen wie ‚Pegasus existiert nicht‘ nicht zurechtkommt. Denn wenn ‚Pegasus‘ ein bedeutungsvoller Ausdruck ist, müßte er dies gemäß *(i)* kraft seines Bezugs auf Pegasus sein. Da Pegasus aber als nicht existierend behauptet wird, kann ‚Pegasus‘ auch keinen Bezug haben und ist *ipso facto* auch nicht bedeutungsvoll. Entsprechend läßt sich sagen, daß *(i)* an Identitätsaussagen versagt. So müßten die in dem Satz ‚Der Morgenstern ist mit dem Abendstern identisch‘ verwendeten Ausdrücke gemäß *(i)* bedeutungsgleich sein. Doch sind sie dies intuitiv betrachtet nicht; und die Ersetzung des einen Ausdrucks durch den anderen in einem Gedicht mag zu einer Sinnstörung führen. Gegen *(i)* scheint auch zu sprechen, daß sie Ausdrücke wie ‚Schönheit‘, ‚Gerechtigkeit‘ mit abstrakten Gegenständen als Bedeutungsentitäten versieht; und da eine solche Auffassung vielleicht Probleme besonderer Art kreiert, ist sie philosophisch gesehen anfällig. Auf dem Boden solcher (und anderer) Überlegungen mag *(ii)* einen willkommenen Ausweg nahelegen: Die Identifikation von Bedeutung mit Vorstellungen hält gewissermaßen die normale Intuition aufrecht, daß Worte Symbole sind und als solche für etwas stehen; doch ist das, wofür sie stehen, nichts, was in der Welt der Dinge vorkäme, und die Frage der Bedeutungshaftigkeit mithin auch nicht an die Frage der Existenz von Dingen geknüpft. Doch scheint auch diese Auffassung

Einwänden ausgesetzt. So ist das Verstehen von sprachlicher Bedeutung offensichtlich etwas, was Menschen teilen; und das heißt, daß die in Rede stehenden Bedeutungen also intersubjektiv zugänglich sein müßten. Aber ebendies scheint auf dem Boden von Auffassungen dieser Art *(ii)* nicht gewährleistet zu sein. Denn wenn wir Vorstellungen mit Bildern identifizieren und Bedeutungen entsprechend als Bilder verstehen, die der Geist vor Augen hat, würde sich leicht zeigen lassen, daß Menschen mit dem Wort ,Zerberus' unterschiedliche Bilder assoziieren und wir es gemäß *(ii)* also mit unterschiedlichen Bedeutungen zu tun hätten. Zumindest wäre dies nicht ausgeschlossen. Will man nun nicht auf eine Variante von *(i)* zurückkommen, so bleibt die Möglichkeit *(iii)*, die Bedeutung eines Wortes als seinen Gebrauch zu erklären. Dieser Weg, der von L. Wittgenstein erwogen wurde,[7] vermeidet jene Probleme, die sich beim Versuch der Identifizierung von Bedeutung mit Gegenständen irgendwelcher Art abzeichnen; und er trägt der Intuition Rechnung, daß Sprechen öffentlichen Charakter hat und das, was gesagt bzw. gemeint wird, verstanden werden kann.

IV.

Nun lassen sich die hier angesprochenen Divergenzen auch anders beurteilen, nämlich nicht als rivalisierende Auffassungen, sondern als unterschiedliche Zugänge. Denn Bedeutungen mit Gegenständen bestimmter Art zu identifizieren heißt, die Frage in den Vordergrund zu stellen, inwiefern sprachliche Ausdrücke Symbole sein können. In diesem Sinn scheint hier von vornherein die Frage zu dominieren, wie Sprache Sprache von etwas sein kann; und das Charakteristikum Sprache von bzw. über etwas sein wird hier schwerpunktmäßig unter dem Gesichtspunkt der Beziehung auf Welt verstanden. Hingegen weisen jene Antworten, die Bedeutung mit mentalen Gebilden oder Zuständen identifizieren, auf die Frage zurück, was Sprache mit Denken zu tun hat und wozu sprachliche Ausdrücke in dieser Hinsicht verwendet werden; anders lassen sich jene Auffassungen, die Bedeutungsverstehen mit dem Verstehen des Gebrauchs der Ausdrücke in der Sprache verbinden, als Versuch ansehen, das Phänomen der Bedeutung in erster Linie unter dem Gesichtspunkt von Kommunikation zu betrachten. Näherhin läßt sich sagen, daß in jenen Ansätzen, die Bedeutungshaftigkeit in Sprachhandlungen lokalisieren, entsprechend der Gesichtspunkt der Handlung in den Vordergrund getreten ist. So betrachtet, scheint das Phänomen Bedeutung tatsächlich in jeweils verschiedenen Kontexten bzw. an verschiedenen Orten beheimatet zu sein; und insofern wäre es auch nicht korrekt, hier einfach von komplementären Antworten zu sprechen. Vielmehr geht es um andere Auffassungen des Problems; und diese Divergenz mag in unterschiedlichen Auffassungen über Rolle und Funktion von Sprache begründet sein und sogar auf unterschiedliche Einschätzungen des Seins des Menschen in der Welt zurückweisen – hier die Vorstellung, daß der Mensch vor allem Wirklichkeit beschreibe und abbilde, dort die Vorstellung, daß der Mensch in erster Linie handele. Wenn man diese und andere Vorstellungen zumindest teilweise in ihrem Recht beläßt, kann man von unterschiedlichen Ebenen von Bedeutung sprechen;[8] und allenfalls vor diesem Hintergrund läßt sich sagen, daß sich die hier in Rede stehenden Zugänge ergänzen.

V.

Daß unterschiedliche Auffassungen von sprachlicher Bedeutung ihrerseits auf unterschiedliche Auffassungen über die Rolle und Funktion von Sprache zurückweisen, bedarf vielleicht einer Präzisierung. Denn bei allen Divergenzen im Detail sind Philosophen lange von der Annahme ausgegangen, daß Sprache in erster Linie designative Funktion eigne und der menschliche Geist das artikuliere, was ihm in Gestalt wirklicher Verhältnisse unverwandt gegenüberstehe. Diese Auffassung ist so alt wie die Philosophie selbst und scheint auch heute noch zu dominieren. Wie anders läßt sich sonst die These einordnen, daß Bedeutungsverstehen an das Kennen von Wahrheitsbedingungen gebunden sei? Bedeutung bzw. Bedeutungshaftigkeit an Wahrheit zu binden heißt, eine Auffassung zu favorisieren, für die die Artikulierung von Erkenntnis maßgeblich ist. Genauer gesagt, ist wohl an Erkenntnisse bestimmter Art gedacht. Denn bei Sätzen, die Werturteile zum Ausdruck bringen, handelt es sich für die meisten Philosophen nicht um wahrheitsfähige Gebilde (s. Abschn. 5, I). Mit dieser nicht-kognitivistischen Einschätzung nicht-deskriptiver Sprachverwendung ist sinngemäß auch eine Einschränkung der Kategorie von Bedeutungshaftigkeit auf Fälle deskriptiver Sprachverwendung verfügt. Doch scheint eine solche Einschränkung absurd und die Bindung von Bedeutungshaftigkeit an Fälle deskriptiver Sprachverwendung unglaubwürdig. Dies würde selbst dann gelten, wenn Werturteile zumindest zum Teil als wahrheitsfähige Gebilde in Betracht gezogen würden. Denn auch so bliebe die Tatsache, daß Sprache keineswegs nur dem Zweck der Beschreibung und Darstellung dient, sondern auch die Funktion hat, Haltungen und Einstellungen auszudrücken und zum Vorschein zu bringen[9] und geradezu zu konstituieren.[10] Dies nährt Zweifel an dem philosophisch vertrauten Bild. Es zeigt auch – und dieser Punkt ist entscheidend –, daß manche Phänomene, über die gesprochen wird, ihrerseits erst durch die Verwendung von Sprache Gestalt gewinnen und damit in einen öffentlichen Raum rücken. Insofern können sie nicht gut als Daten einer Theorie dienen, die Bedeutungsverstehen vom Kennen von Wahrheiten abhängig macht;[11] und es ist überdies zweifelhaft, daß die im traditionellen Bild vorherrschende Vorstellung eines gewissermaßen selbständigen, von den Dingen losgelösten Beobachters eine korrekte Beschreibung unseres Platzes in der Welt vermittelt.

VI.

Im Zuge der Sprachlichen Wende ist allerdings die Frage ‚Was ist die Bedeutung eines Wortes?‘ selber in Mißkredit geraten. So hat Austin geltend gemacht, daß in dieser Frage ein Übergang von (z. B.) ‚Was ist die Bedeutung des Wortes „Katze"?‘ zur Frage nach der Bedeutung irgendeines Wortes bzw. keines Wortes im speziellen vollzogen werde und daß dieser Übergang unstatthaft sei: Die Frage ‚Kennt er die Bedeutung des Wortes „Katze"?‘ ist sinnvoll, die Frage ‚Kennt er die Bedeutung eines Wortes?‘ nicht.[12] Mithin sind auch die traditionellen Antworten ‚ein Begriff‘, ‚eine Vorstellung‘, ‚eine Anschauung‘, ‚eine Klasse ähnlicher Sinnesdaten‘ „gleichermaßen verdächtige Beantwortungen eines Pseudo-Problems".[13] Dabei ist der entscheidende Punkt also nicht der, daß es nicht so etwas wie eine einzelne Bedeutung eines Wortes gebe – ein Punkt, der gelegentlich geltend gemacht wurde und auch Wittgenstein in seiner Empfehlung bestimmte, nicht nach der Bedeutung eines Wortes zu suchen, sondern seinen Gebrauch ins Auge zu fassen (s. III). Was Austin hier ablehnt und zurückweist, ist die Vorstellung, daß die Frage selber als Frage sinnvoll gestellt werden könne.

Austins Punkt hat Weiterungen. Wenn wir die Frage nicht sinnvoll stellen können und somit auch nicht von der Bedeutung eines Wortes sprechen können, entfällt z. B. die Berechtigung zu solchen Redewendungen wie „... ist Teil der Bedeutung von ...', „... ist in der Bedeutung von ... enthalten'; und Redeweisen dieser Art spielen in der Philosophie da eine wichtige Rolle, wo wir der Frage nachgehen, ob eine Aussage analytisch oder synthetisch ist.[14] Mithin scheint das Arbeitsmodell dieser Rede ins Wanken zu geraten.[15] Nun lassen sich gegen Austins Überlegungen sicher Einwände formulieren.[16] Der wichtigste ist, daß jemand, der im oben beschriebenen Sinn nach der Bedeutung eines Wortes fragt, nicht eigentlich die Frage vor Augen hat, von der Austin redet. Wer eine solche Frage stellt, fragt nicht, was Austin zu unterstellen scheint, nach einer Entität y, die mit der Bedeutung von jedem oder einem beliebigen Ausdruck x identisch wäre. Er fragt vielmehr nach dem Typus von Entität, als der sprachliche Bedeutung zu klassifizieren wäre. Vielleicht läßt sich diese Frage nicht beantworten. Doch heißt das nicht, daß sie absurd wäre; und vorläufig spricht auch nichts für die Annahme, daß es sich hier um eine Pseudofrage handelt.

VII.

Andere Einlassungen gegen die Frage nach der Bedeutung nehmen sich weniger als Attacken gegen die Frage selber aus denn als Attacke gegen die Art der Erwartung, die mit dieser Frage verbunden zu sein scheint. Offensichtlich gilt diese Erwartung einem besonderen Typus von Entität, die dem sprachlichen Ausdruck zugeordnet sein bzw. diesem irgendwie eignen müßte. *(i)* Vielleicht hat diese Erwartung damit zu tun, daß Redewendungen wie ‚x ist bedeutungsvoll' oder ‚x hat Bedeutung' zu dem Schluß verführen: ‚es gibt etwas, y, das die Bedeutung von x ist';[17] *(ii)* vielleicht hat sie auch damit zu tun, daß das in Rede stehende Gebilde mit einem Ausdruck bezeichnet wird, der ein Substantiv ist und somit typischerweise über den Charakter einer Gegenstandsbezeichnung zu verfügen scheint. So sagt Wittgenstein im Blick auf Fragen wie „Was ist Länge?", „Was ist Bedeutung?", „Was ist die Zahl Eins?", daß „wir auf nichts zeigen können, um sie zu beantworten, und daß wir gleichwohl auf etwas zeigen sollten". Und er kommentiert: „Wir haben es hier mit einer der großen Quellen philosophischer Verwirrung zu tun: Ein Substantiv läßt uns nach einem Ding suchen, das ihm entspricht."[18] Hier wird also vor der Tendenz zur Vergegenständlichung gewarnt – eine Tendenz, die namentlich dann gefördert wird, wenn die Bedeutungsbeziehung am Modell der Benennung orientiert ist und das Bedeutete mithin dem begrifflichen Status des Benannten angeglichen wird. Eine solche Semantik läßt sich, wie Quine sagte, als „Mythos von einem Museum" charakterisieren, „in dem die Ausstellungsgegenstände Bedeutungen und die Schilder daran Worte sind".[19]

Als Diagnose ist der Hinweis auf *(i)* und *(ii)* sicher interessant. Wäre die Annahme der Existenz von Bedeutungen das Resultat von Überlegungen der Art *(i)* und/oder *(ii)*, so wäre die Sache problematisch. Doch scheint es willkürlich und falsch, jede Annahme der Existenz von Bedeutungen als Spezimina von Fehlschlüssen der genannten Art erklären zu wollen.

VIII.

Die Vorstellung, daß Ausdrücken irgendwelche Gebilde als Bedeutungen zugeordnet werden müßten, ist auch in anderer Weise auf Widerstand gestoßen. So hat Quine geltend gemacht, daß *(i)* Bedeutungen (*meanings*) nicht als Entitäten angesehen werden können und *(ii)* überdies als Entitäten verzichtbar wären. Die erste These orientiert sich an der Maxime ‚keine Entität ohne Identität'; die zweite These stützt sich auf die methodologische Norm, daß nur solche Entitäten in Betracht gezogen werden sollten, die im Rahmen von Erklärungen eine Rolle spielen können. – Daß Quine von Bedeutungen als „zwielichtigen Halbentitäten" spricht, die „die Anrüchigkeit ihrer Herkunft nicht verbergen können",[20] hat damit zu tun, daß die Identifikation dieser oder jener Bedeutung als die Bedeutung, die sie ist, nur auf dem Weg der Angabe bedeutungsgleicher Ausdrücke geleistet werden könnte. Bedeutungsgleichheit im Sinn einer vollen Äquivalenz dergestalt etablieren zu wollen, daß zwei Ausdrücke eine vollständige Identität hinsichtlich des Bereiches psychologischer Assoziationen und poetischer Qualitäten aufwiesen, scheint ohnehin nicht möglich.[21] Aber auch ein schwächerer Begriff von Synonymität, der sich auf kognitive Synonymität beschränken würde, stellt uns vor Probleme.[22] Denn eine befriedigende Antwort auf die Frage, ob zwei Ausdrücke ,X' und ,Y' bedeutungsgleich seien, kann nur auf dem Umweg über die Frage gegeben werden, ob sie sich *salva veritate* einander substituieren lassen; und bereits in normalen Zusammenhängen konfrontiert uns dies mit der Schwierigkeit, sagen zu müssen, ob ein Satz, der derartige Ausdrücke enthält, nun analytisch ist oder nicht. Einen Satz in eine logische Wahrheit dergestalt zu überführen, daß wir es mit Sicherheit mit einem analytischen Satz zu tun haben, hieße, einen Begriff von Synonymität vorauszusetzen, der den Begriff der Analyzität erst verständlich machen könnte. Aber ebendies führt zu einem Zirkel. Mit anderen Worten: Die bloße Übereinstimmung von Ausdrücken wie ,Junggeselle' und ,unverheirateter Mann' in extensionaler Hinsicht gibt keine Gewähr, daß es sich hier um eine Sache der Bedeutung und nicht etwa um eine empirische Angelegenheit handelt.[23] Gibt es keine Möglichkeit, Bedeutungen zuverlässig als Entitäten zu identifizieren, so müssen sie als „Bastarde" gelten, auf die die Philosophie nicht bauen kann.

IX.

Daß sich Bedeutungshaftigkeit nicht auf Bezug reduzieren läßt, liegt nahe (s. II). Die Notwendigkeit, Bezug und Bedeutung zu trennen, erhellt an Beispielen wie ,Der Abendstern ist der Morgenstern', ,Goethe ist der Autor des „Faust"' usw. Sätze dieser Art gelten als Identitätsaussagen (,$X = Y$'). Nun ist klar, daß dieses Verständnis Probleme bereitet. Wie können zwei Dinge ein und dasselbe Ding sein? Dies führt uns zu der Überlegung, daß in Sätzen dieser Art genaugenommen nicht die Identität von Dingen behauptet oder berichtet wird, sondern die Bezugsgleichheit von sprachlichen Ausdrücken, die bedeutungsverschieden sind. In dieser Weise hatte Frege seine Unterscheidung zwischen ,Bedeutung' und ,Sinn' gerechtfertigt und Sinn als Art des Gegebenseins des bezeichneten Gegenstandes verstanden: ,Morgenstern' und ,Abendstern' sind sinnverschieden, aber haben den gleichen Bezug: Sie präsentieren den Planeten Venus als Stern am Morgen bzw. Stern am Abend. Im gleichen Schritt unterschied Frege zwischen zwei Weisen, in denen sprachliche Ausdrücke bedeutungshaft sind: Sie *bezeichnen*, nämlich ihre Bedeutung, und sie *drükken aus*, nämlich ihren Sinn.[24] Nun ist nicht sicher, ob Frege unter ‚Sinn‘ simpliciter die Art des Gegebenseins versteht und wie diese Charakterisierung im Falle von Ausdrücken funktioniert, die nicht den Status von Eigennamen haben.

Der erste Punkt ist deshalb unsicher, weil Frege genaugenommen sagt, „worin die Art des Gegebenseins enthalten ist",[25] und diese Formulierung im Lichte anderer Formulierungen wie der, daß ein Behauptungssatz einen Gedanken enthalte[26] und „außer einem Gedanken und der Behauptung oft noch ein Drittes" enthalte[27] und der „Inhalt nicht selten den in ihm ausgedrückten Gedanken" überrage,[28] eigentlich besagen müßte, daß sich der Sinn nicht notwendig in der Art des Gegebenseins erschöpfe. Nur ist nicht klar, um was es sich bei diesem weiteren Sinnelement handeln würde. Vermutlich denkt Frege an solche Sinnelemente, die bei der Markierung des wahrheitsfähigen Kerns des Aussageinhaltes nicht ins Gewicht fallen.[29]

Der zweite Punkt ist deshalb schwierig zu beurteilen, weil nicht unmittelbar einsichtig wird, wie die Sinne von Prädikatszeichen bzw. Begriffswörtern auf der einen und von Aussagesätzen auf der anderen Seite als Arten von Gegebensein verstanden werden können. Der letztere Fall bietet vielleicht weniger Schwierigkeiten. Denn wenn, wie Frege meinte, Sätze das Wahre und das Falsche bezeichnen und als ihre Bedeutung mithin die Wahrheitswerte ‚wahr‘ und ‚falsch‘ anzunehmen sind, so würde dies bedeuten, daß wahre Sachverhalte, wie jener, daß die Winkelsumme des Dreiecks zwei Rechtecke ist, als Weisen zu interpretieren sind, wie uns das Wahre gegeben ist, und nicht-bestehende Sachverhalte, wie der, daß Cicero den Caesar ermordete, entsprechend als Arten des Gegebenseins des Falschen angesehen werden können. Doch wie läßt sich ein derartiges Verständnis auf die Bedeutungen von Prädikatszeichen übertragen? Hier hängt einiges davon ab, wie man ‚Begriff‘ versteht und wie nicht.

X.

Frege hatte sich bei seiner Erörterung von ‚Sinn' – ähnlich wie
später Carnap und Quine bei ihrer Diskussion von ‚kognitiver
Bedeutung' – auf jene Dimension von Bedeutungshaftigkeit beschränkt, die den wahrheitsfähigen Kern von Aussagesätzen angeht. Diese Beschränkung wurde von Austin durchbrochen.[30] Austin versucht der Beobachtung Rechnung zu tragen, daß wir Sätze
nicht mehrheitlich dazu verwenden, um Tatsachen zu berichten
oder festzustellen, sondern um generell etwas zu tun (Informie-
ren, Warnen, Drohen usw.) und gegebenenfalls etwas zu erreichen. Diese Funktion(en) von Sprachverwendung zu klären heißt,
neben der Bedeutung Faktoren in Rechnung zu stellen, die ein
solches Tun gewährleisten; und diese Faktoren – es handelt sich
z. B. um Umstände und insbesondere um Konventionen – sind
das, was die ‚Kraft' (*force*) der Äußerung festlegt. Unter ‚Kraft' –
die deutschen Übersetzungen geben den Ausdruck ‚Rolle'[31] –
scheint Austin generell das zu verstehen, was eine Äußerung an
sich hat, um diese oder jene Funktion wahrnehmen zu können.
Doch ist vielleicht nicht klar, wie sich das Verhältnis von Bedeutung und Kraft, die von Austin an wenigstens drei Stellen voneinander unterschieden werden,[32] näher bestimmen läßt. Es gibt
Stellen, an denen Austin sagt, daß Äußerungen sowohl *force* als
auch *meaning* haben;[33] und diese Stellen legen den Gedanken nahe,
daß *force* und *meaning* etwas sind, was Äußerungen eignet.[34]
Doch wird dieser Punkt nicht recht deutlich. Denn näherhin käme es hier darauf an, einen klaren Unterschied zwischen ‚Äußerung' im Sinne von Akt des Äußerns auf der einen Seite und ‚Äußerung' im Sinne von ‚Geäußertes' auf der anderen Seite zu
ziehen. Geht ‚Kraft' auf ‚Äußerung' im ersten oder im zweiten
Sinn? Offensichtlich denkt Austin an die zweite Bedeutung. Denn
zum Ende der VII. Vorlesung präzisiert er, daß *‚utterance'* von
ihm nicht im Sinne von *‚utteratio'*, sondern im Sinn von *‚uttera-*
tum' verstanden werde.[35]

Dies würde den Schluß nahelegen, daß Bedeutung und Kraft
ebenjener Äußerung angehören, die Austin als Produkt der Äußerung verstanden wissen will. Dieser Punkt wäre allerdings nicht
sonderlich plausibel. Kann denn Kraft, wie immer metaphorisch
der Ausdruck hier auch verstanden sein mag, etwas sein, was pri-

mär dem geäußerten Satz angehört? Nun gibt es Passagen, die diese Deutung in Frage zu stellen scheinen. So spricht Austin in der VIII. Vorlesung vom Sagen als „Äußerung […] bestimmter Worte, mit einer bestimmten Bedeutung";[36] und der Kontext läßt keinen Zweifel daran aufkommen, daß es sich hier um einen Akt handelt.[37] Von hier her liegt die Annahme nahe, daß Bedeutung den Worten angehört und Kraft der Äußerung von diesen. Dies würde bedeuten, daß die Rede von der Bedeutung bzw. der Kraft der Äußerung im Lichte der Akt/Objekt-Ambiguität gelesen werden müßte.[38] Und diese Auffassung scheint, als Position betrachtet, plausibel. Denn sie würde es gestatten, jener Vorstellung Sinn zu geben, daß der Sprecher etwas tut und der Hörer das, was der Sprecher tut, auch erfaßt. Näherhin hat sie den Vorteil, verständlich machen zu können, daß die Kraft der Äußerung mit dem verwoben sein müßte, was der Sprecher meint. Falls Kraft nämlich Sache der Bedeutung wäre, so bliebe dieser Punkt unverständlich. Ob diese Deutung den Auffassungen Austins gerecht wird, muß dahingestellt bleiben.[39]

5. Flucht in die Metaethik

I.

Wer sich auf den Standpunkt versteift, daß allein solche Sätze sinnvoll seien, die eindeutig verifizierbare Verhältnisse statuieren, wird nicht nur Aussagen der Metaphysik aus dem philosophischen Diskurs verbannt wissen wollen; er wird auch Aussagen über Wertverhältnisse und Behauptungen moralischen Sollens für obsolet halten und als nicht-kognitiv ansehen. Eine derartige Haltung gewann im Kreis der Logischen Empiristen Gewicht. Von da strahlte sie auf amerikanische und britische Universitäten aus. Dabei spielte eine Rolle, daß namhafte Wortführer des sog. Wiener Kreises in die USA emigrierten und der junge englische Philosoph Alfred J. Ayer 1936 im Anschluß an seinen Aufenthalt in Wien ein äußerst erfolgreiches Buch mit dem Titel *Language, Logic, and Truth* publizierte, das die Grundhaltung dieses philosophischen Stils propagierte.[1]

Für die traditionelle Ethik stellte diese Haltung eine massive Herausforderung dar. Diesmal ging es nicht um Varianten der sog. Relativismus- und Subjektivismus-Vorwürfe. Denn eine subjektivistische Deutung von Werturteilen wie ‚A ist gut' erlaubt immerhin eine kognitivistische Interpretation in Gestalt der Einschätzung als Bericht darüber, was der Sprecher findet, nämlich daß A gut sei, was von einer anderen Person vielleicht bestritten wird. Es ging um mehr, nämlich um die These, daß wir mit Aussagen von der Art ‚Stehlen ist schlecht' oder ‚Er hat falsch gehandelt' überhaupt keine Aussagen treffen, weil ethische Begriffe Pseudobegriffe sind und wir es hier nur mit Gefühlsausbrüchen zu tun haben. Für den Logischen Empirismus gibt es mithin keine Disziplin namens Ethik, sondern allenfalls Hypothesen darüber, wie sich bestimmte Haltungen ausbilden usw. Dies aber gehört zu Soziologie und Psychologie. Im übrigen bleibt nur der Weg, die Sprache der Moral zu thematisieren und so vielleicht auch unseren normalen Intuitionen auf die Spur zu kommen. Tatsächlich hat die Sprachliche Wende jahrzehntelang normative Diskussionen verdrängt und die Meinung gefördert, daß substantielle Diskussionen philosophisch gesehen anrüchig seien.[2]

Aber wie stark war die Bedrohung der hier in Rede stehenden Attacke wirklich? Konnte der Antipode nicht geltend machen, daß moralische Urteile, wenn sie schon nicht verifizierbar seien, so doch kraft der Intuition als wahr oder falsch erkannt werden? Diese Strategie hätte wohl nicht weit geführt. Denn wir vermögen im Ernstfall keine Kriterien anzugeben, auf Grund derer zwischen konkurrierenden und kollidierenden Intuitionen unterschieden werden könnte. Aber wie wäre es, wenn der Antipode dem Logischen Empiristen auf dessen Terrain begegnete und wertende Prädikate wie ‚… ist gut' durch eindeutig beschreibende Termini ‚… ist lebensfördernd' explizierte? Damit käme er allenfalls in den Genuß eines Pyrrhus-Sieges. Denn zu sagen, daß ethische Begriffe genaugenommen faktische Begriffe sind, hieße zuzugestehen, daß Wert- und Normhaftigkeit auf der Strecke bleiben. Dies wurde bereits von G. E. Moore zu bedenken gegeben (s. Abschn. 3, IV); und damit hätte die Ethik ihre eigentliche Ingredienz verloren. Dies gilt nicht nur da, wo wir Sollens-Aussagen auf natürliche Tatsachen reduzieren; es gilt auch da, wo, wie im Falle des metaphysischen Moralismus, auf Tatsachen bezüglich des Willens Gottes abgestellt wird (‚A ist gut, weil Gott will, daß A geschehe') oder, wie im Fall der Ethik Kants, etwas als Faktum der Vernunft im Raum steht. Zweckmäßigerweise sollte die Verteidigung eher die Form einer Attacke auf bestimmte Elemente der Position des Logischen Empirismus nehmen. Hier gibt es angreifbare Punkte. Denn offensichtlich erzwingt der Logische Empirist mit seiner Deutung der Alternative ‚eine Aussage machen' bzw. ‚keine Aussage machen' eine unakzeptable Dichotomie.

II.

Dies zu sagen heißt, etwa zu bestreiten, daß ein Emotivist mit seiner Deutung der Verwendung wertender Ausdrücke die Realität treffe oder unserem Selbstverständnis Rechnung trage. Tatsächlich ist die Deutung von ‚Stehlen ist falsch' im Sinne von ‚Stehlen: Pfui!' unglaubwürdig. Dies erhellt schon daran, daß er vor dem Hintergrund dieser Deutung sachliche Diskussionen konfliktträchtiger Situationen als Weisen des Grunzens diagnostizieren müßte. Insofern erstaunt nicht, daß andere Deutungen erwogen wurden. Eine verfeinerte Version des Emotivismus wurde von dem amerikanischen Philosophen Charles L. Stevenson entwickelt, der wichtige Aufsätze verfaßt hatte und 1944 seine Auffassungen schließlich in dem Buch *Ethics and Language* veröffentlichte. Nach dieser Version ist ‚A ist gut' nicht vollends emotiv im Ayerschen Sinn. Es ist deskriptiv (und kognitiv) insofern, als die Äußerung ‚A ist gut' besagt, daß N. N., der Sprecher, A gut findet; und sie ist emotiv bzw. nicht-kognitiv in dem Sinn, daß A empfohlen und der Adressat dazu gebracht werden soll, sich die Meinung von N. N. zu eigen zu machen. Wiederum eine andere Deutung wurde unter dem Namen Präskriptivismus bekannt. Diese Auffassung, die von dem Oxforder Philosophen Richard M. Hare in seinem 1952 erschienenen Buch *The Language of Morals* erarbeitet wurde,[3] besagt im Kern, daß moralische Urteile dem grammatischen Anschein zum Trotz als Imperative bzw. Präskriptionen aufzufassen seien.

Alle diese Auffassungen gehen davon aus, daß Werturteile im allgemeinen und moralische Urteile im besonderen nicht als wahrheitsfähige Gebilde angesehen werden können. Insofern belassen sie Ethik in den Fängen des Nicht-Kognitivismus. Diese Vorstellung ist, wie gesagt, wenig befriedigend. Denn sie nötigt uns zu dem Zugeständnis, daß es in Sachen normativer Ethik genaugenommen nichts zu diskutieren gibt und rationale Dispute unmöglich sind. Darüber hinaus bleibt zu fragen, wie stark bzw. zwingend die Annahmen im Detail sind. Ist es wirklich so, daß wir beim Äußern moralischer Urteile genau *eine* Sache tun? Und läßt sich über die Verwendung solcher Ausdrücke wie ‚gut' nichts anderes sagen, als was die Nicht-Kognitivisten mehrheitlich unterstellen?

III.

Was den ersten Punkt angeht, so drängt sich der Eindruck auf, daß hier die Bedeutung eines Ausdrucks allzuschnell mit der pragmatischen Dimension identifiziert und zudem stillschweigend davon ausgegangen wurde, daß wir jeweils nur eine Sache tun. Ist es nicht denkbar, daß wir mittels ‚A ist schlecht' nicht zugleich eine Situation beschreiben, emotional auf sie reagieren und unsere Einstellung kundtun?[4] Mit der Erwähnung des Terminus ‚beschreiben' gelangen wir bereits in den Einzugsbereich der anderen Frage. Die Nicht-Kognitivisten sind offensichtlich davon ausgegangen, daß ‚gut' eine und nur *eine* Verwendung an den Tag lege. Dies ist aber nicht der Fall. So hat Peter Geach, ein englischer Philosoph, in einem wichtigen Aufsatz von 1956 daran erinnert, daß ‚gut' neben einer prädikativen auch eine attributive Verwendung kennt (s. Abschn. 3, V).[5] Mit anderen Worten: Es gibt nicht nur Sätze von der Art *(i)* ‚A ist gut', sondern auch solche von der Art *(ii)* ‚X ist ein gutes Y'. Die letztere Verwendungsweise ist insofern interessant, als die Bedeutung von Adjektiven wie ‚gut' durchweg von der Bedeutung jenes Wortes ‚Y' abhängt (oder mitbestimmt ist), das auf den syntaktisch an Subjektstelle erwähnten Gegenstand Anwendung findet. Nehmen wir diesen Punkt ernst, so scheint klar, daß in Sätzen von der Art *(ii)* durchschaubare und in diesem Sinne kognitive Verhältnisse zum Ausdruck gebracht werden. Wir orientieren uns an Standards, und unsere Einstufungen[6] sind entweder gerechtfertigt oder nicht. In der Zwischenzeit hat die Auffassung Zuspruch gefunden, daß gar keine genuinen Verwendungen von ‚gut' im Sinne von *(i)* gebe und wir es hier, dem äußeren Anschein zum Trotz, mit kaschierten attributiven Verwendungen zu tun haben. Mit anderen Worten: Die Gründe, die uns gegebenenfalls dazu bestimmen, A als gut anzusprechen, sind in den Gründen beheimatet, die die Charakterisierung von X als gutes Y rechtfertigen. So ist eine Handlung gut, weil sie den Kriterien einer gerechten Handlung entspricht usw.

An dieser Stelle regt sich der Einwand, daß vielleicht die Beurteilung nach Kriterien durchschaubar sei und rational gehandhabt werden könne, nicht aber die Wahl der Kriterien selber. Dieser Punkt hat sicher etwas für sich. Doch ist er wohl nicht perniziös. Denn auch die Wahl von wissenschaftlichen Theorien steht unter Werten und vollzieht sich – dies machte seinerzeit bereits Williams James geltend und nach ihm Hilary Putnam (s. Abschn. 10, II) – nicht in einem neutralen Raum von der Art, wie es der Logische Empirist vielleicht annehmen wollte. Nun mag der ursprüngliche Graben zwischen den Positionen des Kognitivismus und des Nicht-Kognitivismus schmaler geworden sein und der Sinn der Anwendung dieser Unterscheidung hier seine früheren, herben Konturen eingebüßt haben. Dies zeigt sich u. a. auch daran, daß Philosophinnen und Philosophen unterschiedlicher Orientierung heute im Falle theoretischer Urteile von ‚wahr‘ und ‚falsch‘, im Falle wertender Urteile immerhin von ‚richtig‘ und ‚falsch‘ sprechen, andere bereits soweit sind, in beiden Fällen auf die Verwendung der Prädikate ‚ist richtig‘ bzw. ‚ist falsch‘ zurückzugreifen.[7] Doch hat dieser Prozeß letztlich vielleicht weniger mit Fortschritten auf dem Terrain metaethischer Reflexion zu tun als mit der schleichenden Erosion der Idee der Wahrheit überhaupt. Doch scheint klar, daß sich die Rede über Werte und Normen *in* der Philosophie heute weniger problematisch darstellt als noch vor dem Hintergrund des Logischen Empirismus.

IV.

Indes bleibt ein Problem im Raum. Dies betrifft die Frage, wie wirklich dann jene Verhältnisse sein können, die in moralischen Urteilen statuiert werden. Eine Gruppe von Autoren – man kann sie wohl als Humeaner bezeichnen – hält daran fest, daß moralische Verhältnisse nicht in die eigentliche Außenwelt hineinreichen und sozusagen im Auge des Betrachters residieren.[8] Eine andere Gruppe versucht, die Idee eines moralischen Realismus ernst zu nehmen.[9] Was für die erste (und gegen die letztere) Art der Betrachtung spricht oder zu sprechen scheint, ist, daß moralische Eigenschaften ontologisch gesehen aus dem Rahmen fallen und etwa die Annahme der Existenz echter, unauflösbarer Konflikte vor dem Hintergrund eines Realismus unglaubhaft anmutet: Wie sollen einander widersprechende Forderungen sozusagen in der Natur selbst fundiert sein? Dies alles würde einen Projektivismus Humescher Prägung als vergleichsweise sauberste Lösung erscheinen lassen; und das gilt um so mehr, wenn diese Auffassung zugleich als Irrtumstheorie auftritt, nämlich als Erklärung dafür, daß wir im Modus der natürlichen Weltzuwendung einer gegenteiligen Meinung zuneigen. Doch ist diese gegenteilige Meinung tatsächlich so falsch?

Der Projektivismus leidet daran, daß er die Grenzen zwischen Innen und Außen kaum sauber ziehen kann; und die Annahme der Existenz einer Welt von *facta bruta*, die gewissermaßen von uns – gehören wir nicht auch zur Welt? – semantisch geladen werden, hat etwas Merkwürdiges an sich. James und Dewey hatten sie als artifiziell betrachtet und statt dessen vorgeschlagen, die Annahme von Wechselwirkungen zu favorisieren. Schließlich ist auch ein Begriff von Wirklichkeit unverständlich, der nur physikalische Körper als ‚wirklich' ansieht und den Rest für eliminierbar oder zumindest reduzibel hält. Denn hier steht offenbar ein unreflektierter Begriff von ‚Wirklichkeit' im Raum. Um so wichtiger ist deshalb wieder der Hinweis auf Austin, der in seinen später unter dem Titel *Sense and Sensibila* veröffentlichten Einführungsvorlesungen geltend machte, daß ‚wirklich' ein attributives Adjektiv sei. Damit wird deutlich, daß es keinen eigentlichen, etwa primären Sinn von ‚wirklich' gibt, der als *die* Bedeutung eines entsprechenden prädikativen Adjektivs anerkannt werden müßte und im Auf und Ab philosophischer Spekulationen konkurrenziert werden könnte. Wie absurd eine derartige Vorstellung wäre, erhellt daran, daß die These ‚Nur Materie ist wirklich' die Frage provoziert ‚wirkliche Materie?'. Insofern scheint es sinnvoll, die in Frage stehende Realität des Moralischen in der Weise anzugehen, daß man Skylla in Gestalt eines Metaphysischen Realismus (s. Kap. 11) ebenso zu vermeiden trachtet wie Charybdis im Gewand eines Humeschen Subjektivismus.

V.

Dabei hilft die Einsicht – sie wurde von dem amerikanischen Philosophen John R. Searle wiederholt nutzbar gemacht[10] –, daß die Ausdrücke ‚subjektiv' und ‚objektiv' eine ontologische und eine epistemische Verwendung haben. Mithin heißt ‚ist subjektiv' im ontologischen Sinn soviel wie ‚kommt als Subjekt vor' oder ‚befindet sich an einem Subjekt'; und diese Weise des Vorkommens ist um nichts weniger ‚wirklich' als diejenige von Objekten. Hinzu kommt die Erwägung, daß sich moralische Eigenschaften auch deshalb nicht physikalischen Eigenschaften angleichen lassen, weil ihre Träger – Personen nämlich, Charakter, Handlungen – ihrerseits keine physikalischen Körper sind und auch nicht auf solche zurückgeführt werden können. Aber auch eine Angleichung an den Status sog. sekundärer Qualitäten wie blau, bitter, weich usw. – dieser Gedanke wurde in jüngerer Zeit von dem englischen Philosophen John McDowell verfolgt[11] – kommt nicht

in Betracht. Denn die Unterscheidung zwischen primären und se-
kundären Eigenschaften ist im Kontext erkenntnistheoretischer
Fragestellungen beheimatet; und Erwägungen etwa bezüglich
Wirklichkeit und Erscheinung, Sein und Schein sprechen hier
nicht zur Sache. Vielmehr gilt es zu sehen, daß moralische Eigenschaften und Sollens- bzw. Wertverhältnisse Teil einer Wirklichkeit sind, die damit gegeben (und definiert) ist, daß wir bestimmte
Dinge als Personen und deren Verhalten als Handlungen ansehen:
Damit schaffen wir eine eigene, moralische Realität; und es ist innerhalb dieses Rahmenwerks oder Bezugssystems, daß die Realität des Moralischen ontologisch unverdächtig und Aussagen über
moralische Verhältnisse erkenntnishaft sind.

6. Die Entdeckung der Intentionalität

I.

Die Frage nach der Objektivität gedanklicher Strukturen wurde auch in anderer Weise thematisch, nämlich im Rahmen der Frage, was Bewußtsein überhaupt zu Bewußtsein macht. Das ist die Eigenschaft der Intentionalität, d. h. die Beziehung auf ein Objekt. Diese Überlegung geht auf Franz Brentano zurück, der 1874 sein Werk *Psychologie vom empirischen Standpunkt* publizierte. Hier versucht Brentano, die Psychologie als eigenständige Disziplin zu etablieren. Wenn man freilich sagt, die Psychologie befasse sich im Gegensatz zur Physik mit psychischen Phänomenen, so stellt sich die Frage, worin sich psychische und physische Phänomene eigentlich unterscheiden. Physische Phänomene sind etwa Farbe, Ton, Temperatur (I, S. 86), Wärme, Kälte, Schall (I, S. 15); an anderer Stelle werden Phänomene der Gesellschaft genannt (I, S. 169). Als psychische Phänomene figurieren Vorstellung, Hoffnung, Furcht, Verzagen, Entschluß, Absicht des Willens (I, S. 40); an anderer Stelle werden Erscheinungen des Denkens, Fühlens und Wollens genannt (I, S. 15) sowie Hören und Empfinden (I, S. 101). Dabei gibt Brentano im Blick auf Vorstellungen zu bedenken (I, S. 111), daß diese nicht etwa als Inhalt bzw. als Vorgestelltes zu verstehen seien, sondern als Tätigkeiten. In diesem Sinn spricht er vom Akt des Vorstellens und vom Hören eines Tones. Andere Beispiele für psychische Phänomene sind jedes Urteil, jede Folgerung, Meinung und Zweifel, jede Gemütsbewegung, Freude, Traurigkeit, Furcht und Hoffnung, Mut, Verzagen, Zorn, Haß, Begierde, Willen, Absicht, Staunen, Bewunderung, Verachtung. Später resümiert Brentano, psychische Phänomene seien entweder Vorstellungen oder beruhten auf solchen als ihrer Grundlage.

Fragt man nun, wie sich (oder worin sich) psychische von physischen Phänomenen unterscheiden, so wird man zunächst auf negative Abgrenzungskriterien verwiesen. So besagt der traditionelle Vorschlag, daß physische Phänomene samt und sonders ausgedehnt seien und örtliche Bestimmungen haben, wohingegen

Denken und Wollen keine räumliche Lage und keine Ausdehnung aufweisen. Zwar ist auch dieser Vorschlag nicht unbestritten. Denn man mag geltend machen, daß einige physische Phänomene keine Ausdehnung haben und umgekehrt einige psychische Phänomene, die, wie etwa Lust- und Schmerzgefühle, sofern sie in äußeren Organen auftreten (z.B. in amputierten Beinen), lokalisiert zu sein scheinen (I, S. 123). Brentano hält diese Einwände für nicht begründet. Doch bestärkten ihn derartige Kontroversen in der Absicht, nach klareren Abgrenzungen zu suchen, und zwar vorzugsweise nach einem positiven Abgrenzungskriterium, das es erlaubt, psychische Phänomene *als* psychische Phänomene zu charakterisieren. Dieses positive Abgrenzungskriterium sieht Brentano in folgendem Zug: Alle mentalen Phänomene seien dadurch gekennzeichnet, daß sie etwas als Objekt in sich haben; und er sagt, daß es „intentionale Inexistenz" sei, die ausschließlich psychischen Phänomenen eigne.

II.

Was ist mit diesem Ausdruck ‚intentionale Inexistenz' gemeint? ‚Inexistenz' ist hier nicht, wie heutiges Sprachgefühl nahelegen mag, ein Ausdruck für Nicht-Existenz. Vielmehr ist damit ‚In-Sein' gemeint bzw. *in* oder *an* etwas vorkommen. Dabei handelt es sich hier um eine Anleihe an jene auf Aristoteles zurückgehende Unterscheidung zwischen Sein im Sinne selbständigen und unabhängigen Seins auf der einen Seite und unselbständigen bzw. abhängigen Seins auf der anderen Seite. In diesem Sinn gelten Dinge – Substanzen in der Tradition des Lateinischen Westens – als Repräsentanten von Selbständigkeit und Unabhängigkeit von Anderem, Eigenschaften wie Weiß, Größe, Gelbe usw. hingegen als Beispiele für etwas, was zu seinem Sein auf Anderes als Träger angewiesen ist. Eigenschaften existieren, aber nur insofern sie *an* bzw. *in* einem Gegenstand vorkommen. So betrachtet, sind psychische Phänomene dadurch und in der Weise charakterisiert, daß ihnen etwas einwohnt. Hoffnung wäre dieser Auffassung gemäß also *als* Akt etwas, was etwas in sich hat oder trägt, nämlich das, *worauf* sie Hoffnung ist (z.B. Hoffnung auf Friede in Nahost, auf einen Brief usw.). Nun ist der Friede in Nahost offensichtlich keine Sache, die wirklich *in* dem Bewußtsein vorhanden wäre, wie etwa eine Farbeigenschaft *in* oder *an* einem Gegenstand wirklich vorzukommen scheint. Vielmehr geht es um ein In-Sein besonderer Art.

Diese besondere Art charakterisiert Brentano mittels des Ausdruckes ‚intentional‘. ‚Intentional‘ kommt vom lateinischen Wort ‚*intendere*‘ (‚anspannen auf‘, ‚sich richten auf‘) und ist in jenem Verständnis von ‚Intention‘ enthalten, das soviel wie ‚Absicht‘ heißt. – ‚Intentional‘ im Sinne der hier bei Brentano vorliegenden Verwendung wäre also ‚in der Weise der Richtung‘ zu verstehen; der Ausdruck ‚intentionale Inexistenz‘ läßt sich folgendermaßen paraphrasieren: als dasjenige vorkommen, worauf sich das Bewußtsein richtet bzw. von dem das Bewußtsein Bewußtsein ist. Dabei kann die von Brentano gemeinte positive Bestimmung psychischer Phänomene gemäß der verschiedenen Charakterisierungen im Text folgendermaßen gegeben werden: ‚*x* ist ein psychisches Phänomen‘ = def.: ‚*x* hat (eine) Beziehung auf etwas als Objekt‘ (I, S. 137) = def.: ‚*x* enthält etwas als Objekt in sich‘ (I, S. 125) = def.: ‚*x* enthält intentional einen Gegenstand in sich‘ (I, S. 125).

Wir sehen zunächst davon ab, daß diese Charakterisierungen genaugenommen nicht äquivalent sind und dies bereits Anlaß zu Komplikationen gibt (s. IV). Wichtiger scheint jetzt die Frage, ob Brentanos Vorschlag – wie immer er im Detail auch formuliert werden mag – einen Ausweg aus der traditionellen Problematik bietet. Auf den ersten Blick scheint die These verblüffend wahr. Denn so wie Hoffnung jeweils Hoffnung *auf* etwas ist, Freude immer Freude *über* etwas oder *an* etwas, so scheint Bewußtsein generell, in allen Fällen seines Vorkommens, dadurch charakterisiert, daß es sich um Bewußtsein von etwas handelt. Mit anderen Worten: Bewußtsein ist, dieser These entsprechend, immer intentional.

III.

Wie steht es um die Tragfähigkeit der Position? Dabei müssen vielleicht zwei Punkte unterschieden werden. Erstens nämlich die Frage, ob Brentano gut beraten war zu sagen, daß *alle* psychischen Phänomene Objekte bzw. Inhalte haben; zweitens stellt sich die Frage, welche Art von Evidenz wir eigentlich für die Annahme haben, daß Bewußtsein so oder so intentional sei. Die letzte Frage ist vermutlich die wirklich brisante Frage; und sie läßt sich vermutlich ‚nur' folgendermaßen beantworten: Die Struktur der Intentionalität erschließt sich uns an der linguistischen Struktur jener Sätze, mittels deren wir von Phänomenen wie Hoffen usw. sprechen. In sämtlichen relevanten Fällen haben wir es mit Konstruktionen zu tun, in der das Objekt entweder durch einen Daß-Satz (‚N. N. hofft, daß *p*') oder durch ein Nomen plus Präposition (‚N. N. hofft auf schönes Wetter') ausgedrückt wird. Die Qualifikation ‚nur' verweist auf etwas Grundsätzliches: Genaugenommen verbleiben wir im Bereich des Sprachlichen und übertragen Züge des Sprachlichen auf das, wovon die Rede ist. Mit anderen Worten: Wir nehmen mit einer gewissen Selbstverständlichkeit an, daß es sich bei den Zügen der Beschreibung auch um Züge des Beschriebenen handelt. Doch ist nicht klar, mit welchem Recht wir das tun.

Was nun die erste Frage angeht, so scheint sich ein Einwand unmittelbar abzuzeichnen. Nicht alle Bewußtseinsphänomene sind intentional. Denn es gibt Gebilde wie Stimmungen, die Brentano als psychische Phänomene rubrifizieren müßte und die kein offensichtliches Objekt haben oder sogar offensichtlich kein Objekt haben. Für diesen Punkt können wir uns z. B. auf O. F. Bollnows 1956 erschienene Untersuchung *Das Wesen der Stimmungen* beziehen.[1] Im 2. Kapitel nennt Bollnow Stimmungen der Fröhlichkeit und Traurigkeit, der Lustigkeit und Ausgelassenheit, der Niedergeschlagenheit und dumpfen Benommenheit usw.; und er kommentiert, daß die Sprache Stimmungen oftmals im Bild der Höhenlage verdeutliche und sie damit als bestimmtes Gefühlsniveau kennzeichne. Des weiteren weist Bollnow darauf hin, daß Stimmungen sprachlich gern mit dem im Mittelhochdeutschen noch annähernd gleichbedeutenden Bestandteilen ‚Sinn' und ‚Mut' bezeichnet werden: Trübsinn, Frohsinn, Leichtsinn oder Übermut, Wehmut, Schwermut, Gleichmut, Mißmut. Nun macht Bollnow geltend, daß Stimmungen anders als eigentliche Gefühle keinen bestimmten Gegenstand haben (S. 34 f.). Diesen Unterschied verdeutlicht er am Beispiel von Furcht einerseits und Angst andererseits. Furcht ist ein gerichtetes Gefühl, „denn der Mensch fürchtet sich vor etwas (vor einem Überfall, einem Verlust, einer Bloßstellung oder dergleichen). Die Angst dagegen ist von der Furcht dadurch zu unterscheiden, daß der Mensch in ihr keinen bestimmten Gegenstand anzugeben vermag, vor dem er sich ängstigt. Die Furcht bleibt gegenständlich. Die Angst bleibt gegenständlich völlig unbestimmt. Es war eigentlich nichts, sagt der Mensch, wenn die Angst vorüber ist, und bezeichnet damit unbewußt sehr treffend das Wesen der Sache" (S. 39).[2] Entsprechende Überlegungen stellt Bollnow auch hinsichtlich solcher Phänomene wie Freude und Fröhlichkeit an.

Diese Überlegungen haben einen wichtigen Kern. Doch eignet ihnen eine merkwürdige Ambivalenz. Denn Bollnow spricht von ,keinen bestimmten Gegenstand haben'; und diese Formulierung ist insofern vage, als sie eine Position des Sowohl-als-auch nahelegt: x hat einen Gegenstand, aber keinen bestimmten. Mit dieser Betrachtung der Sache will Bollnow sehr bewußt an die Tradition Kierkegaards und Heideggers anknüpfen.[3] Aber diese metaphysische Loyalität scheint das eigentliche Problem nur zu verdunkeln.

Nehmen wir einmal an, es sei richtig zu sagen, daß das, was Brentano als psychische Phänomene bezeichnet, nicht ausnahmslos intentional im hier relevanten Sinne des Wortes sei. Denn es gibt Vorgänge wie stechende Schmerzen, die keinen Bezug auf einen Gegenstand oder Inhalt involvieren und keineswegs über sich hinausweisen.[4] Wie würde sich Brentano zu derartigen Einwänden stellen? Zu diesem Zweck kann man sich auf jene Stelle beziehen, an der Brentano sagt, daß sämtliche psychischen Phänomene entweder Vorstellungen sind oder auf solchen beruhen (I, S. 112, vgl. S. 133). Dabei ist die zweite Alternative interessant – „daß ihnen Vorstellungen zugrunde liegen". Offensichtlich will Brentano sagen, daß in psychischen Phänomenen Gegenstände vorstellig gemacht werden oder daß psychische Phänomene Vorstellungen involvieren. Was dies bedeuten soll, kommt da zum Ausdruck, wo Brentano Gefühle anspricht, welche durch Schneiden und Brennen entstehen: „Wird einer geschnitten, so hat er meist keine Wahrnehmung von Berührung, wird er gebrannt, keine Wahrnehmung von Wärme mehr, sondern nur Schmerz scheint in dem einen und anderen Fall vorhanden" (I, S. 113). In diesen und anderen Fällen ist, so meint Brentano, insofern Vorstellung involviert, als wir die Vorstellung „einer örtlichen Bestimmtheit" haben, „die wir gewöhnlich in Relation zu dem einen oder anderen sichtbaren und greifbaren Teil unseres Körpers bezeichnen. Wir sagen, es tut der Fuß, es tue die Hand uns weh" (I, S. 116). Des weiteren macht Brentano geltend, daß wir uns hier oft von der Sprache täuschen lassen. So bezeichnet der Ausdruck ‚Schmerz' sowohl das, was wir fühlen, als auch das Fühlen selbst. Doch ist fraglich, ob Brentano mit dieser Analyse dem Problem wirklich zu begegnen vermag.

IV.

Brentanos Position wirft auch Probleme anderer Art auf, die die These gefährden. Diese haben vielleicht weniger mit dem Gedanken der Intentionalität als solchem zu tun als mit der Art seiner Formulierung. Neben den Charakterisierungen, die bereits erwähnt wurden (s. Kap. II), finden sich auch solche Paraphrasen wie ‚Richtung auf ein Objekt' oder ‚Beziehung auf einen Inhalt'. Vereinfachend gesagt, läßt sich die These der Intentionalität also als These der Referenz auf ein Objekt interpretieren. Mit dieser Interpretation scheint zugleich die entscheidende Unklarheit hervorzutreten. Was die Rede von der Beziehung bzw. Richtung nämlich schwer verständlich macht, ist der Umstand, daß die Objekte, die als Objekte der psychischen Phänomene angenommen wurden, als Objekte charakterisiert werden, die irgendwie *im* Bewußtsein sind, die Idee der Referenz, Beziehung oder Richtung aber *stricto sensu* die Vorstellung des Objektes außerhalb des Bewußtseins suggeriert. Der Punkt mag an folgendem Beispiel erhellen. Jemand bezieht sich in einem Ratespiel auf Sokrates und versucht diesen Gegenstand mittels des Ausdrucks ‚der Philosoph, der die Ethik als philosophische Disziplin begründet hat' kenntlich zu machen. In diesem Fall ist Sokrates der Gegenstand, auf den das Bewußtsein gerichtet ist, der Ausdruck ‚der Philosoph …' hingegen markiert die Art und Weise, wie sich die Person auf den Gegenstand bezieht, und offeriert gewissermaßen das Medium oder (in Freges Terminologie) den Sinn des Bezugs. Aber der Sinn ist im hier relevanten Kontext nicht wiederum etwas, auf das man sich bezieht. Mit anderen Worten: Das intentionale Objekt, verstanden als Referenzobjekt, ist Sokrates, ob er nun existiert oder nicht – der Sinn das, was den Bezug ermöglicht und hier konkret eröffnet.

Brentano würde die Überlegungen an dem Punkt zurückweisen, wo man seinen Gedanken der Beziehungshaftigkeit in Begriffen von Innen und Außen zu fixieren sucht. Denn der springende Punkt ist für ihn der, daß es auf die Wirklichkeit oder Unwirklichkeit des Gegenstandes im Prinzip nicht ankomme. In der Tat soll die Intentionalitäts-These gewissermaßen querbeet Fälle des Phantasierens ebenso wie Fälle des Sehens angehen können, Phänomene des Hoffens ebenso wie Fälle von Wunschdenken, so darf die Frage, ob die in Rede stehenden Objekte ihrerseits wirklich sind oder nicht, gar kein Gewicht haben! Dieser Punkt bestimmt auch das Verständnis heutiger Exegeten wie Roderick Chisholm:[5] Wenn jemand an ein Einhorn denkt, so gilt: *(i)* das Objekt des Denkens ist ein Einhorn, *(ii)* das Einhorn ist nicht ein wirkliches Einhorn, *(iii)* das Einhorn hat eine bestimmte Seinsweise, die vom Wirklichsein verschieden ist. Gemäß dieser Interpretation[6] ist die Richtungshaftigkeit stets (und unter allen Umständen) Referenz auf ein nicht-aktuelles bzw. nicht-existierendes Objekt. Denn das intentionale Objekt ist stets (und unter allen Umständen) ein Objekt mit nicht-wirklicher Seinsweise. Damit entfallen auch einige der Bedenken, die gegen Brentanos Formulierung des Gedankens der Beziehungshaftigkeit geltend gemacht werden können.[7]

V.

Der Gedanke selber wurde von Edmund Husserl in der *V. Logischen Untersuchung* aufgenommen. In dieser Untersuchung „Über intentionale Erlebnisse und ihre Inhalte" setzt sich Husserl auch mit Brentano auseinander, dessen Originalität er eher zähneknirschend akzeptiert, nur um ihn dann zu kritisieren und sich von ihm abzuheben.[8] Der wichtigste Punkt, in dem Husserl über Brentano hinausgeht, ist der, daß nunmehr eine Reihe von weiteren, z.T. erhellenden Unterscheidungen Gestalt gewinnen. Eine davon betrifft die Unterscheidung zwischen dem reellen Inhalt und dem intentionalen Inhalt eines Aktes.

Unter dem reellen Inhalt eines Aktes versteht Husserl generell den, wie er II, S. 397 sagt, „Gesamtbegriff der ihn reell aufbauenden Teilerlebnisse", wie sie sich der Sicht der erfahrungswissenschaftlichen Einstellung darbieten oder darbieten würden. Von intentionalem Inhalt spricht Husserl im Blick auf das, was sich unter dem gänzlich anderen Gesichtspunkt der phänomenologischen Einstellung darbietet. Dies bedeutet, daß die Akte hier, anders als in der psychologisch-deskriptiven Einstellung, nunmehr in ihrer Eigenschaft als intentionale Erlebnisse betrachtet werden sollen. Näherhin gliedert sich der intentionale Inhalt in drei Momente. Dies sind *(i)* der intentionale Gegenstand, *(ii)* die intentionale Materie (im Gegensatz zur Qualität), *(iii)* das intentionale Wesen. Vom intentionalen Gegenstand spricht Husserl im Blick auf das Haus, das wir uns vorstellen; *(ii)* intentionale Materie ist, was eine bestimmte Richtung auf Gegenständliches ermöglicht; mit Qualität meint Husserl das Faktum, daß wir ein und denselben Inhalt wie ‚auf dem Mars existieren intelligente Wesen' behaupten, hoffen, verwünschen usw. können. D. h., mit dem Ausdruck ‚Qualität' ist dasjenige am Akt gemeint, was bestimmt, „ob das in bestimmter Weise bereits vorstellig Gemachte als Erwünschtes, Erfragtes, urteilsmäßig Gesetztes und dgl. intentional gegenwärtig sei" (II, S. 411). In diesem Sinn läßt sich die Qualität des Aktes in Analogie zum Begriff der propositionalen Einstellung verstehen. Inhalt im Sinne des intentionalen Wesens des intentionalen Aktes *(iii)* ist die Einheit von *(i)* und *(ii)*. Vom Wesen des intentionalen Aktes zu sprechen gestattet Husserl zu sagen, daß mehrere Individuen dieselbe Meinung haben können und dieselbe Behauptung aussprechen (II, S. 418).

Klarere Konturen erfährt diese Unterscheidung in dem 1913 erschienenen ersten Band des Werkes *Ideen zu einer reinen Phänomenologie und phänomenologischen Philosophie*. Hier unterscheidet Husserl an den intentionalen Erlebnissen zunächst primäre Inhalte, nämlich sensuelle Erlebnisse, Empfindungsgehalte wie Farbdaten, Tastdaten, Lust, Kitzel- und Schmerzempfindungen. Diese primären Inhalte bezeichnet er als stoffliche Data, auch hyletische Data bzw. als *Hyle*. Das nun, was die sog. Stoffe zu intentionalen Daten formt, versteht er als Formen (*morphe*). Die Formebene begreift er dann mit dem Begriff des Noetischen bzw. der Noese. Diese terminologische Setzung wird von daher verständlich, daß ‚Nous' im Griechischen u. a. auch die Bedeutung von *Sinn* hat; und es ist diese Konnotation des Sinnhaften, die Husserl geltend macht, um den Begriff des Richtungshaften plausibel werden zu lassen. Dieser Gedanke wird § 88 folgendermaßen formuliert: „Jedes intentionale Erlebnis ist, dank seiner noeti-schen Momente, eben noetisches; es ist sein Wesen, so etwas wie einen ‚Sinn‘ zu bergen [...] Solche noetischen Momente sind z.B. Blickrichtungen des reinen Ichs auf den vermöge der Sinngebung ‚gemeinten‘ Gegenstand, auf den, das ihm ‚im Sinne liegt‘" (S. 202). Diesen Sinn, der sich nicht am Bestand des Erlebnisstro-mes ausfindig machen läßt und der also insofern etwas Nicht-Reelles ist, nennt Husserl dann *Noema* bzw. noematisches Mo-ment.[9] Dabei handelt es sich, wie §§ 90 ff. deutlich wird, um das Wahrgenommene als solches oder das in der Erinnerung Erinnerte. Es ist hier wichtig zu sehen, daß diese Einführung des Terminus ‚Noema‘ einer Korrektur oder Revision entspricht, die Husserl an seiner früheren Auffassung vornimmt. In den *Logischen Untersu-chungen* noch hatte er den intentionalen und transzendenten Ge-genstand *de facto* identifiziert. So heißt es, daß „der intentionale Gegenstand der Vorstellung derselbe ist wie ihr wirklicher und gegebenenfalls äußerer Gegenstand und daß es widersinnig ist, zwischen beiden zu unterscheiden. Der transzendente Gegen-stand wäre gar nicht Gegenstand dieser Vorstellung, wenn er nicht ihr intentionaler Gegenstand wäre" (I, S. 425). In den *Ideen I* hin-gegen lesen wir § 89: „Der Baum schlechthin, das Ding in der Na-tur, ist nichts weniger als dieses Baumwahrgenommene als solches, das als Wahrnehmungssinn zur Wahrnehmung und unabtrennbar gehört. Der Baum schlechthin kann abbrennen, sich in seine che-mischen Bestandteile auflösen. Der Sinn aber – Sinn dieser Wahr-nehmung, ein notwendig zu ihrem Wesen Gehöriges – kann gar nicht abbrennen, es hat keine chemischen Elemente, keine Kräfte, keine realen Eigenschaften." Dieser Punkt – die Bindung des in-tentionalen Gegenstandes an die immanente Welt der Subjekti-vität – findet ihre Entsprechung in der extrem provokativen These (§ 49), daß die Vernichtung der Dingwelt die Existenz des Be-wußtseins nicht beeinträchtigen würde: „Also kein reales Sein, kein solches, das sich bewußtseinsmäßig durch Erscheinungen darstellt und ausweist, ist für das Sein des Bewußtseins selbst (im weitesten Sinn des Erlebnisstromes) notwendig. Das immanente Sein ist also zweifellos in dem Sinn absolutes Sein, daß es prinzi-piell *‚nulla re indiget ad existendum‘*. – Andererseits ist die Welt der transzendenten *Res* durchaus auf Bewußtsein, und zwar nicht auf logisch erdachtes, sondern aktuelles angewiesen" (S. 104).[10]

VI.

Husserls transzendentalphilosophische Wende wurde nicht einmal von allen seinen Schülern vollzogen. So lehnte Roman Ingarden, der polnische Philosoph und Literaturtheoretiker (s. Abschn. 19, III), sie ausdrücklich ab; und Heidegger kritisiert den Gedanken indirekt, indem er seinerseits In-der-Welt-Sein als prinzipiell unhintergehbare Situation postulierte. Außerhalb der Phänomenologischen Bewegung stiftete Husserls Wende ohnehin nur Verwirrung, dies mit dem Resultat, daß auch die vergleichsweise handfesten und überprüfbaren Gedanken der *V. Logischen Untersuchung* zunehmend weniger Aufmerksamkeit auf sich zogen. Mehr noch scheint die zeitgenössische Diskussion da, wo sie die These der Intentionalität als Charakteristikum von Bewußtsein nicht – wie in Kreisen extrem naturalistischer Orientierung – ohnehin als Spezimen hochgradigen Obskurantismus brandmarkt, ohne jeden Rekurs auf Brentano oder Husserl auszukommen.

Dies trifft namentlich für den amerikanischen Philosophen John R. Searle zu, der das Phänomen der Intentionalität vielleicht wie kein anderer Denker unserer Zeit systematisch erörterte und in seinen Problemlinien auszuloten suchte.[11] Searle empfindet den Ausdruck, wie andere *termini technici* der Philosophie, als unselige (und das heißt in seinen Augen wohl gedanklich irreführende) Prägung der deutschen Philosophie[12] und bemüht sich seinerseits, die Sache als biologisches Phänomen begreiflich zu machen (s. Abschn. 10, V).

7. Die Hermeneutische Wende der Philosophie

I.

In dem Maße, wie philosophische Erörterungen legere Züge annehmen, Phrasen Argumente ersetzen und schließlich buchstäblich alles behauptet wird, bilden sich gegenläufige Bewegungen aus. Diese belassen es nicht dabei, die lästigen Tendenzen zu konfrontieren. Sie trachten danach, sie zu eliminieren. Dabei kommt es zu massiven Attacken bis hin zu Redeverboten. Dies war auch während der Blütezeit des Logischen Empirismus der Fall, der mit seinem Verifikationskriterium ganze Bereiche gut reputierter philosophischer Erörterungen als sinnlos auszuweisen suchte. Aber auch hier schlug das Pendel wieder zurück. Einer dieser Rückschläge ist unter dem Titel ‚Hermeneutische Philosophie‘ bekannt geworden. Dabei ist der Ausdruck ‚hermeneutisch‘ Teil der Selbstbeschreibung jener philosophischen Haltung, die vis-à-vis der Konfrontation durch Ansprüche wissenschaftlicher Orientierungen (wie Logik, methodische Exaktheit, begriffliche Klarheit u.a.) entweder *(i)* eine eigene, geisteswissenschaftliche Ausrichtung für sich reklamiert oder *(ii)* aber Bedingungen tiefer liegender Art geltend macht, die die besagten Ansprüche als unberechtigt erscheinen läßt.

II.

(i) Die erste Variante basiert auf der Annahme einer grundsätzlichen Verschiedenheit zwischen Erklären und Verstehen. Dabei wurde Verstehen wie schon in wichtigen Schriften Wilhelm Diltheys als eigene Zugangsweise zu Gehalten des Geistes, Erklären entsprechend als Pendant der wissenschaftlichen Beschäftigung mit der toten, öden Natur aufgefaßt; und die Pointe geisteswissenschaftlicher Eigenständigkeit schien die zu sein, daß Verstehen als Form der Einfühlung ohnehin nicht operationalisiert werden könne und auch sonst nicht dem Diktat wissenschaftlicher Kontrollen unterworfen sei. Gegen Auffassungen dieser Art lassen

sich beträchtliche Einwände erheben. Diese beginnen damit, daß der Gegensatz zu Erklären, wenn überhaupt, Beschreiben ist. Sie setzen sich damit fort, daß der Dualismus von Geist und Natur usw. ungeklärt im Raum steht, es sich bei Verstehen und Erklären mit Sicherheit nicht um Methoden und dergleichen handelt und Wissenschafter ihrerseits wohl auch etwas verstehen wollen und Geisteswissenschaftler entsprechend auch auf Erklärungen abzielen. Der unmittelbar wichtige Punkt ist freilich, daß die Rolle des empathetischen Verstehens massiv verzeichnet wird. Zwar mag Einfühlung im Kontext des Entdeckungs- bzw. Entstehungszusammenhanges eine wichtige heuristische Funktion eignen. Desgleichen ließe sich sagen, daß Einfühlung einmal gewonnenen Ergebnissen mitunter eine besondere persönliche Tragweite oder existentielle Relevanz usw. hinzufügt und so im übrigen auch Wissenschaft immer wieder durchblutet. Nur gilt es zu sehen, daß empathetisches Verstehen eines nicht leistet: Es kann keine Wissensansprüche begründen, mithin keine Rechtfertigungen erbringen und leistet da, wo Argumente verlangt sind, keine Arbeit.

Damit eröffnet sich nun auch ein generell wichtiger Gesichtspunkt. Der hier und anderswo invozierte Dualismus von Verstehen und Erklären sollte uns nicht die Augen davor verschließen, daß geistes- und naturwissenschaftliches Tun in einem relevanten Kern identisch sind: Beide Bereiche lassen sich nämlich kaum anders denn als Ausprägungen der hypothetisch-deduktiven Methode begreifen. Im einen wie im anderen Fall geht es um den Entwurf von Hypothesen, aus denen Sätze abgeleitet, miteinander verglichen und letztlich mit Daten konfrontiert werden. Relevante Unterschiede gibt es – doch dürften diese oft nur gradueller Art sein – im Blick auf die Natur der Daten. Im einen Fall haben wir es, wie z.B. bei den Gegenständen der Literaturwissenschaften, mit extrem sinnträchtigen Gebilden zu tun, im anderen mit etwas, was im Grenzfall vielleicht sogar Teil der objektiven Wirklichkeit ist. In beiden Fällen gilt freilich, daß unsere Beobachtungen jeweils theoriegeleitet oder theoriedurchtränkt sind und die Vorstellung des Vorhandenseins irgendwelcher *data bruta* eine Chimäre sein dürfte.

III.

(ii) Die zweite Variante begegnet uns in wenigstens drei Ausprägungen: *(ii*)* Eine Strategie besteht darin, die Rolle der Alternative von Verstehen und Erklären zu distanzieren und auf einen fundamentaleren Sachverhalt zurückzuverweisen. Ein derartiger Schritt findet sich in *Sein und Zeit* §§ 32–33, wo Martin Heidegger behauptet, Verstehen und Erklären seien in dem Sinne abkünftiger Natur, daß sie beide in einem ursprünglichen Verstehen(*) gründen. Solches Verstehen(*) ist dieser Betrachtungsweise zufolge hermeneutisch. Denn es erschließt uns Dinge *als* Tisch, *als* Brücke, *als* Hammer usw.; und erst vor dem Hintergrund derartiger originärer Verständnisweisen werden Dinge als Gegenstände möglicher thematischer Aussagen verfügbar und mithin auch zu Gegenständen des Verstehens oder Erklärens im üblichen Sinn. Dabei ist es wichtig zu sehen, daß Heidegger – in diesem Punkt ist er wohl von den klassischen Pragmatisten beeinflußt – die in Rede stehende Ursprünglichkeit unserer Vor-Verständnisse an praktische Kontexte bindet. Hier begegnen uns Dinge im Modus der *Zuhandenheit*, wohingegen der für wissenschaftliche Betrachtungen maßgeblichen theoretischen Einstellung der Modus der *Vorhandenheit* entspricht.

Generell betrachtet, scheint diese Konstruktion durch einen Kunstgriff besonderer Art charakterisiert. Sie läßt die besondere Dignität empathetischen Verstehens *(i)*, die für das Selbstverständnis vieler Generationen von Geisteswissenschaftlern fraglos zentral war und vielleicht auch immer noch ist, stillschweigend in den Hintergrund treten. Damit scheint sie einen Verlust in Kauf zu nehmen. Doch kompensiert sie den Verlust suggestiv. Denn die Annahme von Verstehen(*) eröffnet gewissermaßen eine noch ursprünglichere Dimension. Dies kommt auch darin zum Ausdruck, daß Verstehen(*) als vorbegrifflich und vorprädikativ gilt und der sog. Zirkel des Verstehens, der im Kontext früherer hermeneutischer Konstruktionen sozusagen auf der abkünftigen Ebene des Verstehens beheimatet war, nunmehr ontologisch fundiert und als besondere Ingredienz menschlichen Seins ausgezeichnet wird. Diese Gedanken übten eine beträchtliche Faszination aus und ermöglichten nicht nur wie *(i)* eine defensive, sondern offensive Haltung.

Doch ist auch *(ii*)* schwerwiegenden Einwänden ausgesetzt. Da ist erstens das Bedenken, daß Verstehen(*) bei Lichte besehen kaum klare Konturen gegeben werden kann. Zu sagen, Verstehen(*) sei genuin vor-prädikativ, mag nämlich Verschiedenes bedeuten. Es kann heißen, daß wir sozusagen unmittelbar zu der in Rede stehenden Einsicht gelangen, ohne Rückschlüsse und dergleichen; es kann aber auch besagen, daß die in Rede stehende Einsicht selbst nicht urteilshaft sei. Beide Lesarten gehen in *Sein und Zeit* ebenso wie in den etwa gleichzeitigen Marburger Vorlesungen *Grundprobleme der Phänomenologie* neben- und miteinander her; und die Suggestion, die Heideggers These umgibt, beruht darauf, daß beide Punkte nicht deutlich auseinandertreten. Träten sie nämlich auseinander, so wäre es um ihre Faszination bald geschehen. Denn zu sagen, daß wir etwas unmittelbar sehen, erkennen usw., hieße nicht mehr und nicht weniger, als zu sagen, daß wir dieses oder jenes auf Grund einer bestimmten Routine leisten. So sehen gute Schachspieler ihre Optionen; weniger gute Spieler verschaffen sich dadurch Klarheit, daß sie in relativ mühsamen Schritten (‚Wenn ich den Zug mache, passiert dies und das …‘) voranschreiten und sich auf diese Weise ein Spektrum an Möglichkeiten abzuzeichnen beginnt. Aber auch der gute Schachspieler, der vielleicht sprachlos denkt, ist jederzeit in der Lage, das, was er sieht, diskursiv offenzulegen. Der zweite Punkt erweist sich freilich leicht als Irrtum. Denn Einsichten von der Art, wie sie Heidegger hier vor Augen stehen mögen, sind nicht nicht-urteilshaft. Im Gegenteil, sie sind Teil einer Begriffswelt und fungieren – dies hat Wilfrid Sellars in seiner Attacke auf die Unmittelbarkeit gut dargestellt[1] – je nach Kontext als mögliche Prämissen oder als Folgerungen.

Damit wird deutlich, daß Heideggers These entweder zuviel besagt oder zuwenig und, so betrachtet, entweder massiv falsch ist oder als trivial gelten muß. Entweder invoziert sie etwas, was nicht als Verstehen oder Verständnis in irgendeinem Sinn des Wortes gelten kann, oder aber sie erweist die vermeintliche Authentizität als bloße Routine. Des weiteren zeigt sich – und dieser Punkt sagt etwas über die Art der Philosophie, die im Hintergrund steht –, daß gewisse Faszinationen daran gebunden sind, daß wichtige Unterscheidungen übersehen werden bzw. in ihrer möglichen Tragweite unerkannt bleiben.

IV.

(ii**) Eine andere Ausprägung des hermeneutischen Ansatzes begegnet uns in Gestalt von Hans-Georg Gadamers Behauptung, alles Verstehen sei geschichtlich bestimmt, und es sei folglich ein Irrtum zu meinen, daß wir außerhalb des Stroms der Geschichte irgendeinen Halt finden könnten. Dies ist die Botschaft von *Wahrheit und Methode*,[2] einem Werk, das seit seinem ersten Erscheinen 1960 viele Generationen in seinen Bann zog, aber auch Quelle der Irritation wurde. In gewissem Sinn ist diese Botschaft nicht wirklich neu. Denn den Gedanken, daß Letzt- und Fundamentalbegründungen – dies sind die erklärten Ziele der von Descartes ausgehenden Philosophie der Moderne – eine Chimäre seien, hat schon Otto Neurath mit seinem Bild vom Schiff angesprochen, das auf hoher See von uns repariert wird, und Quine, der Neuraths Worte als Motto verwendet, prägte die Rede vom kosmischen Exil, das uns nicht offenstehe. Hilary Putnam, sein Kollege an der Harvard University, spricht gern vom Gottesgesichtspunkt. Hier wie dort spielt der Gedanke eine Rolle, daß wir als Beobachter Teil einer Kultur sind und unser Blick jeweils von Theorien bestimmt werde. In einem anderen Sinn ist die Botschaft wohl doch neu. Denn weder Neurath noch Quine oder Popper (s. Abschn. 9, III) haben mit dem Gedanken geflirtet, die Idee der Rechtfertigung aufzugeben oder auch nur substantiell zu schwächen. Gadamer hingegen plädiert unverhohlen dafür, den, wie er sagt, abstrakten Gegensatz zwischen Systematik und Geschichte aufzugeben. Dieser Punkt ist gravierend. Denn Gadamer unterminiert damit die Unterscheidung zwischen Entstehungs- und Rechtfertigungszusammenhang und überschreitet so einen, wenn nicht gar *den* philosophischen Rubikon. Dies bedeutet sinngemäß zugleich den Schritt an die Gestade des philosophischen Post-Modernismus (s. Kap. 18).

Nun läßt sich Gadamers Botschaft nicht leicht von der Hand weisen. Sowenig wir uns von den Determinanten unserer genetischen Ausstattung freimachen können, um andere Menschen oder gar andere Wesen zu werden, sowenig können wir den Ausstand aus der Geschichte nehmen und den Gang der Dinge von einem imaginären Ufer aus betrachten. So gesehen, trifft Gadamers Botschaft nicht nur einen zentralen Punkt; sie artikuliert eine Wahrheit, die sich kaum wegdisputieren läßt. Nur ist nicht diese Wahrheit das Entscheidende, sondern was man mit ihr macht. Welche Rückschlüsse sind gerechtfertigt, welche nicht? Wenn Gadamer sagt, die Geschichte gehöre nicht uns, sondern wir ihr, so vertritt er eine These, die beschreibende und normative Züge fusioniert. Sicher ist es eine Sache zu sagen, daß unsere Auffassungen geschichtlich bestimmt sind, eine andere Sache ist es zu behaupten, daß wir nur da verstehen, wo wir in ein Überlieferungsgeschehen einrücken.

Aber auch in anderer Hinsicht müßte sich Widerstand regen. Ein Einwand richtet sich gegen die Art und Weise, wie die Botschaft gewonnen wird. Zwar sagt der Autor von *Wahrheit und Methode* 1965 in der Vorrede zur zweiten Auflage, daß es ihm um ein substantiell philosophisches Anliegen gehe, nämlich um die Frage, wie Verstehen überhaupt möglich sei. Doch entfaltet er die Problematik am Beispiel des Umgangs mit Dokumenten von Kunst und Literatur; und dabei wird zu keinem Augenblick deutlich, mit welchem Recht der Erörterung beispielhafter Charakter zugeschrieben wird. Daß Thesen wie ,Alles Verstehen ist Auslegung' als legitime Verallgemeinerungen angesehen werden dürfen, ist mehr als zweifelhaft. Was etwa könnte diese Formel im Kontext mathematischer Belange sinnvollerweise besagen? Hier zeigt sich eine inhärente Schwäche der Heideggerschen Schule: *Ein* Phänomen wird ausgezeichnet und als Paradigma *aller* anderen Fälle behandelt.

Ein nächster Einwand richtet sich gegen die Art und Weise, wie das Paradigma charakterisiert wird. Gadamer illustriert Verstehen anhand des Umgangs mit Dokumenten von Kunst und Literatur. Dabei legt er nahe, daß wir bei der Suche nach dem Sinn oder der Bedeutung der in Rede stehenden Texte usw. nicht etwa auf das abstellen, was der Autor sagt bzw. meint, sondern auf dasjenige, was uns der Text sagt bzw. was der Text zu sagen hat.[3] Dieser Punkt ist folgenreich. Denn Gadamer stilisiert den Text als Gesprächspartner, macht ihn damit zu einer Quasi-Person.[4] Er überträgt Eigenschaften auf ihn, die er *qua* Text nicht hat und auch nicht haben kann. Nun mag man diese Einlassung als kleinmütig ansehen und einwenden, daß die Charakterisierung des Textes als Person oder Quasi-Person *de facto* unseren normalen Intuitionen Rechnung trage und insofern keine Monstrosität darstelle. In der

Tat gibt es u.a. auch die Rede vom Buch der Natur oder von der Welt als Text. Doch geraten dabei leicht die Probleme aus dem Blick. Nicht die Behandlung der Welt als Text ist problematisch, sondern die weitergehende Unterstellung, daß der Text etwas sei, was seinerseits etwas sagt, meint, spricht; und problematisch oder gar ruinös ist diese *façon de parler* genau dann, wenn Reden dieser Art als Teile eines transzendental-philosophischen Projektes auftauchen. Denn Unternehmungen dieser Art sind im Minimum dadurch charakterisiert, daß unbezweifelbare Züge der Erfahrung erklärt bzw. durchschaubar gemacht werden; und dies setzt voraus, daß zumindest über die Züge des Explanandum kein Zweifel aufkommen kann und das Explanans seinerseits ohne Metaphern usw. auskommt.

Im Detail gibt es weitere Vorbehalte. Ein philosophisches Unternehmen von der Art, wie es in der Vorrede zur zweiten Auflage vorgestellt wird, zielt (und der Autor sagt dies ausdrücklich) darauf ab auszumachen, was der Fall ist. Doch bietet uns *Wahrheit und Methode* keine derartigen Thesen. Was das Buch bietet, ist eher ein Unterfangen normativer Art – nämlich Erwägungen bezüglich dessen, was sein soll bzw. getan werden soll. Dies führt u.a. dazu, daß über weite Strecken der Eindruck entsteht, es gehe dem Autor um die Rehabilitation von Autorität und die normative Auszeichnung der Klassik als Paradigma alles Maßgeblichen. Dieser Punkt wurde auch außerhalb der Philosophie moniert, nämlich von Literaturtheoretikern wie dem Romanisten H.-R. Jauß. Innerhalb der Philosophie provozierte er vor allem den Widerstand marxistischen Denkens. Hier beklagte man insbesondere die anti-emanzipatorische Stoßrichtung von *Wahrheit und Methode* bzw. jene Momente, die man als durchaus restaurativ empfand. Eine der wichtigsten Attacken stammt aus der Feder von Jürgen Habermas, dem vermutlich kreativsten Denker im deutschen Sprachraum überhaupt. In seinem Aufsatz „Der Universalitätsanspruch der Hermeneutik"[5] konfrontiert Habermas Gadamers These, daß Verstehen und Verständigung Vollzugsformen menschlichen Lebens seien und allen speziellen philosophischen und wissenschaftlichen Betätigungen vorauslägen. Seine Attacke besteht in dem Hinweis, daß es verzerrte Verständigungssituationen gibt oder auch einfach unverständliche Lebensäußerungen (a.a.O., S. 83); und derartige Situationen lassen sich, so Habermas, weder im Rekurs auf umgangssprachliche Kommunikation bereinigen noch durch den Hinweis auf „Objektivität der sprachlichen Überlieferung, die Horizontgebundenheit des sprachlichen Weltverständnisses" interpretieren. Was Habermas vor Augen hat, wenn er von verzerrter Kommunikation spricht, sind Phänomene, die nach Psychoanalyse rufen und, wenn überhaupt, nur auf dem Wege dieser Fragestellungen eruiert und verstanden werden können; so fordert er, daß bereits „die implizite Kenntnis der Bedingungen verzerrter Kommunikation [...] genügt, um das ontologische Seinsverständnis der Hermeneutik, das Gadamer im Anschluß an Heidegger expliziert, in Frage zu stellen" (a. a. O., S. 97).

Nun ist klar, daß Gadamer den emanzipatorischen Charakter der Kritischen Theorie nicht schätzt und politisch womöglich verabscheut.[6] Doch wäre dies eine Sache. Eine andere Sache ist es, dem philosophischen Kern der Einlassungen zu begegnen: Der Vorwurf besagt, daß die Philosophische Hermeneutik auf der Basis herrschender, gesellschaftlich verfestigter Vorurteile operiere und diese unkritisch interpretiere. Gadamer reagiert in seinem Aufsatz „Replik zu Hermeneutik und Ideologiekritik"[7] zweistufig: Ein erster Schachzug besteht in der diskreten Frage, „wie weit die Erkenntnisse der Psychoanalyse Geltung besitzen". Damit berührt er natürlich einen wunden Punkt. Auch sein zweiter Punkt ist clever. Gadamer zeigt, daß gerade die tragende Grundlage für das therapeutische Handeln des Arztes darin bestehe, daß sich der Patient freiwillig dem Arzt unterordne und damit die Autorität des wissenden Arztes anerkenne. Dieser Punkt ist insofern geschickt, als Gadamer die Geschichte so wendet, daß seine These von der Anerkennung von Autorität als Basis von Verstehen und Verständigung auch hier bestätigt wird. Nun ist diese Attacke sogar raffiniert. Denn sie läuft darauf hinaus, daß ausgerechnet die Advokaten emanzipatorischer Veränderungen unseres gesellschaftlichen Seins am Boden ihrer Produktion von kritischem Bewußtsein und emanzipatorischem Sinn die Unterwerfung unter Autorität annehmen müssen. So lokalisiert Gadamer in der Position der Kritischen Theorie eine fundamentale Diskrepanz – eine Diskrepanz zudem, die den Vertretern der Frankfurter Schule genaugenommen die Waffe aus der Hand schlägt, die man gegen die Verfechter der Philosophischen Hermeneutik zu führen gedenkt.

V.

(ii***) Eine weitere Radikalisierung und Zuspitzung erfährt die Hermeneutische Philosophie im Verständnis Richard Rortys. Dieser hatte in seinem Buch *Der Spiegel der Natur,* das ursprünglich 1979 erschien,[8] nicht nur die philosophisch hochgespannten Aspirationen der neuzeitlichen Philosophie gedemütigt. Er sagte zugleich, was von der Philosophie allenfalls noch sinnvoll erwartet werden könne. Dabei wirbt er für die Vorstellung, daß sich Philosophie in Zukunft mit einer reduzierten Rolle anfreunde; und zwar geht es um die Rolle einer Vermittlerin zwischen Diskursen unterschiedlicher Art und so letztlich um einen Beitrag zu einem besseren Verständnis unterschiedlicher Anliegen (s. Kap. 18).

VI.

Über die mit *ii** und *ii*** angezeigten Erörterungen gerät der eigentliche Kern der Verstehensthematik leicht in Vergessenheit. Dies ist um so mißlicher, als thematische Inflationen Begriffen ihre diskriminatorische Kraft nehmen und wichtige Unterscheidungen unterdrückt werden oder auch nur im Schatten von Äquivokationen verschwinden. Ein Punkt, der sicher besonderer Aufmerksamkeit bedarf, betrifft die mögliche Relevanz jener Gedanken, die mit Dilthey in die Diskussion traten (s. *(i)*). Daß empathetischem Verstehen enge Grenzen gesetzt sind, sollte nicht darüber hinwegtäuschen, daß nicht alle Formen wissenschaftlicher Erklärungen für sämtliche Zwecke informativ sind. Dies allein schwächt den Anspruch jener, die den Begriff der Erklärung auf das Modell nomologisch-deduktiver Erklärungen eingeschränkt wissen wollen und sinngemäß eine Einheitswissenschaft urgieren (s. Abschn. 12, III); es schwächt aber auch den Anspruch der Philosophischen Hermeneutik, die die Dimensionen des psychisch Subjektiven zugunsten einer allumfassenden Sphäre des geschichtlich Objektiven in den Hintergrund drängt. Um etwa zu verstehen, was bei den letzten Wahlen passiert ist, mag es manchmal genügen, darauf hinzuweisen, welche Alters- und Bevölkerungsgruppen wie gewählt haben. In anderen Fällen ist unsere Neugier mit Angaben dieser Art kaum gestillt. Denn vielleicht wollen wir – das gibt Charles Taylor zu bedenken – wissen, weshalb diese oder jene Person diesem oder jenem Kandidaten ihre Stimme gab: vielleicht, weil sie der Partei durch dick und dünn die Treue hält oder weil sie den Kandidaten der anderen Partei nicht ausstehen kann, oder schließlich, weil sie den Kandidaten schätzt, ohne daß sie irgendwelche politischen Präferenzen hätte. Hier kommt viel auf das Selbstverständnis und die Innensicht der Person an, deren Handlung wir in einem gegebenen Kontext als das verstehen wollen, was sie (in dem gegebenen Kontext) ist. Entsprechend stellen Handlungserklärungen auf Gründe ab, welche die in Rede stehende Person bestimmen oder bestimmt haben mögen.[9]

Damit zeichnet sich eine Dimension ab, die der Verstehensthematik ihr ureigenes Terrain zurückgibt; und zwar geht es um die Ausdrucksdimension. So lassen sich menschliche Aktivitäten verschiedenster Art auch unter dem Gesichtspunkt betrachten, was sie ausdrücken und was damit gegebenenfalls in einen öffentlichen Raum gestellt wird (s. Abschn. 4, V). Erwägungen dieser Art bestimmen vor allem die Arbeiten Taylors, die nicht hoch genug veranschlagt werden können.[10] Diesem Denker gelingt nicht nur ein Brückenschlag zu früheren Traditionen, die mit den Namen Herder und Humboldt verbunden sind. Ihm gelingt es vor allem auch – und das unterscheidet seine Art von Untersuchung von Unterfangen wie *Wahrheit und Methode* –, die Berechtigung unterschiedlicher philosophischer Anliegen darzutun.

8. Die Kritische Wende

I.

Ähnlich wie die hermeneutischen Ansätze Heideggers und Gadamers die Annahme irgendwelcher *facta bruta* negieren, versteht sich auch die Frankfurter Schule bzw. Kritische Theorie ausdrücklich als Antipodin positivistischer Denkformen.[1] In dieser Hinsicht sind beide Richtungen der Hegelschen Kritik aller Unmittelbarkeit verpflichtet. Doch ist die treibende Kraft in beiden Fällen nicht dieselbe. Dies wird schon daran deutlich, daß beide Richtungen verschiedene Bewegungen antizipieren. Favorisiert die Philosophische Hermeneutik die Unterwerfung unter ein Seins- bzw. Wahrheitsgeschehen (Heidegger) bzw. die Aneignung autoritativer Tradition (Gadamer), so propagiert die Frankfurter Schule Kritik und Emanzipation. In dem Maße, wie die erstere Richtung konservative, wenn nicht gar reaktionäre Züge verkörpert, eignet letzterer progressive Stoßkraft, die sie aus Marxismus und Psychoanalyse bezieht. Das wichtigste Buch dieser Bewegung ist *Erkenntnis und Interesse*. Als Habermas es 1968 publizierte, bedeutete dies im deutschsprachigen Sprachraum eine ähnliche Sensation wie wenige Jahre später das Erscheinen von John Rawls' *A Theory of Justice* in England und in den USA (s. Kap. 15). Wie letzterer hatte ersterer sein Projekt in Vorarbeiten avisiert.[2] Anders als *A Theory of Justice* steht *Erkenntnis und Interesse*, wenn nicht in der Tradition einer vergleichsweise gut formierten Schule, so doch in einem entsprechenden gedanklichen Umfeld. Als *spiritus rector* hat hier Max Horkheimer zu gelten und als ideelles Gründungsdokument sein Essay „Traditionelle und kritische Theorie" aus dem Jahre 1937.[3]

Diese Studie wurde zum Flaggschiff einer Denkweise, die sich als Projekt einer neuartigen, interdisziplinär ausgerichteten Sozialforschung formierte. So kündigt Horkheimer im Vorwort zum ersten Band der neu gegründeten *Zeitschrift für Sozialforschung* 1932 an, „die Faktoren, die für das Zusammenleben der Menschheit in der Gegenwart bestimmend sind, seien sie ökonomischer, psychischer, sozialer Natur, in ihren Arbeitskreis" einzubeziehen. Äußerer Anlaß war die damalige Zeit, näherhin die Erfahrung der Weltwirtschaftskrise. Im Zusammenhang seiner Arbeit „Bemerkungen über Wissenschaft und Krise" charakterisiert Horkheimer im nämlichen Jahr sein Projekt entsprechend: „Es erstrebt Erkenntnis des gesamtgesellschaftlichen Verlaufs und setzt daher voraus, daß unter der chaotischen Oberfläche der Ereignisse eine dem Begriff zugängliche Struktur wirkender Mächte zu erkennen sei".[4] Die Elemente der Krise wurden von seinem Freund und Mitarbeiter Friedrich Pollock im 2. Band der Zeitschrift formuliert, und zwar auf der theoretischen Linie, die Marx und Engels gezeichnet hatten. Die Arbeitsweise Horkheimers und seiner Kollegen tritt z. B. gut in dem Essay „Egoismus und Freiheitsbewegung. Zur Anthropologie des bürgerlichen Zeitalters" aus dem Jahre 1937 hervor. Hier versucht Horkheimer, politische und philosophische Ideen wie die der idealistischen Tugendmoral mit der wirtschaftlichen Lage des Bürgertums in Verbindung zu bringen, desgleichen die Funktion von Symbolen, und bemüht sich, die psychischen Mechanismen namhaft zu machen, durch die Haß und Grausamkeit erzeugt werden. In diesem Zusammenhang macht er auch auf die Bedeutungen der Arbeiten Freuds aufmerksam und betont, daß sich die Art der Transformationen der psychischen Energien ohne die psychoanalytische Betrachtungsweise nicht begreifen lasse.[5] In seinem Essay „Autorität und Familie" zeigt er, wie etwa die Beurteilung der Rolle des Vaters durch den Gang der Jahrhunderte bestimmte Einschätzungen bezüglich des Verhältnisses von Mensch, Gott, Welt widerspiegelt, und er interpretiert das Matriarchat unter dem Aspekt einer Gesellschaft ohne Klassengegensätze und Verdinglichung.[6]

Die Zusammenhänge, denen Horkheimer nachspürt, lassen sein Projekt von Sozialforschung als buntes und z. T. faszinierendes Kaleidoskop essayistischer Gedankenverwebungen erscheinen.[7] Der Rekurs auf Worte wie „er versucht" oder „er bemüht sich" dürfte kaum deplaziert sein. Denn beweissichere Ergebnisse dieser Art würde es, wenn überhaupt, nur dann geben können, wenn wir über naturgesetzlich harte Einsichten verfügten, die nicht nur Erklärungen von Ereignissen bzw. Sachverhalten gestatten, sondern auch Prognosen ermöglichen (s. Abschn. 12, III). Aber dies scheint generell nicht der Fall zu sein. Auch ist die Plausibilität der Zusammenhänge, die er (und andere Autoren inner- und außerhalb der Frankfurter Schule) herstellen und geltend machen, wesentlich an das gebunden, was wir geneigt sind, als plausibel anzusehen. Doch selbst wenn viele Thesen oder Wertungen nicht als plausibel angesehen werden, berühren die Essays einen wichtigen und z.T. anregenden Orientierungsrahmen, der Fragestellungen bestimmter Art erst ermöglicht; und Fragen dieser Art werden in dem Maße wieder wichtig und unabweisbar, wie die Komplexität solcher Fragen wie die der Lebensqualität u.ä. ohnehin die Grenzen einzelner Fachrichtungen sprengen.[8]

II.

Nun hatte Horkheimer aber nicht etwa die Vision einer naturgemäß schwächlichen Theorie, die, mit den Worten Aristoteles' zu sprechen, nur so genau sein kann, wie es ihr Gegenstand zulasse bzw. erfordere. Was ihm vorschwebte, war offensichtlich mehr. Er dachte an eine Theorie, die uns zu wahren Einsichten leitet. So sagt er im 1937 verfaßten Nachtrag zum Essay „Traditionelle und kritische Theorie" aus dem gleichen Jahr, daß die Kritische Theorie über das Erbe des Deutschen Idealismus hinaus auch das der Philosophie schlechthin bewahre: „Sie ist nicht irgendeine Forschungshypothese, die im herrschenden Betrieb ihren Nutzen erweist, sondern ein unablösbares Moment der historischen Anstrengung, eine Welt zu schaffen, die den Bedürfnissen und Kräften genügt."[9] Allein dieser kurze Satz wirft eine Fülle von Fragen auf. Denn offensichtlich werden hier unterschiedliche Ebenen und Dimensionen angesprochen. Deshalb ist es vielleicht sinnvoller zu fragen, ob Horkheimer irgendwo Bedingungen nennt, denen eine Theorie genügen müßte, so sie das charakteristische Prädikat *kritisch* tragen darf. Dies tut er. Nur ist unklar, ob das, was ihm vorschwebt, auch deutlich hervortritt. So sagt Horkheimer nämlich recht grundsätzlich: „Dem herkömmlichen theoretischen Denken gelten, wie dargelegt, sowohl die Genesis der bestimmten Sachverhalte als auch die praktische Verwendung der Begriffssysteme, in die man sie faßt, somit seine Rolle in der Praxis, als äußerlich."[10] An späterer Stelle heißt es: „Die Systeme der Disziplinen enthalten die Kenntnisse in einer Form, die sie unter den gegebenen Umständen für möglichst viele Anlässe verwertbar macht. Die soziale Genesis der Probleme, die realen Situationen, in denen die Wissenschaft sie gebraucht, die Zwecke, zu denen sie angewandt wird, gelten ihr als äußerlich."[11]

Hier finden wir einen ersten Abgrenzungsversuch im Rekurs auf die Frage, was einer gegebenen Theorie gegebenenfalls innerlich bzw. äußerlich ist; und es steht zu vermuten, daß eine Theorie u.a. dann ‚kritisch' zu nennen sei, wenn sie z.B. Herkunft und Genese ihrer Fragestellungen und Begrifflichkeit als Teil ihres theoretischen Einzugsbereiches ansieht. Entsprechend gilt, daß traditionelle Theorien insofern unkritisch seien, als sie ebendies nicht tun. Ein wenig später wird eine Präzisierung dieses Punktes erkennbar. Denn mit Bezug auf die kritische Theorie der Gesellschaft sagt Horkheimer: „Die Verhältnisse der Wissenschaft, von denen die Wissenschaft ausgeht, erscheinen ihr nicht als Gegebenheiten, die bloß festzustellen und nach den Gesetzen der Wahrscheinlichkeit vorauszuberechnen wären. Was jeweils gegeben ist, hängt nicht allein von der Natur ab, sondern auch davon, was der Mensch über sie vermag. Die Gegenstände und die Art der Wahrnehmung, die Fragestellung und der Sinn der Beantwortung, zeugen von der menschlichen Aktivität und dem Grad ihrer Macht."[12]

Hier wird deutlich, daß Horkheimer Daten und Fakten sowie scheinbar letzte Tatsachen, an die sich Fachgelehrte halten, auf, wie er im selben Zusammenhang sagt, „menschliche Produktion" bezogen wissen will und insofern also die Kritische Theorie an die Tradition des Deutschen Idealismus bindet. Ferner wird deutlich – und dies scheint wichtig –, daß Horkheimers Plädoyer für eine Kritische Theorie in diesem spezifischen Bereich auf einem Dogma aufbaut; und zwar handelt es sich um die Behauptung, daß Fakten zumindest teilweise von menschlichen Sichtweisen abhängig seien. Nur handelt es sich um ein Dogma, das heute in verschiedenen Schattierungen akzeptiert wird. Sir Karl R. Popper (s. Abschn. 9, IX) hatte in seiner *Logik der Forschung* von 1934 geltend gemacht, daß Änderungen der Theorie auch Änderungen der wissenschaftlichen Wahrnehmung bedeuten, und N.R. Hanson hat 1958 in seinem einflußreichen Buch *Patterns of Discovery* den Begriff der Theoriebeladenheit von Beobachtung geprägt; und wenig später sollte dieser Gedanke von Thomas S. Kuhn in seinem

Buch *The Structure of Scientific Revolutions* weiter ausgebaut werden (s. Kap. 12). Insofern handelt es sich um ein akzeptables Dogma, aber immerhin um ein Dogma, wobei Popper seinen Gedanken – es handelt sich um die „Transzendenz der Darstellung" – allerdings ausdrücklich als Hypothese präsentiert. Nun ist sich Horkheimer seinerseits über die Standortgebundenheit seines Denkens durchaus im klaren. Denn er betont, daß auch die Kritische Theorie kein festgefügtes Ensemble von Inhalten sei, sondern im Gegenteil eine revisionsbedürftige Angelegenheit.[13] Doch wirft dies die Frage auf, was nun die Kritische Theorie aufbaut. Hier werden Dinge unscharf.

III.

Dies beginnt bei den Eigenschaften, die Horkheimer seiner Konzeption zuerkannt wissen möchte: „Nach ihr [i.e. der Kritischen Theorie, A. G.] existiert nur eine Wahrheit, und die positiven Prädikate der Ehrlichkeit und inneren Konsequenz, der Vernünftigkeit des Strebens nach Frieden, Freiheit und Glück sind nicht im gleichen Sinn irgendeiner anderen Theorie und Praxis zuzusprechen."[14] Hier ist von Eigenschaften der Theorie die Rede; und diese Rede scheint anstößig und unakzeptabel. Denn Theorien als solche sind keine Träger von moralischen Eigenschaften und keine Subjekte von psychischen Dispositionen. Zwar mildert die Erweiterung „und Praxis" die Anstößigkeit; doch bleibt der Vorwurf des Kategorienfehlers. Dieser Vorwurf sollte nicht als Pedanterie abgetan werden. Denn Horkheimers Vorgehen ist an dieser Stelle deshalb gefährlich, weil man die Eigenschaften der Theorie wieder auf die Menschen überträgt, die ihr anhängen. Dies ist und war ein vertrauter Schritt. Er ist um so kritikwürdiger, als diejenigen, die die Theorie (aus welchen Gründen auch immer) nicht akzeptierten, *ipso facto* moralisch ausgegrenzt wurden und werden.

Im Aufbau unterscheiden sich traditionelle Theorien und Kritische Theorie insofern, als letztere die Idee einer auf Tausch beruhenden Ökonomie enthält sowie allgemeine Begriffe wie Ware, Wert, Geld usw. als Gattungsbegriffe;[15] und mit diesem Anfang sei bereits der Mechanismus benannt, kraft dessen sich bestimmte Ereignisse und Ereignisfolgen einstellen. Interessanterweise meint

Horkheimer, daß die einzelnen Schritte „innerhalb der Theorie" von der gleichen Strenge seien „wie die Deduktionen innerhalb einer fachwissenschaftlichen Theorie".[16] Derartige Versicherungen erinnern an entsprechende Aussagen bei Heidegger. Doch sagen solche Thesen nichts. Denn wie sollte man den Begriff der Strenge anders beurteilen denn im Lichte wahrheitserhaltender logischer Schlüsse? Die Vorstellung, daß die Dignität prinzipienartiger Gebilde irgendwie auf Theoreme oder die dabei in Rede stehenden Dinge übergeht, ist ein Residuum neuplatonischer Metaphysik. Auf jeden Fall sind Horkheimers Bemerkungen hier wie anderswo zu summarisch, als daß sie eine klare Beurteilung erlaubten. Dabei kommt es ohnehin zu einer beträchtlichen Komplikation. Denn es heißt ja, daß die Kritische Theorie die Ergebnisse und Erklärungen anderer Wissenschaften nach Bedarf mit einbezieht. Das provoziert die Frage, nach welchen Kriterien sie dies tut und wie man gegebenenfalls für diese argumentieren könnte. Schließlich bleibt auch unklar, wie Horkheimer gewährleisten kann, daß die Kritische Theorie – wie immer sie im Detail nun auch aussehen mag – ihren kritischen Charakter behält und nicht ihrerseits Opfer des Scheins wird.

Nun mag man einwenden, daß diese und andere Vorbehalte nicht den Kern der Sache angehen und vor allem nicht das Anliegen als solches desavouieren. Deshalb scheint es wichtig, das Spektrum möglicher Kontroversen auf den vielleicht zentralen Punkt zu verdichten. Es ist die Vorstellung, daß Theorien traditioneller Art in der Praxis naturwissenschaftlichen und sozialwissenschaftlichen Tuns zwar Handlungsanweisungen aller Art produzieren, aber die Frage der Ziele menschlichen Handelns außerhalb der Sphäre wissenschaftlicher Vernunft lassen. Diese Vorstellung findet ihr Pendant in Heideggers These, daß Wissenschaft nicht denke. Kann die Kritische Theorie hier überhaupt Abhilfe leisten? Zu sagen, daß die geläufige, sozusagen nur subjektive Vernunft darauf verzichte, „Zwecke [...] im Lichte der Vernunft zu bestimmen"[17] und der Beseitigung des „theoretischen Begriffs von Wahrheit"[18] Vorschub zu leisten, hieße wohl, zuviel zu behaupten. So wahr es nämlich sein mag, daß Technik als Technik in Zweck/Mittel-Strategien eingebettet ist und wissenschaftliches Denken diesen Strategien dienstbar wird, so folgt daraus doch nicht, daß Wissenschaft als Wissenschaft ihrerseits nur instrumentell ist bzw. sein müsse. Viele Wissenschaftler fassen ihre Untersuchungen als Erforschung von Wahrheit auf, und es besteht kein Grund, dieses realistische Verständnis *in globo* zu bezweifeln, geschweige denn zu bestreiten.[19] Insofern besteht auch kein Anlaß, wissenschaftliches Denken als intrinsisch instrumentell zu charakterisieren[20] und das neuzeitliche Denken, das von den Wissenschaften geprägt ist, als intrinsisch zweckrational zu bezeichnen. Außerdem sind wir sehr wohl in der Lage, Ziele im Lichte der Vernunft zu beurteilen.

Nun wird sich der Vertreter der Kritischen Theorie an dieser Stelle kaum geschlagen geben. Denn er wird geltend machen, daß es ihm nicht um irgendwelche Ziele gehe, sondern um oberste bzw. letzte Ziele. Doch scheint dieser Vorwurf nicht wirklich zu greifen. Verstehen wir Horkheimers Vorwurf nämlich so, daß die Vernunft, wie es anderswo heißt, für „außerstande erklärt wird, die obersten Ziele des Lebens zu bestimmen, und sich damit begnügen muß, alles, dem sie begegnet, auf ein bloßes Werkzeug zu reduzieren",[21] dann besagt die Einlassung entweder zuviel oder zuwenig. Zuwenig besagt sie, wenn wir den Artikel „die" sinngemäß als unbestimmten Artikel verstehen und mit „bestimmen" wie bereits im obigen Kontext soviel verbinden wie „festsetzen" oder „artikulieren". Denn in diesem Fall scheint der Vorwurf nicht zu verfangen. Wir alle können unsere obersten Ziele artikulieren, so wir welche haben. Wenn der Artikel „die" hingegen die Kraft des bestimmten Artikels hätte und „bestimmen" den weitergehenden Sinn von „identifizieren", so wäre an feststehende oberste Ziele gedacht, die die Vernunft ausfindig macht bzw. auffindet. Diese Annahme wäre jedoch nicht akzeptabel. Denn wir können nicht wissen, ob es derartige, für alle Leben identische Zwecke tatsächlich gibt. Noch weniger können wir – was Horkheimer vermutlich meint und mit „bestimmen" der Sache nach bedeutet wissen will – derartige Ziele wiederum eigens rechtfertigen. Deshalb ist nicht klar, mit welchem Recht die Vertreter der Frankfurter Schule meinen, unterstellen zu dürfen, daß die Philosophie dazu in der Lage sei: Der Weg der Deduktion kommt nicht in Betracht. Denn Ziele als Ziele auf deduktivem Wege zu rechtfertigen hieße, höhere Werte geltend zu machen; und diesen Schritt in Anspruch zu nehmen hieße, den angenommenen Status des Ziels als höchstes Ziel zu bestreiten. Damit wäre das Argument unterlaufen. Wie aber könnte eine Bestimmung im relevanten Sinn sonst geleistet werden?

Offenbar würde eine derartige Einsicht entweder an metaphysische Sachverhalte appellieren müssen oder aber als Teil eines umfassenden Korpus von Überzeugungen ausgewiesen sein. Im ersteren Fall wären wir dem Vorwurf des Dezisionismus ausgesetzt und gewissermaßen Subjekt eines besonderen Wahrheitsereignisses. Im anderen Fall wäre unsere Einsicht nur so tragfähig, wie es die sie stützenden Überzeugungen insgesamt sind; und es scheint klar, daß es sich bei diesem Korpus nicht etwa um ein ein für allemal feststehendes Gebilde handelt, sondern um ein Überlegungsgleichgewicht, das Revisionen zuläßt und im Laufe unserer Biographien auch erfährt. Um so weniger dürften uns spätere Vorschläge überzeugen, die der Vernunft die Fähigkeit zur Antizipation utopischer Verhältnisse zusprechen und ihr damit einen eschatologischen Nerv zutrauen.[22] Hier scheint die Vernunft, wie Hans Albert in seinem Essay „Der Mythos der totalen Vernunft"[23] sagte, selber zum Mythos zu werden und das Erbe jener Vernunftkonzeptionen übernommen zu haben, die den klassischen Rationalismus der Aufklärung bestimmte.

IV.

Wenn Kritische Theorie in dem Sinn kritisch ist, daß sie die vorliegenden gesellschaftlichen Verhältnisse in und an deren Genese erkennt *und* mißbilligt, so ist sie in einem anderen Sinn unkritisch. Sie immunisiert sich theoretisch und kann aus eigener Kraft keine Revisionen vornehmen. Dieser letztere Punkt scheint bei Habermas besser erkannt worden zu sein. Er weist nämlich gelegentlich auf den selbstbezüglichen bzw. selbstreferentiellen Charakter kritischer Theorien hin. Was hat es damit auf sich? Anders als für traditionelle Theorien, die eine klare Trennung zwischen Objektbereich und Theorie markieren (und somit einen Unterschied zwischen dem machen, was die Theorie ist auf der einen Seite, und dem, wovon sie handelt auf der anderen Seite), soll für die Kritische Theorie gelten, daß sie immer wenigstens zum Teil von sich selber handelt. Nun hat Habermas seine Auffassungen im Laufe der Jahre modifiziert und beträchtlich ausgeweitet, so z.B. auch durch die Einbeziehung entwicklungspsychologischer Forschung, wie sie heute in Gestalt der Arbeiten Lawrence Kohlbergs vorliegt. Doch gibt es für seine Behandlung der in Rede stehenden Problematiken wenigstens zwei einschlägige Dokumente. Das sind erstens der Aufsatz „Analytische Wissenschaftstheorie und Dialektik. Ein Nachtrag zur Kontroverse zwischen Popper und Adorno"[24] und zweitens der Band *Erkenntnis und Interesse*.

In dem zuerst erwähnten Essay bemüht sich Habermas, gleichsam von außen blickend, Eigenheiten dessen zu charakterisieren, was er unter ‚Kritischer Theorie' bzw. ‚dialektischer Theorie der Gesellschaft' versteht. Unter diesen Einlassungen findet sich die Behauptung, daß normale bzw. strikt erfahrungswissenschaftliche Theorien oder Systeme dem analysierten Erfahrungsbereich äußerlich bleiben, während sich dialektische Theorien der Angemessenheit ihrer Kategorien an den Gegenstand versichern.[25] Weshalb dies so ist, wird vielleicht nicht deutlich. Doch scheint eine Antwort auf diese Frage mit dem früheren Hinweis angezeigt zu sein, daß die dialektische Theorie eine Abhängigkeit der Einzelerscheinungen von der Totalität behauptet. Nun ist Totalität wieder ein schwieriger Begriff, und man mag sich fragen, was an ihm gegebenenfalls festgemacht werden könnte. Selbst wenn wir diesen Begriff als Grenzbegriff betrachten oder als eine Quasi-Metapher ansehen, können wir wohl nur Mutmaßungen anstellen: Habermas will sagen, daß die möglichen Daten einer Sozialtheorie oder Sozialphilosophie ihren Sinn erst durch den Bezug auf das Ganze haben, in dem sie vorkommen. Das heißt, wir befinden uns in einem Bezugssystem, das wir nicht einfach vorfinden, sondern in einem Vorgriff entwerfen. Dies klingt markant hermeneutisch, und tatsächlich verwendet Habermas hier sogar dieses Wort! Mithin kann sich eine Gesellschaftstheorie nicht darauf beschränken, soziale Institutionen zu untersuchen. Sie muß auch – und dieser Punkt scheint wichtig – die Auffassungen und Meinungen mit einbeziehen, die die Mitglieder einer Gesellschaft über ihre Gesellschaft haben; und sie muß diese Meinungen als Teil der gesellschaftlichen Realität betrachten, insofern die Gesellschaft gewissermaßen auf sich selbst reflektiert.

V.

Dies bedeutet, daß eine Theorie zwar u. a. eine Theorie über die Auffassungen von handelnden Wesen ist, doch ist sie ihrerseits eine solche Auffassung und damit Teil dessen, was Menschen denken. Wenn also eine Theorie ein erschöpfendes Bild oder eine Auffassung über die Meinung derer präsentieren soll, die in der Gesellschaft sind, so muß sie auch über sich selber als eine von diesen Auffassungen Rechenschaft geben. Diese Situation[26] kann als reflexive kognitive Struktur bezeichnet werden.[27] Diese ist, so gesehen, ein objektives Faktum; und diesem Faktum wird man nur dann gerecht, wenn man die Gesellschaftstheorie, die man hat oder entwickelt, so konzipiert, daß sie sich selber als Teil der gesellschaftlichen Realität begreifen kann, von der sie handelt. Dies wiederum bedeutet, daß die Theorie auch über ihren eigenen Entstehungs- und Verwendungszusammenhang nachdenkt und darüber Rechenschaft geben kann. In Habermas' Augen ist das wiederum nur möglich, wenn man sich auf den Boden des historischen Materialismus stellt. Denn er leistet sinngemäß eine Erklärung der sozialen Evolution und ist somit geeignet, die Art des Zusammenhangs zu durchschauen, die die gesellschaftlichen Konstellationen jeweils bestimmt.

Wir haben es demnach mit zwei Punkten zu tun, an denen sich die Geister scheiden dürften. Zumindest der letztere Punkt scheint zweifelhaft. Denn daß die reflexive kognitive Struktur ausschließlich auf dem Wege einer Adoption des Marxismus belebt werden könnte, ist nicht einsichtig. Viel wichtiger ist heute die Frage, welche Möglichkeiten noch in Frage kommen. Hingegen scheint der andere Punkt unabweisbar. Sehen einige Wissenschaftlerinnen oder Wissenschaftler davon ab, daß ihre Theorien der Gesellschaft Teil ebenjener Realität sind, die sie untersuchen, so dürften sie sich über ihr eigenes Tun täuschen. Insofern akzentuiert Habermas hier einen zentralen Punkt, der jede neue Generation von Studierenden beschäftigen muß. Auf der anderen Seite mag man sich fragen, was wir mit diesem Befund machen. Hier scheint es, wie bereits im Zusammenhang der Auffassungen Horkheimers, richtig zu sagen, daß man *qua* Wissenschaftler oder Interpret auf diesen Umstand reflektieren soll. Aber dies zu sagen heißt nicht, zu behaupten, daß diese Reflexion Teil der Theorie sein muß, mit der man an seine Gegenstände herantritt. Vielleicht würde dies in der Praxis sogar die Aktivität der Forschung lähmen. Sowenig man gleichzeitig wütend sein kann und sich in seiner Wut zu beobachten vermag, sowenig kann jemand kraftvoll eine bestimmte These zur Auflösung dieser oder jener Unklarheit bei Hegel urgieren und gegen alle Einwände durchfechten und gleichzeitig seine Interpretation als Teil einer intellektuellen und sozialen Biographie erkennen und relativieren!

Ein weiterer Gesichtspunkt, der von Habermas zugunsten seiner Konzeption einer Kritischen Theorie in die Waagschale geworfen wird, ist die Annahme, daß Wissenschaft interessegeleitet sei und die Resultate wissenschaftlichen Tuns mithin im Lichte der Bewertung der Interessen selber beurteilt werden müßten.[28] Diese Vorstellung ist hoch problematisch. Denn sie scheint im Blick auf Extremfälle wie Machenschaften von Dr. Frankenstein und Dr. Strange Love zur Sache zu sprechen, jedoch im übrigen einen wichtigen Unterschied zwischen gesellschaftlichem und wissenschaftlichem Interesse zu verzeichnen. Der letztere Punkt wurde von einem verständigen Kritiker im Blick auf die Situation eines Segelflugzeugs illustriert, das mit Hilfe einer Winde auf der Rollbahn gezogen und schließlich in die Luft gebracht wird. Solange sich das Segelflugzeug auf der Piste bewegt, gehorcht es den Gesetzen der Rollbahn. Sobald es sich in der Luft befindet, gehorcht es den Gesetzen der Aerodynamik.[29] Nimmt man diesen Punkt ernst, so zeigt sich, wie riskant die genetische Betrachtungsweise ist. Doch stellt sich im Zusammenhang der Bewertung der Resultate wissenschaftlichen Tuns noch ein anderes Problem. Es betrifft die eigentliche Strategie der Beurteilung von Handlungen. Vorderhand mag man zwischen zwei Ansätzen schwanken. So ist es eine Sache, eine Handlung im Lichte ihrer tatsächlichen oder angenommenen Folgen zu qualifizieren, eine andere, ihren moralischen Wert an die Gesinnung des Handelnden zu binden; und es ist klar, daß eine Handlung je nach Orientierung gut und schlecht sein mag, ohne daß wir hier einen Widerspruch annehmen müßten. Widersprüchlich und kontrovers werden die Dinge erst da, wo wir z.B. innerhalb einer konsequentialistischen Betrachtung unterschiedliche Ziele oder Werte in Betracht ziehen. Gewichten wir emanzipatorische Effekte durchwegs höher als z.B. Belange des privaten Glücks, so müßten wir in der

Lage sein, für diese Position plausibel zu argumentieren. Sind wir das?

Diese und andere Aspekte werden von Habermas wohl in Betracht gezogen und z.T. auch einer Lösung näher geführt. Ein wichtiger Ansatz dazu findet sich im Kontext seiner Vision eines herrschaftsfreien Dialoges, in dem verzerrte Verstehenssituationen vermieden und kontroverse Positionen ohne Zwang diskutiert werden. Hier würden wir idealiter nicht nur zu einem Konsens gelangen, sondern auch zu begründeten Lösungen finden. Nur ist diese radikal-demokratische, konsensualistische Strategie ihrerseits in wenigstens einem Fall anfechtbar. Offensichtlich nehmen die Regeln, die die Durchführung des Dialoges bestimmen, auch Einfluß auf seine Resultate. Nun wäre dieser Punkt nicht an sich fatal. Kritisch wird die Sache da, wo der Diskurs bzw. Konsens auch bestimmen soll, was wahr sei und was falsch.[30] Hier mag sich die Intuition sträuben. Denn genaugenommen steht die Wahrheitsidee in Frage. Der Konsens mag ein Indikator von Wahrheit sein. Dies würde jedoch nur in dem Sinn gelten, daß Leute bezüglich einer Sache übereinstimmen, *weil* es die Wahrheit ist, und sie Gründe haben, das auch zu glauben.

9. Die Kritizistische Wende

I.

Bei der kritizistischen Wende handelt es sich um den Versuch einiger Denker, die philosophischen Aspirationen und Wissensansprüche spekulativer Positionen zu bändigen und – im Namen eines *Kritischen Rationalismus* – auf ein vernünftiges Maß herunterzuschrauben. Um zu verstehen, was es mit der Wortprägung ‚kritischer Rationalismus‘ auf sich hat, die Popper im Kapitel 24 des zweiten Band seines Werkes *Die offene Gesellschaft und ihre Feinde*[1] zur Bezeichnung seiner Position in Anspruch nahm, ist es nützlich, daran zu erinnern, was mit Rationalismus traditionellerweise gemeint wird. Das Wort ‚Rationalismus‘ kam, wie andere Fachtermini, im 16. Jahrhundert auf und signalisiert dabei einen Gegensatz zum ‚Empirismus‘. Rationalistisch ist in diesem Sinn eine Position, die dem reinen Denken für die Erkenntnis eine größere Rolle beimißt als der empirischen Erfahrung. Es ist dieser Gegensatz, der bereits die Konfrontation zwischen den antiken Medizinerschulen bestimmt und auch die Statur der großen Kontroversen im 17. und 18. Jahrhundert ausmacht. Figuren wie Descartes, Spinoza und Leibniz gelten als Rationalisten, die meinten, daß Erkenntnis im relevanten Sinne eine Sache sei, die die Vernunft gewissermaßen aus sich selber erzeuge und die gegebenenfalls auch der Erkenntnis erfahrungsgebundener Dinge so etwas wie ein Fundament zu geben vermag. Dabei beruft man sich auf angeborene Ideen oder apriorische Grundsätze. – Historisch gesehen, ist diese Position wohl in zweifacher Frontstellung zu sehen – einmal gegen die im Mittelalter forcierte Vorstellung des Primats geoffenbarter Wahrheiten und der Anerkennung des Glaubens als maßgeblicher Instanz, zum anderen gegen die Auffassungen des Pyrrhonismus, der als Bedrohung der Philosophie überhaupt verstanden wurde.

Auf der Gegenseite dieses Spektrums entwickelten sich in England Positionen des Empirismus. Zu einer Art Bestandsaufnahme grundsätzlicher Art kam es in Gestalt der *Kritik der reinen*

Vernunft Kants im Jahre 1781, die, genauer beschrieben, eigentlich
‚Kritik der reinen theoretischen spekulativen Vernunft' heißen
könnte oder sollte. Dieses Jahrtausendwerk der Philosophie ist
u. a. deshalb interessant, weil es dem Kampf endloser Streitigkeiten zwischen rationalistischer Metaphysik und dem Empirismus
ein Ende zu bereiten trachtet: Auf der einen Seite begegnet sie
dem Anspruch derer, die die menschliche Erkenntnis über alle
Grenzen menschlicher Erfahrung hinaus zu erweitern können
glaubten; auf der anderen Seite konfrontiert sie die Position derer,
die wie John Locke meinten, alle Erfahrung stamme restlos aus
der inneren und äußeren Wahrnehmung. Dabei stellt sich heraus,
daß der Rationalismus insofern im Recht bleibt, als der Verstand
bei der Konstruktion der Erfahrung beteiligt ist, aber auf das
Material angewiesen bleibt, welches die Sinnlichkeit bereitstellt –
und der Empirismus insoweit im Recht bleibt, als die Grenzen
der Erfahrung zugleich auch die Grenzen unserer Erkenntnis definieren.

II.

Wenn Popper von ‚kritischem Rationalismus' spricht, so ist damit
im weitesten Sinne eine Anknüpfung an Kant signalisiert. Nur hat
der Begriff des Rationalismus seinen Gegensatz zu dem des Empirismus eingebüßt. Er umfaßt nämlich den Empirismus klassischer
Prägung ebenso wie den früheren Rationalismus und definiert
sich in erster Linie in und mit seinem Gegensatz zu ‚Irrationalismus'. Daß Popper seinen Rationalismus als kritischen betrachtet,
hat damit zu tun, daß er den Rationalismus als solchen für unakzeptabel erachtet und genauer als unkritisch empfindet. So sagt er:
„Der unkritische oder umfassende Rationalismus läßt sich beschreiben als die Einstellung einer Person, die etwa sagt: ‚Ich bin
nicht bereit, eine Idee, eine Annahme, eine Theorie zu akzeptieren, die sich nicht durch Argumente oder durch die Erfahrung
stützen läßt.' Wir können dies auch in Form des Prinzips ausdrücken, daß jede Annahme zu verwerfen ist, die sich weder
durch ein Argument noch durch die Erfahrung stützen läßt. Man
sieht nun sofort, daß dieses Prinzip des unkritischen Rationalismus einen Widerspruch enthält; denn da es sich seinerseits weder
durch Argumente noch durch die Erfahrung stützen läßt, so folgt

aus ihm, daß es selbst verworfen werden muß." („*Uncritical or comprehensive rationalism can be described as the attitude of the person who says: ‚I am not prepared to accept anything that cannot be defended by means of argument or experience'. We can express this also in the form of the principle that any assumption which cannot be supported either by argument or by experience should be discarded. Now it is easy to see that this principle of an uncritical rationalism is inconsistent; for since it cannot, in its turn be supported by argument or by experience, it implies that it should be discarded.*")[2] Mit anderen Worten: Der (oder ein unkritischer) Rationalismus ist logisch unhaltbar; und da dies mittels einer rein logischen Erwägung gezeigt werden kann, läßt sich der unkritische Rationalismus mittels der von ihm selber gewählten Waffe, mittels des Arguments, besiegen.

Im nämlichen Zusammenhang macht Popper geltend, daß diese Kritik generalisiert werden könne. Da alle Argumente von Annahmen ausgehen, ist es offensichtlich unmöglich zu verlangen, daß alle Annahmen (*assumptions*) auf einem Argument beruhen sollen. In diesem Sinn ist klar, daß jemand, der die Einstellung des Rationalismus einnimmt oder wählt, sich offensichtlich bewußt oder unbewußt von einem Entscheid leiten läßt, der, wie Popper selber sagt, irrational genannt werden darf: „Wir können es als einen irrationalen *Glauben an die Vernunft* nennen" („*We may describe it as an irrational faith in reason*").[3] Insofern ist der Rationalismus also keineswegs, wie seine Anhänger gelegentlich meinen, umfassend oder selbstenthaltend (*comprehensive or self-contained*). Seinerseits plädiert Popper, wie gleich zu sehen sein wird, für einen bescheidenen Rationalismus. In einem Essay des Sammelbandes *Conjectures and Refutations* betont er, daß es nur die Idee der Wahrheit sei, die es uns gestatte, in vernünftiger Weise über Fehler und Unzulänglichkeiten zu sprechen, und rationale Diskussionen erst ermögliche: „*that is to say, critical in search of mistakes with the serious purpose of eliminating as many of these mistakes as we can, in order to get nearer to the truth*".[4] Aber warum sollten wir kritische Rationalisten sein bzw. rationale Kritizisten, wie Hans Albert und Hans Lenk die Position besser verstanden wissen wollen? Warum nicht einfach Irrationalisten, wenn schon ein Stück irrationaler Glaube an die Vernunft für den Entscheid zugunsten des Rationalismus im Spiel wäre? Offensichtlich gibt es Leute, die die Seiten gewechselt haben. Warum sollten wir es nicht auch tun?

Nun liegt die Annahme nahe, daß ein rationaler Entscheid für den Irrationalismus eine merkwürdige Sache wäre – vielleicht so etwas wie ein Widerspruch in sich selbst oder eine performative Inkonsistenz. Aber die Sache ist wohl komplizierter. Denn der Irrationalist ist ja nicht notwendig dadurch charakterisiert, daß seine Gedanken nur Mambo Jambo tanzen! Er ist vielmehr jemand, der inkonsistente Auffassungen hat, damit zurechtzukommen scheint und jedenfalls nicht an Forderungen nach Kohärenz und Konsistenz gebunden ist. Doch gibt es Gründe, gegen den Irrationalismus zu votieren; und zwar handelt es sich um Erwägungen moralischer Art. Einen Irrationalismus zu stützen, der auf Stimmungen und dumpfe Gefühle abstellt und ohne ersichtlichen Grund Argumentationen suspendiert, hieße, eine Situation zu bejahen, in der das Verhältnis zu anderen Menschen, ja zum sozialen Umfeld und gegebenenfalls zur Gesellschaft überhaupt in besonderer Weise Ausprägung findet: in der Aufgabe der aufklärerischen Annahme der Einheit der Menschheit, in der Vorstellung, daß es von Natur aus Herren und Sklaven gibt, und in der romantischen (oder romantisierenden) Vorstellung auch, daß das Leben der letzteren dem Leben der ersteren geopfert werden dürfe. Nun sagt Popper nicht, daß ein solcher Entscheid gegen den Irrationalismus seinerseits als rationaler Entscheid aufgefaßt werden könne. Mit anderen Worten: Der Entscheid für jene Normen und Werte, die uns daran hindern, in die Arme des Irrationalismus zu eilen, ist nicht wiederum ein Entscheid, der auf Tatsachen irgendwelcher Art zurückgeführt werden könnte. Aber zu sagen, daß sich der Entscheid für bzw. gegen diese Normen und Werte nicht auf Tatsachen irgendwelcher Art zurückführen lasse, heißt nicht, zu sagen, daß dieser Entscheid nicht durch Argumente gestützt werden könne. Bei Entscheidungen abstrakter Art können wir nämlich die Konsequenzen in Betracht ziehen, die sich mit der Annahme dieser oder jener Werte bzw. Prinzipien einstellen.

Dieses Gedankenexperiment hat eine gewisse Ähnlichkeit mit dem Verfahren der Naturwissenschaft. Auch hier, so behauptet Popper, akzeptieren wir eine Theorie nicht um ihrer selbst willen, etwa deshalb, weil sie besonders überzeugend anmutet oder sehr schön ist. Wir akzeptieren sie vielmehr im Lichte jener Befunde, die wir in experimentellen Situationen gewinnen. Nun stehen derartige experimentelle Möglichkeiten im Falle moralphilosophischer oder sozialphilosophischer Kontexte nicht (oder nicht ohne weiteres) offen. Doch zeigt die Erfahrung, was die Annahme von Wertungen dieser oder jener Art nach sich zieht; und diese Erfahrung zeigt hinreichend, daß die Konsequenzen, die die Adoption eines bestimmten Wertsystems mit sich bringt, nicht wünschenswert sind.

Diese Auffassung ist vernünftig. Sie ist es um so mehr, wenn wir den Standpunkt mit der Vorstellung einer offenen Gesellschaft verbinden, in der Diskussionen möglich sind, Positionen in Konkurrenz miteinander treten und, so betrachtet, ein Maximum an Information gewährleistet ist. Insofern ist es verständlich, daß Popper – dies gilt zumal unter dem Eindruck des Nazismus – mit großem Engagement gegen jede Form von Totalitarismus kämpfte und nicht nur Platon, Hegel und Marx als falsche Propheten brandmarkte, sondern auch Projekten wie denen der Kritischen Theorie philosophisch keine Sympathien abgewinnen konnte. Die Vision eines utopischen Fernziels – das eschatologische *totaliter aliter* –, das hier als Sinnkatalysator der Beurteilung gesellschaftlicher Zustände und Prozesse fungiert, war in seinen Augen eine mystische, theologische Kategorie. Sie ist zweierlei Einwänden ausgesetzt: Erstens wird hier eine Antizipation wirksam, die nicht hinreichend durchschaubar ist; zweitens wird damit die Offenheit des Ideenaustauschs ausgeschaltet, die als notwendiges Korrektiv unverzichtbar bleibt.

Wie Popper ist auch Adorno für Veränderung und für die Herbeiführung gerechter Zustände. Doch legt Popper den Akzent so klar als möglich auf Verbesserung im Sinne der Beseitigung von Defekten; und dabei ist für ihn die Vorstellung leitend, daß wir die Dinge Stück für Stück in Ordnung bringen (*piecemeal engineering*). Möglicherweise ist es diese Orientierung am *status quo*, die Adorno und seine Anhänger als ‚Positivismus‘ brandmarkten (s. Kap. 8), um dabei zu beklagen, daß Popper und seine Anhänger ebenjene Bedingungen unangetastet lassen, die in der Vergangenheit zu Ungerechtigkeiten führten und, wie man meint, notwendig Ungerechtigkeiten produzieren. In anderer Weise läßt sich Poppers Position auch als negativer Utilitarismus[5] beschreiben. Denn der klassische Utilitarismus in der Tradition Jeremy

Benthams und John Stuart Mills orientierte sich an inhaltlich charakterisierten Zielen wie Glück, Allgemeinwohl usw. Popper hingegen meint, daß sich derartige Ziele letztlich nicht klar definieren lassen und hierbei die Möglichkeiten der Vernunft bereits überfordert werden. Als kritischer Rationalist *muß* er derartige Zielprojektionen mit äußerster Skepsis betrachten; und so liegt es nahe, die Rolle der Vernunft auch hier in ihrer kritischen Funktion zu betonen.

III.

Die Vorstellung, daß Vernunftansprüche fehlbar seien und das Leitbild idealen, vollständigen und unerschütterlichen Wissens keine realistische Annahme sein könne, hat bei Popper vor dem Hintergrund seiner Beschäftigung mit Wissenschaft Gestalt gewonnen. Die Resultate seiner ersten Anstrengungen wurden 1934 in dem Buch *Logik der Forschung* publiziert. Diese Monographie wurde 1957 ins Englische übersetzt, und ihr Autor trat damit sogleich ins Rampenlicht der Diskussion. Spätere Arbeiten fanden in der bereits genannten Sammlung *Conjectures and Refutations* zusammen. Weitere wichtige Entwicklungsstränge zeigen sich in den Arbeiten, die 1972 unter dem Titel *Objective Knowledge* veröffentlicht wurden.[6] Anfänglich standen für Popper zwei Schwierigkeiten im Vordergrund, die er in der Auseinandersetzung mit den neo-positivistischen Auffassungen des Wiener Kreises zu beantworten suchte. *(i)* Die eine betraf das Induktionsproblem, *(ii)* die andere das Abgrenzungsproblem, nämlich eine brauchbare Grenze innerhalb der Klasse der sinnvollen Sätze zu ziehen. Als Unterproblem, das aus *(i)* und *(ii)* resultiert, ist *(iii)* die Frage nach dem Status und der Gewichtung von Beobachtungen zu nennen, i.e. das sog. Basis-Problem. Wir werden uns im Nachfolgenden auf *(i)* und *(iii)* beschränken.

(i) Das Thema Induktion ist insofern relevant, als spätestens seit den Zeiten der neuzeitlichen Wissenschaft – insbesondere mit Francis Bacon – die Meinung aufkommt, Wissenschaft bestehe darin, aus einer Mehrzahl gleichartiger Beobachtungen auf Allgemeinheiten und Gesetzmäßigkeiten zu schließen. Diese Auffassung ist in Poppers Augen zwei Bedenken ausgesetzt. Eines betrifft die Leistungsfähigkeit der hier vorausgesetzten Annahme

hinsichtlich der Gewinnung von Wissensansprüchen; ein anderes betrifft die Frage, ob damit das tatsächliche Tun des Wissenschaftlers beschrieben sei. Was den ersten Punkt angeht, so bezieht sich Popper wie auch andere auf Humes Einwand, daß durch Induktion weder Wahrheit noch Wahrscheinlichkeit gewonnen werden könne. In seinem Werk *A Treatise of Human Nature* sagt Hume: „Selbst nach Beobachtung der häufigen konstanten Verbindung von Objekten haben wir keinen Grund, irgendeinen Schluß betreffs irgendeines Objektes zu ziehen, das nicht zu denen gehört, von denen wir Erfahrung haben" (Buch I, Teil III, Abschn. XII); und Hume betont, daß er, wenn jemand behaupten wolle, unsere Erfahrung berechtige uns, aus beobachteten Objekten Schlüsse auf unbeobachtete zu ziehen, seine Frage nochmals stellen würde – warum wir aus dieser Erfahrung irgendwelche Schlüsse ziehen können, die über die vergangenen Fälle hinausgehen, von denen wir Erfahrungswissen haben. Doch ist dies nicht der Punkt, den Popper zur Diskussion stellt. Was er in die Diskussion einbringt, ist eine Radikalisierung der Frage nach dem Status des Induktionsprinzips, das wir in Anspruch nehmen. Um was genau handelt es sich bei diesem Prinzip, das wir verwenden, um induktive Schlüsse anzustellen? Wo genau ist das, was uns berechtigt, von einzelnen Beobachtungen auf allgemeine Sätze zu schließen? Wie könnte es wissenschaftlich gerechtfertigt werden?

Wenn man sagt, es handele sich hierbei um einen empirisch gültigen Satz, so taucht dasselbe Problem auf höherer Stufe gleich noch einmal auf. Denn wir müßten in diesem Fall wiederum induktive Schlüsse anwenden, für die wir wiederum ein Prinzip voraussetzen müßten![7] Hier droht ein infiniter Regreß. Nun sieht Popper durchaus, was u.a. von Hans Reichenbach betont wurde,[8] daß das Induktionsprinzip in der Wissenschaft rückhaltlos anerkannt wird und daß es wohl keinen Menschen gibt, der dieses Prinzip für das tägliche Leben in Zweifel ziehen würde. Doch bringt dieser Punkt das Problem nicht vom Tisch. Poppers Ausweg besteht in der Lehre von der deduktiven Methodik der Nachprüfung. Diese Lehre sieht so aus, daß Theorien bzw. Hypothesen in der Weise beurteilt werden, daß wir Folgerungen ableiten, so deduktiv zu Sätzen gelangen, die sowohl untereinander als auch mit anderen Sätzen verglichen werden. Mit anderen

Worten: Die Prüfung erstreckt sich bei diesem Vorgehen auf verschiedene Momente. Aber letztlich geht es darum herauszufinden, ob es für die Sätze Belege gibt, die die in Rede stehenden Folgerungen bestätigen oder falsifizieren. Finden wir, daß die Folgerungen bestätigt werden, „so hat das System seine Prüfung vorläufig bestanden, und wir haben keinen Anlaß, es zu verwerfen. Fällt eine Entscheidung negativ aus, werden die Folgerungen falsifiziert, so trifft ihre Falsifikation auch das System, aus dem sie deduziert werden."[9] Diese neue Lehre betrachtet Popper als Antwort auf Probleme, die sich beim Nachdenken über erkenntnistheoretische Fragen stellen. Aber wie steht es mit der Realität wissenschaftlichen Tuns? In einem Text aus dem Jahre 1958 mit dem Titel „Back to the Presocratics"[10] sucht Popper plausibel zu machen, daß das deduktive Verfahren bereits in frühester Vergangenheit wirksam gewesen sei, m. a. W. seine These also nur beschreibe, was Denker in der Vergangenheit praktiziert hätten. Dabei zitiert Popper eine Reihe von vorsokratischen Aussagen zum Wesen der Wirklichkeit und zum Gang der Ereignisse; und er betont, daß diese Auffassungen eben nicht auf induktivem Wege gewonnen werden können. Vielmehr habe am Anfang eine kühne Antizipation gestanden, von der aus man zu einzelnen Sätzen vorangeschritten sei.

(iii) Das andere Problem, das Popper attackiert, betrifft die Frage der Basis unserer Beurteilung von Theorien. Diese Basis wurde seinerzeit, im Umkreis des Wiener Kreises, in den Beobachtungen gesucht, genauer in Sätzen oder Urteilen, in denen sich Beobachtungen artikulieren. Diese Sätze werden als Basissätze angesehen – als Sätze, die wir anerkennen und an denen wir die Theorien letztlich reiben.

An dieser Stelle ist es wichtig zu sehen, daß die Frage nach der Basis unseres empirischen Wissens damals intensiv diskutiert wurde. Davon zeugt z. B. der Band 2 der Zeitschrift *Erkenntnis*, in dem Neurath und Carnap von Protokollsätzen sprechen.[11] Carnap verstand zu jener Zeit unter Protokollsätzen Sätze, die keiner Bewährung bedürfen, so etwa Sätze einer ersten Sprache, die man auch als Erlebnissprache oder phänomenale Sprache bezeichnen könne, weil sie unmittelbare Erlebnisinhalte oder Phänomene beschreiben, also Wahrnehmungsprotokolle liefern; und mit dieser Auffassung basaler Sätze als Protokollen von Wahrnehmungen glaubte Carnap die Kandidaten unverrückbaren und unkorrigierbaren Wissens namhaft gemacht zu haben, auf denen Wissenschaft aufbaue; und hier wird der Begriff neo-positivistischer Wissenskonzeption gewissermaßen auf den Punkt gebracht.

Doch war diese Auffassung in wenigstens zweierlei Hinsicht anfechtbar. Erstens blieb unklar, ob und wieweit mit dem Hinweis auf Erlebnisse auch bereits ein Kontakt mit der Wirklichkeit gestiftet wäre. Dieser Punkt ist von kruzialer Bedeutung. Denn der Kontakt ist nötig, um die in Rede stehenden Sätze nicht nur als Berichte über unsere Empfindungen, sondern als Sätze über die Wirklichkeit selber ausweisen zu können. Zweitens wird leicht deutlich, daß sich Sätze – seien dies nun Sätze über Empfindungen, die wir haben, oder gegebenenfalls Sätze über Dinge, die wir beobachten – nie mit dem vergleichen lassen, wovon sie handeln, sondern immer nur mit Sätzen. Diese Erwägung führte Neurath zu der These, daß wir bei der empirischen Fundierung unseres Wissens Wahrheit nicht etwa als *Übereinstimmung zwischen Satz und dem, wovon er handelt,* denken können, sondern als *Übereinstimmung der Sätze mit- und untereinander.* Dies ist also im Kern jene Auffassung, die gemeinhin als Kohärenz-Theorie der Wahrheit gilt und nach allgemeiner Einschätzung unter dem Einfluß des Neo-Hegelianismus in England gewisse Beachtung fand. Doch machte bereits Bertrand Russell in seinem 1912 erschienenen Buch *Problems of Philosophy* geltend, daß diese Auffassung Probleme eigener Art birgt. So können wir uns kohärente Märchenwelten vorstellen und doch keinen Grund haben zu sagen, diese Sätze seien wahr; darüber hinaus wären wir auf der Basis dieser Theorie gegebenenfalls nicht in der Lage, zwischen zwei kohärenten Systemen zu entscheiden. Probleme dieser Art erkannte auch Moritz Schlick in seinem einschlägigen Aufsatz „Über das Fundament der Erkenntnis".[12]

Ein anderer Kritikpunkt betrifft den Umstand, daß Protokollsätze von der Art ‚Ottos Protokoll 3.17 bzw. Wortgedanke 3.16: Im Raum befindet sich 3.15 ein Tisch, der von Otto wahrgenommen wurde' wie jedes Stück Sprache bereits von Theorien durchsetzt sind und genaugenommen also über das hinausgehen, was wir auf Grund unmittelbarer Wahrnehmung sicher wissen könnten. Popper prägte hierfür in der *Logik der Forschung* den Ausdruck „Transzendenz der Darstellung" (s. Abschn. 8, II): „Jede

Darstellung verwendet allgemeine Zeichen, Universalien, jede hat den Charakter einer Theorie, einer Hypothese. Der Satz ‚Hier steht ein Glas Wasser' kann durch keine Erlebnisse verifiziert werden, weil die auftretenden Universalien nicht bestimmten Erlebnissen zugeordnet werden können (die ‚unmittelbaren Erlebnisse' sind nur einmal ‚unmittelbar gegeben', sind einmalig). Mit dem Wort ‚Glas' z.B. bezeichnen wir physikalische Körper von bestimmtem gesetzmäßigen Verhalten, und das gleiche gilt von dem Wort ‚Wasser'. Universalien sind nicht auf Klassen von Erlebnissen zurückführbar; sie sind nicht ‚konstituierbar'."[13]

Diese Erwägungen leiten Popper zu dem Befund, daß es keine reinen Beobachtungssätze gibt. Sogar in der phänomenalen Sprache, die etwa Konstatierungen im Sinne Schlicks ‚jetzt hier rot' zuläßt, würde das Wort ‚jetzt' eine (rudimentäre) Theorie der Zeit implizieren, das Wort ‚hier' eine Theorie des Raums und das Wort ‚rot' eine Theorie der Farbe: „Es gibt keine reinen Beobachtungen: sie sind von Theorien durchsetzt und werden von Problemen und von Theorien geleitet." So setzt sich alsbald die Vorstellung durch, daß auch sog. Protokollsätze nicht unantastbar und empirische Sätze nicht mehr im absoluten Sinne ausgezeichnet sind. Auch sie sind im Prinzip revidierbar. Dies wiederum zwingt zur Erkenntnis, daß Wissenschaft keine absolute Basis hat und, wie Popper sagt, „nicht auf Felsengrund baut".[14] In diesem Zusammenhang also gewinnt Poppers Meinung Gestalt, daß alle Theorien den Charakter von Hypothesen haben.[15] Diese Vermutungen lassen sich im günstigsten Fall widerlegen; sie können aber, selbst wenn sie sich bewähren, nicht endgültig bewahrheitet werden. Dies erklärt, weshalb Popper auch bewährte Hypothesen nicht als erwiesenermaßen bzw. endgültig wahr ausgibt. Für die Methode der Wissenschaft heißt dies: „Die Methode der Wissenschaft ist die Methode der kühnen Vermutungen und der sinnreichen und ernsthaften Versuche, sie zu widerlegen."[16] Ob diese Aussage als Beschreibung dessen gelten kann, was Wissenschaftlerinnen und Wissenschaftler tatsächlich tun, ist vielleicht zweifelhaft. Wichtiger ist, daß Popper in seinen späteren Schriften durchweg von einem Erkenntnisfortschritt spricht und davon, daß sich unsere Auffassungen der Wahrheit annähern. Hier ist das Kapitel 10 in *Conjectures and Refutations* einschlägig, das den Titel „Truth, Rationality, and the Growth of Knowledge" trägt. In diesem Essay macht der Autor geltend, daß die Vorstellung einer Korrektur und Vermeidung von Irrtümern – die Vorstellung, daß wir aus unseren Irrtümern lernen und so ein Wachstum von Wissen erleben – nur unter der Annahme von Wahrheit sinnvoll erscheint: „*Thus the very idea of error – and of fallibility – involves the idea of truth as the objective standard of which we may fall short*" (S. 229).

IV.

Im deutschsprachigen Raum hat Poppers Denken außerhalb der eigentlich wissenschaftstheoretischen Diskussion wenig Resonanz gefunden. Zu massiv erschien die Herausforderung und zu hart die Provokation. Weder die Hermeneutiker noch die Frankfurter Theoretiker mochten sich in ihren Kreisen stören lassen.[17] Die wenigen Dokumente rudimentärer Auseinandersetzung zeigen, daß man die eigentlichen Probleme nicht verstand. Dabei hat der Kritische Rationalismus Fragen aufgenommen, die für die Philosophie überhaupt von eminenter Bedeutung sind. Das wohl wichtigste Dokument dieser Denkrichtung liegt in Gestalt von Hans Alberts Buch *Traktat über kritische Vernunft* vor.[18] Zu den brisanten Kontroversen, die durch Alberts Thesen weitergebracht wurden, zählt *(i)* erstens die Frage nach der Natur von Begründungen und *(ii)* zweitens die Frage, wie kritisch der Kritische Rationalismus tatsächlich ist oder sein kann.

(i) Das erste Problem ergibt sich angesichts von Alberts These, daß sich der Klassische Rationalismus seiner Forderung nach abschließenden, verbindlichen Begründungen vor folgende Situation gestellt sehe: Er riskiert entweder den infiniten Regreß, gerät in einen logischen Zirkel oder aber toleriert einen willkürlichen Abbruch. Vis-à-vis dieser Situation, die unter dem Namen ‚Münchhausen-Trilemma' bekannt wurde, entscheiden sich, so Albert, Philosophen immer wieder für den dritten Weg. Dies zeigt sich da, wo man von Selbst-Evidenz, Selbst-Begründung, unmittelbarer Erkenntnis oder Fundiertheit usw. spricht oder, wie im Rahmen neo-positivistischer Begründungsprogramme, von einer unverrückbaren Basis.[19] Insofern scheint sich die Auffassung aufzudrängen, daß der Begründungstheoretiker des Klassischen Rationalismus seinen eigenen Forderungen nicht genügen kann und

gegebenenfalls auch nicht genügt. Dies wiederum müßte für eine Version des moderaten Rationalismus sprechen.

Nun ist diese Verteidigung des Kritischen Rationalismus auf Opposition gestoßen. Dabei wurden in der Hauptsache zwei Argumente lanciert. Eines besagt, daß Albert die Begründungssituation zumindest insofern verzeichne, als das erste Horn des Trilemmas Begründung als lineares Verfahren voraussetzt. Dieser Punkt klingt gut. Dies gilt um so mehr, wenn man, wie es vor dem Hintergrund pragmatischer Ansätze naheliegen mag, für eine holistische Wissenskonzeption plädiert. Doch bringt der Punkt Albert kaum in Bedrängnis. Denn Albert muß nicht-lineare Begründungsstrategien keineswegs ausschließen. Was er meint (und meinen müßte), ist nur, daß wir *als* Rationalisten für diesen Fall nach mehr zu suchen haben würden als nach bloßer Eingliederbarkeit und Kohärenz. Ein anderer Punkt besagt, daß die Verteidigungsstrategien des Kritischen Rationalismus zu Unrecht davon ausgehen, sämtliche Begründungen seien deduktiver Natur. So haben Advokaten der sog. Transzendentalpragmatik geltend gemacht, daß ihre Letzt-Begründungen von anderer Art seien. Dieser Punkt ist jedoch falsch. Er mißversteht, daß auch Argumente zugunsten letztbegründeter Sachverhalte eine deduktive Struktur aufweisen! Andere Einwände besagen, daß unterschiedliche Kontexte unterschiedliche Begründungen verlangen und so gesehen keine Notwendigkeit besteht, die Situation in der Weise zu modellieren, wie Albert dies tut. Dieser Gedanke hat etwas für sich. In der Tat scheint es so zu sein, daß wir in lebensweltlichen Zusammenhängen aller Art keine Probleme haben, an Gewissen, Intuition usw. zu appellieren, und daß derartige Appelle im Prinzip auch akzeptiert werden. Doch treffen solche Erwägungen nicht den Nerv des Problems. Denn in dem Augenblick, da wir für verschiedene Kontexte und Situationen unterschiedliche Formen des Wissens zulassen und – was an sich naheliegen mag – von stärkerem und schwächerem Wissen sprechen würden, haben wir den Boden des Disputs bereits verlassen. Was der Kritische Rationalist sagt, ist, daß jede Auszeichnung irgendeiner Instanz als Garantin unverrückbaren Wissens die alten Probleme schafft: Wir befinden uns, dogmatisch gesehen, in Beweisnot.

(ii) Interessanter scheint die Frage, ob der Kritische Rationalismus seinen eigenen Forderungen nachleben kann. Denn seinem

Selbstverständnis nach ist der Kritische Rationalist bereit, sämtliche Sätze im Prinzip für kritisierbar und revidierbar zu halten. Für diese Haltung hat sich der Ausdruck „These des konsequenten Fallibilismus" eingebürgert. Doch das wirft die Frage auf, ob der Kritische Rationalist nicht auch bestimmte Dinge voraussetzen muß, und zwar *unkritisch*. Tatsächlich setzt der Kritische Rationalist für sein Geschäft der kritischen Prüfung z. B. die Geltung des Satzes vom ausgeschlossenen Dritten voraus (*P* oder nicht-*P*). Hier ist es kein Trost zu wissen, daß dieses Prinzip von so gut wie allen Richtungen – Dialektiker einmal beiseite gelassen – vorausgesetzt wird. Tröstlicher wäre vielleicht die Erwägung, daß hier manches darauf ankommt, in welchem Sinn die Geltung dieses Satzes (und gegebenenfalls anderer Prinzipien) vorausgesetzt wird. Deshalb ist es wichtig zu sehen, daß Albert diesen Satz nicht etwa wie ‚Alle Lebewesen sind sterblich' als Teil des *Inhalts* von Begründungen behandelt, sondern, aristotelisch gesprochen, als Teil des *Werkzeugs*. Dieser Punkt wurde von den Kritikern aus dem Lager der Frankfurter Schule nicht beachtet. Gleichwohl ist klar, daß der Punkt noch nicht vom Tisch ist. Denn die Sache hat Weiterungen. So ist denkbar, daß die Art der Logik, die man hat, bestimmte Annahmen inhaltlicher Art erschwert oder gar ausschließt. Z. B. würde die Annahme von echten moralischen Konflikten die Anerkennung des sog. Agglomerationsprinzips voraussetzen: Wenn *A* obligatorisch und *B* obligatorisch ist, so ist obligatorisch, daß *A* und *B*. Was aber, wenn man dieses Prinzip nicht akzeptiert? Auch wenn der Kritische Rationalist zumindest einen Teil der Logik voraussetzt, könnte er sagen, daß er seine Geltung im Sinne einer metalogischen Hypothese voraussetze, ohne zu sagen, daß diese sakrosankt sei. In der Tat wurden ja immer wieder diverse Revisionen vorgeschlagen. Aber auch in (und zum Zwecke) der Revision müßte der Kritische Rationalist einen Kernbestand als unverzichtbar voraussetzen. Im Prinzip würde wohl einiges dafür sprechen, die Position des Kritischen Rationalismus hier einer holistischen bzw. korporatistischen Konzeption anzugleichen, wie sie pragmatistisch orientierten Denkern vertraut ist. Demnach wären sämtliche Sätze im Prinzip revidierbar, nur nicht alle zugleich.[20]

10. Auf der Suche nach der Bedeutung [2]

I.

1987 veröffentlichte Stephen Schiffer sein provokatives Buch *Remnants of Meaning*[1] – ‚Überreste der Bedeutung‘. In diesem Buch schälen sich zwei Thesen heraus: Erstens gibt es keine korrekte Bedeutungstheorie; zweitens basieren die Fragen, die die gegenwärtige Sprachphilosophie bestimmen, auf falschen Annahmen! Was war geschehen? Haben sich sämtliche Anstrengungen in der Nachfolge Wittgensteins, Austins und Quines (s. Abschn. 4, VI) tatsächlich als vergeblich erwiesen? Und hatte Schiffer selber nicht 17 Jahre zuvor in seinem Buch *Meaning*[2] emphatisch für eine Intentionen-gegründete Semantik plädiert, die auf Grices Gedanken aufbaut? Um hier klarer zu sehen, ist es nützlich, einige Positionen Revue passieren zu lassen, die im Anschluß an die ersten Versuche Gestalt gewannen. Im Zentrum steht dabei Grice. Dessen Anstrengungen lassen sich nämlich gut als Reaktion auf Unzulänglichkeiten begreifen, die den behaviouristischen Positionen Stevensons einerseits (s. Abschn. 5, II) und sprechakttheoretischen Auffassungen Austins andererseits anhaften.[3] Gleichzeitig hat Grice mit seinem Begriff der Sprecherintention dazu beigetragen, daß Autoren wie Strawson und Searle der Sprechakttheorie wieder neue Impulse geben konnten (s. III).

Grice seinerseits war in diesem Kontext 1957 mit dem Aufsatz „Meaning" hervorgetreten, den er acht Jahre zurückgehalten hatte.[4] In diesem Essay erläutert er Sprecherbedeutungen, das vom Sprecher Gemeinte, durch Sprecherabsichten und führt Bedeutung(en) in diesem Sinne auf Absichten zurück. Diese Art von Verbindung liegt von den Gegebenheiten der englischen Sprache her vielleicht näher als im Deutschen. Deshalb ist wichtig zu bedenken, daß Grice in der Verwendung von ‚means‘ eine Ambiguität registriert, die er mittels der Begriffe natürlicher bzw. nicht-natürlicher Bedeutung (*meaning*) zu fassen sucht (s. Abschn. 4, II). Danach gilt, daß wir ‚to mean‘ im ersten Sinn z. B. in unserer Rede über natürliche Phänomene (wie in ‚smoke means fire‘) verwenden, während ‚to mean' im anderen Sinn typischerweise im Zusammenhang von Sprache Verwendung findet, wie z.B. ‚Albert ist groß' bedeutet, daß Albert groß ist, oder „*Fire*" im Englischen bedeutet *Feuer*'. Doch beläßt Grice es nicht bei der bloßen Feststellung der Ambiguität; er eruiert auch ein Unterscheidungskriterium. Danach gilt, daß im Falle nicht-natürlicher Bedeutungsweisen das Gemeinte nicht zu existieren bzw. zu bestehen braucht, während im Fall natürlicher Bedeutungsverhältnisse das Gemeinte existieren muß, sofern der entsprechende Satz wahr sein soll.[5] Ferner ist es wichtig zu sehen, daß Grice Vorkommnisse von nicht-natürlicher Bedeutung keineswegs auf Situationen sprachlicher Kommunikation einschränkt. Ob wir jemandem mit heftigem Winken etwas zu verstehen geben oder ein Taschentuch schwenken, brüllen oder singen, tut im Prinzip nichts zur Sache. Deshalb scheut sich Grice im übrigen nicht, die Worte ‚äußern' (*utter*) bzw. ‚Äußerung' (*utterance*) in einem, wie er selbst zugesteht, künstlich weiten Sinn zu verwenden. So oder so hatte er primär Handlungen vor Augen, die in und mit der Absicht vollzogen werden, bei der Zuhörerschaft eine Antwort hervorzurufen, und zwar mit und durch die Erkenntnis der Absicht des Handelnden, diese Antwort beim Hörer hervorrufen zu wollen.

Diesen Gedanken hatte Grice in weiteren Aufsätzen weiterentwickelt und im Lichte kontroverser Diskussionen modifiziert.[6] Dabei prägte er z.T. *ad hoc* eine Reihe von subtilen Unterscheidungen, die die philosophische Diskussion ungemein bereichern sollten (s. II). In der Version von 1969 stellt sich eine angemessene Explikation von ‚S meinte etwas mit dem Äußern von x' folgendermaßen dar: „‚S meinte etwas mit dem Äußern von x' ist wahr genau dann, wenn gilt: S äußerte x mit der Absicht, daß (1) der Hörer H eine bestimmte Reaktion r zeigt, (2) H glaubt (erkennt), daß S beabsichtigt, daß (1), (3) H (1) auf der Basis von (2) erfüllt" („Sprecherbedeutung und Intention", S. 20).[7] Dieses Grundmodell der Analyse stellt sich als Bikonditional dar; und bei den drei auf der rechten Seite genannten Elementen der Analyse handelt es sich um notwendige und zusammen hinreichende Bedingungen. Ferner gilt es zu sehen, daß wir es bei dem Analysandum, der Sprecherabsicht, mit einer komplexen Intention zu tun haben, die sich durch sämtliche Glieder zieht; hierfür verwendet Grice den Ausdruck ‚*M*-Intention'. Damit ist bereits eines der Problemnester des Griceschen Programms und seiner Interpretation benannt: Was leistet die Definition, was leistet sie nicht? Ist die Analyse zu restriktiv oder wenig restriktiv? Legt Grice womöglich selbst den Grund zu regreßhaften Bedingungen (s. V)?

Schlüssel zum Bedeutungsproblem im hier relevanten Sinn ist das, was der Sprecher anläßlich einer konkreten Gelegenheit meint (*means*). Dies ist in Grices Terminologie ‚*utterer's occasion meaning*' bzw. ‚*speaker's situation meaning*'. Bereits dieser Punkt hat massive Kritik provoziert.[8] Denn normalerweise gilt (und galt) Semantik als autonome Disziplin, die unabhängig von psychologischen Begriffen wie u. a. Sprecherabsicht und Absicht-Verstehen-auf-seiten-des-Hörers sei. Insofern stellt Grices Vorgehen – die Gründung semantischer Verhältnisse auf nicht-semantische Verhältnisse – eine Abkehr von vertrauten Vorstellungen dar. Noch deutlicher wird die Gricesche Herausforderung vielleicht, wenn der Einzugsbereich der intentionalistischen These ausdrücklich bedacht wird. Danach gilt, daß Äußerungsbedeutungen insgesamt (*applied timeless meaning(s) of an utterance type*) sowie situationsunabhängige Satzbedeutungen (*timeless meaning(s) of a complete sentence type*) und situationsunabhängige Wortbedeutungen (*timeless meaning(s) of an incomplete utterance type*) ihrerseits auf das vom Sprecher sprachunabhängig Gemeinte zurückzuführen sind.

Der letztere Punkt ist vermutlich nicht leicht zu verstehen. Von hierher betrachtet, scheinen Einwürfe, wie daß dem Begriff der Intention zuviel zugemutet werde, auf den ersten Blick etwas für sich zu haben. Doch dürfte es sich hier um ein bloßes Vorurteil und damit um grundlose Einlassungen handeln. Anders steht es vielleicht mit dem Bedenken, daß der Begriff des Meinens (*to mean*) hoffnungslos vage sei. In der Tat hat das Wort ‚meinen' ebenso wie ‚bedeuten' auch in unserer Sprache seine Tücken. Dies zeigt sich z. B. bei Husserl und *mutatis mutandis* bei Cassirer. Doch lassen sich auch hier Bedenken zerstreuen. Denn zu sagen, daß der Begriff des Meinens nicht geeignet sei, zur Erläuterung des Begriffs der sprachlichen Bedeutung beizutragen, hieße, wie A. Kemmerling richtig sagt, einer falschen Voraussetzung zu erliegen: Es dürfte kaum der Fall sein, daß es *einen* Begriff der Bedeutung gibt, der zu erklären ist.[9] Nun scheinen die hier erwähnten

Bedenken und Vorbehalte im Namen *der* Bedeutungstheorie samt und sonders einer Vorstellung zu entspringen, die Grice offenbar nicht teilt: Was Grice vor Augen steht, ist eine Theorie über Rationalität; und vor diesem Hintergrund wird sich das Bedeutungsproblem kaum in gewohnter Manier explizieren. Noch pointierter läßt sich Grices Analyse der Sprecherbedeutung mit A. Kemmerling als Teil der Analyse einer charakteristischen Art menschlicher Kommunikation verstehen – nämlich der rationalen Kommunikation durch etwas, was in einer nicht-natürlichen Beziehung zum kommunizierten Inhalt steht.[10] In dieser Perspektive taucht der Begriff der Bedeutung gar nicht erst auf.

II.

Wie wichtig der Aspekt der Rationalität für Grice ist, geht daraus hervor, daß er im Kontext seiner Erörterungen von „Logic and Conversation"[11] eigens Maximen eruiert, nämlich Konversationsmaximen, und ein höchstes Konversationsprinzip formuliert, nämlich das Prinzip der Kooperation. Letzteres besagt, daß man seinen Beitrag im Gespräch so gestalten soll, „wie es an dem Punkt, da er auftaucht, vom akzeptierten Anliegen bzw. von der Richtung des Gesprächs her gerade verlangt wird, in dem man sich engagiert findet" („Logik und Konversation", S. 248).[12] Hingegen handelt es sich bei den Maximen um eher spezifische Regeln, die sich nach übergreifenden Gesichtspunkten ordnen lassen. Wieder in Anlehnung an Kant spricht Grice dabei von den Kategorien von Quantität, Qualität, Relation und Modalität. ,Quantität' betrifft hier die Menge der Information im Sinne von nicht zuviel, nicht zuwenig, ,Qualität' die Frage der Wahrheit bzw. Wahrhaftigkeit, ,Relation' den Gesichtspunkt der Relevanz und Modalität (*manner*) schließlich die Anliegen von Klarheit und Durchsichtigkeit. Diese Prinzipien haben ihre Analoga im Bereich nicht-verbaler Aktivitäten (*Studies* S. 28); und dies würde die Vorstellung nahelegen, daß sich Menschen einfach so verhalten bzw. gelernt haben, sich an derartigen Regeln zu orientieren. Doch ist das für Grice nicht der springende Punkt. Er möchte wissen, warum sich Menschen tatsächlich so verhalten, und erwägt als Rationalist (*Studies* S. 29) sogar die Annahme einer quasi-kontraktualistischen Basis, wie sie sich ja auch außerhalb von Gesprächssituationen finden bzw. annehmen läßt. Nur stößt diese Betrachtungsweise offenbar an frühe Grenzen. Darum favorisiert Grice die Vorstellung, die in Rede stehenden Prinzipien seien in dem Sinn vernünftig und rational, daß die Ziele der Konversation und Kommunikation nur erreicht werden, wenn man diese Prinzipien beachtet (*Studies* S. 30). Dies mag nach ‚Zweck/Mittel-Rationalität‘ aussehen. Nur wäre damit zuwenig gesagt. Denn das Ziel steht eigentlich nicht zur Disposition. Wenn wir uns als das verstehen, was wir sind, haben wir keine Wahl. Vielleicht geht es hier also um Präsumptionen, die wir als rationale Wesen machen müssen.[13]

Doch hat die Sache weitere Aspekte. Sie betreffen den Umstand, daß nicht alles, was vom Sprecher vermittels seiner Äußerung gemeint ist (*meant*), auch gesagt wird (*said*) bzw. daß sich alles, was gemeint wird, in einen Teil gliedert, der das Gesagte angeht, und in einen anderen, der das berührt, was nahegelegt wird. Die Weisen des Nahelegens, Insinuierens usw. werden von Grice unter dem Begriff Implikatur (*implicature*) subsumiert, um sie von Phänomenen anderer Art unterschieden zu wissen. Eines seiner Beispiele betrifft die Antwort auf die Frage, wie es unserem Freund gehen mag: „Oh, ganz gut, nehme ich an; er mag seine Kollegen und ist bislang noch nicht ins Gefängnis gekommen" („Logik und Konversation", S. 246).[14] Offensichtlich will der Sprecher mit dem, was er sagt, etwas zu verstehen geben. Doch ist das, was er meint bzw. zu verstehen geben will, nicht Teil dessen, was er sagt.

In diesem Sinn gilt, daß sich Implikaturen von Implikationen im normalen Sinn des Wortes darin unterscheiden, daß das Implikatum nicht aus dem Gesagten folgt, wie das Implizierte aus dem Gesagten folgen müßte! Wollten wir den Ausdruck ‚folgen‘ hier überhaupt verwenden, so müßten wir von nicht-logischen bzw. nicht-wahrheitsfunktionalen Folgerungen sprechen. Aber auch Strawsons Begriff der Präsupposition fällt nicht in Betracht. Denn Präsuppositionen – semantische Präsuppositionen in der späteren Terminologie von R. Stalnaker – sind in der Weise charakterisiert, daß ein Satz S einen anderen Satz S' dann präsupponiert, wenn S' die Voraussetzung dafür ist, daß S wahr oder falsch sein kann.[15] Dies aber ist hier nicht der Fall. Insofern käme hier allenfalls der Begriff der pragmatischen Präsupposition in Frage.[16] Doch unterscheidet Grice näherhin mehrere Stränge; und dies macht eine Beurteilung im Detail recht schwierig.[17] Woran erkennen wir aber, daß eine Implikatur vorliegt? Offensichtlich daran, daß wir z.B. einen Verstoß gegen wenigstens eine der Gesprächsmaximen vermuten. Aber damit tappen wir vorläufig wohl im dunkeln. Im Detail entwickelt und diskutiert Grice eine Reihe von Vorschlägen, wie wir erkennen könnten, daß eine Implikatur vorliegt und von welcher Art sie ist. Zwar dürften diese z.T. unsystematischen und aporetischen Bemerkungen zu den schwierigsten Passagen überhaupt gehören. Doch haben sie wesentlich zur Sensibilisierung gegenüber Phänomenen beigetragen, die zuvor noch als Spezimina sinnloser Rede eingeschätzt wurden; und sie zeigen auf sehr eindrückliche Weise, wie lohnend die Sondierung natürlicher Sprache mittels des Instrumentariums der modernen Logik in den Händen von Könnern wie Grice und Strawson sein kann.

III.

Die Frage, ob und inwieweit sich Grices Programm einer Reduktion von Semantischem auf Psychisches realisieren läßt, ist kontrovers. Nicht zuletzt auf Grund der zahlreichen komplexen Verästelungen stellt sie eine Herausforderung besonderer Art dar. Deshalb ist es vielleicht wichtig, die Frage in Anlehnung an Grices eigenes Prozedere zu unterteilen. Dabei bieten sich auf der einen Seite der Bereich Sprecherbedeutung und Sprecherabsichten an, auf der anderen Seite der Bereich situationsunabhängiger, zeitloser Satzbedeutungen, welche in Begriffen der Sprecherbedeutung erklärbar sein müßten. So liegt es nahe, den ersten Bereich unter dem Aspekt der Kommunikation zu betrachten und Grices Ansatz in dieser Hinsicht als adäquat anzusehen. Doch würde die Stärke der positiven Antwort hier davon abhängen, ob Kommunikation in der Tat als der dominante Aspekt von Sprache angesehen werden darf. Es gibt Autoren wie den Linguisten Noam Chomsky, die das bezweifeln oder sogar in Abrede stellen;[18] doch gibt es auch Autoren wie Searle, die z.B. die Funktion der Repräsentation nicht in einem Gegensatz zur Funktion der Kommunikation sehen.[19] Die andere Frage scheint sich einer griffigen Behandlung zu entziehen. Das hat mehrere Gründe. Einer hat mit der Überlegung zu tun, daß die meisten bedeutungsvollen Sätze einer Sprache niemals geäußert werden und deshalb auch niemand mit ihnen je etwas gemeint hat.[20]

Dieser Punkt scheint gegen Grices Ansatz zu sprechen. Aber könnte man nicht an das denken, was Sprecher mit den ungeäußerten Sätzen gemeint hätten, wenn sie sie geäußert hätten? Doch hilft dieser Gedanke wohl nicht weiter. Denn nach wie vor würde gelten, daß die große Mehrheit derartiger Sätze nie geäußert wird und wir selbst da, wo ein solcher Satz geäußert würde, die Sprecherbedeutung nur ausfindig machen könnten, weil wir wüßten, was der Satz bedeutet.[21] Vielleicht mag man sich als Griceaner an dieser Stelle mit der Überlegung helfen, daß die hier beschriebene Konstellation auf Sand baut. Sie könnte dann etwas für sich haben, wenn man von der Existenz eines quasi-platonistischen Bestandes von realisierbaren bzw. aktualisierten Sätzen ausginge. In diesem Sinne scheinen auch die Stoiker in Gestalt ihrer *Lekta* die Subsistenz meinbarer bzw. sagbarer Gebilde postuliert zu haben. Nur kann ein Naturalist derartigen Annahmen wenig abgewinnen und würde im Zweifelsfall an eine nominalistische Betrachtungsweise appellieren. Danach würden wir individuelle Bedeutungen als grundlegend und primär ansehen – nämlich das, was von einem Sprecher zu einem bestimmten Zeitpunkt gemeint ist. Aussagen etwa über das, was Worte im allgemeinen bedeuten bzw. was Sprecher gewöhnlich mit x meinen, wären dieser Betrachtungsweise gemäß derivativer Natur.[22] Aber wäre diese Überlegung hilfreich?

IV.

Nun ist Grices Ansatz mit diesen oder anderen Erwägungen ohnehin nicht erledigt (s. V). Dazu sind die Dinge im Grunde viel zu kompliziert und die Grundidee mangels tragfähiger Alternativen nach wie vor zu attraktiv. Daß dies seinerzeit kaum anders empfunden wurde, mag aus Überlegungen zweier Schüler und späterer Kollegen hervorgehen, die mit ihm in Oxford verbunden waren, Strawson und Searle. Strawson nimmt in seinem Aufsatz „Intention and Convention in Speechacts" auf Probleme bei Austin Bezug, welche er mit Grice zu therapieren vorschlägt; und er zeigt gleichzeitig Punkte bei Grice auf, die komplexerer Behandlung bedürfen.[23] Nun äußert sich Strawson auch im Kontext dieser Einlassungen weder grundsätzlich noch pauschal. Doch geht es ihm offensichtlich um höchst lebendige Optionen. Diesen Eindruck vermittelt auch seine Antrittsrede. Sie steht unter dem Titel „Meaning and Truth".[24] Dabei soll die Sequenz der Termini offensichtlich als Spiegelung des aufsehenerregenden Artikels von Donald Davidson „Truth and Meaning" aus dem Jahre 1967 verstanden werden (s. Abschn. 14, II); und es ist unschwer zu sehen, daß es hier sinngemäß um nichts anderes geht als um einen Grundsatzentscheid.

Was den ersten Text angeht, so wird die Sache für unseren Kontext da aufschlußreich, wo Strawson der Frage nachgeht, weshalb (und mit welchem Recht) Austin geltend machte, der konventionelle Charakter der illokutionären Rolle (*force*) könne durch eine entsprechende performative Äußerung in der Ich-Form deutlich gemacht werden. An dieser Stelle verweist er auf Grices Begriff ‚*of someone's non-naturally meaning something by an utterance*' (S. 155); und er legt nahe, daß dieser Begriff in geeigneter Form so eingesetzt werden könne, daß der (Austinsche) Sprecher ein Verständnis der illokutionären Kraft seiner Äußerung sicherzustellen vermag (S. 160). – Der andere Text konfrontiert uns mit zwei konkurrierenden Auffassungen bezüglich Bedeutung – Bedeutung als etwas, was im wesentlichen in Begriffen von Hörer-orientierten Intentionen eines Sprechers angegangen werden müsse, einerseits und Bedeutung als Sache eines Systems von semantischen und syntaktischen Regeln andererseits (S. 172). Strawson zeigt, wie die erstere Betrachtungsweise mit dem Problem konfrontiert ist, daß Kommunikationsintentionen die Existenz von Sprache im hier relevanten Sinn voraussetzen. Aber er zeigt auch, wie man als Theoretiker dieser Perspektive mit dem Problem umgehen könnte. Umgekehrt stellt er die Frage, wie der Gedanke an bedeutungsbestimmenden Regeln unabhängig von der Funktion der Kommunikation verstanden werden könnte. Die einzige Antwort ist die einer wahrheitskonditionalen Semantik in der Tradition Freges und Wittgensteins, wie sie von Davidson in den Raum gestellt wurde (s. Abschn. 14, III): Danach führen uns Wahrheit(en) zu Bedeutung(en) und Bedeutungen schließlich zu Sprache. Aber diese Antwort hat für Strawson etwas Mißliches. Denn zur Sprache gehören ja Sätze oder Ausdrücke, die keine Wahrheitsbedingungen haben. Zu ihr gehören auch Sätze und Ausdrücke, die das konventionelle Verständnis betreffen, ohne daß die Frage der Wahrheitsbedingungen tangiert würde; und Strawson insistiert, daß jede umfassende Bedeutungstheorie mit derartigen Punkten zurechtkommen müsse.[25] Im Blick auf die in seinen Augen leichtfertige Verbindung von Wahrheit mit Sätzen und Sätzen mit Wahrheit mahnt er, das nicht zu vergessen, wofür Sätze eigentlich da sind: Da Sätze ohnehin zur Sprache gehören, entgeht uns leicht, daß wir als Theoretiker von menschlicher Sprache (*language*) erst dann etwas verstehen, wenn wir menschliche Rede (*speech*) verstanden haben (S. 189).

Searle wiederum würdigt Grices Rekurs auf Intentionen, ohne jedoch wirklich auf eine Intentionalistische Semantik im Sinne der Vorgabe einzuschwenken (s. Abschn. 6, III). In seinem 1983 erschienenen Buch *Intentionality. An Essay in the Philosophy of Mind* [26] führte er Fragen weiter, die ihn seit der Zeit seiner Arbeit an der Sprechakttheorie beschäftigt hatten.[27] Zwar hält er mit anderen Autoren dafür, daß Sprache von Geist abhänge, und teilt mit Grice die Überzeugung, daß sich gewisse grundlegende semantische Begriffe mittels noch grundlegenderer psychologischer Begriffe analysieren lassen (dt. S. 204/engl. S. 161). Doch versteht er Bedeutung ausdrücklich als *eine* Art von Intentionalität (a.a.O.). Außerdem beobachtet er den Unterschied zwischen mentalen Zuständen als Zuständen (*states*) und Sprechakten als Akten (*acts*) bzw. intentionalen Vollzügen (*intentional performances*). Damit zeichnet sich ab, weshalb er Grice nur ein Stück weit folgen kann und sich beider Pfade auf dem Marsch von der Physik zur Semantik bald einmal trennen müssen: Denn mentale Zustände wie Glauben, Hoffen und Überzeugtsein sind intrinsisch intentional. Körperliche Realisierungen von Sprechakten als Sprechakte sind dies nicht. Sie verfügen allenfalls über eine abgeleitete (*derived*) bzw. verliehene Intentionalität (a.a.O., S. 47/engl. S. 27). Mithin stellt sich für Searle das Problem, wie der Geist Dingen die Struktur der Intentionalität aufbürdet, die von Hause aus nicht intentional sind, sondern wie andere physische Entitäten diesbezüglich nackt und bloß in der Welt vorkommen. Mit anderen Worten: Es bleibt zu klären, was gegebenenfalls die Erzeugung gewisser Kleckse oder Töne zu mehr macht als zur Erzeugung von Klecksen und Tönen (a.a.O., S. 207/engl. S. 163; vgl. *Sprechakte* S. 30f./engl. S. 16) bzw. was dem physischen Ereignis in Gestalt der Intentionalität eigentlich hinzutritt, „so daß es sich dadurch um etwas handelt, daß der Sprecher etwas damit meint" (*Intentionalität* S. 204/engl. S. 161). Searles Antwort auf diese Frage(n) ist deutlich genug: Handlungsabsichten haben Erfüllungsbedingungen, die von ihnen repräsentiert werden; und indem Handlungsabsichten Erfüllungsbedingungen repräsentieren, sind sie *ipso facto* intentional. In seinem Beitrag „Meaning, Communication, and Representation" erläutert er den wohl entscheidenden Punkt dahingehend, daß ein Gegenstand X einen Sachverhalt A dann repräsentiere, wenn ein Subjekt S vorhanden ist, welches beabsichtigt, daß X A repräsentiert.[28]

Zwar läßt Searle keinen Zweifel daran, daß es sich bei Intentionalität um einen durch und durch natürlichen Zug biologischen Seins handelt. Doch bleibt die Sache an den entscheidenden Stellen vielleicht abstrakt. Deshalb ist es angezeigt, eine Autorin zu erwähnen, die im Zusammenhang dieses Punktes dezidierter hervortrat. Das ist die amerikanische Philosophin Ruth Garrett Millikan. Sie vertritt eine naturalistische Sicht, die dadurch charakterisiert ist, daß alles – Dinge ebenso wie Sätze, Theorien, Gedanken und Bedeutungen – Teil *einer* Welt ist und entsprechend verstanden werden sollte. Dazu gehört aber auch ein Verständnis seiner evolutionären Geschichte(n). Von hier aus verstehen wir nicht nur, wie Dinge funktionieren. Wir verstehen auch, wie sie in dieser oder anderer Weise zur Stabilisierung von gewachsenen Situationen beitragen. Dieses Anliegen verfolgt sie in ihrem Buch *Language, Thought, and Other Biological Categories,*[29] das ein Jahr nach Searles *Intentionality* erschien. An wenigstens einer Stelle wird eine thematisch enge Berührung mit Searles Idee der verliehenen Intentionalität deutlich. Auch Millikan zieht eine derartige Situation in Betracht (S. 89). Nur warnt sie davor, Repräsentationen als geistige Sätze anzusehen. Damit würden wir nicht nur die natürliche Ordnung verkennen. Wir wären auch auf die Annahme eines inneren Interpreten verwiesen; und dies müßte uns leicht zu einem Regreß zwingen. Von hier aus liegt zunächst die Annahme nahe, daß Intentionalität im hier relevanten Sinne primär und grundlegend dem Mentalen eigne. Doch sieht sie Alternativen.

Generell geht Millikan von der Annahme aus, daß Verrichtungen aller Art (*devices*) eine eigentümliche Funktion (*proper func-*

tion) haben und auf eine bestimmte Normalität hin angelegt seien.[30] Diesen gemeinsamen Zug belegt sie mit dem Ausdruck ‚Intentionalität' (S. 95). Dabei wird sogleich deutlich – das ist ein Gesichtspunkt, den sie selber hervorkehrt –, daß diese Betrachtung einen häretischen Klang hat. Denn der Ausdruck war ja von Brentano seinerzeit gerade zum Zwecke der Demarkierung einer sauberen Kluft zwischen dem Physischen und dem Mentalen eingeführt worden (S. 86). Doch steht und fällt die Orientierung an der traditionellen Verwendung des Terminus mit der Vorstellung, daß Intentionalität ein klar abgrenzbares Phänomen sei; und genau diese Annahme zieht die Autorin in Zweifel: Intentionalität kommt nicht an einem Stück (S. 86). Wenn man die Zuschreibung von Intentionalität freilich mit der Vorstellung in Verbindung bringt, daß etwas in einer Beziehung zu etwas steht, so ergeben sich mit Millikans Sicht keine Probleme. Denn es läßt sich argumentieren, daß etwas die Funktion habe, dieses oder jenes etwas hervorzubringen: „*Every device with a proper function is meant to do something or other and as such displays intentionality in a very broad sense*" (S. 95). Diese Überlegung hat viel für sich. Sie bietet sich um so mehr an, wenn man davon ausgeht, daß Intentionalität in unterschiedlichem Gewande auftritt und dieses Phänomen als das eigentlich aufklärungsbedürftige Problem angesehen werden sollte.

V.

Grices Gedanke einer intentionalistisch gegründeten Semantik wurde von Stephen Schiffer in seinem Buch *Meaning* weiterverfolgt (s. I). Anfangs scheint sich der Autor vor allem für Fragen der Kohärenz interessiert zu haben. Dieser Punkt bringt ihn recht bald zu einer beträchtlichen Modifikation des Griceschen Grundmodells. Denn er nimmt die Erwägung ernst, daß das Grundmodell der Analyse von ‚*S* meint etwas mit der Äußerung von *x*' – was einige Gegenbeispiele nahezulegen scheinen, die Grice selber diskutierte („Sprecherbedeutungen und Intentionen", S. 24–46)[31] – einen infiniten Regreß herbeibeschwöre (S. 21 ff.). Grice selber teilte diese Befürchtung nicht. Schiffer hingegen gibt wohl zu Recht zu bedenken, daß die in Rede stehenden Bedingungen (1) – (3) als notwendige und hinreichende Bedingung konzipiert sind, diesem Anspruch aber zumindest theoretisch betrachtet nicht genügen können. Diese Gefahr sucht er ein für allemal zu bannen; und zwar tut er dies in der Weise, daß er die Bedingung wechselseitigen Wissens (*mutual knowledge*) einführt (S. 30) – ein Gedanke, der auch in David Lewis' Studien zum Begriff der Konvention eine Rolle spielt. Dies bedeutet, sehr vereinfacht gesagt, daß die in Rede stehenden Personen nicht nur wissen, wovon die Rede ist, sondern auch wissen, daß die andere Person es ebenfalls weiß. Diese Bedingung hätte den Vorteil, Fälle der Täuschung auszuschließen, wie sie in einigen Gegenbeispielen vorkommen. Doch stellt sich die Frage, mit welchem Recht wir diese Bedingung eigentlich forcieren. Kann uns Grices Charakterisierung der Ausgangslage zu der Annahme ermutigen, daß Leute tatsächlich dasselbe wissen? Zugleich bedeutet Schiffers Schritt (S. 63) eine Lockerung der Bedingung (3) im Griceschen Modell. – Später scheint Schiffers Interesse am Griceschen Programm vor allem durch dessen reduktives Potential dominiert zu werden. Dies trifft auch für Brian Loar und sein 1981 erschienenes Buch *Mind and Meaning* zu.

Eine Wende in der Einschätzung des Griceschen Programms und dessen Potentials zeichnet sich 1989 in Anita Avramides' Buch *Meaning and Mind* ab.[32] Denn die Autorin macht sich das Programm in der Weise zu eigen, daß sie den Weg der Analyse als begrifflichen Zugang zur Bedeutung versteht, jedoch eine reduktive Ausdeutung ablehnt und jedenfalls alle physikalistischen Aspirationen für verfehlt hält. Der letztere Punkt ist wichtig. Denn er gründet in der Überzeugung, daß die reduktive Ausdeutung – die Reduktion des Semantischen auf das Psychologische usw. – die Auffassung von Geist als objektives Phänomen voraussetzt, das sozusagen von außen her betrachtet werden könne. Diese Auffassung wird von der Autorin als falsch zurückgewiesen (S. 137). Denn sie müßte eine unhaltbare Konstellation erzeugen (S. 160). Was genau ist das Problem? Nun, normalerweise sehen wir das Sprachliche als Evidenz für mentale Verhältnisse; und indem wir dies tun, betrachten wir die Beziehung zwischen Sprachlichem und Mentalem nicht als kontingent. Genau dies aber scheint der Griceaner zu tun. Indem er nämlich Sprachliches bzw. Semantisches auf Psychologisches reduziert, behauptet er, daß unsere Konzeption des Mentalen nicht durch sprachliche bzw. semantische Begriffe bestimmt sei. Insbesondere löst er sich von der Vorstellung, daß sich Geistiges spezifisch im Sprachverhalten manifestiert. Mithin legt er sich ipso facto auf eine Position fest, die frei von derartigen Bindungen ist. Dies aber läuft, abstrakter gesprochen, auf eine objektive Auffassung des Geistigen hinaus, d. h. auf eine Auffassung, die anders als die subjektive Auffassung nicht an eine besondere Perspektive gebunden ist; und eine derartige Auffassung ist in den Augen der Autorin nicht tragfähig. Denn der Zugang zum Mentalen involviert nun mal die Perspektive einer subjektiven Auffassung, d. h. auch ein Verständnis dessen, was es heißt, ein Subjekt mit diesen und jenen Erfahrungen zu sein. Insofern muß die reduktive Strategie aufgegeben werden. Sie verkennt die intime Verbindung zwischen Psychologischem und Semantischem und trägt letztlich nichts zur Aufklärung von Geist und Gedanken bei.

VI.

Probleme des richtigen Zuganges bestimmen auch Schiffers zweites Buch (s. I), das nach Avramides' Studie erschien. Hier scheint er vor den Problemen zu kapitulieren. Was er zu guter Letzt anbietet, ist eine „Keine Theorie Theorie der Bedeutung" (S. 265ff.). Diese ,Theorie' basiert auf der Überzeugung, daß keine der bekannten Thesen zur Bedeutung korrekt sei; und sie atmet die Resignation dessen, der sich nicht mehr vorstellen kann, wie eine korrekte Theorie überhaupt aussehen würde.

Da dieser Befund provokative Züge hat, ist es angezeigt zu fragen, wie Schiffer zu ihm gelangt. Sein Prozedere ist von einem Gedankenexperiment bestimmt. Denn Schiffer charakterisiert einen hoffnungsvollen jungen Philosophen – die Parallele zum jungen Sokrates im ersten Teil des Platonischen *Parmenides* ist unübersehbar –, der anhand von neun Hypothesen, die in unterschiedlicher Weise zum Bestand unseres Nachdenkens über Bedeutung bzw. Bedeutungshaftigkeit gehören; und er zeigt, wie der Philosoph seine Meinungen sukzessive revidiert und aufgibt. Zu den Hypothesen gehören Annahmen wie die, daß es semantische Fakten gibt (i. e. daß manche Geräusche etwas *bedeuten*, einige *wahr* seien, einige auf Dinge *verweisen*), daß Menschen Überzeugungen haben und andere propositionale Einstellungen mit Inhalten (S. XVI), daß Überzeugtsein ebenso wie andere urteilshafte Einstellungen relational, nämlich auf ein Objekt bezogen seien, daß semantische Fakten und psychologische Fakten nicht irreduzibel semantischer bzw. psychologischer Natur seien, sondern durch Sätze erhellt werden können, die ihrerseits keine semantische, mentalistische und intentionalistische Ausdrucksweisen enthalten.

Diese und andere Hypothesen sind in der Literatur wohlbekannt, wenn auch naturgemäß kontrovers. Schiffer wägt diese Gedanken und befindet sie zu leicht. So destruiert er z.B. die Annahme von Propositionen als sprachunabhängigen Inhalten entsprechender Einstellungen (S. 250). Dies tut er mittels der Erwägung, daß Propositionen diese Funktion gar nicht wahrnehmen können (S. 71). Aber er destruiert auch die Alternative, daß die fraglichen Inhalte mentale Repräsentationen seien, nämlich z.B. Sätze in der Sprache des Denkens, wie Vertreter des Intentionalismus dies meinen müßten, falls ihre Theorie valide wäre (S. 109). Im Fokus des Interesses steht dabei die Auffassung von Meinen bzw. Überzeugtsein als Beziehung (*relation*), sei es zu Propositionen oder zu Sätzen. Hier bedrängt er namentlich auch Davidsons eigenwillige, aber ingeniöse Deutung der Konjunktion *daß* (,Galilei glaubte, daß die Erde sich bewegt') als Pronomen *das* (,Galilei glaubte das. Die Erde bewegt sich'), die den in Rede stehenden Satz als Äußerungsart erkennbar werden läßt. Diese Attacke verdeutlicht etwas vom zenonischen Geist der Strategie Schiffers: Wenn es weder eine nicht-satzorientierte Analyse des Meinens noch eine satzorientierte Analyse geben kann, so fällt auch die Möglichkeit der Auffassung von urteilshaften Einstellungen als Beziehungen in sich zusammen (S. 137). Auf diese Weise werden die Planken im Rumpf der Bedeutungstheorie entfernt, und wir verlieren den Boden unter den Füßen: unsere Stiegen erweisen sich als falsche Präsuppositionen. Dieser Befund erstreckt sich schließlich sogar auf die Annahme von Bedeutungen (*meanings*) als Dingen besonderer Art (S. 265), die ja mit der relationalen Auffassung von propositionalen Einstellungen eng verbunden ist. Zwar ist der letztere Punkt kaum neu. Denn wir sahen, daß Austin Anstrengungen unternahm, „den Ausdruck ,die Bedeutung eines Wortes'" als unsinnigen Ausdruck zu entlarven (s. Abschn. 4, IV). Doch ist der in Rede stehende Punkt offenbar nicht so verbreitet, wie er es sein müßte, wenn wir uns aus den Fängen der Verirrung befreien wollen.

Sicher bietet Schiffers Buch ein ebenso elegantes wie kompaktes Bündel formidabler Argumentation. Doch dürfte die Sache damit kaum ihr Bewenden haben und die Bedeutungstheorie auch nicht erledigt sein.[33] Denn wie die Botschaft anderer philosophischer Bücher, so steht und fällt der Befund seiner ‚Keine Theorie Theorie der Bedeutung‘ mit der Art des Vorgehens: Zu sagen, daß diese oder jene Position(en) diese oder jene Gestalt haben müßte(n) und mit einer Kritik jener Gestalt *ipso facto* jede Variante der Position betroffen sei, heißt, sich dem Risiko der Generalisierung zu unterwerfen. Mit anderen Worten: Die Stärke des Buches ist zugleich Quelle seiner Verletzlichkeit.[34]

11. Versuchungen des Anti-Realismus

I.

Der vernünftige Menschenverstand lehrt, daß es eine Wirklichkeit gibt, die so ist, wie sie ist, und zwar unabhängig davon, was wir über sie denken und finden; und er sagt ferner, daß wir sie (zumindest unter normalen Umständen) so erkennen, wie sie ist. In der philosophischen Diskussion figuriert die eine Vorstellung unter dem Namen ‚metaphysischer Realismus‘, die andere unter dem Namen ‚erkenntnistheoretischer Realismus‘. Dabei impliziert letzterer ersteren, ersterer aber nicht letzteren. Was uns in die Arme der Position des metaphysischen Realismus drängen mag, sind die unbestreitbaren Erfolge der Wissenschaft. Was die Position des erkenntnistheoretischen Realismus zu stützen scheint, ist die Tatsache, daß wir überleben und mit der Wirklichkeit im großen und ganzen also zurechtzukommen scheinen. Gleichwohl melden sich Zweifel. Denn wenn wir darauf beharren, daß die Wirklichkeit so sei, wie wir sie (unter optimalen Umständen) erkennen, dann schließen wir die Perspektiven anderer Wesen aus, die ebenfalls mit der Wirklichkeit zurechtzukommen scheinen und doch auf andere Segmente oder Schichten fixiert sein dürften. Ferner mag man fragen, ob der metaphysische Realismus *als* Position kohärent ist. Stellt er wirklich eine gangbare Option dar? Auch hier melden sich Zweifel. Sie beginnen dort, wo wir den Gedanken einer subjektunabhängigen Wirklichkeit ernst nehmen und einige seiner Implikationen bedenken.

Dazu gehört erstens die Annahme, daß eine subjektunabhängige Wirklichkeit tendenziell immer auch eine Wirklichkeit ohne Subjekte ist. Diese Annahme ist lästig. Denn es ist kaum einsehbar, daß ein Bild dieser Wirklichkeit *das* Bild *der* Wirklichkeit überhaupt sein sollte. Sind andererseits Subjekte Teil der in Rede stehenden Wirklichkeit, so gehören Prozesse des Fühlens, Denkens und Gedacht-Werdens ebenso zu ihr wie Gegenstände und andere Ereignisse. Zweitens wäre zu bedenken, daß es nur *eine* korrekte Beschreibung der Wirklichkeit geben könnte; und wären wir jemals in der Lage, wissen zu können, daß es sich bei ‚X‘ und nicht etwa bei ‚Z‘ um die gesuchte Beschreibung der Wirklichkeit handelt? Hinzu kommt, daß Subjektunabhängigkeit im strikten Sinne nicht allein Unabhängigkeit von einer bestimmten Beschreibung verlangt, sondern Unabhängigkeit von jeder Konzeptualisierung überhaupt. Können wir uns eine solche Wirklichkeit dann überhaupt vorstellen? Offensichtlich bereitet uns dies Probleme. Wie sollten wir auch kohärent über eine Wirklichkeit nachdenken oder sprechen können, die sich definitionsgemäß unseren Konzeptualisierungen entziehen müßte? Hier stoßen wir rasch an Grenzen. Diese und andere Punkte haben so verschiedene Denker wie Cassirer und James dazu bewogen, die klassische Problemstellung zurückzuweisen und die Vorstellung einer gänzlich subjektunabhängigen Wirklichkeit als Irrweg zu bezeichnen. Cassirer tendierte dazu, die Zuschreibung von ‚wirklich‘ bzw. ‚Wirklichkeit‘ als Sache anzusehen, die innerhalb eines Begriffssystems bzw. einer Theorie beheimatet ist; und die Pragmatisten gingen – dies gilt namentlich für Dewey – davon aus, daß wir jeweils in Kontexte eingebettet sind und unsere Situation(en) aus der Mitte des Lebens heraus artikulieren und begrifflich zu bewältigen suchen.

II.

Angesichts solcher Bedenken drängt sich die Überlegung auf, daß bereits der Begriff der Wirklichkeit eigentlich eine Merkwürdigkeit darstellt. Wie Austin in seinen Vorlesungen *Sense and Sensibilia* VII (s. Abschn. 5, V) darlegte, ist ‚wirklich‘ nämlich ein attributives Adjektiv. Seine Verwendung hilft uns zwar, z.B. auf wirkliche Freunde, wirkliches Gold usw. zu verweisen. Aber es charakterisiert nichts, was *simpliciter* wirklich wäre.[1] Diese Überlegung ist da am Platz, wo philosophische Vertreter des sog. Physikalismus eine rein materielle Welt ohne Subjekte einfordern und alle entsprechenden Züge radikal tilgen. Hier ließe sich geltend machen, einer Charakterisierung von *Y* als unwirklich im Sinne von ‚nicht-materiell‘ sei entsprechend mit der Frage zu begegnen, ob es sich bei *Z* dann um *wirkliche* Materie handelt. Nur würde dieser Punkt nicht weiterführen. Denn harte Reduktionisten oder eliminative Materialisten (s. Abschn. 13, II) könnten versucht sein, einen anderen Terminus einzuführen.

Wichtiger wäre an dieser Stelle wohl die Überlegung, daß der Entscheid, eine Welt der Wirklichkeit ohne Subjekte einzufordern, zwar bestimmten Werten wie dem der wissenschaftlichen Exaktheit, Einfachheit, Präzision und Kohärenz Rechnung tragen mag, dafür jedoch den Wert der Vollständigkeit opfert, vielleicht auch den der Wahrheit.[2] Daß der Entscheid für bestimmte Werte präjudiziert, welche Tatsachen und Voraussetzungen wir akzeptieren, wurde in jüngerer Zeit verschiedentlich von Hilary Putnam betont,[3] daß Werte auch in einen Konflikt zu- und miteinander treten, von James in seinem Aufsatz „The Sentiment of Rationality" gezeigt.[4] Wie immer man die Dinge im Detail auch beurteilen mag – eine Gleichsetzung von ‚Wirklichkeit' und ‚Materie' bzw. ‚materiell vorhanden' dürfte kaum mehr als nur eine Schicht oder ein Segment dessen in den Brennpunkt rücken, was in Betracht zu ziehen wäre. Um so mehr gewinnt der Gedanke an Bedeutung, daß ein angemessenes Verständnis von Wirklichkeit auf dem Wege einer Integration verschiedener Sichtweisen zu suchen wäre.[5]

III.

Doch wie steht es um die oben angesprochene Frage? Wenn sich die Annahme eines metaphysischen Realismus ähnlich wie Kants Annahme eines Dinges-an-sich tatsächlich als unhandliche Position entpuppen würde, bliebe vielleicht die Annahme jener Form(en) von Anti-Realismus, für die Paul Feyerabend und Rorty plädierten. Hier hätten wir es mit Varianten des Kulturrelativismus zu tun. Nur erweisen sich diese Positionen bei Lichte besehen ihrerseits als inkohärent. Schlimmer aber ist, daß sie uns rasch auf Pfade leiten, die – wie die Auffassungen Heideggers und Gadamers – schließlich zur Aufgabe philosophischer Ansprüche führen. Vor diesem Hintergrund hätten Inkohärenzen nicht einmal einen schlechten Beigeschmack. Doch bliebe die Frage, welchen Anliegen mit Tiefen-Ontologie und dergleichen überhaupt gedient sein könnte.[6] Nur welche Möglichkeiten bleiben sonst noch im Spiel? Anders als zu den Zeiten des deutschen Idealismus, da man Positionen des Dogmatismus bzw. Realismus auf der einen und solche des Idealismus auf der anderen Seite einander gegenüber stellte und hier einen Grundsatzentscheid forderte, kann es heute im wesentlichen nur darum gehen, eine Form von

Realismus zu identifizieren, die insgesamt akzeptabel zu sein scheint.

Vielleicht ist das Problem komplizierter. Denn realistische Auffassungen scheinen allgemein dadurch charakterisiert, daß sie die Geltung des Bivalenz-Prinzips voraussetzen. Danach muß jeder Satz entweder wahr oder falsch sein, und zwar ganz unabhängig davon, was wir wissen oder nicht wissen. Nun hat bereits 1959 der englische Philosoph Michael Dummett – seine Texte sind von unvergleichlicher Komplexität – Probleme bekundet. In seinem Aufsatz „Wahrheit"[7] erinnert Dummett nicht nur daran, daß wir in vielen Bereichen außerstande sind, über Wahrheit oder Falschheit eines Satzes zu befinden; er weist auch darauf hin, daß in manchen Bereichen die Wahrheit eines Satzes dann als etabliert gilt, wenn wir für diesen einen Beweis erstellen. Insbesondere aber gibt er zu bedenken, daß die von vielen Autoren vollzogene Gleichsetzung der Wahrheitsbedingungen eines Satzes mit seinem Sinn zu kurz greife: „Sollen wir also sagen, daß die Festsetzung der Wahrheitsbedingungen eines Satzes nicht zur Bestimmung seines Sinnes hinreicht, daß wir noch weitere Bedingungen aufstellen müssen? Ehe wir dies sagen, sollten wir die Begriffe von Wahrheit und Falschheit besser überhaupt aufgeben" (S. 24).

An dieser Stelle ist es wohl wichtig zu sehen, daß Dummett, zumal während der frühen Jahre seiner Lehrtätigkeit in Oxford, an intuitionistischer Mathematik interessiert war. Dies bedeutet, daß er eine Denkweise vertrat, die anders als die der Platonisten nicht etwa besagt, die mathematischen Gegenstände und Sachverhalte seien einfach da und würden von uns nur entdeckt. Die Intuitionisten gingen vielmehr von der Annahme aus, daß wir mathematische Gegenstände bzw. Sachverhalte konstruieren. Dummett seinerseits überträgt die „Thesen der Intuitionisten über mathematische Aussagen auf gewöhnliche Aussagen" (S. 33). Im Blick auf die oben erwähnte Aporie bedeutet dies u.a.: „Den Sinn einer Aussage erklären wir nicht mehr dadurch, daß wir ihren Wahrheitswert durch Angabe ihrer Bestandteile festlegen, sondern dadurch, daß wir bestimmen, wann sie behauptet werden kann, indem wir die Bedingungen angeben, unter denen ihre Bestandteile behauptet werden können" (S. 35).

Hier wird eine anti-realistische Tendenz erkennbar. Doch scheint sich Dummett selber nicht festzulegen. In späteren Arbeiten[8] weist er gelegentlich darauf hin, daß seine Sichtweise mit der des Realismus vereinbar sei; aber er sagt auch, daß nicht jeder, der das Bivalenz-Prinzip akzeptiere, ein Realist sei. Offensichtlich sieht er das Problem in komplexeren Verästelungen. Dies erhellt etwa an seinen Beurteilungen des Phänomenalismus einerseits und des wissenschaftlichen Instrumentalismus andererseits. Hier kristallisiert sich vielleicht kein eindeutiges Bild heraus. Doch läßt sich das ein Stück weit verstehen. Denn ‚Realismus' und ‚Anti-Realismus' – stets bleibt zu fragen ‚in bezug auf was und in welcher Stärke?' – erweisen sich mehr als Namen unterschiedlicher Strategien denn als Demarkationen inhaltlich klar definierter Lager. Offensichtlich votiert Dummett im Ernstfall gegen naheliegende Lösungen; und offensichtlich wird er das Gefühl nicht los, daß die Denkweise des Realismus auch da Probleme offenläßt, wo die Dinge unproblematisch scheinen.

IV.

Fragen wir nach weiteren Versuchen, die Frontstellung zwischen realistischen und anti-realistischen Sichtweisen systematisch in den Blick zu nehmen, so erweist sich wiederum Putnam als *spiritus rector*. Er hat in den hinter uns liegenden Jahrzehnten die Position des metaphysischen Realismus *als* Konzeption verschiedentlich attackiert;[9] und er versuchte, dieser Position eine andere gegenüberzustellen, die unseren normalen Intuitionen eher genügt. Sieht man davon ab, daß Putnam hier von Veröffentlichung zu Veröffentlichung neue Akzente setzt und womöglich verschiedene Meinungen vertritt, so steht und fällt seine Kritik mit einer bestimmten Annahme. Diese besagt, daß die in Rede stehende Position durch bestimmte Auffassungen bezüglich der Wahrheit charakterisiert sei: Konstitutiv für das Verständnis von Wahrheit sind danach erstens die Auffassung von Korrespondenz zwischen Satz und Tatsache usw., zweitens die Auffassung, daß Wahrheit gänzlich unabhängig von unseren Theorien sei, drittens die Annahme, daß Sätze entweder wahr oder aber falsch seien, und viertens, daß es nur eine einzige richtige Beschreibung der Welt gebe. Diese Konzeption von Realismus nennt er auch externen Realismus. Nun erfordern diese Punkte im Detail weitergehende Diskussionen. Doch gibt es einen Aspekt, der unmittelbar auffällt und Putnam offensichtlich stört. Das ist die Vorstellung, daß Wahrheitssuche, so verstanden, dann überhaupt nur Sache der Wissenschaft sein könnte. Für die Philosophie bliebe hier nichts mehr zu tun. Sämtliche Unterfangen, die interessant und wichtig anmuten, hätten ihren angestammten Platz unwiderruflich verloren.

Der Konzeption des externen Realismus hält Putnam eine Position entgegen, die offensichtlich schwächer ist und von ihm als interner Realismus bezeichnet wird. Dabei erinnert die Verwendung der Termini ‚extern' bzw. ‚intern' an jene Erörterungen des späteren Rudolf Carnap, in denen mit Bezug auf die Frage der ‚Existenz' von Gegenständen zwischen internen und externen Fragen unterschieden wurde. So existieren z. B. Zahlen intern zum System der Arithmetik; ob sie auch sonst, unabhängig von diesem System, existieren, ist eine andere, nämlich externe Frage, die gegebenenfalls unter pragmatischen Gesichtspunkten entschieden werden müßte.[10] Putnam seinerseits betont, daß ‚wirklich' keine absolute Bedeutung habe, sondern in seinem Vorkommen jeweils intern zu einem bestimmten Begriffssystem definiert sei. Entsprechend wäre der Realismus klassischer Prägung eine Sache, die außerhalb jeder Perspektive von einem absoluten Standpunkt – Putnam spricht gelegentlich auch vom Gottesgesichtspunkt – her artikuliert würde, der interne Realismus hingegen etwas, was *mit* und *in* bestimmten Auffassungen besteht. Diese Auffassung hat eine Reihe von Vorzügen. Dazu gehört sicher die Möglichkeit, auch moralische Eigenschaften und Sachverhalte in der Domäne unserer Erfahrungswelt heimisch zu machen.[11] Problematisch ist allenfalls die Adaption des Wahrheitsbegriffes. Kann Putnam nun noch von ‚Wahrheit' sprechen? Läßt sich der starke, intuitiv plausible Begriff der Wahrheit in die Gefilde des internen Realismus hinüberretten?

Hier betreten wir dünnes Eis. Denn Putnam rekurriert nun, auf der neuen Ebene, auf den Begriff der vernünftigen Akzeptierbarkeit (*rational acceptability*). Damit bewegt er sich deutlich auf den Spuren des Pragmatismus. Der Vorzug dieser Denkweise besteht darin, daß wir den Gedanken der Kontextgebundenheit unserer jeweiligen Wahrheitsansprüche ernst nehmen. Doch bedeutet dies zugleich den Verzicht auf das Verständnis von ‚Wahrheit' im vertrauten starken Sinne des Wortes; und dieser Punkt ist ihm verschiedentlich entgegengehalten worden.[12] Denker wie Searle sehen in diesem Schritt sogar eine Wende zum Irrationalismus.[13] Zu einem guten Teil beruhen Searles Vorbehalte auf einer Skepsis gegenüber der Putnamschen Charakterisierung des klassischen Realismus. Doch läßt sich der Tenor seiner Kritik ein Stück weit als Reflex unterschiedlicher philosophischer Temperamente verstehen: Auf der einen Seite der robuste Advokat eines *common sense*, der bestimmte philosophische Extravaganzen als Schnickschnack betrachtet und z.B. die Korrespondenz-Theorie der Wahrheit durch alle Böden verteidigt; auf der anderen Seite der experimentierfreudige Denker, der seinen eigenen Texten immer schon ein Stück voraus ist und es seinen Lesern kaum leichter macht, als Dummett dies mit seinen *caveats* tut. In seiner neuesten Monographie[14] versucht Putnam, einige Dinge zurechtzurücken. So bestreitet er, den Ausdruck ‚interner Realismus' in *Realism and Reason* für eine neue Position eingeführt zu haben. Vielmehr charakterisiert er seine ursprüngliche Verwendung des Ausdrucks ‚interner Realismus' als Bezeichnung „einer Art von wissenschaftlichem Realismus", die er „seit einigen Jahren akzeptiert hatte", nämlich „für eine Position", von der er jetzt meint, daß sie sowohl „für Realisten wie auch für Anti-Realisten akzeptierbar sei".[15]

V.

Eine andere Variante antirealistischer Orientierung lancierte Nelson Goodman, der wie Putnam an der Harvard University wirkte und sich mit einer Reihe technisch höchst anspruchsvoller Studien in die erste Reihe maßgeblicher Autoren geschoben hatte. 1975 veröffentlichte er in der Zeitschrift *Erkenntnis* einen Aufsatz mit dem Titel „Words, Works, Worlds". Dieser Text geht auf eine öffentliche Cassirer-Gedenkvorlesung an der Universität Hamburg zurück und bildet zugleich das Eingangskapitel seines 1978 erschienenen provokativen Buches mit dem Titel *Ways of Worldmaking*.[16] In diesem Buch vertrat er die Auffassung, daß wir es nicht mit *einer* Welt zu tun hätten, die womöglich unter verschiedener Beschreibung stünde. Wir haben es vielmehr mit einer Pluralität von Welten bzw. Weltversionen zu tun; und diese Versionen seien Produkte menschlichen Denkens. Diese Thesen gerieten rasch ins Kreuzfeuer der Kritik. In der Zeitschrift *Synthese* kam es zu einem Meinungsaustausch wichtiger Stimmen.[17] Um so lapidarer mutet Goodmans neuerliche Feststellung an: „Kurz, Sterne erzeugen wir nicht so, wie wir Ziegelsteine erzeugen; nicht bei jedem Erzeugen geht es darum, Schlamm zu formen. Die Welterzeugung, die hier zur Debatte steht, ist ein Erzeugen nicht mit den Händen, sondern mit dem Denken oder vielmehr mit Sprachen oder anderen Symbolsystemen. Doch wenn ich sage, daß Welten erzeugt werden, meine ich es buchstäblich; und was ich meine, sollte aus dem Gesagten klar hervorgehen. Zweifellos erzeugen wir Versionen, und richtige Versionen erzeugen Welten. Und wie verschieden Welten auch von richtigen Versionen sein mögen, richtige Versionen erzeugen bedeutet, Welten zu erzeugen. Dies ist ein bemerkenswertes Beispiel dafür, wie sich die Rede von Welten und Versionen verquicken."[18]

Goodmans Pluralismus hat Vorläufer. Offensichtlich ist einmal die Nähe zu James und dessen Pluralistischem Universum. Dies geht u.a. auch aus der These hervor, daß wir „in der Praxis […] die Grenzen nach unserem Belieben" und sie „ebenso häufig" ändern, „wie es zu unseren Zwecken paßt" (*Weisen der Welterzeugung* S. 146). Dann ist weiter, wie gesagt, Cassirer zu nennen. Dessen *Philosophie der symbolischen Formen* stellt den Versuch dar, dem Phänomen von Bedeutung und Bedeutungshaftigkeit auf die Spur zu kommen und die Welten von Kunst, Wissenschaft, Religion usw. als Wirklichkeiten in eigenem Recht begreifen zu lernen. In seinem Spätwerk *An Essay on Man*[19] charakterisiert Cassirer den Menschen als *animal symbolicum*. Damit will er sagen, daß wir dank einer symbolschaffenden Kraft in der Lage seien, Welten zu schaffen. Außerdem ist Susanne K. Langer zu erwähnen. Deren Buch *Philosophie auf neuem Wege*[20] geht davon aus, daß Symbole nicht etwa Stellvertreter von Gegenständen seien, sondern „Vehikel unserer Auffassung von Gegenständen". Während Cassirer im Zweifelsfall vor dem Hintergrund Hegels philosophiert und bestimmte Elemente des deutschen Idealismus nutzbar zu machen sucht, argumentiert Susanne Langer auf dem Boden naturalistischer Orientierungen und lehnt selbst ein idealistisches Minimum ab.[21] Diese Orientierung teilt sie ein Stück weit mit ihrem Lehrer Alfred North Whitehead. Dieser hatte seinerzeit mit Russell zusammen die *Principia Mathematica* verfaßt und später vor allem naturphilosophische Thematiken aufgegriffen. Zu den heute weniger bekannten Texten gehören die Barbour-Vorlesungen aus dem Jahre 1929 mit dem Titel *Symbolism. Its Meaning and Effect*.[22] Diese Arbeit ist insofern wichtig, als ihr Autor hier u.a. Probleme der Erkenntnistheorie aufwirft, die sich in der Nachfolge der einschlägigen Ansätze Kants und Humes stellen. Dabei zeigt er die Relevanz der Symbolisierungsfunktion am Phänomen der Vergegenständlichung (*objectification*) auf. Während Langer ihren Ansatz, der Whitehead vieles verdankt, speziell am Bereich der Kunst exemplifizieren sollte,[23] um dann später eine allgemeine Theorie menschlichen Geistes zu erarbeiten, die den Begriff des Fühlens ins Zentrum stellt,[24] hat Whitehead seine Auffassungen 1927–1928 in den Gifford-Vorlesungen in einen weiteren Rahmen gestellt.[25]

Doch ist es fair zu sagen, daß Goodmans Pluralismus, systematisch gesehen, auf eigenen Füßen steht. Seine Konturen gewinnt er vor dem Hintergrund der speziellen nominalistischen Orientierung dieses Autors; und speziell sind vielleicht auch die Probleme, die mit dem Rekurs auf richtige Versionen, die Welten schaffen, und andere Versionen, die das nicht tun (s.o.), in den Raum treten. Was wäre eine *richtige* Version? Goodmans Kernbegriff für die Art von Richtigkeit, die ihm vorschwebt, ist hier ‚direction of fit‘. Der Gesichtspunkt des Passens betrifft dabei keine Beziehung zu einer unabhängig existierenden Welt. Denn wir sind *ex hypothesi* nicht in der Lage, unsere Beschreibungen an einer sozusagen unbeschriebenen Welt zu testen; ebensowenig ist es uns möglich, unsere Version zu transzendieren. Mithin bieten sich als Kriterium nur interne Gegebenheiten der Welt bzw. der Version an. Wie das im Detail zu verstehen ist, bleibt vielleicht unklar.[26] Denn ‚Passen‘ mag in den Kontexten unterschiedlicher Welten sehr verschiedene Bedingungen angehen. Ein Element x mag zu einer (bzw. in eine) Welt passen, nicht aber zu einer anderen und umgekehrt. Nun scheint Goodmans Gedanke der zu sein, daß wir es gegebenenfalls mit verschiedenen richtigen Versionen zu tun haben. Dies erhellt anhand seines bevorzugten Beispiels der Plazierung von Punkten;[27] entsprechend lassen sich unterschiedliche Systeme oder Theorien vorstellen, die in relevanter Hinsicht äquivalent sind. Wie würden wir zwischen solchen wählen? Hier bieten sich wiederum pragmatische Erwägungen an, wie sie in

Gestalt der Ideen von Kohärenz, deduktiver und induktiver Richtigkeit usw. vorliegen. So hätten wir mit dem Begriff der Wahrheit wenig Mühe.[28] Aber wie steht es mit solchen Welten, in denen Wahrheit keine Rolle spielt? Vermutlich würde es sich dabei nicht um richtige Versionen handeln.

VI.

Nun hat die oben angesprochene Problematik auch im deutschsprachigen Bereich Fuß gefaßt und im sog. Interpretationismus bzw. der Interpretationsphilosophie eigenständigen Ausdruck gefunden. Dabei waren zwei Philosophen federführend, Günter Abel und Hans Lenk. Der erstere hat, von Nietzsche herkommend, dem Gedanken nachgespürt, Tatsachen seien Deutungen. Diesen perspektivischen Ansatz entwickelte er in einer Reihe von Arbeiten zu einer Position, die als Beitrag zur Diskussion der zwischen Putnam und Goodman strittigen Punkte anzusehen ist.[29] Der andere hatte ursprünglich für die Vorstellung geworben, Handlungen seien Produkte bzw. Konstrukte von Deutungen und Interpretationen. Diesen Ansatz hat er auch auf andere Gegenstandsbereiche wie Motive und Werte ausgedehnt, um schließlich auch Weisen der Welterfassung als Interpretationskonstrukte zu erörtern.[30] Beider Auffassungen haben über die Jahre bestimmte Verfeinerungen und Revisionen erfahren.[31] Dabei ist es wohl fair zu sagen, daß für Lenk der methodologische Ansatz im Vordergrund stand, der zu einem transzendentalen Verständnis drängte, während Abel dezidiert ontologische Anliegen verfolgte. Dies zumindest scheint aus jenen Äußerungen hervorzugehen, die Interpretationen als Funktionen konzipieren, „deren Argumente nicht vom *Ding*-Typus im Sinne materieller Körper, sondern vom *Ereignis*-, vom *Prozeß*-Typus sind".[32] Mit anderen Worten: Der Autor favorisiert hier die Priorität von Ereignissen. Sieht man von dieser möglichen Differenz einmal ab und beschränkt den Blick auf den Begriff der Interpretation, so unterscheiden sich beide Auffassungen, von Details abgesehen, vermutlich nur graduell. Beide Autoren haben mit der Zeit hierarchisch geordnete Ebenen von ‚Interpretation' unterschieden und entsprechend auch verschiedene Objektsbereiche in Betracht gezogen.

Vermutlich oszillieren beide Auffassungen zwischen zwei unterschiedlich radikalen Varianten des Perspektivismus. Die eine, weniger radikale Variante besagt, daß Realität als erfaßte Realität nur in Abhängigkeit von Interpretationen besteht und somit stets relativ zu bestimmten Annahmen sei; die radikalere Variante besagt, daß die Welt bzw. reale Gegenstände im normalen Sinne des Wortes unabhängig von irgendeiner Interpretation über keine eigene Existenz verfügt bzw. verfügen. Abel tendierte sicher zu der radikalen Version. Dies zumindest wird von seiner These, alles, was ,ist', sei Interpretation und Interpretation sei alles, was ,ist', nahegelegt.[33] Dabei mag die Frage aufkommen, auf welcher Ebene dieser Satz angesiedelt ist.[34]

Sie scheint um so berechtigter, als die These selbstaufhebend sein könnte. Wenn nämlich wahr ist, daß alles Interpretation ist, dann ist es auch Interpretation, daß alles Interpretation ist. Diesen Vorwurf kann Abel dadurch abblocken, daß er später präzisiert, der Satz gelte für die natürliche Welt, die uns gewissermaßen im Rücken liege: „Auf dieser Ebene wird die Wirklichkeit der Welt allererst als Wirklichkeit hervorgebracht."[35] Doch bleibt auch hier ein Problem. Dieses wirft einen grundsätzlichen Aspekt auf. Denn ,Interpretation' ist ein mehrstelliges Prädikat: Wenn x (eine) Interpretation ist, so existiert ein y, von dem x (eine) Interpretation ist. Zu sagen, daß alles Interpretation sei, heißt zu implizieren, daß etwas existiert, das seinerseits nicht Interpretation ist, aber das ist, wovon x Interpretation ist. Selbst wenn der Interpretationist geltend machen würde, daß auch y-Gebilde nur insofern zugänglich seien, als es sich hier ihrerseits um interpretierte Gebilde handele bzw. um etwas, was in und durch eine Interpretation bestehe, wäre das Problem nicht ausgestanden. Denn wesentlich ist nur, daß Gebilde von der Art y nicht in der Weise Interpretationen sind, wie x eine Interpretation von y sein soll. Andererseits verlangt Abels These von der Wirklichkeit, die hinter unserem Rücken liege und erst in und durch unsere Interpretation wirklich werde, für y den Status einer uninterpretierten Realität. Dies bringt uns letztlich zu der Frage, ob der Terminus ,Interpretation' hier nicht mehr Probleme schafft, als er löst. Normalerweise würden wir unter ,Interpretation' eine Handlung verstehen; als solche wäre diese durch Intentionalität bestimmt. Das aber würde so etwas wie Freiheit implizieren bzw. das Bewußtsein, eine Option zu haben; und dies müßte um so mehr gelten, wenn man mit Searle und Harman Intentionalität als selbstbezüglich ansieht. Genau das aber dürfte auf der elementar(st)en Ebene sinnlicher Wahrnehmung kaum der Fall sein; und Abel setzt dies interessanterweise auch gar nicht voraus. Wird damit der Begriff der Interpretation nicht problematisch?[36]

12. Philosophie der Wissenschaft(en)

I.

Themen wie ‚Erklären vs. Verstehen' (s. Kap. 6), ‚Induktion' (s. Abschn. 9, III) und ‚Basisproblem' (s. Abschn. 9, III) wiesen bereits ins Zentrum einer Domäne mit eigenem Profil. Dabei handelt es sich um die Philosophie (und Geschichte) der Wissenschaften. Dies ist eine Disziplin – in unserem Sprachraum ist sie eher unter dem Namen ‚Wissenschaftstheorie' (und Wissenschaftsgeschichte), bekannt –, die sich formell in der ersten Hälfte des 20. Jahrhunderts etablierte und aus dem Kanon der akademischen Philosophie heute nicht mehr wegzudenken ist. Zu den Aufgabenstellungen dieser Domäne gehören z. B. die Klärung des Bestandes von Wissenschaften, Beschreibung des faktischen Tuns der Wissenschaften, Beurteilung bzw. Rechtfertigung bestimmter Annahmen wissenschaftlichen Denkens und gegebenenfalls auch die Verbesserung der Wissenschaften durch entsprechende methodologische Normierungen.[1] So geht diese philosophische Disziplin faktische und normative Belange an und bezieht sinngemäß die gesamte Breite philosophischer Reflexion ein. Dazu gehört nicht nur der Bestand der Logik und Philosophie der Logik, sondern auch der Bereich der klassischen Metaphysik und die seit den Zeiten von W. K. Clifford[2] und James bekannte Reflexion auf Grundsätze einer Ethik des Glaubens: Welche Überzeugungen sollten wir akzeptieren, welche zurückweisen? Dies hier eigens zu betonen ist wichtig. Denn manche Verfechterinnen und Verfechter eines eher traditionellen Verständnisses von ‚Philosophie' billigen der Wissenschaftstheorie allenfalls einen gewissen Raum innerhalb der Erkenntnistheorie zu.[3] Zieht man in Betracht, daß dieselben Autorinnen bzw. Autoren in der Regel Hegels Kritik der Erkenntnistheorie ebenso teilen wie Heideggers Verdikt, Wissenschaft denke nicht, so gerät die Sache leicht in eine prekäre Schieflage. Deshalb gilt es auch zu sehen, daß dank der Arbeit(en) im Bereich der Wissenschaftstheorie – bei ihren Autorinnen bzw. Autoren handelt es sich heute um Philosophinnen und Philosophen mit einem Standbein in wenigstens einer der ‚harten' Wissenschaften – ein neuer Sinn für Subtilität erweckt wurde. Dies schlägt auf das Problembewußtsein der Philosophie im allgemeinen zurück und bringt die Standards der Disziplin im ganzen voran.

Nun ist die Philosophie der Wissenschaften der Sache nach vielleicht so alt wie die Philosophie selbst. Denn die Reflexion auf Wissenschaft und Wissenschaftlichkeit, Exaktheit und Evidenz hat schon immer eine wichtige Rolle gespielt. Dies zeigt sich nicht nur an so markanten Beispielen wie den methodologischen Kontroversen im Bereich der Antiken Medizin[4] oder Platons Diskussion des Vorgehens der Mathematiker und seiner Konfrontation verschiedener Auffassungen von Astronomie; Aristoteles' Erwägungen zum Charakter wissenschaftlicher Darlegungen sind hier ebenso einschlägig wie später z. B. Jacobo Accontios Methodenschrift.[5] Mit dem Hinweis auf Platons Erörterungen der Astronomie ist übrigens zugleich auch die Frage benannt, die in der heutigen Wissenschaftstheorie zu den Grundsatzfragen gehört: Verfolgen wissenschaftliche Theorien den Anspruch, die Realität samt ihrer Bestandteile in eigenem Recht zu erfassen, wie die Verfechter eines realistischen Verständnisses von Wissenschaft meinen? Oder dienen sie ‚nur' dem Anliegen, unsere Erfahrungen zu ordnen und Prognosen zu ermöglichen, wie die Vertreter des wissenschaftlichen Instrumentalismus behaupten? Im einen Fall würde es sich bei den theoretischen Entitäten, die in einer Theorie eine Rolle spielen, um wirkliche Dinge handeln müssen, im anderen hingegen womöglich um Fiktionen.[6] Hier schieden sich die Geister, und sie scheiden sich noch immer. Dabei wäre näherhin zwischen dem zu unterscheiden, was Wissenschaftler bezüglich ihres eigenen Tuns meinen, und dem, was sie aus der Sicht wissenschaftstheoretischer Reflexion annehmen dürfen. Diese und andere Fragen eröffnen ein weites Spektrum philosophischer Arbeit.

II.

Wie kompliziert die oben angezeigten Aufgaben sind, zeigt sich bereits an dem Versuch, zu einem angemessenen Verständnis des Begriffes ‚empirische Wissenschaft' zu gelangen. Popper hatte neben dem rein formallogischen Kriterium der Widerspruchsfreiheit als wichtigstes nicht-logisches Kriterium das der Falsifizierbarkeit gekennzeichnet: „Sofern sich die Sätze einer Wissenschaft auf die Wirklichkeit beziehen, müssen sie falsifizierbar sein, und insofern sie nicht falsifizierbar sind, beziehen sie sich nicht auf die Wirklichkeit."[7] Damit ist auch die entscheidende Stoßrichtung dieses Ansatzes bedeutet. Offensichtlich hängt der empirische Charakter der in Rede stehenden Theorien vom empirischen Charakter der Sätze ab, die zur Überprüfung verwendet werden. Doch hat Popper, wie bereits in anderem Zusammenhang zu sehen war, die Erfahrung nicht als Fundament der Erkenntnis angesehen (s. Abschn. 9, IV); und dies bedeutet, positiv gesprochen, wiederum, daß der Erfahrung in seinem Denken die Funktion zukommt, Sätze und Theorien zu widerlegen. Mit dieser Auffassung, wonach Objektivität an die Intersubjektivität wissenschaftlicher Nachprüfung gebunden wird,[8] hatte Popper seinerzeit auf die These des Verifikationismus reagiert; und eng damit verbunden ist auch ein Wandel im Verständnis des Empirismus.

Um diesen Punkt besser verstehen zu können, ist es angezeigt, das Verhältnis von Theorie und Beobachtung näher ins Auge zu fassen.[9] Dies liegt insofern nahe, als wissenschaftliche Theorien spezielle Ausdrücke beherbergen, die wie ‚DNA-Molekül' in der Alltagssprache nicht vorkommen und deren Bedeutungen Nicht-Wissenschaftlern in der Regel auch nicht bekannt sind. Umgekehrt kennt die Alltagssprache Termini, die sich für wissenschaftliche Zwecke nicht eignen. Und wissenschaftliche Theorien beherbergen – dies ist vielleicht nur die andere Seite derselben Sache – Entitäten, die gemeinhin nicht-beobachtbar bzw. nur indirekt beobachtbar sind und sich insofern von Dingen unterscheiden, die wir direkt beobachten. Vor diesem Hintergrund lag es nahe, die ontologische Unterscheidung zwischen zwei Sorten von Entitäten sprachlich als Unterscheidung zwischen zwei Sorten von Termini zu reformulieren, nämlich als Unterscheidung zwischen theoretischen Termini wie ‚Elektron', ‚Magnetfeld' auf der einen Seite und Beobachtungstermini wie ‚Apfel', ‚Birne' usw. auf der anderen Seite. Doch gaben diese Unterscheidungen Anlaß zu Kontroversen.

Was die ontologische Seite der Unterscheidung angeht, so drängte sich alsbald die Frage auf, ob nicht-beobachtbare Entitäten nicht als Fiktionen einzuschätzen seien, die im wesentlichen nur die Funktion hätten, unsere Theorien zu vereinfachen. Ein gewisses Mißtrauen mag von daher begünstigt werden, daß wissenschaftliche Revolutionen in der Regel auch mit sich bringen, daß sich Dinge tatsächlich als Fiktionen erweisen – so etwa der Brennstoff Phlogiston; vielleicht wird es dem Elektron einmal ähnlich ergehen. Doch stellte sich auch die Frage, wo die Demarkationslinie zwischen Beobachtbarkeit und Nicht-(direkter-)Beobachtbarkeit eigentlich verlaufe: Wenn Beobachtbarkeit eine Sache des Grades ist (und unsere Beobachtungsmittel laufend Verbesserungen erfahren), scheint die ganze Sache auf tönernen Füßen zu stehen. Wie können auf dieser Basis Existenzfragen entschieden werden? Doch gibt es auch Probleme anderer Art. So können wir uns äquivalente Beschreibungen derselben Welt vorstellen – Putnam etwa verwendet das Beispiel einer Welt, die aus einer graden Linie besteht, welche ihrerseits auf drei verschiedene Weisen ‚erklärt‘ werden mag[10] –, ohne sagen zu können, welche Beschreibung uns mit den tatsächlich grundlegenden Entitäten versieht, aus denen diese Welt besteht. Nehmen wir diesen Punkt ernst, so erweist sich die Eigenschaft *Objekt in der Welt zu sein* im Gegensatz zu der Eigenschaft *Konstruktion aus einer Klasse von Objekten zu sein* als beschreibungsrelativ. Entsprechende Beispiele bietet uns die gegenwärtige Physik; und entsprechende Beispiele begegnen uns, wie Larry Laudan gut zeigte, in der Geschichte der Wissenschaften. Hier mag man an die Kontroversen zwischen Kopernikanern und Ptolemäern zwischen 1540 und 1600 in der Astronomie denken, zwischen Newtonianern und Cartesianern zwischen 1720 und 1750, zwischen Wellen- und Partikel-Optik von 1810 bis 1850 und zwischen Atomisten und Nicht-Atomisten von 1810 bis 1880.[11]

Verlegen wir uns statt dessen auf die terminologische Unterscheidung, so fahren wir bei Lichte besehen kaum besser. Hier fiel die Einsicht ins Gewicht, daß unser Beobachtungsvokabular theorie(n)durchsetzt ist – ein Gesichtspunkt, der in verschiedener Weise von Popper (s. Abschn. 9, III), Norman R. Hanson,[12] Thomas Kuhn[13] betont wurde.[14] Prägnant kommt die Relevanz dieser Einsicht in einem frühen Essay von Paul Feyerabend zum Ausdruck, der zu jenen gehört, die sich gegen den herkömmlichen Empirismus wendeten: „Die Interpretation einer Beobachtungssprache wird von den Theorien bestimmt, die wir zur Erklärung unserer Beobachtungen verwenden, und sie ändert sich, sobald sich diese Theorien ändern."[15] Dies mußte Zweifel an der starren Trennung zwischen Sprache und Theorie sowie Theorie und Beobachtung wecken. Mindestens ebenso gravierend wirkten sich Quines Attacken auf die alten naiven Aspirationen des Empirismus aus. Dieser Philosoph lancierte in seiner klassischen Studie „Zwei Dogmen des Empirismus" formidable Argumente gegen die Analytisch/synthetisch-Unterscheidung (s. Abschn. 4, VIII) und erschütterte damit jene Basis, auf die der harte Empirist rekurrieren muß, wenn er seine Position(en) definieren will. Hinzu kam, im nämlichen Aufsatz, die These des Holismus, nämlich die These, daß nicht etwa einzelne Sätze einer Theorie mit unserer Erfahrung konfrontiert werden, sondern im Prinzip jeweils die Theorie als Ganzes zur Debatte stehe.[16] Dies bedeutet u. a. – und dieser Punkt betrifft speziell Carnaps Programm, wie es 1928 in seinem bedeutenden Werk *Der logische Aufbau der Welt* Ausdruck gefunden hatte –, daß sich theoretische Termini einer Reduktion auf sinnliche Termini entziehen. Vor dem Hintergrund dieser Überlegungen scheint klar, daß der ursprüngliche Empirismus seine eigentliche Stoßkraft verloren hat. Doch bedeutet dies nicht – und Quine selber hat dies auch nie so gemeint –, daß wir etwa gut daran täten, unsere empiristische Grundhaltung aufzugeben. Tatsächlich können wir unsere Kenntnis über die Welt ja nirgendwo anders her beziehen als aus der Erfahrung.[17] Doch verhält es sich hier ähnlich wie mit dem Begriff der Wahrheit als Entsprechung zur Wirklichkeit: So unverzichtbar diese Vorstellung auch sein mag, so wenig läßt sie sich philosophisch dingfest machen.

III.

Eine weitere Herausforderung besonderer Art bedeutete Carl G. Hempels Vorschlag zum Verständnis wissenschaftlicher Erklärung.[18] Hempel hatte erst 1942 und dann 1948 (zusammen mit P. Oppenheim) vorgeschlagen, die Erklärung singulärer Tatsachen bzw. Vorfälle in der Weise zu verstehen, daß das Explanandum als Satz anzusehen sei, der deduktiv gültig aus dem Explanans folge, nämlich aus einer Prämissenkonjunktion, deren eine die gesetzlichen Verhältnisse invoziert, während die andere die Randbedingungen nennt.[19] Sehr vereinfacht läßt sich die Erklärung eines singulären Sachverhaltes *Ga* mithin folgendermaßen darstellen: ‚$(x)(Fx \supset Gx)$ & *Fa*. Also: *Ga*'.[20] Insofern sprach man hier auch bald von einer deduktiv-nomologischen Erklärung bzw. vom Subsumtionsmodell (*covering law model*). Offensichtlich warf diese Art der Betrachtung alsbald eine Reihe von ernsthaften Schwierigkeiten auf. Immerhin muß man sich fragen, ob in den Wissenschaften nicht die Erklärung von Gesetzen weitaus wichtiger sei als die Erklärung von Einzelereignissen. So betont der Nobelpreisträger Steven Weinberg, daß Physiker nur an der Erklärung von Prinzipien interessiert seien.[21] Was aber sind Prinzipien und was nicht? Und wie könnten wir Gesetzesartigkeit angemessen bestimmen?[22] Hinzu kommt, daß Kausalerklärungen heute zumindest nur als Teil der Erklärungen überhaupt gelten können. Doch hatte das von Hempel zur Diskussion gestellte Modell, intuitiv betrachtet, den Vorzug, in Erinnerung zu bringen, daß von wissenschaftlichen Erklärungen zu erwarten ist, daß sie *pari passu* Prognosen leisten. Verstehen wir dieses Modell als das Erklärungsmodell überhaupt – vor und über probabilistischen, funktionalen bzw. teleologischen und genetischen Erklärungen[23] –, so fallen manche Disziplinen bald aus dem Rahmen der ‚harten' Wissenschaften. Dies gilt auch für prominente Lehrstücke wie Marxens Dialektischen Materialismus oder für Freuds Theorie psychodynamischer Prozesse. Da sich vielen ihrer Begriffen ohnehin keine empirischen Bedeutungen zuweisen lassen und sie offensichtlich keine Prognose bereitstellen können, setzten sie sich dem Vorwurf aus, keine wirklichen Erklärungen liefern zu können. Aber macht sie das ipso facto schon zu Pseudowissenschaften? Auch andere Theorien, die traditionell gesehen eher im Spektrum der gut reputierten Wissenschaften beheimatet sind, kommen so leicht ins Gerede.

Dies betrifft z.B. auch die Biologie. Wenn Biologen teleologische bzw. funktionale Betrachtungsweisen in Anspruch nehmen, invozieren sie Verhältnisse, die im Sinne des Subsumtionsmodells kaum als kausale Faktoren angesehen werden dürfen. Angesichts dieser Situation stellte sich auch die Frage, ob sich biologische Begriffe nicht auf physikalisch-chemische Begriffe reduzieren lassen; und ähnlich wie im Zusammenhang der Psychologie der sog. Behaviourismus (s. Abschn. 13, I) auf das Bedürfnis antwortete, wieder öffentlich beobachtbare Verhältnisse in Anspruch zu nehmen, haben reduktionistische Anliegen in so gut wie allen Bereichen der Wissenschaft Gehör gewonnen (s. Abschn. 13, II). Von hierher wird auch ein Stück weit begreiflich, weshalb Vertreter von Geistes- und Sozialwissenschaften das Plädoyer für eine der Physik nachempfundene Einheitswissenschaft als vitale Bedrohung empfanden und sich noch heute lieber in die, wie sie meinen, rettenden Arme der Philosophischen Hermeneutik flüchten (s. Kap. 7) als die Auseinandersetzung mit den vermeintlichen Antipoden zu suchen.

Doch sind diese Kontroversen längst wieder abgeflaut. Dies wiederum ist der philosophischen Auseinandersetzung innerhalb der wissenschaftstheoretischen Diskussion zu verdanken. Was die Situation der Biologie angeht, so interessiert heute eigentlich nicht die Frage, ob eine Reduktion biologischer Begriffe auf physisch-chemische Begriffe im Prinzip möglich sei oder gar in der Praxis jetzt schon bewerkstelligt werden könne. Entscheidend ist vielmehr die Frage, ob und in welcher Hinsicht uns physikalische Erklärungen in der Biologie weiterbringen könnten. Vielleicht würde eine weiterentwickelte und vervollständigte Wissenschaft Physik und Biologie vereinen. Nur sagen uns derartige Erwartungen, wie Elliot Sober zu bedenken gibt, nichts darüber, wie die Disziplin jetzt zu handhaben sei. Tatsächlich scheinen derartige Erwägungen für die Praxis selbst irrelevant zu sein.[24] Insofern ist hier Skepsis angezeigt. Um so wichtiger scheint es, die Meriten biologischer Erklärungsformen im Lichte jener Fragen abzuschätzen, die sich innerhalb dieser Wissenschaft stellen. So gewann der Gedanke Platz, daß Theorien nach Maßgabe jener Fragen unterschieden werden sollten, die sie stellen. Dies geschah vor dem Hintergrund der bedeutenden Arbeiten des Biologen Ernst Mayr.[25] Dieser hatte um 1961 zwischen funktionaler und evolutionärer Biologie unterschieden und die in Rede stehende Charakterisierung an der Andersartigkeit der jeweiligen Fragen (‚Wie?')und (‚Warum?') festgemacht, die sich hinsichtlich ein und derselben Sache stellen lassen. Im einen Fall interessieren wir uns für den Mechanismus, im anderen für die Frage, weshalb sich dieser Mechanismus herausbildete. Fragen letzterer Art betreffen teleologische Fragen, die ihrerseits als Antworten teleologische Erklärungen verlangen. Nun mag man sich fragen, ob die Verteilung der Termini bei Mayr sehr glücklich ist und funktionale Erklärungen im hier relevanten Sinn nicht ihrerseits evolutionäre Fragen sind oder ob man die aristotelische Konnotation des Begriffes Teleologie tatsächlich vermeiden sollte.[26] Wichtig ist der Gesichtspunkt, daß der Biologe, wenn er die Wozu-Frage an einen organischen Zug richtet, postuliert, daß es sich bei diesem um eine Anpassung handelt; und damit stellt sich die Frage, weshalb der in Rede stehende Zug selektiert wurde.[27]

IV.

Wenn heute im Blick auf sozialwissenschaftliche Belange u. a. auch bestimmte Anliegen Diltheys in der Philosophie wieder ernster genommen werden als früher, so ist dies wohl eine Konsequenz der Arbeiten Peter Winchs, Taylors (s. Abschn. 7, VI) und des finnischen Philosophen Georg H. von Wright. Winch hatte in seinem erstmals 1958 erschienenen Buch *The Idea of a Social Science and its Relation to Philosophy* namentlich das positivistische Mißverständnis sozialwissenschaftlicher Belange herausgestellt und seinerseits an Gedanken Mills und Max Webers angeknüpft sowie generell die Relevanz der späteren Untersuchungen Wittgensteins betont.[28] Taylor wiederum verwies seit seinem 1964 erschienenen Buch *The Explanation of Behaviour* immer wieder auf Fragen, die im Schatten deduktiv-nomologischer Erklärungen unbeantwortet bleiben müßten; und von Wright hat 1971 in seinem Buch *Explanation and Understanding* das gesamte Spektrum der Erklärungsproblematik eröffnet und dabei den Begriff der intentionalen Erklärung in den Vordergrund gestellt.[29] Damit rücken auch Gesichtspunkte in den Fokus, die die Handlungstheorie bestimmen und heute vor allem im Zusammenhang der Leib/Seele-Problematik diskutiert werden (s. Kap. 13). Wie können wir Klarheit über die Art des Tuns menschlicher Wesen gewinnen, wenn wir nicht in Betracht ziehen, daß es hier um Subjekte geht – um Wesen, die sich selbst interpretieren?

In der Handlungstheorie haben sich bestimmte Aspekte der Erklärungsproblematik insofern verdichtet, als Davidson seinerzeit in seinem einflußreichen Aufsatz „Handlungen, Gründe und Ursachen" für die Vorstellung warb, Handlungsgründe zugleich als Handlungsursachen anzusehen (s. Abschn. 7, VI; 13, IV). Dabei ist es wichtig zu sehen, daß Davidson unter ,Gründen' in diesem Zusammenhang generell die Zweiheit von Streben bzw. ‚pro-attitude' einerseits *und* Überzeugung bzw. ‚belief' andererseits versteht. Ersteres geht das an, was traditionell unter dem Ziel verstanden wird, letzteres hingegen das, was als (notwendiges) Mittel zur Erreichung bzw. Verwirklichung des Ziels gilt. Im Rückblick auf Dekaden außerordentlich intensiver Diskussionen in diesem Gebiet[30] scheint heute klar, daß wenigstens ein dritter Faktor in Betracht gezogen werden sollte; und zwar betrifft dieser unser Verständnis der Situation bzw. die Art und Weise, wie wir Dinge (und uns selbst eingeschlossen) sehen bzw. nicht sehen. Ohne eine derartige Annahme – Verstehen müßte hier als nicht-propositionale Einstellung gelten – könnten wir kaum erklären, warum jemand vor einer bestimmten Handlungsweise vielleicht zunächst zurückschreckt und sie später doch für sich akzeptiert: Sein Verständnis der Situation hat sich gewandelt. Dieser Gedanke wurde von dem Entscheidungstheoretiker Frederic Schick in einer Reihe von Publikationen forciert.[31] In der Substanz spielt er bereits in Robert C. Roberts Auffassung von Emotionen eine Rolle. Dieser brachte den hier relevanten Begriff von ‚Verstehen' – bei ihm dominiert der Terminus ‚construal' – mit Wittgensteins Begriff des Aspekt-Sehens in den *Philosophischen Untersuchungen* II, xi in Verbindung.[32] Hier hat der Druck der Erklärungsproblematik neue und vor allem produktive Allianzen geschmiedet.

Auch in anderer Hinsicht hat die Philosophie der Wissenschaft Öffnungen des Blicks erwirkt. Dies betrifft namentlich einen Punkt, der in unserem Sprachraum gern abschätzig als Defizit im Historischen gebrandmarkt wird und wurde – ein Vorwurf, der seinerseits auf solch zweifelhaften Unterscheidungen wie der zwischen ‚historischer Nachzeichnung' und ‚rationaler Rekonstruktion' aufbaut.[33] Ist mit dem Ausdruck ‚historische Nachzeichnung' etwas Verläßliches in den Blick gerückt? Wie steht es überhaupt mit unserem Wissen von der Geschichte? Diese Frage wurde von Autoren aufgenommen, die wie P. Gardiner mit seiner Studie *The Nature of Historical Explanation*[34] und William Dray in seinem Buch *Laws and Explanation in History*[35] ziemlich unmittelbar auf die neue Herausforderung reagierten, die mit Hempels Gedanken in den Raum traten. Eine umfassende Diskussion erfuhr die hier angezeigte Problematik allerdings erst in einer Monographie aus der Feder Morton Whites. In seinem 1965 erschienenen Buch *Foundations of Historical Knowledge* setzt sich White mit der Frage auseinander, ob und inwieweit das Hempelsche Subsumtionsmodell aus der Perspektive der Philosophie der Geschichte als hilfreich anzusehen ist und welche Mißverständnisse dem Anliegen womöglich im Wege stehen und ausgeräumt werden sollten. White zeigt, daß singuläre explanatorische Aussagen Generalisierungen involvieren, daß freilich nicht alle Generalisierungen Gesetze sind und Historiker nicht nur Gesetze finden, sondern diese auch verteidigen sollten. In diesem Zusammenhang betont White auch, welche Unterschiede etwa zwischen den spekulativen Generalisierungen bestehen, die Marx artikulierte, und jenen anderen, die sich sinngemäß außerhalb der Sphären von Metaphysik und Kosmologie formieren. Insbesondere argumentiert White auch, daß der Begriff des Gesetzes nicht die Anwendung auf Individuen ausschließe. Wichtige Dimensionen erschließt White auch insofern, als er zwischen nicht-kausaler Erklärung von Überzeugungen, kausaler nicht-rationaler Erklärung von Überzeugungen und kausaler rationaler Erklärung von Überzeugungen unterscheidet (Kpt. V) und damit den Blick für relevante Verschiedenheiten schärft. Die Zuschreibung von Verantwortlichkeit führt schließlich auch zu dem Problem des Determinismus.[36] Hier bietet White eine besondere Deutung der Formel ‚Schlecht impliziert Können‘ an, die in verschiedener Hinsicht relevant ist. Denn sie legt nahe, daß unsere Überzeugungen nicht nur von Tatsachen und Logik diktiert werden, sondern von den Werten, die wir akzeptieren.

V.

Daß schließlich auch die Frage des Zusammenhangs von Wissensanhäufung und Kontinuität der Forschung zu einem Thema wurde, ist Kuhn zu verdanken (s. II). Dieser vertrat 1962 in seinem Buch *Die Struktur wissenschaftlicher Revolutionen* die These, daß sich die Entwicklung wissenschaftlicher Prozesse nicht etwa linear oder kontinuierlich vollziehe, sondern in Form von Brüchen vonstatten gehe. Dieser Gedanke signalisiert eine Divergenz zu Poppers Vorstellung von wissenschaftlichem Fortschritt als kontinuierlicher Approximation an *die* Wahrheit (s. Abschn. 9, III). Dabei hatte dieser Philosoph ja den Gedanken einer Veränderung der

Wahrnehmung durch (und auf Grund) einer Veränderung der Theorie ausdrücklich in Betracht gezogen. Nur hatte er wohl die Tragweite seiner Überlegung damals nicht bedacht. – Näherhin zeichnet Kuhn seinen Gedanken in der Weise, daß er zwischen Phasen normalen wissenschaftlichen Tuns und Krisen bzw. krisenhaften Situationen unterscheidet. Im ersten Fall orientieren sich Forscherinnen und Forscher sozusagen problemlos an und innerhalb bestimmter Leitbilder – sie agieren „im Zeichen des Paradigmas" (S. 47/engl. S. 34). Im anderen Fall erweist sich diese Orientierung aus verschiedenen Gründen heraus als problematisch und ungangbar. Wissenschaftliche Revolutionen sind in seinen Augen Episoden oder Perioden von Stagnation, an deren Ende ein Paradigma ein anderes ersetzt[37] und so eine neue Phase wissenschaftlichen Tuns einsetzt.[38]

In der Auseinandersetzung mit Kuhn wurden wesentliche Elemente seiner Thesen problematisch. Dazu gehört nicht nur der Paradigmabegriff, der vom Verfasser selber in seinem ‚Postscriptum' zur zweiten Auflage präzisere Konturen erhält. Aufmerksamkeit fanden auch solche Begriffe wie ‚normale Wissenschaft', ‚Krise' oder die Vorstellung, daß der Wissenschaftler in relevanter Hinsicht einem Schachspieler gleiche (S. 155/engl. S. 144). Nur waren es weniger Elemente dieser Beschreibungen bzw. Deutungen, die für Aufsehen sorgten. Aufregung schufen eher bestimmte Annahmen, die Kuhns Thesen begleiteten oder mit diesen mehr oder weniger eng verbunden schienen. Das gilt namentlich für Behauptungen, wie daß Theorienwechsel eine vollständige Neuinterpretation der Daten mit sich bringen oder daß Wissenschaftler nach einem Theorienwechsel die Dinge „anders sehen" bzw. mit „einer anderen Welt" konfrontiert seien (S. 123/engl. S. 111). Der letztere Punkt zehrt bei Kuhn von Einsichten der Gestaltpsychologie. Aber er weist auch Affinitäten zu Benjamin Whorfs Linguistischem Relativitätsprinzip auf, das in der Philosophie seit Max Blacks Attacke als verpönt gilt.[39] Kontroversen löste insbesondere die These aus, daß wir es im Prinzip mit gleichwertigen Erscheinungswelten zu tun hätten. Mit derartigen Erwägungen antizipiert Kuhn jene Gemengelage, die einige Jahre später durch Goodmans und Putnams Erwägungen zu den Möglichkeiten und Grenzen des Realismus geschaffen werden sollten (s. Abschn. 11, IV u. V).

Diese und andere Gedanken trugen Kuhn ähnlich wie Feyer-abend[40] den Vorwurf des Relativismus ein. Aber sie trafen auf die Sympathien jener, die in diesem Buch den Atem der New-Age-Bewegung zu spüren glaubten und Kuhn als Referenzpunkt ihrer Anliegen betrachteten. Was nun die Kritik an Kuhn angeht, so sollte zwischen solchen Punkten unterschieden werden, die Kuhns Gedanken gefährden, und anderen, die so oder so weiterer Auf-klärung bedürfen. Zu den ersteren gehört sicher die Frage, ob Kuhn auf dem Boden seiner eigenen Auffassungen mit einem Be-griff ‚bloßer Fakten‘ operieren kann.[41] Zu den letzteren zählt z. B. die Frage der Wahrnehmung. Zwar scheint es problematisch, die Änderung einer Weltauffassung als Änderung unserer Welterfah-rung anzusehen.[42] Nur wird gelegentlich übersehen, daß Kuhns Thesen zur Wandlung der wissenschaftlichen Wahrnehmung einen Gedanken angehen, der von prinzipieller Relevanz ist. Zwar scheint klar – und Hegels Erörterungen von *Bewußtseinsgestalten* dürften hier als Beispiel dienen –, daß diese Sache keine besonders deutlichen Konturen hat. Denn sie ist irgendwo in der Nähe von Wittgensteins ‚Sehen als‘ angesiedelt und vermutlich keine propo-sitionale Einstellung im üblichen Sinn. Dies scheint ihr einen Status zu verleihen, der undurchsichtig ist. Doch heißt das nicht, daß sie sich darum einfach wegdisputieren läßt. Im Gegenteil, die Tatsache, daß dieser Aspekt nun auch in Handlungstheorie und Emotionstheorie Beachtung findet und dort wichtige Arbeit lei-stet (s. IV), dürfte dafür sprechen, daß Kuhn hier einem wichtigen Problem auf der Spur war.

13. Rückkehr der Leib/Seele-Problematik

I.

Wie seinerzeit Brentano und Husserl auf der einen und Frege auf der anderen Seite Bastionen des Psychologismus bzw. Naturalismus konfrontieren mußten, so galt es später, das Leib/Seele-Problem den Klauen des Logischen Empirismus zu entreißen. Vis-à-vis des wissenschaftlichen Anspruchs dieser Denkrichtung gerieten zahlreiche Thematiken rasch ins Abseits, die wie Handlungstheorie oder Philosophie des Geistes heute z.T. als eigene Domänen gelten und aus dem Bereich der systematischen Diskussion gar nicht wegzudenken sind. Zwar war vielen Philosophen die Polizeistaat-Mentalität des sog. Verifikationismus schon damals recht zuwider. Auch hatten Autoren wie Neurath und Popper bereits Säulen des Positivismus sozusagen von innen ausgehöhlt. Doch ist es eine Sache, Aversionen zu haben, eine andere Sache ist es, klar über Fragen des Mentalen zu schreiben; und hier bedurfte es wohl eines Autors vom Schlage Ryles, der in seinem 1949 erschienenen Buch *The Concept of Mind*[1] die Karten sozusagen neu mischte und Diskussionen entfachte, die bis zum heutigen Zeitpunkt nicht verstummt sind. Tatsächlich gilt ‚Philosophie des Geistes'[2] heute als die Brennpunktdisziplin überhaupt. Sie hat der Sprachphilosophie als Sachwalterin der Sprachlichen Wende ihren Rang als philosophische Disziplin par excellence längst streitig gemacht; und viele Philosophinnen und Philosophen erwarten sich heute von der Philosophie des Geistes die Aufklärung jener Rätsel, die uns immer schon umhertrieben.

Ryle hatte seinerzeit den Anfang gemacht. Er war angetreten, den, wie er es nannte, Mythos vom Gespenst in der Maschine zu zerstäuben. Dieser Mythos, den er einfachheitshalber mit Descartes' Denkweise identifiziert,[3] besagt, daß sich in uns geistige Vorgänge und Ereignisse abspielen, die physischen Vorgängen bzw. Ereignissen vorausgehen und diese irgendwie regieren; er besagt ferner, daß die Seele als eine Art Pilot oder Roboter zu denken sei. Diesen und anderen Vorstellungen hält Ryle ein Bild entgegen, das alle Reste dieser dualistischen Denkweise abstreift, mit dem Begriff der (Verhaltens-)Disposition arbeitet und bald als Inbegriff eines behaviouristischen Paradigmas empfunden wurde. Ryle selber begegnet dieser Betrachtungsweise durchaus reserviert.[4] Da er ,Introspektion' jedoch ablehnt und darin auch den Fortschritt sieht, den der Behaviourismus darstellt, scheint es angemessen, Ryle als Logischen Behaviouristen zu bezeichnen. Dabei ist es wichtig zu sehen, daß Ryle nicht etwa auf besonderen physiologischen oder neuro-wissenschaftlichen Erkenntnissen aufbaut. Er arbeitet mit den Mitteln ,seiner' linguistischen Phänomenologie und versucht, die Begriffe auf dem Terrain unserer philosophischen Landkarte neu zu ordnen.

Daß der Behaviourismus im Prinzip eine wichtige Perspektive wahrt, ist klar. Offensichtlich lernen Kinder, wie Wittgenstein in seinen *Philosophischen Untersuchungen* §§ 244, 257 festhält, die Verwendung solcher Worte wie ,Schmerz' von Erwachsenen, an deren Verhalten sie sich orientieren; und wir wiederum können nur am Verhalten des Kindes ausmachen, ob es den Ausdruck richtig verwendet. Mithin scheint unbestreitbar, daß sich der verhaltenstheoretische Ansatz in Übereinstimmung zum Spracherwerb befindet. Auf der anderen Seite ist auch klar, daß der Behaviourismus bald einmal an Grenzen stößt. Diese beginnen da, wo Personen, aus welchen Gründen auch immer, ebenjenes Verhalten oft genug unterdrücken, das der Behaviourist erwartet. Woher wissen wir dann, was Schmerz zu haben für die in Rede stehende Person bedeutet? Damit gewinnt die Einsicht Gestalt, daß sich Typen mentaler Zustände nicht mit Typen verhaltensmäßiger Dispositionen identifizieren lassen. Dies war dann auch einer der Gründe, weshalb man nach anderen Lösungen suchte.

II.

Eine wichtige Phase neuer Diskussionen wurde um 1967 von Putnam eröffnet. Sein Aufsatz „The Nature of Mental States"[5] gilt als Fanal des sog. Funktionalismus. ,Funktionalismus' im hier relevanten Sinn besagt, daß mentale Zustände auf funktionale Zustände zurückgeführt werden. Diese Position hat attraktive Seiten. Denn sie vermeidet bestimmte Defekte des Logischen Behaviourismus, und sie scheint den Verlockungen radikaler physikalistischer oder materialistischer Vorstellungen nicht einfach erlegen. Zumindest in seinen frühen Arbeiten betont Putnam, daß eine eigentliche Reduktion mentaler Zustände auf physikalische Zustände keine sehr aussichtsreiche Sache sei. Anders liegen die Dinge im Bereich jenes Funktionalismus, der von David Lewis vertreten wird. Hier handelt es sich um eine explizit materialistische Position, welche von der Identität mentaler und physischer Zustände ausgeht[6] und reduktionistischen Charakter hat. Um hier eine gewisse Übersicht zu wahren, scheint es zweckmäßig, Unterscheidungen in Betracht zu ziehen.

Was die Frage nach dem Status des Mentalen angeht, so bieten sich traditionell vier Positionen an. Da ist erstens die Auffassung *(i)*, daß Geistiges und Körperliches zwei voneinander unabhängige, eigenständige Bereiche bilden; da ist sodann die Auffassung *(ii)*, daß Geistiges von Körperlichem abhänge, ohne daß es auf dieses ohne Rest zurückgeführt werden könnte, sowie ferner die Auffassung *(iii)*, daß sich Geistiges vollständig auf Körperliches zurückführen lasse, und schließlich die Auffassung *(iv)*, daß es gar keine mentale Wirklichkeit gebe. *(i)* gilt als Version des Substanz-Dualismus, während es sich bei *(ii)* bis *(iv)* um unterschiedlich starke Ausprägungen einer monistischen Denkweise handelt. Dabei lassen sich die beiden schwächeren Versionen *(ii)* und *(iii)* zugleich als Ausprägungen eines Eigenschaftsdualismus betrachten.

(i) dürfte sich unter den Bedingungen heutigen Denkens eher als abwegig ausnehmen. Zu massiv wiegt das Problem der Wechselwirkung, in dessen Fängen sich seinerzeit Descartes mit der Annahme sogar eines speziellen Organs verstrickte, das den Umschlag bzw. Transfer bewerkstelligen sollte; und zu schroff drohen die Grenzen, die das Prinzip der kausalen Geschlossenheit des Physischen setzt. Um so überraschender ist darum, daß ausgerechnet der Substanz-Dualismus prominent von einem führenden Naturwissenschaftler vertreten wird, nämlich dem Nobelpreisträger Sir John C. Eccles, der für die Ausarbeitung seiner Position die Hilfe Poppers in Anspruch nehmen konnte.[7] So ist es denn auch eine Vorstellung Poppers, die der Annahme einer Wechselwirkung zwischen Geistigem und Physischem eine gewisse Anfangsplausibilität verleiht. Popper unterschied ähnlich wie Frege in seinem Aufsatz „Der Gedanke" zwischen einem Bereich des Physischen, einem Bereich des Psychischen und einem Bereich

des Gedanklichen; und er vertritt die Auffassung, daß der Bereich des Gedanklichen bzw. Geistigen – hier handelt es sich ja im wesentlichen um eine Welt abstrakter Dinge wie Zahlen, Theorien und Propositionen – via die Welt des Psychischen Einfluß auf die Welt des Physischen nehme. Damit stellt sich die Frage, wie das psychisch Subjektive dieses eigentlich bewerkstelligen kann. Eccles Vorschlag geht dahin, das Problem empirisch zu lösen, d.h. mittels einer Hypothese zur psycho-physischen Wechselwirkung. Nur scheint er dieses Anliegen selbst schon im Vorfeld zu gefährden bzw. zu durchkreuzen. Denn als Verbindungsglieder führt er unter dem Titel ‚Psychonen' spezielle geistige Gebilde ein. Sie sind als kleinste Bausteine des Mentalen konzipiert. Dies wirft die Frage auf, ob Psychonen gegebenenfalls geeignet wären, all das zu konstituieren, was wir als Inbegriff der Subjektivität ansehen (s. III).

Mehr Anhänger fanden *(ii)*, *(iii)* und *(iv)*, für die sich in der Literatur auch die Begriffe *nicht-reduktiver* Physikalismus, *reduktiver Physikalismus* und *eliminativer Materialismus* einbürgerten. Besonders auffällig ist dabei der eliminative Materialismus, da er die Realität geistiger Phänomene rundheraus bestreitet. Was mit dieser Strategie im Raum steht, mag an einem Beispiel erhellen: Im Lichte dieser Betrachtungsweise würde sich meine Rede vom Sonnenuntergang hinter Manhattan bald als bloße Redeweise entlarven, nämlich als Rede innerhalb eines bestimmten Koordinaten- und Bezugssystems. Genaugenommen gibt es weder ein ‚Auf' noch ein ‚Unten', geschweige denn ein ‚Hinter'. Entsprechend hält der eliminative Materialismus z.B. dafür, daß unser normales Vokabular für propositionale Einstellungen wie Wünschen, Ersehnen, Meinen, Glauben usw. eine vorwissenschaftliche Betrachtungsweise widerspiegele. Diese reflektiere Auffassungen der Alltagspsychologie und sei für wissenschaftliche Zwecke gänzlich unbrauchbar.[8] Diese Haltung ist in mancher Hinsicht merkwürdig. Selbst wenn zugestanden werden kann, daß psychologisches Vokabular nicht ohne Not realistisch interpretiert werden sollte, mutet die radikale Ablehnung der sog. Alltagspsychologie übertrieben an. Mit welchem Recht kann der eliminative Materialist geltend machen, daß die Alltagspsychologie keinerlei relevante Ergebnisse zeitigt?[9] Noch erstaunlicher scheint die Implikation, daß der eliminative Materialist für seine Position genaugenommen nicht einmal argumentieren kann. Ja, er ist eigentlich außerstande zu versichern, er glaube oder sei überzeugt, die richtige Theorie gefunden zu haben. Denn Glauben, Überzeugtsein usw. kommen in seinem Vokabular nicht vor; und trauen wir seinen jetzigen Versicherungen, so werden Schulkinder dereinst diese Ausdrücke gar nicht mehr kennen dürfen.

Auch der reduktive Physikalismus (*iii*) stößt auf massive Widerstände. Dies hat damit zu tun, daß mit dem Terminus ‚Reduktion‘ in diesen und vergleichbaren Kontexten zumeist ein Verlust an Gehalt assoziiert wird und der Terminus selbst, zumindest im Bereich geistes- und sozialwissenschaftlicher Diskussionen, einen pejorativen Sinn hat. Tatsächlich sträuben sich zahlreiche Philosophinnen und Philosophen dagegen, diese Strategie ernst zu nehmen: Wie sollen *F*-Dinge mit *G*-Dingen identisch sein und gleichzeitig auf *G*-Dinge reduziert werden, wenn letztere *ex hypothesi* fundamentaler sind als erstere und Priorität diesen gegenüber beanspruchen können? Ist es nicht doch so, daß auf dem Wege der Reduktion solche Phänomene wie Intentionalität und qualitatives Erleben (s. u. III) verlorengehen bzw. abhanden kommen, die wir als Inbegriff des Mentalen ansehen? Aber vielleicht rühren diese Bedenken nur an der Oberfläche. Immerhin geht es um nichts weniger als den Versuch, das Mentale zu retten und *durch* und *in* der Zurückführung auf Physisches zugleich auch seine kausale Realität zu garantieren. Aber wäre dies dann tatsächlich die kausale Wirksamkeit des Mentalen, die auf diesem Wege etabliert würde, und nicht etwa die kausale Wirksamkeit des Physischen?

Philosophisch plausibler scheint demgegenüber der nicht-reduktive Physikalismus (*ii*). Hier stellt sich allenfalls das Problem, die Realität des Mentalen sozusagen auf dem Buckel physischer Zuständlichkeiten hinreichend transparent werden zu lassen. Zu den bekannteren Strategien zählen hier die Annahmen der Emergenz-Theorie und Supervenienz-Theorie – beide Begriffe wurden gelegentlich nicht einmal deutlich unterschieden. Mit dem Begriff der Emergenz ist zunächst der Gedanke verbunden, daß Neues in Gestalt von höheren Eigenschaften eines Systems zustande komme und dieses Geschehen durch das Zusammenwirken von Teilen des Systems bewerkstelligt werde. Dabei liegt die Pointe dieser Betrachtungsweise darin, daß wir wohl die Entstehung höherstufiger Eigenschaften erklären können. Aber wir sind außerstande, diese umgekehrt auf basale Bausteine zurückzuführen.[10] Anders sehen die Vertreter der Supervenienz-Theorie, die namentlich mit den Forschungen Jaegwom Kims verbunden ist,[11] offenbar weniger Anlaß, das Mentale als etwas Neuartiges ins Licht zu rücken. Das drückt sich auch in der Verwendung des Terminus ‚Supervenienz' aus, der sinngemäß den Gedanken einer Subvenienz einschließt. Dieser Terminus findet sich bereits in Hares *The Language of Morals*, weist aber in der Sache auf die fünfzig Jahre zuvor erschienenen *Principia Ethica* Moores zurück. Mit seiner Verwendung ist nicht nur bedeutet, daß das Mentale vom Physischen abhänge. Sie besagt auch, daß ersteres von letzterem vollständig bestimmt sei. Dies bedeutet u. a., daß zwei Dinge, die einander in bezug auf ihre grundlegenden Eigenschaften gleichen, auch hinsichtlich der supervenienten Eigenschaften übereinstimmen; und es besagt ferner, daß ein Wandel im Bereich der subvenienten Eigenschaften auch einen Wandel im Bereich der supervenierenden mit sich bringt – und umgekehrt. Die Art von Abhängigkeit, mit der hier gerechnet wird, schließt also eine Reduzierbarkeit des Mentalen auf das Physische aus. Dieser Gedanke spielt auch in Donald Davidsons These bezüglich der Irreduzibilität des Mentalen eine Rolle (s. IV).

III.

Ein guter Test für die Fruchtbarkeit derartiger Diskussionen wäre das Problem des sog. phänomenalen Bewußtseins bzw. die Frage nach der Existenz von Qualia. Was es mit diesem Problem auf sich hat, wird deutlich, wenn man in Erwägung zieht, daß es Züge der Subjektivität geben dürfte, die sich wissenschaftlichen Erklärungen zu entziehen scheinen. Zu diesen Zügen gehören qualitative Inhalte oder Erfahrungen (s. II), *wie es ist, Toblerone-Schokolade zu schmecken.* Befürworter der Annahme der Existenz derartiger Gebilde weisen in der Regel darauf hin, daß sie sich weder im Gehirn vorfinden lassen noch mit irgendwelchen anderen vorfindlichen Gebilden identifiziert werden können. Nur am Rande sei erwähnt, daß die formelhafte Verwendung des Ausdrucks ‚wie es ist …' zur Bezeichnung derartiger Züge von Subjektivität auf A. B. Farrells Aufsatz „Experience" aus dem Jahre 1950 in der Zeitschrift *Mind* zurückgeht, aber erst durch Thomas Nagels einflußreichen Aufsatz „Wie ist es, eine Fledermaus zu sein?"[12] Eingang in die Literatur gefunden hat, während der Ausdruck ‚Quale‘ bzw. ‚Qualia‘ in dieser speziellen Verwendung auf C. I. Lewis oder bereits Peirce zurückzugehen scheint. Doch ist dieser Punkt wohl nicht wichtig. Offensichtlich werden diese und andere Begriffe in der Literatur unterschiedlich verwendet.[13] Damit tritt die Frage in den Vordergrund, ob sich die in Rede stehenden Gebilde begrifflich eindeutig ausweisen lassen – d. h. eindeutig genug, um so etwas wie einen *status quaestionis* begründen zu können. Und hier liegt das Problem. Möglicherweise ist das Phänomen selbst, das Explanandum, zu wenig klar bestimmt, als daß sich weiterreichende Schlüsse ziehen ließen. Zumindest sollten zwei Sorten von Unklarheiten namhaft gemacht werden.[14]

(i) Eine betrifft den kategorialen Aspekt, die andere *(ii)* seine Plazierung im Rahmen der Wahrnehmungstheorie. *(i)* Einige Autorinnen bzw. Autoren wenden den Ausdruck ‚Quale‘ auf Wahrnehmungsinhalte an, dies in der Absicht, Inhalte bestimmter Art als Qualia zu charakterisieren; andere Autorinnen bzw. Autoren scheinen Qualia sinngemäß als Eigenschaften bestimmter Wahrnehmungsinhalte anzusehen. Beide Auffassungen skizzieren unterschiedliche Bilder. Im einen Fall scheint sich die Rede von Qualia als etwas Speziellem zu erübrigen. Denn wenn Wahrnehmungsinhalte *ipso facto* Qualia sind, so ist die Betrachtung von Wahrnehmungsinhalten *als* Qualia uninformativ. Mit anderen Worten: Es wäre nicht einsichtig, was Qualia in diesem Fall noch an sich haben könnten. Im anderen Fall würde es sich bei den Qualia um etwas handeln, was dem Wahrnehmungsinhalt irgendwie anhaftet und diesen gewissermaßen anreichert. Nur ist unklar, was dieses Anhaftende genau wäre.

(ii) Die Rede von Qualia als etwas, was dem Erleben innewohne und sogar innerlich sei, weist eine spezifische Unklarheit auf. Gelegentlich wird die Sache so gesehen, als ob das Quale Eigenschaft oder Ingredienz des Erlebten sei. Gelegentlich sieht die Sache jedoch so aus, als ob das Quale dem Erleben selber eigne. Auch finden sich Charakterisierungen, die zwischen beiden Betrachtungsweisen schwanken. Dieses Schwanken scheint auf eine Konfusion von Zügen des intentionalen Objekts und Zügen der Erfahrung hinzuweisen.[15] Sieht man von dieser Konfusion einmal ab – der Vorwurf kommt ja erst vor dem Hintergrund bestimmter

Denkgewohnheiten zur Geltung –, so ist denkbar, daß beide Auffassungen nicht einmal kollidieren. Denn es ließe sich geltend machen, daß die erstere Gruppe Erfahrung generell nach der Art der vertrauten Akt/Objekt-Analyse denkt und das Erlebte damit der Objektseite zuschlägt. Anders würde die zweite Gruppe vielleicht von so etwas wie von einer adverbiellen Theorie ausgehen (s. Abschn. 3, III), die Objekten traditioneller Art keinen Raum gibt und erlebnishafte Züge mithin als Züge des Erlebens betrachtet.

Nun ist es wichtig zu sehen, daß beide Betrachtungsweisen *per se* keinen originären Bezug zu unserer Thematik aufweisen. Sie sind vielmehr unterschiedliche Antworten auf die traditionellen Probleme der Erkenntnistheorie. Doch ist deutlich, daß die Wahrheit der einen oder anderen Perspektive auch die Einschätzung solcher Gebilde wie der Qualia beeinflußt und zumindest den Rahmen der Beschreibung präjudiziert. Dabei liegt das Problem mit der Charakterisierung phänomenalen Bewußtseins bzw. von Qualia auf der Hand. Wie wir nämlich die Existenz von Qualia als Gebilden bestimmter Art nur innerhalb eines bestimmten Rahmens plazieren können, so bestimmt der Rahmen seinerseits auch die Art ihrer Lokalisierung. Dies konfrontiert uns abermals mit der Frage, was genau mit dem Ausdruck ‚Quale‘ ins Auge gefaßt werden soll und was nicht. Vielleicht läßt sich diese Frage beantworten, wenn (und indem) wir folgender Unterscheidung Rechnung tragen: Es ist eine Sache, z.B. eine Blau-Wahrnehmung zu haben und diese Wahrnehmung als solche zu registrieren; es ist eine andere Sache, ein Verständnis davon zu haben, was es heißt (vielleicht für mich persönlich), eine Farbwahrnehmung dieser Art zu haben.

Der hier angesprochene Unterschied ist wichtig. Denn Wahrnehmungen ersterer Art sind offenbar unproblematisch. Sie könnten auch von Maschinen geleistet werden, die entsprechend eingestellt sind. Anders liegen die Dinge im letzteren Fall. Hier ist in der Wahrnehmung nicht nur ein Verständnis dessen eingebaut, was es heißt, blau und nicht etwa grün zu sein. Wir haben einen Sinn dafür, daß die in Rede stehende Wahrnehmung bestimmte Konnotationen birgt. Daß dies von einer Maschine geleistet werden könnte, scheint undenkbar. Insofern liegt es nahe, hier ein Spezifikum mentalen Lebens zu vermuten. Doch mag dies manche in der Überzeugung bestärken, daß Qualia – was immer sie auch sonst sein mögen – hoffnungslos subjektiv sind und schon deshalb außerhalb des Horizontes wissenschaftlicher Betrachtung bleiben müssen. Andere wiederum nehmen diesen Befund zum Anlaß, die Existenz von Qualia überhaupt zu bestreiten. Solche Reaktionen bestätigen jedoch nur die Brisanz der aufklärungswürdigen Problematik. Wenn Qualia in der Tat massiv subjektiv geprägt sind, verflüchtigt sich auch die Aussicht, die in Rede stehenden Gehalte mit neurophysiologischen Zuständen identifizieren oder auf solche zurückführen zu können. Zwar wurde diese Möglichkeit immer schon mit einer gewissen Skepsis betrachtet. Doch scheint sie gerade auf dem Boden der Anerkennung intrinsisch subjektiver Züge der Erfahrung eine Chimäre zu sein. Sollte diese Einschätzung etwas für sich haben, so wäre die Annahme spezifisch neutraler Züge um so plausibler und der Anspruch rein- oder hypernaturalistischer Erklärungen bereits im Keim geschwächt.

IV.

Allgemeineres Interesse gewann dieser Aspekt der Leib/Seele-Thematik vor dem Hintergrund zweier Fragerichtungen, die mit den Namen Peter F. Strawson und Donald Davidson verbunden sind. Ersterer hatte in seiner epochalen Untersuchung[16] unseres Begriffssystems die Vorrangigkeit von Einzeldingen dargetan und dabei eine Klasse von Entitäten berücksichtigt, die unter dem Titel ‚Personen' figurieren. Entitäten dieser Art ist eigentümlich, zwei Sorten von Prädikaten zuerkannt zu erhalten, nämlich solche, mit denen wir ihnen physische Charakteristika zusprechen, und andere, mit denen wir ihnen Bewußtseinszustände zusprechen. Dabei ist die Zuschreibbarkeit letzterer offenbar die notwendige Bedingung für die Zuschreibbarkeit ersterer (s. Abschn. 20, II).[17] Letzterer hatte seit 1963 in einer Reihe von Arbeiten Handlungen als eine Klasse von Ereignissen betrachtet und die These vertreten, daß Gründe von Handlungen als Ursachen von solchen Ereignissen anzusehen seien (s. Abschn. 6, VI, 12, IV).[18] Strawsons Erörterungen haben u. a. die auf Locke zurückweisende Frage nach der Identität dieser besonderen Art von Entitäten neu belebt (s. Abschn. 20, II). Davidsons Gedanken hingegen revitalisierten

163

speziell die seit Sokrates' Anaxagoras-Kritik im *Phaidon* einschlägige Frage der Möglichkeit mentaler Verursachung.[19] Dies geschieht in seinem Aufsatz „Mental Events" aus dem Jahre 1970.[20] Hier argumentiert Davidson als Substanz-Monist, der allerdings zwei Beschreibungsebenen kennt und insofern Spinoza nahezukommen scheint: Er zieht nur eine Art von Realität in Betracht, gesteht freilich zu, daß Mentales und Physisches einen begrifflichen Gegensatz bilden. Näherhin sieht seine Position vor, daß einige Dinge mentale Eigenschaften aufweisen; sie sieht ferner vor, daß mentale Eigenschaften bei der Erklärung des Verhaltens physischer Dinge ins Gewicht fallen und eine Rolle spielen. In diesem Sinne können wir sagen, daß mentale Eigenschaften bei der ursächlichen Erklärung von Ereignissen mitwirken, die wir Handlungen nennen. Nun verfügen wir wohl über strikte Gesetze im Bereich des Physischen. Doch fehlen entsprechende Gesetze bezüglich der psycho-physischen Wechselwirkung. Dies bedeutet, daß wir hier keine Aussagen treffen können. Insofern hat der monistische Ansatz eine Lücke; und Davidson tauft seine Position dann auch Anomalen Monismus.

Wie anderes, was Davidson zur Diskussion stellte, hat auch dieser Gedanke viel Aufmerksamkeit erfahren. Mehr als anderes zog er allerdings den Vorwurf der Inkohärenz auf sich. Dabei wurde Davidson immer wieder vorgeworfen, er vertrete einen Epiphänomenalismus. Denn entweder gibt es mentale Eigenschaften nur qua als solche beschriebene; und dann sind sie kausal lahm. Oder sie sind kausal wirksam, und dann müßte Davidson sie in seine Ontologie aufnehmen und einen Eigenschaftsdualismus vertreten. Aber mentale Eigenschaften sind, im Rahmen dieser Betrachtungsweise, offenbar nur insoweit kausal wirksam, als sie körperliche Eigenschaften *sind*. Was wäre dann der Punkt? Und macht der Gedanke der Identität von Physischem und Mentalem Sinn, wenn gleichzeitig die Irreduzibilität des letzteren behauptet wird? Rückblickend[21] scheint klar, daß Davidsons Text entweder nicht sorgfältig genug gelesen wurde oder aber bestimmten Mißverständnissen Vorschub leistete. Wie im relevanten Kontext des Dialoges *Phaidon* offenbleibt, ob das griechische Wort *aitia* etwa ‚Ursache', ‚Grund' oder, eher abstrakt, ‚Erklärung' bedeutet, wird bei Davidson zunächst nicht deutlich, daß ‚erklärungshaft'/‚explanatorisch' bzw. ‚kausal wirksam' nicht nur einen Unterschied anzeigen sollen, sondern auch unterschiedliche Dimensionen auf dem Niveau der Erklärung angehen. Dieser Punkt wird von Davidson rund 25 Jahre später in seinem Essay „Thinking Causes" betont.[22] Hier unterstreicht er die Wichtigkeit seiner Unterscheidung zwischen strikten und nicht-strikten Gesetzen; und er unterstreicht entsprechend die Relevanz seiner Unterscheidung zwischen harten, prognostischen Kausalerklärungen und anderen Formen der Erklärung. So betrachtet, könnten sich einige Inkonzinnitäten verflüchtigen. Denn wir müssen in der Tat darauf achten, daß wir die jeweils maßgebliche Ebene nicht außer acht lassen. In diesem Sinn scheint seine Strategie erfolgreich. In anderer Hinsicht könnten die Probleme hier erst beginnen. Sie berühren die alte Frage nach der Vereinbarkeit der persönlichen bzw. subjektiven und der unpersönlichen bzw. objektiven Perspektive. Zwar scheint Davidson diesen Punkt genau zu beachten. Doch dürfte er kaum zu seinem Monismus passen. Denn als ontologische Position verstanden handelt es sich hier nicht um eine Auffassung, die Raum für die Existenz solcher Dinge wie Handlungen geben könnte. Aber inwiefern wäre die Konzeption einer Welt-unabhängig-von-uns, die uns definitionsgemäß nicht enthalten würde, überhaupt wichtig?[23]

14. Verstehen und Interpretieren

I.

Sicher hat *Wahrheit und Methode* (s. Abschn. 7, IV) wie kein anderes Buch in unserem Sprachraum eine weite Leserschaft angesprochen. Seine Botschaft – oder was man dafür hielt – durchdrang auch andere Disziplinen wie Literaturwissenschaft, Kunstwissenschaft, Pädagogik, Psychiatrie und Jurisprudenz. Doch ist es auch fair zu sagen, daß dieser Erfolg von zwei Faktoren begünstigt wurde, die dieses Buch als sehr ‚deutsch‘ ausweisen. Da ist erstens ein Fundus beträchtlicher Unklarheiten, wie sie in plakativen Sätzen wie „Sein, das verstanden werden kann, ist Sprache"[1] leben. Dieser These wäre mit Donald Davidson wohl entgegenzuhalten, daß Äußerungen verstanden werden und diese Sätze zu Objekten haben. Zweitens treten in diesem Buch historische Rekonstruktionen, ideengeschichtliche Einbettungen und geistesgeschichtliche Verknüpfungen an die Stelle eigentlicher Systematik und scheinen dennoch ein gewisses Maß an Rechtfertigungspotential zu bergen. Offensichtlich handelt es sich hier um eine Symbiose zwischen der Fiktion eines sich selbst rechtfertigenden Ganges der Sache im Hegelschen Sinn einerseits und einer heideggeresken Aus- und Absonderung alles bloß Abkünftigen andererseits. Dieser Stil ist der Kultur der Überredung verpflichtet und kontrastiert sinnfällig mit der sokratischen Forderung nach Rechtfertigung.

Soll die im Vorwort zur zweiten Auflage von *Wahrheit und Methode* artikulierte quasi-kantische Frage „Wie ist Verstehen möglich?" als philosophische Frage angenommen werden, so gilt es, Arbeiten von Davidson zu konsultieren. Dieser Denker hat wie kaum ein anderer Autor weltweit die Entwicklung philosophischer Diskussionen in der zweiten Hälfte des 20. Jahrhunderts inspiriert und vorangetrieben. Neben seiner Theorie des Anomalen Monismus im Bereich der Philosophie des Geistes (s. Abschn. 13, IV) ist hier sein Beitrag zur Bedeutungsproblematik zu nennen. So sucht Davidson nach einer Theorie, die „eine In-

terpretation aller wirklichen und möglichen *Äußerungen* eines Sprechers bzw. einer Gruppe von *Sprechern*" liefert: „sie ist verifizierbar, ohne daß die *propositionalen Einstellungen* der Sprecher im einzelnen bekannt sind. Mit der ersten Bedingung wird die *holistische* Natur des sprachlichen Verstehens anerkannt. Das Ziel der zweiten Bedingung ist: zu verhindern, daß in die Grundlagen der Theorie Begriffe eingeschmuggelt werden, die zu eng mit dem Begriff der Bedeutung verbunden sind."[2]

II.

Hier spricht vor allem sein 1973 erschienener Aufsatz „Radikale Interpretation" zur Sache. In diesem Text geht Davidson nämlich der Frage nach, „was der Ermöglichung der Interpretation dienen würde".[3] Dabei ist wichtig zu sehen, daß der Begriff der Interpretation nicht eigens bestimmt wird. Dies ist sicher ein Manko. Zumindest deutschsprachige Leser könnten hier Anstoß nehmen. Dies gilt um so mehr, als der Terminus ‚Interpretation' in den Publikationen zum sog. Interpretationismus einiger deutschsprachiger Autoren seine Funktion als kritischer Begriff eingebüßt hat (s. Abschn. 11, VI). Doch verliert dieses Manko etwas an Schärfe, wenn bedacht wird, daß ‚Interpretation' bei Davidson im relevanten Kontext sozusagen *ad hoc* ins Spiel kommt, nämlich als Substitut für den Terminus ‚Übersetzung' bei Quine. Dieser bezog sich mit dem Begriff der radikalen Übersetzung zu rein illustrativen Zwecken[4] auf die Situation des Feldforschers, der sozusagen aus dem Nichts ein Wörterbuch erstellt. Diese Situation hat auch Davidson vor Augen; und er markiert die Ersetzung von ‚Übersetzung' durch ‚Interpretation' unter Hinweis auf ein „ausdrückliches semantisches Element" in bzw. von ‚Interpretation'.[5] Als Interpreten bezeichnet Davidson hier eine Person, die Äußerungen eines anderen versteht;[6] und der Gegenstand einer Theorie der Interpretation wäre entsprechend „das Verhalten eines Sprechers oder mehrerer Sprecher, und sie gibt an, was bestimmte Äußerungen der Sprecher bedeuten".[7]

Der Hinweis auf ein semantisches Element gestattet ihm, an Zielsetzungen anzuknüpfen, die in früheren Arbeiten zum Tragen kamen und den Essay „Truth and Meaning" aus dem Jahre 1967 begleiten: Ursprünglich scheint Davidsons Denken um eine Bedeutungstheorie im vollen Sinne des Wortes gekreist zu haben.[8] Freilich dachte er an eine Bedeutungstheorie, die – das ist wenigstens z.T. ein Erbe der vehementen Bedeutungsskepsis seines Lehrers Quine (s. Abschn. 4, VIII) – nicht auf die Annahme der Existenz von Bedeutungen als Entitäten irgendwelcher Art zurückgreifen müßte. Doch steht für Davidson hier eine methodologische Erwägung im Vordergrund. Denn Züge wie Bedeutungsgleichheit vorauszusetzen hieße, den Vorwurf der Zirkularität zu riskieren: Dinge, die erst noch zu erklären wären, dürfen nicht bereits vorausgesetzt werden. Dieses Anliegen glaubte er am besten auf dem Wege einer wahrheitskonditionalen Semantik einlösen zu können. Denn zu sagen, unter welchen Bedingungen ein Satz S wahr ist, heißt, sagen zu können, was er bedeutet.[9] Nur scheint dieser Optimismus später einer gewissen Skepsis gewichen zu sein. Diese Vermutung erhärtet sich, wenn wir 1976 in seinem Essay „Reply to Foster" lesen, daß eine Theorie der Wahrheit, wie gut auch immer sie ausgewählt worden sein mag, keine Bedeutungstheorie sei.[10] Nicht nur tritt der Bedeutungsbegriff in dem Maße in den Hintergrund, wie der Begriff der Interpretation Gestalt gewinnt. Vermutlich ist es auch korrekt zu sagen, daß ‚Bedeutungstheorie' fortan abgeschwächt im Sinne von ‚Interpretationstheorie' verstanden wird.

Mit dem Szenario der radikalen Interpretation schwenkt Davidson auf einen neuen Gedanken ein: Jedes Verstehen einer Äußerung ist sinngemäß an Bedingungen geknüpft, die für die Charakterisierung jener Art von Voraussetzungslosigkeit typisch sind, wie sie die Situation des radikalen Interpreten im Gedankenexperiment bestimmen. Man mag an dieser Stelle einwenden, daß der relevante Ausdruck bereits in „Truth and Meaning" auftaucht. Doch wäre der Einwand wohl nicht stichhaltig. Denn vom Kontext her liegt nahe, daß damals noch isoliert an den Sonderfall jener Konstellation gedacht ist, daß jemand mit einer ihm gänzlich fremden Sprache konfrontiert wird.[11] In dem Aufsatz „Radical Interpretation" liegen die Dinge aber anders. Hier wird der Sonderfall zur Regel. Das erstaunt zunächst. Freilich schwinden die Bedenken rasch, wenn in Betracht gezogen wird, daß Davidson – getreu der Maxime seines Lehrers Quine, daß die Probleme der Übersetzung zu Hause beginnen – hier zumindest keinen prinzipiellen Unterschied sieht.[12]

Dies wirft die Frage auf, was das Szenario eigentlich ins Auge faßt und was nicht. Offenbar ist es ebensowenig eine Beschreibung tatsächlicher Verstehens- oder Lernprozesse, wie Habermas' Charakterisierung des herrschaftsfreien Diskurses (s. Abschn. 8, IV) als Beschreibung faktischer Konsensbildung gelten kann. Aber was ist das Szenario der radikalen Interpretation dann? Hier gehen die Meinungen auseinander. Handelt es sich etwa um den Versuch einer theoretischen Bestimmung sprachlicher Kompetenz?[13] Nehmen wir die Aussage „*all understanding of the speech of another involves radical interpretation*"[14] ernst, so bleibt eigentlich nur die Vermutung: „Das Szenario lenkt den Fokus in theoretischer Absicht auf das, was jedes Verstehen im Kern ausmacht"[15] und ausmachen muß. Mit anderen Worten: Gerade die unproblematischen Fälle alltäglichen Verstehens sollten uns nicht darüber hinwegtäuschen, daß Probleme bestimmter Art im Hintergrund stehen, die aus begrifflichen Gründen zu jedem Verstehen gehören.

III.

Was würden wir als radikale Interpreten konkret zu tun haben? Oder was wäre hinsichtlich der radikalen Interpretation von der Theorie her zu fordern? Welche Forderung(en) stellt Davidson an eine radikale Interpretation? Einige dieser Fragen wurden bereits angesprochen und ein Stück weit sogar beantwortet. Der eigentlich wichtige Punkt besteht in der Vorstellung, daß wir von Nicht-Bedeutungshaftem zu Bedeutungshaftem gelangen. Das heißt, daß wir gegebenenfalls auch ohne alle Kenntnis bezüglich der Meinungen und Bestrebungen eines Sprechers zu einem Verständnis dessen gelangen, was er sagt; und es heißt ferner, daß wir dies ohne Verwendung linguistischer bzw. semantischer Begriffe leisten können. Basis der radikalen Interpretation à la Davidson sind diverse Einstellungen des Für-wahr-Haltens; und die Aufgabe des radikalen Interpreten besteht darin, Sätze, die der Sprecher für wahr hält, mit Sätzen zu korrelieren, die der Interpret für wahr hält. Genauer gesagt, geht es darum, die Wahrheitsbedingungen, p, des geäußerten Satzes, s, eines Sprechers einer bestimmten Sprache, L, ausfindig zu machen, um so zu einer Wahrheitstheorie von L zu gelangen und L damit verstehen zu lernen. Denn es ist die Angabe der Wahrheitsbedingungen, die uns zur Bedeutung leitet oder sogar an sie heranführt.

Diese Strategie macht sich einen Vorschlag des polnischen Logikers Alfred Tarskis[16] zunutze, der – so kommentiert Davidson den Punkt – „beabsichtigte, den Begriff der Wahrheit unter Berufung (in Konvention W) auf den der Bedeutung (im Gewande der Bedeutungsgleichheit oder Übersetzung) zu analysieren".[17] Was damit gemeint ist, ist folgendes. Tarski hatte das Wahrheitsprädikat für formalisierte Sprachen semantisch definiert und dabei auf den Begriff der Erfüllung abgestellt.[18] Im Blick auf Aussagesätze, die als Sonderfall der Erfüllungsrelation gelten, legt er Äquivalenzen wie ‚„Schnee ist weiß" ist genau dann wahr, wenn Schnee weiß ist' nahe. Dies findet in der Konvention W bzw. ‚„s" ist genau dann wahr, wenn p' Ausdruck, wobei es sich bei ‚s' um einen Ausdruck der Objektsprache in L, bei ‚p' hingegen um die Übersetzung des Ausdrucks ‚s' in eine Metasprache handelt, in diesem Fall das Deutsche. Der springende Punkt im Vorgehen Davidsons besteht nun in der Intuition, die Sache so zu verändern, daß auf der rechten Seite der Äquivalenz-Relation die Bedingungen angegeben werden, unten denen ‚s' wahr ist; und der Clou dabei ist der, daß Tarski für seine Strategie Bedeutung voraussetzt und Davidson umgekehrt Wahrheit. Das wiederum hat Dummett irritiert und in seinem Anti-Realismus bestärkt (s. Abschn. 11, III).

IV.

Einer der Faktoren, die Verstehen ermöglichen (s. I), ist das Prinzip der Nachsicht. Es besagt, daß die Überzeugungen, die der Sprecher für wahr hält, in den meisten Fällen auch wahr sind. In der Sache ist dieses Prinzip dem verwandt, was Gadamer mit Bezug auf die ältere Hermeneutik ‚Vorgriff der Vollkommenheit' nennt und als Axiom aller Hermeneutik bezeichnet.[19] Der Ausdruck ‚*principle of charity*' fand durch N. L. Wilson Eingang in die Literatur.[20] Aufmerksamkeit und Verbreitung erlangte er dank Quines entsprechendem Hinweis in *Word and Object* § 13.[21] Wie Wilson – „Als Bezeichnungsgegenstand wählen wir dasjenige Einzelding aus, das die größtmögliche Anzahl von […] Aussagen wahrmacht"[22] – denkt Quine an so etwas wie eine Maxime. Sie hat im wesentlichen pragmatischen Charakter: Wenn wir einem Gesprächspartner mehrheitlich Meinungen zuschreiben, die wir selber für absurd halten, müssen wir uns nicht wundern, wenn unser Geschäft stumpfsinnige Züge annimmt. In diesem Sinne moniert Quine auch die Annahme solcher Ethnologen, die – so seinerzeit einmal Lévy-Bruhl – manchen Gesellschaften eine ‚prälogische Mentalität' zuschrieben.[23] Entsprechend läßt sich in Anlehnung an Davidson sagen: „Je mehr irrige Meinungen über das Thema X wir dem Autor zuschreiben, desto mehr gefährden wir die Glaubwürdigkeit der Annahme, daß der Autor überhaupt Meinungen über dieses Thema hat."[24] So gesehen, handelt es sich bei diesem Prinzip um eine pragmatisch motivierte Maxime, die die Wahl unserer Interpretationen gewissen Einschränkungen unterwirft.[25]

Bei Davidson gewinnt die Sache wohl eine grundsätzlichere Dimension. Zwar bleibt die Funktion des Prinzips als interpretative Maxime erhalten, doch wird dem Prinzip selbst ein quasitranszendentaler Status zugedacht. Der Autor verwendet diesen Terminus nicht; die meisten Interpretinnen und Interpreten rekurrieren auf den Begriff der Präsupposition bzw. Unterstellung. Nur ist dieser Begriff seinerseits in Folge seiner üblichen Verwendung im Blick auf Äußerungen und das, was diese semantisch oder pragmatisch präsupponieren, eigentlich so festgelegt,[26] daß er hier keine Verwendung finden sollte. Denn in unserem Kontext geht es nicht um Äußerungen. Was im Raum zu stehen scheint, ist vielmehr die Präsumtion, daß von Verstehen eigentlich nur da die Rede sein kann, wo es etwas zu verstehen gibt. Verstehbarkeit bzw. Verständlichkeit wiederum haben etwas mit Rationalität und Wahrheit zu tun.

Beide Aspekte haben prinzipiellen Charakter. Insofern ist es angemessen, sie als Prinzipien *sui generis* anzusehen, nämlich als Kohärenzprinzip einerseits und als Korrespondenzprinzip andererseits. Das eine fordert von den in Rede stehenden Überzeugungen maximale Rationalität wie Konsistenz usw., das andere Wahrheit. Im Fall der Rationalitätsunterstellung geht es zunächst um den Gedanken, daß Wesen als Sprecher zu betrachten heißt, sie als handelnde Wesen anzusehen. Dies bedeutet, daß wir das, was Menschen tun, unter dem Gesichtspunkt von Absichtshaftigkeit und Zielsetzung betrachten. In diesem Sinn sind Handlungen als

Handlungen immer intentional.[27] Näherhin lassen sich Handlungen – dieser Punkt spielt in anderen Aufsätzen Davidsons eine wichtige Rolle – vorzugsweise in Begriffen von Wünschen bzw. Bestrebungen (*desires*) und Überzeugungen (*beliefs*) analysieren. Damit kommt Zweckrationalität ins Spiel und generell der Gesichtpunkt der Rechtfertigung. Soweit nun die Ebene unserer Überzeugungen in Betracht gezogen wird, eröffnet sich ein weiterer Bereich. Denn Aussagen bzw. die entsprechenden Überzeugungen existieren jeweils in einem Verbund und bilden ein Netzwerk. Dieser Gedanke hat für sämtliche Autoren pragmatistisch orientierter Traditionen immense Bedeutung. Dabei wäre namentlich auf Sellars Erwägung hinzuweisen, wonach Sätze Rollen haben, z.B. als Voraussetzung fungieren oder als Konklusion, und ihrerseits in entsprechende Strukturen eingebettet sind bzw. logische Beziehungen aufweisen. In jüngster Zeit wurde diese Thematik von Robert Brandom ausgearbeitet.[28] In anderer Hinsicht sind Arbeiten Morton G. Whites einschlägig. Seine Version eines Überzeugungsganzen – er nennt sie Korporatismus – umfaßt nicht nur unsere Annahmen über die Welt, moralische Überzeugungen usw. Sie schließt auch meta-moralische Moralprinzipien ein wie ‚Sollen impliziert Können‘ und epistemisch normative Prinzipien, d.h. Auffassungen dessen, was wir glauben sollen.[29] Diese Konzeption des Holismus eignet sich im besonderen Maße für die Annahme der Möglichkeit von Meinungsrevisionen.[30] Derartige Punkte spielen natürlich auch für Davidsons Fragen eine zentrale Rolle. Doch interessiert ihn im relevanten Kontext zunächst, was es heißt, den vis-à-vis als Sprecher anzusehen. Sodann erst stellt sich die Frage, was die Rationalitätsannahme im hier relevanten Sinne für die Position(en) des Interpreten bzw. des Sprechers implizieren würde.

Nun verbleiben wir mit dem Gedanken der Kohärenz weitgehend im Bereich der Logik. Insofern stünde von hier aus allein keine angemessene Beurteilung der empirischen Belange offen. Diese Lücke zu schließen hilft das Korrespondenzprinzip *(ii)*. Dabei geht es nicht allein darum, Äußerungen eines Sprechers für wahr zu halten, wenn sie der Sprecher selber für wahr hält, und damit den Zusammenhang von Wahrheit und Überzeugung zu betonen. Es geht näherhin auch um jene Umstände und Faktoren, die Sprecher und Interpreten gegebenenfalls veranlassen, einen

Satz für wahr zu halten. Dieses Anliegen läßt sich besonders gut am Beispiel jener Klasse von Sätzen verfolgen, die seit Quine als Gelegenheitssätze gelten: Gemeint sind Sätze, die wir unter wechselnden Bedingungen für wahr bzw. falsch halten. Hier stellen sich die Dinge so dar, daß die in Rede stehende Äquivalenz „„s" ist wahr dann, wenn p' (s. III) uns mit Kausalhypothesen versehen. Wir nehmen an, daß der Sprecher überzeugt ist, es regne, weil es regnet. Der Gedanke der empirischen Verifizierbarkeit, den Davidson im eingangs zitierten Text betont, fordert von uns also den Schritt in die eigentliche Objektwelt hinaus. Damit unterstellen wir so etwas wie die Existenz einer objektiven (i. e. subjektunabhängigen) Welt; und wir unterstellen ferner, daß die Überzeugungen, die wir haben, kausal mit einer derartigen Welt von Objekten und Ereignissen im Zusammenhang stehen; und sofern wir davon ausgehen, daß wir uns als Sprecher und Interpreten auf dieselben Gegenstände beziehen, unterstellen wir ferner, daß wir diese Welt miteinander teilen.[31]

V.

Nun hatte Davidson wohl nie behauptet, wir würden als radikale Interpreten mittels unserer Bedeutungstheorie zu einem vollständigen Verständnis von Sprache(n) gelangen. Doch schätzte er die Dinge recht optimistisch ein und stellte zumindest die Möglichkeit eines ständigen Fortschritts in Rechnung, der uns dem Ziel entgegenbringe. In späteren Arbeiten scheint er zu bezweifeln, daß dies von irgendeiner Theorie geleistet werden könne. Statt von bloßen Retuschen und Revisionen unserer Theorie ist nun von einer eigentlichen Ausgangstheorie und Übergangstheorie(n) die Rede und davon, daß die Übergangstheorie(n) im Blick auf einzelne, konkrete Äußerungen laufend adjustiert und verändert werden müßten. Überhaupt scheint nun das Interesse am Verstehen konkreter Äußerungen vorzuherrschen; und indem „er seine hermeneutische Fragestellung (‚Was heißt es, einen Sprecher zu verstehen?') konsequent weiterverfolgt, entdeckt angesichts konkreter Sprecher-Äußerungen Davidson die Grenze der erklärenden Kraft seiner semantischen Theorie".[32] Dabei zeichnet sich die Strategie ab – dies geschieht in der etwa 1991 abgeschlossenen Arbeit „The Social Aspect of Language"[33] –, sprachphilosophische

Erklärungen nicht beim Begriff der Sprache, sondern beim Phänomen des Verstehens ansetzen zu lassen. Hier sagt Davidson an einer Stelle, daß wir da, wo Verstehen und Absicht zusammenpassen, zwar von *der* Bedeutung sprechen können, wenn wir dies so wollen, daß es aber Verstehen sei, das Bedeutung Leben gebe und nicht etwa umgekehrt.[34]

Ins Zentrum des Interesses trat der Text „Eine hübsche Unordnung von Epitaphen".[35] Denn in diesem Aufsatz setzt sich Davidson vis-à-vis von Malapropismen aller Art mit dem Phänomen auseinander, daß die übliche Interpretation nicht die intendierte Interpretation sein kann und die Unterscheidung zwischen der gemeinten Bedeutung und der üblichen bzw. wörtlichen Bedeutung verdrängt zu werden droht. Um die in Rede stehende Unterscheidung[36] nicht gefährden zu müssen, rekurriert Davidson auf den Begriff der primären bzw. ersten Bedeutung. Er „bezieht sich auf Wörter und Sätze, wie sie bei einer bestimmten Gelegenheit von einem bestimmten Sprecher geäußert werden";[37] und er verweist auf die Absichten des Sprechers, die von seinem Publikum in bestimmter Weise interpretiert werden. Nun mag man zu bedenken geben, daß es eine Sache sei, mit so etwas wie primären Bedeutungen zu rechnen, eine andere freilich, diese nun als grundlegend zu betrachten. So scheint ersteres zwar wichtig, um bestimmte Äußerungen als das zu verstehen, was sie sind; letzteres hingegen dürfte mit der Auffassung kollidieren, daß wir auch in diesem Fall zunächst wissen müssen, was Worte normalerweise bedeuten. Doch scheint Davidsons Vorschlag einen guten Punkt für sich zu haben. Wenn man, wie er es in „The Social Aspect of Language" tut, Verstehen intim an den Begriff der Kommunikation bindet und der Begriff der Bedeutung eines Wortes sinngemäß an einen Begriff dessen geschmiedet wird, wie ein Sprecher verstanden zu werden beabsichtigt,[38] so macht die Sache Sinn.

15. Dimensionen der politischen Philosophie

I.

Daß die politische Philosophie in der zweiten Hälfte des 20. Jahrhunderts ein Comeback als systematische Disziplin erlebte, ist den Arbeiten von John Rawls zu verdanken. 1958 publizierte er seinen Aufsatz „Justice as Fairness",[1] der die Idee eines größeren Projektes erkennen ließ. Sein 1971 erschienenes Buch erlangte nicht nur große Aufmerksamkeit. Es erwies sich sogleich auch als Herausforderung besonderer Art. Andere Ansätze, wie die seines jüngeren Harvard-Kollegen Robert Nozick[2] einerseits und die der sog. Kommunitaristen[3] andererseits, zu denen auch der in Princeton tätige frühere Harvard-Politologe Michael Walzer zählt, definierten sich in Kontradistinktion zu ihm;[4] und schließlich inspirierte die von Rawls gegebene Charakterisierung der *fairen* Gesellschaft mittelfristig auch die weitergehende Frage nach den Eigentümlichkeiten der *anständigen* Gesellschaft.[5]

Inwiefern charakterisiert Rawls *die* faire Gesellschaft, und worin besteht Gerechtigkeit *als* Fairneß betrachtet? Rawls' Explikation der Gerechtigkeitsidee in Begriffen von Fairneß stützt sich auf zwei Grundsätze. Einer von ihnen, das erste Prinzip, besagt, daß alle Personen, die an einer gesellschaftlichen Praktik beteiligt sind, das gleiche Recht auf die größtmögliche Freiheit haben, soweit diese mit der gleichen Freiheit für alle vereinbar ist; ein zweiter Grundsatz, das sogenannte Differenz-Prinzip, besagt, daß alle Ungleichheiten willkürlich seien, es sei denn, man könne vernünftigerweise erwarten, daß sie sich zu jedermanns Vorteil auswirken, und vorausgesetzt, daß die Positionen und Ämter, mit denen sie verbunden sind oder aus denen sie sich gewinnen lassen, allen offenstehen.[6]

Die allgemeine Stoßrichtung des Gedankens scheint klar. Denn im ersten Grundsatz finden wir eine Zurückweisung jeder Form von Diskriminierung; im zweiten Grundsatz werden egalitäre Vorstellungen, wie sie dem Marxismus eigen sind, ebenso abgelehnt wie orthodox liberale Vorstellungen, die gegebenenfalls dramatische Ungleichheiten im ökonomischen und sozialen Bereich durchaus in Kauf nehmen. Insbesondere aber wird in Rawls' Konzeption der Gerechtigkeit eine scharfe Abgrenzung von Verlockungen utilitaristischer Art deutlich. Dieser Punkt ist extrem wichtig. Denn Rawls formuliert eine Position, unter deren Voraussetzungen bestimmte Thematiken gar nicht auf die Tagesordnung gelangen. Wenn die Frage aufkäme, ob sich die desaströsen ökonomischen Verhältnisse nicht durch die Einführung eines Systems der Sklaverei lösen ließen, müßte der Utilitarist *qua* Utilitarist die Thematik aufnehmen und die tatsächlichen oder mutmaßlichen Vorteile des Sklavenhalters und der Gesellschaft gegen die absehbaren Nachteile einer unglücklichen Minderheit aufrechnen; und sollte der Utilitarist zu dem Befund gelangen, daß die Sache nicht nur funktioniert, sondern sich für den überwiegend großen Teil der Bevölkerung rechnet, so müßte er das Unglück einer kleinen Gruppe von Betroffenen in Kauf nehmen. Rawls' Bedingung, Ungleichheiten zu gestalten, die sich zum Vorteil aller und jeder Partei auswirken müßten, läßt derartige Kalkulationen gar nicht erst zu. Unter den Bedingungen von Gerechtigkeit als Fairneß ist Sklaverei stets und immer ungerecht; sie entspricht nicht jenen Bedingungen, die Menschen in einem Zustand ursprünglicher Freiheit wechselseitig anerkennen könnten. (Zur Abwehr möglicher Mißverständnisse sollte eigens betont werden, daß Rawls weder behauptet, Utilitaristen seien für Sklaverei zu haben, noch unterstellt, der Utilitarismus sei eine moralisch fragwürdige Position.[7] Was ins Gewicht fällt und *in philosophicis* zählt, ist, daß Utilitarismus *als* Position bestimmten Einwürfen gegenüber nicht immun ist und, so gesehen, Gefahr läuft, mit unseren grundlegenden Intuitionen zu kollidieren.)

II.

Abgesehen von ihrer inhärenten Überzeugungskraft birgt Rawls' Gerechtigkeitskonzeption eine Reihe von Vorzügen, die nicht gering veranschlagt werden sollten. Einer davon betrifft den Umstand, daß das Differenzprinzip einen Begriff ins Licht zu rücken vermag, der im Vergleich zu anderen Ideen wie Freiheit und Gleichheit bislang keine besondere Aufmerksamkeit, geschweige denn Analysen erfahren hat; und zwar geht es dabei um den Begriff der (natürlichen) Brüderlichkeit: „Das Differenzprinzip entspricht jedoch einer natürlichen Bedeutung der Brüderlichkeit, nämlich dem Gedanken, keine größeren Vorteile zu wollen, solange sie nicht zum Nutzen anderer sind, die sich in einer schlechteren Lage befinden."[8] Ein anderer Vorzug macht sich darin bemerkbar, daß der Kantische Gedanke, andere Menschen seien nie nur als Mittel, sondern immer auch als Zweck zu behandeln, vor dem Hintergrund des Differenzprinzips eine besonders starke Interpretation gewinnt: „Es verleiht der strengeren Variante dieser Konzeption eine Bedeutung, Personen nämlich stets und einzig als Zweck und niemals auf irgendeine Weise als Mittel zu behandeln."[9] Diese und andere Bemerkungen, wie etwa auch die Elemente in der Charakterisierung des Sinnes für Gerechtigkeit in dem gleichnamigen Aufsatz,[10] legen die Überlegung nahe, daß Rawls die politische Stärke seiner Gerechtigkeitsvorstellung *in* und *durch* den moralphilosophischen Gehalt der Idee verankert sieht. Das wiederum würde den Schluß erlauben, daß Ethik und Politik sehr nahe beieinander stehen; und tatsächlich verbindet Rawls in seinen Arbeiten bisweilen die Vorstellung einer wohlgeordneten Gesellschaft mit der Annahme relativ homogener moralischer Grundvorstellungen bezüglich der Ideen des guten Lebens.

Diese Auffassung(en) wird er in späteren Studien zurechtrükken; und zwar scheint er dabei, auf der einen Seite, den Attacken jener zu begegnen, die, wie die Kommunitaristen, in der Sache einen noch engeren Zusammenhang zwischen Moral und Politik urgieren; auf der anderen Seite aber scheint er Problemen oder, besser, Komplikationen Rechnung zu tragen, die die Fundierung des Liberalismus in pluralistischen Gesellschaften angeht. Offenbar müssen wir der Tatsache Rechnung tragen, daß demokratische Gesellschaften als Miteinander von z.T. unvereinbaren religiösen, philosophischen und moralischen Auffassungen geprägt sind. Dabei stellt sich die Frage, wie vor dem Hintergrund derartiger Umstände überhaupt ein einvernehmliches Leben möglich ist. Die Antwort auf diese Frage geht in die Richtung eines übergreifenden Konsenses (*overlapping consensus*) vor dem Hintergrund von verschiedenen vernünftigen und umfassenden Lehren.[11]

In dem Aufsatz „Justice as Fairness. Political not Metaphysical"[12] macht Rawls deutlich, daß die in Rede stehende Konzeption der Gerechtigkeit von metaphysischen Annahmen aller Art weitestgehend getrennt sei. Das heißt für ihn soviel, daß die Frage, was Gerechtigkeit sei bzw. worin sie bestehe, nicht im Rekurs auf Wahrheit(en) zu beantworten sei – ein Punkt, der, wie zu sehen sein wird, von Rorty als willkommenes Plädoyer für seine These vom Vorrang der Demokratie vor der Philosophie begrüßt werden wird (s. Abschn. 18, IV). Desgleichen gibt Rawls zu verstehen, daß die politische Philosophie von der Domäne der Moralphilosophie im angestammten Verständnis der Sache weitgehend unabhängig sei und die Konzeption der Gerechtigkeit als Fairneß mithin auf den Füßen des politischen Liberalismus stehe.

Diese Gedanken – sie charakterisieren eine Wende im Denken von Rawls – provozieren bei näherem Zusehen Kritik.[13] Diese beginnt bei der Frage, ob Rawls gegebenenfalls eine hinreichend präzise Bestimmung von „metaphysisch" und „nicht-metaphysisch" bzw. „epistemologisch" und „nicht-epistemologisch" bieten könnte; sie setzt sich fort mit der Frage, ob die Beobachtung von Unterscheidungen dieser Art im Ernstfall das Gewicht haben kann, das man ihnen in derartigen Zusammenhängen zubilligen möchte. Zumindest vor dem Hintergrund holistischer Annahmen, wie sie White seit vielen Jahren verficht, wären normativ-epistemologische Vorstellungen – Meinungen bezüglich dessen, was wir glauben sollen und was nicht – Teil unseres Gedankengebäudes und im Prinzip ebensowenig sakrosankt oder immun wie andere Auffassungen. Namentlich stellt sich aber auch die Frage, inwieweit der philosophisch sozusagen minimalistische Kernbestand der politischen Idee ausreichen könnte, dem Liberalismus jene Kraft zu verleihen, derer dieser bedarf. Unterschätzt Rawls zu guter Letzt die Frage nach der moralischen Basis des politischen Liberalismus nicht doch?

Dieser Punkt bedarf besonderer Aufmerksamkeit. Natürlich sieht Rawls sehr gut, daß eine politische Konzeption eine moralische Konzeption ist[14] – somit wäre der entscheidende Punkt, wieweit sich überhaupt eine tragfähige Trennung bzw. intuitiv plausible Isolierung vollziehen läßt und wo die Demarkationslinie

gegebenenfalls verliefe. Hier scheiden sich die Geister. Grundsätzlich stellt sich jedoch auch die Frage, ob der Liberalismus in
seinen unterschiedlichen Variationen jene Ressourcen bereitzu-
stellen vermöge, die zur Lösung von Konflikten über Belange der
sozialen Gerechtigkeit notwendig sind.[15] Vermutlich läßt sich die
Problematik am ehesten in der Weise konfrontieren, daß man
fragt, was eigentlich im Herzen des politischen Liberalismus
steht. Betrachten wir das Prinzip der politischen Legitimität. Es
besagt, „daß unsere Ausübung politischer Macht nur dann völlig
angemessen ist, wenn sie sich in Übereinstimmung mit einer Ver-
fassung vollzieht, deren wesentliche Inhalte vernünftigerweise
erwarten lassen, daß alle Bürger ihnen als freie und gleiche im
Lichte von Grundsätzen und Idealen zustimmen, die von ihrer
gemeinsamen menschlichen Vernunft anerkannt werden."[16] Offensichtlich eignet diesem Prinzip jene Basis, die auch die Prinzipien der Gerechtigkeit auszeichnet: Es würde im Zustand der
ursprünglichen Situation gewählt werden. In diesem Sinn beruht
die Gültigkeit des Prinzips der Legitimität auf dem Willen der
Bürger. Dies zumindest betrifft den politischen Standpunkt. Doch
gilt es zu sehen, daß diese Betrachtungsweise so lange unzurei-
chend scheint, als nicht bedacht wird, daß das in Rede stehende
Prinzip seinerseits so etwas wie ein Prinzip voraussetzt; und zwar
handelt es sich hier um das Prinzip, daß wir – wie Charles Lar-
more betont – Personen Respekt schulden.[17] Rawls selber läßt diesen Punkt nicht hervortreten. Damit bleibt auch ungesagt, daß der
„politische Liberalismus als politische Doktrin betrachtet zwar
hinsichtlich der umfassenden moralischen Vision eines guten Lebens" freischwebend ist oder sein mag, nicht jedoch hinsichtlich
der Moralität überhaupt: Tatsächlich dürfte sich die Situation so
darstellen, daß das moralische Prinzip des Respekts insofern im
„Herzen des Liberalismus liegt", weil es uns überhaupt erst dazu
bringt, „nach einem gemeinsamen Grund zu suchen".[18]

IV.

Aber wie luzide wäre ein derartiges Prinzip? Ließe es sich überhaupt begrifflich transparent machen? Wie wäre ‚Achtung' zu definieren, wenn vorausgesetzt werden müßte, daß Achtung bzw.
Respekt im hier relevanten Kontext keine affektive Komponente

eignen könnte? Und wem schulden wir gegebenenfalls Achtung? Menschen im Sinne von Personen? Wie unterscheiden wir zwischen Personen und Nicht-Personen? Diese und andere Fragen scheinen bald einmal zwischen den Fingern zu zerrinnen. So dürfte es sich bei Achtung im hier geforderten Sinn um eine philosophische Konstruktion handeln, die nicht weit trägt. Das gleiche läßt sich hinsichtlich solcher Begriffe wie Menschenwürde und Person sagen. Dies gilt zumindest dann, wenn man, wie viele Autoren im deutschsprachigen Raum dies tun, von einem realistischen bzw. essentialistischen Verständnis ausgeht (s. Abschn. 20, V). Doch lassen sich diese Verständnisweisen kaum als philosophische Optionen rechtfertigen. Denn wir sehen uns unmittelbar mit den Aporien von ‚notwendig' und ‚zufällig', von ‚analytisch' und ‚synthetisch' konfrontiert; und diese Aporien bleiben auch dann im Raum, wenn wir Strategien der Letztbegründung in Anspruch nehmen. Bei Lichte besehen, geht es hier, wie auch sonst *in ethicis*, darum, daß wir bestimmte Eigenschaften im Lichte von Wertungen und Prinzipien auszeichnen und andere beiseite schieben. Wie anders sollten wir sonst die Strategie beurteilen, etwa die Würde des Menschen in seinem Subjekt-Sein zu gründen, oder sonstige Einzigartigkeiten geltend machen, wenn nicht damit, daß wir voraussetzen, derartige Züge seien (sittlich) gut und hätten etwas Verpflichtendes an sich (s. Abschn. 20, IV).[19] Offensichtlich hat nicht nur die Moralbegründung selbst mit Schwierigkeiten zu kämpfen, sondern auch der Versuch, politische Theorien auf eine moralische Basis stellen zu wollen.

V.

Eine radikale Variante dieser Einsicht kommt in der Monographie *Justice is Conflict* aus der Feder Stuart Hampshires zum Ausdruck.[20] Dieser Denker – er gehört zu den einflußreichen Autoren und Lehrern in der anglo-amerikanischen Universitätswelt – beurteilt die Möglichkeit einer philosophischen Fundierung politischen Lebens seit langem zunehmend skeptisch. Dies betrifft nicht nur den konkreten Gang der Dinge, der weltweit spürbar mit Übeln wie Armut und Hunger, Brutalitäten und Grausamkeiten sondergleichen gepflastert ist; es betrifft auch unsere philosophischen Aspirationen hinsichtlich übergreifender Orientierungen, wie sie u. a. von John Rawls artikuliert wurden (S. 22–23). In der Praxis bedeutet dies, daß nicht etwa verallgemeinerungsfähige Prinzipien sozialer Gerechtigkeit im Fokus unserer Betrachtung stehen können. Denn diese lassen sich ohnehin nicht ohne Zirkularität etablieren. Was uns vor Augen steht und beschäftigen sollte, sind einzelne Fälle und konkrete Situationen, die wir als übel (*evil*) empfinden.

Diese Haltung weist wohl eine gewisse Ähnlichkeit mit jenen Positionen auf, die, wie Poppers Idee des ‚Stück-für-Stück-in-Ordnung-Bringens' und Toulmins Restriktion der Rolle der Vernunft auf ‚machbare Unterfangen', als Negativer Utilitarismus bekannt wurden. Nur argumentiert Hampshire eben nicht vor dem Hintergrund einer teleologischen Orientierung, die sinngemäß *ein* Ziel in den Raum stellt, das uns in unserem Tun und Lassen leiten müßte. Vielmehr geht er von der Realität von Konflikten aus und davon, daß wir uns durch das bestimmen, was wir ablehnen;[21] und anders als Platon, dessen Überlegungen zu Seele und Staat in *Politeia IV* er z. T. sorgfältig ausleuchtet und ein Stück weit für richtig erachtet, hält er dafür, daß die Auffassung von Gerechtigkeit als Harmonie in die Irre gehe. Denn weder in der Seele noch im Staat werde es je Harmonie geben. Dieser Punkt bringt ihn – dies kommt auch im Titel des Bandes zum Ausdruck – in die Nähe Heraklits.[22] Da Heraklits Vorstellungen in diesem Jahrhundert von problematischen Figuren wie Heidegger und Schmitt in bestimmte Richtungen ausgedeutet wurden, gilt es zu beachten, daß Hampshires Bezugnahme auf diesen Denker eine bestimmte Nuance hat; und zwar besagt sie nicht mehr und nicht weniger, als daß Argumente und Überlegungen so etwas wie eine regelgeleitete Konfrontation von Ansichten und Standpunkten verlangen. Damit rückt Hampshire einen prozeduralen Punkt ins Zentrum der Betrachtung. Wie im juristischen Bereich das Prinzip *Audiatur et altera pars* als Inbegriff fairen Vorgehens gilt, so fungiert die Konfrontation von Gedanken als Prinzip der Auseinandersetzung in Belangen der öffentlichen Arena *und* solchen des eigenen Nachdenkens.

Beide Punkte bedürfen der Erläuterung. Was den ersten angeht, so ist es wichtig zu sehen, daß Hampshires Prinzip auf einer tieferen Stufe ansetzt als dasjenige von Rawls in *A Theory of Justice*. Zwar sah Rawls' Strategie vor, daß wir die Prinzipien der Gerechtigkeit unabhängig von bestimmten Auffassungen über das Gute suchen und rational wählen. Doch vollzieht sich die rationale Wahl unserer Prinzipien inmitten (und vor dem Hintergrund) eines liberalen und demokratischen Verständnisses gesellschaftlicher Belange (S. 31). Diese Situation bestimmt auch schon die Grenzen des Unterfangens. Denn jemand, der sich bestimmten übernatürlichen Positionen verpflichtet weiß, wird genau diese liberale, demokratische Grundhaltung als Übel ansehen und verwerfen. Insofern empfiehlt sich seine eigene Strategie als Ausweg aus dieser Situation: Wir argumentieren sozusagen vor und diesseits politischer Konkretisierungen der einen oder anderen Richtung. Daß das Verfahren oft genug wenig mehr als laue Kompromisse erzeugt, die kaum jemanden wirklich überzeugen, ist eine andere Sache. Der zweite Punkt nimmt auf die Tatsache Rücksicht, daß wir auch bei Entscheiden in eigener Sache oft genug nach Kompromissen suchen müssen. Dies gilt namentlich da, wo wir uns Konflikten ausgesetzt sehen und es darum geht, einen Weg zu finden, der die Spannungen aushält – etwa so wie der Bogen Heraklits.

Fragen wir nun, wie Hampshire seine Vorstellungen von fairer Auseinandersetzung einerseits und von Rationalität als Abwägen von Für und Wider andererseits näher begründet, so erhalten wir eine ebenso einfache wie verblüffende Antwort: Jedermann verwendet die Methode der Balancierung von Für und Wider sowohl bei der Austarifung eigener Belange als auch bei der Betrachtung öffentlicher Angelegenheiten. Die Kraft dieser Erwägung ist nicht zu unterschätzen: Selbst wenn wir auf Grund ideologischer Festlegungen gegen Situationen sind, in denen so etwas wie Fairneß im Prozeduralen spielen würde, können wir nicht negieren, daß wir selber das Prinzip beobachten. Mit anderen Worten, das Prinzip selber – und dies ist Hampshires springender Punkt – läßt sich auf dem Wege eines Transzendentalen Argumentes etablieren (S. 42). Doch gibt es weitere Punkte, die bei Hampshires Betrachtung ins Gewicht fallen und von daher Aufmerksamkeit verlangen. Da ist zunächst einmal die Tatsache, daß unser Autor die Rolle von Vernunft einerseits und Emotion bzw. Gefühl andererseits sehr stark in Anlehnung an Hume einschätzt.[23] Dies bedeutet, daß Emotion und Gefühl – wie schon oben anklang – Indikatoren dessen sind, was moralisch richtig ist und was moralisch falsch. Die Rolle der Vernunft beschränkt sich entsprechend darauf, Gründe bzw. Argumente für etwas herbeizubringen, was bereits unabhängig feststeht. Diese Auffassung hat eine gewisse Ähnlichkeit mit der Auffassung Whites. Im Rahmen seiner Erörterungen korporatistischer Betrachtungsweisen zog dieser Autor nämlich Gefühle als mögliche Falsifikatoren moralischer Einzelurteile in Betracht; und er zeigte, wie die Vernunft entsprechend jene Argumente erstellt und revidiert, die zur Stützung des moralischen Urteils dienen.[24]

Im Detail zeichnet Hampshire freilich ein komplexes Bild der Vernunft; und zwar beachtet er neben dem eigentlich antagonistischen Denken im öffentlichen wie privaten Bereich eine Domäne, die er als Imagination charakterisiert: Imaginativ ist die Rolle der Vernunft z.B. da, wo ein Künstler sich fragt, wie er weitermachen soll. Hier, wo es um Belange besonderer Schönheit geht, zu denen sich ein Künstler hingezogen fühlt, kommt die Frage nach der Schönheit gar nicht erst auf, und es besteht somit normalerweise auch kein Anlaß zu kontroverser Diskussion. Sodann gilt es, auch jene Form des Denkens zu unterscheiden, die dem Prozedere mathematischer Beweisführung nachempfunden ist und die deduktive Struktur als Modell und Inbegriff von Rationalität und Denken überhaupt versteht. Dabei scheint klar, daß diese Auffassung mancherorts versagt und sich im Blick auf das Verständnis solcher Dinge wie Gerechtigkeit und Moral als sehr irreführend erwiesen hat (S. 13). Hier gibt es einfach keine Zusammenhänge! Wo wäre denn auch das Bindeglied zwischen jenem Denken, das zu notwendigen Wahrheiten führt, und jenem Denken, das sich in moralischen Urteilen artikuliert? Um so wichtiger scheint es also, die Attraktion des Bildes von der reinen Vernunft auf den Boden zu holen und zu verstehen, daß wir es im Falle des Politischen und Moralischen mit Domänen gänzlich anderer Art zu tun haben, die ihrerseits ein anderes Verständnis von Rationalität verkörpern.

16. Praktische Wende

I.

Wenige Jahre nach Rawls' *A Theory of Justice* erschien Singers Aufsatz „Animal Liberation".[1] Die Publikation dieses Pamphlets erwies sich bald als Fanal. Denn wenn die akademische Philosophie je wirkungsvoll aus ihrem sprichwörtlichen Elfenbeinturm herausgetreten ist, dann gewiß nicht im Rahmen hermeneutisch inspirierter Unternehmungen wie der Rehabilitierung der praktischen Philosophie,[2] sondern im Kontext des ökologischen Denkens im allgemeinen und der Tierbefreiungsbewegung im besonderen. Hier haben Philosophen – der Amerikaner Tom Regan und der Australier Peter Singer sind Bannerträger einer Bewegung von Philosophinnen und Philosophen[3] – ihrer Disziplin nicht nur neue Dimensionen hinzugewonnen bzw. eröffnet. Sie haben Menschen motiviert,[4] eine breite Öffentlichkeit erreicht und – dies gilt namentlich für Singer, dessen Bücher buchstäblich millionenfach verkauft werden – Kontroversen entfacht, die sich nicht ungeschehen machen lassen.[5] Mit welchem moralischen Recht werden Tiere von uns in industrieller Manier produziert und getötet? Müssen wir nicht unsere Ernährungsgewohnheiten grundlegend ändern? Gibt es stichhaltige Argumente, die Tierversuche moralisch rechtfertigen könnten? Vor dem Hintergrund der neuen Diskussion scheint klarer denn je, daß wir im großen Stil Unrecht zulassen und uns im Unrecht befinden.[6] Dabei ist Peter Singer selber zu einer kontroversen Figur geworden. Indem er menschliche und nicht-menschliche Wesen näher aneinanderrückt, höherstufige nicht-menschliche Wesen behinderten menschlichen Wesen in relevanter Hinsicht sogar überordnet, rüttelt er an Tabus und weckt womöglich Ängste. Im deutschsprachigen Raum wurden er und andere, die seine Thesen diskutierten, als Befürworter der Euthanasie angefeindet[7] und nicht nur am Reden gehindert,[8] sondern tätlich angegriffen.[9]

Diese Haltung kontrastiert einerseits mit dem in Philosophenkreisen gern propagierten Willen zu Formen rationaler Auseinandersetzung. Sie kontrastiert andererseits mit den Formen gesellschaftlich akzeptierter Verharmlosungen des moralischen Versagens jener, die Verantwortung von sich weisen. Mehr noch aber läßt sie – dies betrifft die Ebene philosophischer Könnerschaft – Blindheit gegenüber der genuinen Problematik erkennen, die Singer herausarbeitet und in den Raum stellt. Dies sind Diskrepanzen, wie sie z.B. ärztliches Verhalten vis-à-vis bestimmter Fälle Offenen Rückens (*Spina bifida*) charakterisieren. So wird von lebenserhaltenden Maßnahmen abgesehen, weil wiederholte Operationen das Leben erheblich verschlimmern; gleichzeitig hofft man, daß die Säuglinge bald sterben werden. Hier ist die Frage: „Wenn es richtig ist zuzulassen, daß Kinder sterben, warum ist es dann falsch, sie zu töten?"[10] Können wir uns mit dem Gedanken beruhigen, daß der Arzt, „der dem Kind eine tödliche Injektion gibt", ein Unrecht begeht, „der Arzt hingegen, der es unterläßt, dem Kind Antibiotika zu geben, wohlwissend, daß das Kind sterben wird, kein Unrecht" begeht?[11] Singer identifiziert Diskrepanzen; damit tut er das, was seit Sokrates' Dialektik vermutlich zu Recht als Inbegriff philosophischen Tuns gilt und paradigmatisch in Hegels Analysen sog. Bewußtseinsgestalten vor Augen tritt. (Daß Singer in der Reihe ‚Past Masters' der Oxford University Press ein ebenso elegantes wie nützliches kleines Einführungsbuch über Hegel veröffentlichte, versteht sich fast am Rande; ebenso, daß der deutsche Verlag, der diese Reihe übernahm, auf den Hegel-Band verzichten zu müssen glaubte und einen neuen Autor beauftragte.)

II.

Das Problem zu sehen heißt anzuerkennen, daß mit unseren geläufigen moralphilosophischen Konzeptualisierungen etwas nicht in Ordnung sein kann: Weder bietet sich mit unserem Appell an Unterscheidungen wie die zwischen Unterlassungen und Tun ein moralisch rettender Anker an. Noch wird mit dem begrifflichen Rekurs auf passive Euthanasie mehr erreicht als vorübergehende Selbstberuhigung. Um so dramatischer nimmt sich die Situation aus, wenn wir fragen, warum „das, was bei einem Pferd offensichtlich falsch ist", nicht „ebenso falsch ist, wenn wir es mit einem behinderten Säugling zu tun haben"?[12] Singer selber meint, daß der richtigen Einsicht hier nur ein durchaus unangebrachter Respekt vor der Heiligkeit des Lebens entgegenstehe. Schwerstkranke Menschen mögen Tiere ob ihrer Vorzugsbehandlung beneiden und geltend machen, daß ihnen mit Respekt vor der Heiligkeit des Lebens so lange nicht geholfen sei, wie ebendiese Doktrin mit der Anerkennung der Würde ihrer Person kollidiere.

Singers Hinweise auf Ungereimtheiten gewinnen in dem Maße Plausibilität, wie bedacht wird, daß die Substanz unserer moralischen Realität porös ist. So besteht zwar kaum ein Zweifel, daß bei der Ordnung unserer Belange zwei Prinzipien, nämlich ‚Niemandem schaden' bzw. ‚Hilfe in der Not', eine herausgehobene Rolle spielen und in diesem Sinne als höchste Prinzipien gelten können. Doch werden beide Prinzipien im Ernstfall unterschiedlich gewichtet. Dies kann an folgender Erwägung erhellen: Niemand würde es richtig finden, wenn die Organe des eben gesundeten Patienten auf Zimmer 365 verwendet würden, um die Leben der verunfallten Ministerriege in der Notaufnahme zu retten. Der amerikanische Philosoph Gilbert Harman hat diese Konstellation[13] als Beleg für seine Annahme eines moralischen Relativismus ins Spiel gebracht. Die Art der Geltung besteht relativ zu einer bestimmten Gewichtung; und diese wiederum läßt sich verständlich machen, wenn man sie als Resultat eines Kompromisses zwischen Gruppen unterschiedlicher Kräfte und Ressourcen ansieht – zwischen Leuten, die wenig zu verlieren haben und in erster Linie an Hilfe interessiert sind, und anderen, die an sich keine massiven Hilfeleistungen schultern wollen, aber Schädigungen begreiflicherweise scheuen und im Gegenzug bereit sind, ein Stück weit zu helfen.[14] Wie man die Fragen bezüglich Genese und Geltung grundlegender Orientierungspunkte einschätzt, ist eine Sache. Eine andere ist es, die Diskrepanz(en) als solche wahrzunehmen; und hier sind Singers Beobachtungen mehr als nur ein pünktlicher Beitrag.

Nicht weniger wichtig ist es zu sehen, daß auch (und besonders) rechtlich orientierte Analysen oft genug ethisch inkonsistente Momente bergen und von daher gelegentlich wie hohles Geschwätz anmuten. Dies läßt sich gut anhand einschlägiger Texte der deutschen Gesetzgebung und Rechtsprechung dartun. Hier hat Bettina Schöne-Seiffert Analysen von hoher Qualität vorgelegt.[15] Zu ähnlichen Befunden gelangt Martin Flügel im Blick auf rechtliche Formulierungen umweltpolitischer Art in der Schweiz. Während Schöne-Seiffert zeigen kann, daß Begriffe wie Menschenwürde viel zuwenig klar verwendet werden, als daß sie noch irgendeine sinnvolle Arbeit schultern könnten, registriert Flügel z.T. erhebliche Verschiebungen in den Begründungsstrategien umweltpolitischer Verordnungen, die Spannungen ausweisen und den Keim zu Kollisionen bergen.[16] Diese und andere Beispiele legen nahe, daß erheblicher Klärungsbedarf besteht. Ebenso wird deutlich, daß philosophische Autorinnen und Autoren derartige Klärungen erbringen und ihrerseits auch Wege normativer Neuorientierung aufzeigen.

III.

Singers eigene Orientierung ist eine Spielform des Utilitarismus. Er versteht sie als ebenso natürliche wie naheliegende Antwort auf die Frage nach der Möglichkeit ethischer Objektivität. Wenn Objektivität *in ethicis* darin hervortritt, daß jemand seine Interessen im Ernstfall nicht einfach deshalb höher gewichtet, weil es *seine* Interessen sind u.ä., so bedarf es eines positiven Maßstabs, der eine objektive Sicht der Dinge eröffnet. Diese Sicht ergibt sich zwanglos in dem Moment, da wir die Interessen aller von unserer Entscheidung bzw. Handlung Betroffenen in Betracht ziehen. Dies zu tun heißt zu bedenken, „was per saldo die Interessen der Betroffenen fördert".[17] Insofern begreift sich die in Rede stehende Form des Utilitarismus auch als Präferenzutilitarismus.[18]

Sich an Präferenzen von Wesen zu orientieren heißt, u.a. die Frage aufzunehmen, welche Wesen überhaupt Präferenzen haben bzw. welchen Wesen sich auf Grund unseres Wissenstandes gegebenenfalls so etwas wie Präferenzen zuschreiben lassen. Solche Fragen treiben uns ins Dickicht besonderer Problematiken. Weder liegt nahe, daß sie klare Antworten gestatten, noch ist anzunehmen, daß die Kriterien ihrer Beantwortung konstant bleiben. Nur dürften andere Orientierungen in dieser Hinsicht bei Lichte besehen kaum besser dastehen. Das gilt um so mehr, als jeder Entscheid, außer-moralische, faktische Gesichtspunkte moralisch zu gewichten, letztlich einen Fall von *petitio principii* darstellt und in letzter Analyse auf eine Wertung hinausläuft, die naturgemäß eben keine rein rational transparente Rechtfertigung gestattet.[19] Insofern

187

sind Vorbehalte – und solche gibt es zuhauf – nur partiell angebracht. Wichtiger scheint, daß Singer mit der Wahl des Präferenz-utilitarismus als übergeordneter Rechtfertigungsstruktur Faktoren gewichtet, die, wenn irgend etwas, unser Selbstverständnis nachhaltig bestimmen. Dieser Vorteil zeichnet sie vor jenen Auffassungen aus, die, wie Vernunftethiken im allgemeinen und kantische Positionen im besonderen, dem Bewußtsein leiblicher und emotionaler Aspekte im Ernstfall zuwenig Bedeutung beimessen.

IV.

In der Zwischenzeit hat sich das Projekt ‚praktische Ethik‘ längst zu einer zünftigen Domäne ‚angewandte Ethik‘ ausgestaltet.[20] Dabei kommen Aspekte der Transplantationsproblematik ebenso zur Sprache wie Belange der Unternehmensethik. All diese Sub-domänen kennen eigene, z. T. neue Journale. Die meisten Autorinnen und Autoren lassen sich von der Wahrnehmung leiten, daß letztlich alles darauf ankommt, ob sich Menschen engagieren oder den Dingen ihren Lauf lassen. Sich für Dinge zu engagieren heißt, Unterlassungen tendenziell als Tun des Falschen einzuschätzen. In derartigen Kontexten spielt der Begriff der Verantwortung eine wichtige Rolle.[21] Dies zumindest ist die Sicht des Konsequentialismus. Insofern ist es vielleicht nicht erstaunlich, daß – dieses Phänomen spiegelt einen typischen Affekt hermeneutischer Orientierung vis-à-vis dem anglo-amerikanischen Denken – mit der Attacke auf den Konsequentialismus auch eine Attacke auf den Begriff der Verantwortung bzw. der Idee der Verantwortlichkeit lanciert wird. Doch hängt der Erfolg einer *Modus-Tollens*-artigen Attacke (‚Wenn A, dann B. Da aber Nicht-B, gilt Nicht-A‘) nicht allein daran, daß gilt ‚Nicht (A & Nicht-B)‘ und dieser Zusammenhang durchsichtig gemacht werden kann. Dies dürfte sich kaum bewerkstelligen lassen. Der Erfolg hängt im Tieferen – dies wurde bereits zu bedenken gegeben – an der Voraussetzung, daß die Schwierigkeiten des Konsequentialismus nicht von Schwierigkeiten neutralisiert werden, die sich gegen nicht-konsequentialistische Positionen ins Feld führen lassen. Aber diese Voraussetzung wäre nicht stichhaltig.[22] Insofern ist die Attacke von seiten der hermeneutisch orientierten Autoren philosophisch anspruchslos und in der Sache belanglos.

V.

Über all dem wird oft vergessen, daß eine Beantwortung der Frage, welchem Typus von Ethik der Vorzug zu geben sei, offensichtlich damit zu tun hat, welches Menschenbild im Raum steht und wie insbesondere die Rolle solcher Faktoren wie Vernunft und Verlangen eingeschätzt wird. Überlegungen dieser Art beschränken sich heute nicht mehr auf die mit dem Namen Kant bzw. Hume verbundenen Auffassungen, wonach Verlangen (*desires*) ,brute‘ bzw. ,pathologisch‘ seien und Vernunft entweder nur instrumentell im Dienste der Affekte stehe oder aber auch zielsetzend wirke. Sie greifen tiefer. So wird heute z. B. zwischen solchen Verlangen unterschieden, die wie Hunger und Durst allenfalls Gründe darstellen, und anderen, die ihrerseits von Gründen bestimmt sind und jedenfalls anders analysiert werden müssen. Erwägungen dieser Art wurden von Thomas Nagel zur Diskussion gestellt und von anderen Autoren aufgenommen. Mutatis mutandis werden auch Emotionen heute komplexer gesehen. Sie gelten als Gebilde, die von Glaubensannahmen durchsetzt sind; tatsächlich gibt es heute Autorinnen und Autoren, die Emotionen sogar mit Urteilen gleichsetzen und so für einen massiven Kognitivismus plädieren.

Derartige Verschiebungen bedeuten nicht nur verbale Komplikationen oder Retuschen an der philosophischen Landkarte. Sie zwingen uns gegebenenfalls zur Korrektur traditioneller Auffassungen. Diese können so wichtige Probleme betreffen wie jenes der Willensfreiheit, das seit jeher zu den Kernproblemen der Philosophie gehören dürfte. So haben der Amerikaner Harry G. Frankfurt einerseits und der Kanadier Charles Taylor andererseits vor dem Hintergrund ihrer Analysen solcher Phänomene wie denen des Wünschens oder Wollens bzw. Wertens nahegelegt, daß es eine Sache sei, bestimmte Wünsche zu haben, eine andere jedoch, diese Wünsche als die eigenen Wünsche zu bejahen und sie handlungswirksam werden zu lassen. Dies würde u. a. bedeuten, daß wir für unseren Willen verantwortlich sind[23] bzw. daß der Begriff der Verantwortlichkeit bereits im Begriff des Willens impliziert ist.[24] Allein derartige Konsequenzen lassen die mögliche Relevanz der Sondierung psychologischer Begriffe erahnen.

Wie schwierig die damit verbundenen Aufgaben im Detail sind, wird im Blick auf Wertungen bzw. Werten gut deutlich. Wenn man z.B., wie Gary Watson es tat, *Verlangen* und *Werten* als separate Stränge ansieht und von einem *motivational system* auf der einen und einem *valuational system* auf der anderen Seite spricht,[25] stellt sich die Frage, ob damit das Phänomen Werten bzw. Wertung in volitionaler Hinsicht nicht unterbestimmt bleibt. Bringt man Verlangen und Werten jedoch in einen Zusammenhang, so bleibt unklar, wo die Demarkationslinie eigentlich verläuft. Dies scheint vis-a-vis einer Erwägung von Lewis nahezuliegen, in der zunächst offenbleibt, ob *valuing* als *feeling*, als *belief* oder *desire* gelten soll. Doch hat Lewis, der wohl profilierteste Autor der Gegenwartsphilosophie überhaupt, eine raffinierte Lösung: X wertzuschätzen heißt, X zu verlangen verlangen.[26] Damit rekurriert er, ähnlich wie auch Jeffrey und Frankfurt, auf den Begriff eines Verlangens zweiter Ordnung und faßt also ein zweistufiges Erklärungsmodell ins Auge. Nur bedarf diese Betrachtung zumindest im vorliegenden Fall sicher einer Präzisierung. Denn ‚verlangen zu verlangen' wäre als *explicans* von ‚werten' zu unspezifisch. Eine solche Präzisierung kommt bei Lewis dadurch ins Spiel, daß der Begriff des Verlangens (*desire*) hier eine Einschränkung erfährt; und zwar spricht Lewis von intrinsischem Verlangen. Dies bedeutet, daß das *explicans* den Sinn von ‚intrinsisch verlangen, intrinsisch zu verlangen' erhält und damit jeder instrumentelle Sinn bzw. jede bloß instrumentelle Charakterisierung ausgeschlossen werden soll, die mit unserem intuitiven Verständnis von ‚werten' bzw. ‚wertschätzen' inkompatibel wäre. Diese Antwort scheint verblüffend. Aber ist sie unantastbar?

Offenbar nicht. So gab Harman zu bedenken, daß die Auffassung von intrinsischem Verlangen zweiter Stufe problematisch sei und vor allem die Annahme höherstufiger Volitionen in die Irre führe.[27] Den zweiten, gegebenenfalls entscheidenden Punkt begründet Harman unter Hinweis auf die Überlegung, daß ‚Verlangen' im hier relevanten Sinn die Bedeutung von ‚Intention' enthalte und jede Intention als solche bereits selbstreferentiell sei.[28] Konkret bedeutet dies, daß jemand mit der Absicht, ein bestimmtes Ziel zu verwirklichen, die Vorstellung hegt, sein Ziel mittels dieser Absicht zu erreichen. Nun gibt Harman keine klaren Beispiele, die seine Betrachtung noch verdeutlichen würden.

Insofern scheint er sich dem Vorwurf auszusetzen, die Unterscheidung zwischen Zweck(en) und Mittel zu verwischen und sich insbesondere der Annahme zu verpflichten, daß Ziele gewissermaßen mit Mitteln ausgestattet seien und uns so begegnen. Diesen Vorwurf – er wurde von seinem Princeton-Kollegen Frankfurt erhoben – nimmt Harman auf sich; doch nur um zu sagen, daß der Gedanke selbst den wahren Kern der Sache treffe. Dies gelte zumindest insoweit, als wir mit der Formierung von Zielen zugleich eine Vorstellung entwickeln, wie sich das in Rede stehende Ziel verwirklichen lasse.[29] Vielleicht läßt sich der entscheidende Punkt folgendermaßen charakterisieren: Falls ein hochgestellter Manager aus den Ferien heimkommt, weil er vernommen hat, daß im Geschäft geputscht wird, und nun Ordnung schaffen will, so verbindet er mit dem Ziel bzw. mit der leitenden Absicht auch eine klare Vorstellung, worin Ordnung schaffen *hic et nunc* eigentlich besteht bzw. bestehen würde. Insofern scheint es richtig zu sagen, daß das Ziel bzw. die korrespondierende Absicht mit einem entsprechenden Plan ausgestattet ist und die handelnde Person mit der Absicht, den Zustand, daß *p*, herzustellen, die Meinung hegt, dies mittels ebendieser Absicht zu bewirken. Daß Harmans Hinweis auf den selbstreflexiven Charakter von Intentionen – diese Meinung wurde in anderer Hinsicht auch von Searle vertreten – wichtig ist, dürfte unbestreitbar sein. Daß dieser Hinweis die Problematik selbst klärt, ist jedoch zweifelhaft. Wie komplex diese Aufgabe wirklich ist, geht aus dem Versuch Michael E. Bratmans hervor, reflektives Werten und höherstufiges Wollen zur Verbindung zu bringen.[30] – Diese und andere Punkte zeigen, daß sich hier ein reiches Feld von Fragen eröffnet. Offensichtlich bedürfen diese Belange der Moralphilosophie besonderer Aufmerksamkeit.

17. Eine Attacke des Feminismus

I.

Die Einsicht, daß Philosophie lange fast ausschließlich eine Domäne von Männern war, ist nicht neu. So erstaunt es kaum, daß nicht nur Vokabular und Begrifflichkeit der Disziplin von männlichem Denken durchsetzt sind, sondern auch bestimmte Wertungen – etwa nach dem Motto ‚die [i.e. männliche] Form ist alles, die [i.e. weibliche] Materie nichts‘ – wie selbstverständlich geschlechtsspezifische Vorstellungen spiegeln.[1] Zwar mag man sich fragen, ob die Zuschreibung ‚männlich‘ dabei auf intrinsische Verhältnisse abstellen kann oder ‚nur‘ als Reflex zivilisatorischer Faktoren verstanden werden sollte. Tatsache ist, daß diejenigen, die sich philosophisch artikulier(t)en, mit größter Selbstverständlichkeit Annahmen hegen, die heute als sexistisch gelten dürften.

Dabei ist es wichtig, einen Unterschied im Auge zu behalten. Es ist eine Sache zu sagen, daß die Wirklichkeit tatsächlich von Faktoren wie Materie und Form konstituiert werde, eine andere hingegen, daß Begriffspaare dieser Art nur Weisen der Artikulation seien. Annahmen ersterer Art gründen in realistischen Verständnisweisen. Annahmen letzterer Art sind eher instrumentalistischer Art und im Ernstfall pragmatistisch inspiriert. Dies bedeutet, daß feministische Vorbehalte ihrerseits unterschiedliche Ebenen angehen und die dabei wirksame Kritik jeweils verschiedene Fragen aufrührt. Im einen Fall wäre dies die Frage der Wahrheit, im anderen die Frage der Angemessenheit, das Problem von Takt, Anstand usw. Nun möchte man meinen, daß niemand im Ernst so weit gehen würde, die Wirklichkeit im Sinne patriarchaler Schöpfungsmythen verstehen zu wollen und dieses Verständnis als substantielle Wahrheit auszugeben. Gleichwohl scheinen sich in der Rezeption aristotelischer Gedanken derartige Vorstellungen herausgebildet zu haben. Nur fühlen sich feministische Autorinnen[2] heutzutage nicht einmal primär an dieser Stelle herausgefordert. Virulenter und für die Einschätzungen der Lebensbedingungen überhaupt relevant sind Auffassungen, die vor dem Hintergrund unbedachter Vorstellungen und Klischees Gestalt gewonnen haben. Derartige Vorstellungen sind nicht immer manifest sexistisch. Aber sie basieren zum Teil auf hintergründigen Annahmen realistischer Art. Dazu gehört z. B. die weitverbreitete Vorstellung, daß der Standpunkt der Moral strikt unpersönlich sei und ethische Fragen entsprechend ,objektiv' angegangen werden sollten.

II.

Diese Vorstellung ist innerhalb der Philosophie besonders sinnfällig mit dem Verallgemeinerungsgedanken verbunden, wie er uns im Kantianismus einerseits und im Utilitarismus andererseits begegnet. Dabei tritt die Brisanz dieser Vorstellung darin hervor, daß Vernünftigkeit im Sinne von Widerspruchsfreiheit im Denken und Wollen zumindest in kantischer Sicht bereits als hinreichende Bedingung für Sittlichkeit im Sinne von moralischer Richtigkeit gilt. Die Anfälligkeit dieses Gedankens mag daran erhellen, daß es sich jemand zum Prinzip machen mag, morgens seinen linken Schuh zuerst zu schnüren, und diese Maxime widerspruchsfrei als allgemeines Gesetz gedacht werden könnte. Weniger problematisch scheinen sich die Dinge im Zusammenhang jener Version des Verallgemeinerungsgedankens auszunehmen, wo es darum geht, ein Urteil dann als richtig auszuzeichnen, wenn man bereit ist, sich ihm gegebenenfalls auch selbst zu unterwerfen. Doch gibt es auch hier klassische Einwände: Der Rassenfanatiker mag bereit sein, sich und die Seinen dem Untergang zu überantworten, wenn sich herausstellen sollte, daß er selber zur verfolgten Rasse gehört; auch Masochisten und Sadisten mögen bereit sein, ihr Urteil zu verallgemeinern, desgleichen der weitsichtige Egoist. Was also würde Verallgemeinerungsfähigkeit in diesen und anderen Fällen sicherstellen können? Später wurde der Gedanke verfeinert. Danach sei ein Urteil dann richtig, wenn die in Aussicht genommene Handlung den Interessen aller Beteiligten Rechnung trage. Dies könne durch das Gedankenexperiment eines Rollentausches gewährleistet werden. Dabei gewann im Ausgang von den Arbeiten des pädagogischen Psychologen Lawrence Kohlberg sogar die These einer gewissermaßen natürlichen Moralentwicklung Gestalt.[3] Gemäß dieser Auffassung bewegen wir uns auf eine Ebene zu, die durch den Gedanken der Umkehrbarkeit (*reversibility*) charakterisiert sei: Demnach wäre es in konkreten Fällen nicht mehr wichtig, ob wir die Handelnden oder die von einer Handlung Betroffenen sind. Woher wir dies jetzt, da wir uns noch nicht auf dieser Entwicklungsstufe befinden, wissen können, ist allerdings schleierhaft.[4] Doch gibt es auch andere Vorbehalte.

Eine Herausforderung besonderer Art erwuchs diesem Gedanken bald nach 1977 durch die Veröffentlichung von Carol Gilligans Buch *In a Different Voice*.[5] Hier spürt die ehemalige Kohlberg-Mitarbeiterin den moralischen Positionen heranwachsender Jungen und Mädchen bzw. junger Frauen und junger Männer nach. Dabei gelangt sie anhand von Interviews zu dem Befund, daß Jungen in der Regel unpersönlichen bzw. prinzipienorientierten Lösungsstrategien den Vorzug geben, während Mädchen in vergleichbaren Situationen persönlich engagiert sind und bleiben und nach Lösungen suchen, die der persönlichen Dimension Rechnung tragen und einen *modus vivendi* antizipieren. Insbesondere argumentiert Gilligan, daß Frauen generell die Attitüde der Zuwendung (*caring*) an den Tag legen.[6]

III.

Aufs Ganze wurde ihren Thesen von seiten dezidiert feministischer Autorinnen nicht nur Sympathie entgegengebracht.[7] Zumindest diejenigen Denkerinnen, die extremen Positionen zuneigen, störte der Gedanke, daß es sich bei den in Rede stehenden Unterschieden um geschlechtsspezifische Gegebenheiten handeln könnte. In diesem Sinne lautete die Kritik u.a., daß sich Gilligan mit dieser Erklärung selber als Opfer des männlichen Klischees decouvriere. So ist Gilligan, die in dieser Sache ohnehin nicht sehr dogmatisch anmutet, von ihrer ursprünglichen Meinung dann auch etwas abgerückt. Nun läßt sich diese Frage jedoch ohnehin kaum bindend entscheiden. Um so wichtiger bleibt der lapidare Befund, daß dem in der philosophischen Ethik-Diskussion unserer Tage verankerten Ideal der Verallgemeinerbarkeit von Urteilen bzw. Maximen zumindest in der Realität des Lebens keine Monopolstellung zukommt. Offenbar gibt es andere Vorstellungen; und offensichtlich spielen diese z.T. eine wichtige Rolle. Warum sollten universalistische Modelle wie Kantianismus und Utilitarismus hier ein natürliches *prae* beanspruchen können?

Die Advokaten des ethischen Universalismus werden an dieser Stelle geltend machen, ihr Anspruch sei eine Sache der Vernunft. Nur trägt dieser Einwand nicht weit. Jemand, der meint, man solle in der Ethik mit reduzierten Universalisierungsansprüchen operieren, ist nicht *ipso facto* Verräter der Sache der Vernunft. Er bzw. sie mag einfach zu bedenken geben, daß Kohärenz usw. wichtige Werte seien, aber als solche gegebenenfalls mit anderen Werten in Konkurrenz treten; und so wie Werte nicht nur zwischen Gesellschaften, sondern auch innerhalb einer Gesellschaft konkurrieren und womöglich strittig sind, so kann es sehr wohl sein, daß im Leben eines Individuums verschiedene Werte aufeinanderprallen. Welchem Wert wir gegebenenfalls den Vorzug geben, ist – wenn wir dies überhaupt tun – oft genug Sache der Gewichtung;[8] und Gewichtungen dieser Art haben damit zu tun, wer wir sind und wie wir uns verstehen.[9] Entsprechend sind auch die Gründe für die Wahl dieser oder jener Moralkonzeption im Ernstfall nie völlig transparent; und bei der Frage, weshalb wir dieses höher gewichten als jenes, gelangen wir bald an einen Punkt, an dem weitere Fragen versanden.[10]

Nun mag man gegen Gilligans Zwei-Moralen-Theorie vielleicht einwenden, daß ihre Rede von der Gültigkeit verschiedener Positionen irreführend sei, da es entweder *eine* oder *keine* Moral gebe.[11] Tatsächlich sind die Ausführungen der Autorin hier anstößig und schief.[12] In anderer Hinsicht scheint die Attacke jedoch unverhältnismäßig. Denn ob überhaupt irgendeine Ethik-Konzeption je normative Richtigkeit im Sinne höherer Verbindlichkeit *sub specie aeternitatis* beanspruchen kann, entzieht sich unserer Kenntnis; ebensowenig wissen wir, ob moralische Richtigkeit im Sinne höherer Geltung etwas ist, was mehr wäre als eine bloß regulative Idee. Insofern geht es bei Lichte besehen wohl bestenfalls um konkurrierende Beurteilungskriterien, und letztlich würde Ernsthaftigkeit gegen Ernsthaftigkeit stehen. Vielleicht wäre Gilligan mit einer Überlegung geholfen, die auf funktionale Erwägungen abstellt: Falls man moralphilosophische Ansätze bzw. normative Ethiken – was nicht leicht zu begründen wäre – einzig und allein daran bemessen würde, ob sie einen gewissen Kitt für die Gesellschaft bereitstellen und gleichzeitig psychisch hygienische Verhältnisse bewahren, so wäre es denkbar, daß beide ‚Moralen' Vor- und Nachteile haben und aufs Ganze gesehen vermutlich gleich viel Unheil bzw. Heil stiften.

IV.

Andere Einwände gegen Gilligans These stellen auf empirische Befunde ab und hadern mit den Daten. Aber auch diese Vorbehalte stoßen ins Leere. Solange wir hier auf Interpretationen und mithin auf Hypothesen angewiesen bleiben, sind – dies liegt in der Natur der Sache – endgültige Antworten ohnehin nicht möglich. Für den gegebenen Zweck genügt freilich die Erwägung, daß es unterschiedliche Perspektiven gibt. Insoweit stellt Gilligans These keine Sensation dar. Mithin würde von hieraus auch kein Grund zur Beunruhigung bestehen. Anders nehmen sich die Dinge aus, wenn man Gilligans Portrait dessen, was sie als weibliche Sicht deutet, als genuine Option versteht. Warum sollen wir uns diese Haltung als Universalistinnen bzw. Universalisten nicht ein Stück weit zu eigen machen? Wie wir uns vis-à-vis mancher Praktiken fremder Kulturen, im Blick auf Experimentiergruppen oder fiktionale Beschreibungen utopischer Verhältnisse auf die Überlegung einlassen, ob sich von daher ein Beitrag für unser Leben eröffnen könnte, so bietet sich hier eine entsprechende Frage an. Zumindest für diejenigen unter uns, die sich in Gilligans Portrait einer prinzipienorientierten, unpersönlichen Sichtweise wiedererkennen und deren Beschränkungen zu verstehen beginnen, mag der Gedanke naheliegen, daß das Portrait der ‚anderen' Sicht Elemente identifiziert, die wir uns als subjektive Bereicherung unserer moralischen Existenz vorstellen können und die insofern auch zu einer objektiven Verbesserung der menschlichen Situation beitragen mögen.

Dies würde nicht die Aufgabe einer Perspektive zugunsten einer anderen bedeuten müssen. Wohl aber könnte sich so etwas wie eine Integration beider in eine bzw. zu einer erweiterten Sicht anbieten. Innerhalb dieser neuen Sicht wären die beiden ursprünglichen Perspektiven Teile der Bandbreite eines Spektrums. An dieser Art der Betrachtung wäre an sich nichts Befremdliches. Denn Probleme dieser Art stellen sich auch auf prinzipieller Ebene als philosophische Aufgabe. So argumentierte vor allem Nagel in einer Reihe von Arbeiten, daß auch die Binnensicht des Lebens überhaupt (i. e. die subjektive Sicht) und die wissenschaftliche Weltzuwendung (i. e. die objektive Sicht) einer Integration bedürfen.[13] Ähnlich hat Wilfred Sellars in seiner wichtigen Abhandlung „Philosophy and the Scientific Image of Man" für die Vorstellung geworben, den Begriff der Person in das wissenschaftliche Weltbild einzubeziehen;[14] und bei den von Gilligan genannten Perspektiven handelt es sich offensichtlich um Exemplifikationen der subjektiven bzw. objektiven Sicht. In diesem Sinn konfrontiert nun das Nebeneinander zweier Perspektiven mit einem Problem, das sich sehr wohl als Aufgabenstellung erweist.

V.

Auch sollte die thematische Relevanz bestimmter Elemente der ‚anderen' Perspektive nicht unterschätzt werden. So wird gelegentlich darauf hingewiesen, daß Gilligan die beiden Perspektiven nicht eigentlich ausgearbeitet habe und vieles unklar bleibe. Doch kann das nicht darüber hinwegtäuschen, daß mit dem Faktor Engagement (*care*) ein Punkt benannt ist, der auch unabhängig von den besonderen Komplikationen feministischer Kontroversen in hohem Maße bedeutsam sein dürfte.[15]

Dies wird deutlich, wenn wir uns den moralpsychologischen Erwägungen Frankfurts zuwenden. Dieser Philosoph hat in einer Reihe von Arbeiten dem Phänomen nachgespürt, daß menschliche Wesen nicht nur Wünsche haben, sondern auch Wünsche, diese oder andere Wünsche zu haben bzw. nicht zu haben.[16] In diesem Zusammenhang vertritt er die Auffassung, daß von Autonomie da die Rede sein könne, wo Wünsche erster und zweiter Ordnung ohne Rest zusammengehen. Dabei stellt sich die Situation vor dem Hintergrund des vergleichsweise frühen Aufsatzes „Willensfreiheit und der Begriff der Person"[17] so dar, daß die in Rede stehende Identifikation mit einem Wunsch erster Ordnung als „entschiedene Festlegung" (*decisive commitment*) verstanden wird, die den ganzen potentiell endlosen Raum höherer Stufen gewissermaßen „durchhallt".[18] Mit anderen Worten: Es gibt nicht nur keinen Mißton, sondern auch nicht die geringste Unklarheit. Rund 15 Jahre später drückt er diesen Gedanken mittels „*wholeheartedness*" aus.[19] Dieser Ausdruck hat in unserer Sprache kein wirkliches Pendant und müßte adverbiell paraphrasiert werden, wie etwa „mit jeder Faser ihres/seines Herzens". Eine weitere Anstrengung, die Situation transparenter zu machen, findet sich rund 10 Jahre später in der Arbeit „Autonomy, Volition, and Love". Dort stellt Frankfurt auf die Vorstellung ab, daß wir im Falle von Liebe – genauer bei dem, was er unter aktiver Liebe versteht[20] – jene Art von Selbstverständlichkeit erfahren, die keinen Zweifel an dem aufkommen läßt, was wir wünschen und wollen.

Damit begegnen wir nicht nur einem suggestivem Bild jener Art von Stimmigkeit, die mit Autonomie einhergeht. Wir stoßen auch auf jenes Element, das der Identifikation das Moment von Kraft und Leben verleiht. Sich in dieser Weise für etwas bzw. auf etwas festlegen zu können heißt, sich für etwas engagieren zu können. Dabei ist es wichtig zu sehen, daß Liebe im hier präsumierten Sinn *eine* Erscheinungsweise dieses Engagements darstellt. Das Engagement selbst wird von Frankfurt als *care* bzw. *caring* bezeichnet. Es gilt ihm als unverzichtbar grundlegende Aktivität, durch die wir unserem willensmäßigen Leben Kontinuität und Kohärenz verleihen,[21] oder kürzer, als fundamental konstitutiver Zug unserer Leben.[22] Dieser Gedanke gewinnt in dem Maße Plausibilität, wie deutlich wird, daß wir es hier mit jenem Zug zu tun haben, der bewirkt, daß Dinge für uns wichtig sind oder werden.[23] Nehmen wir diesen Gedanken ernst, so scheint klar, daß Gilligans Akzentuierung jenes Charakteristikum von *care*, das in unserer Sprache zumeist mit Fürsorglichkeit u.ä. beschrieben wird, eigentlich nur einen Aspekt bzw. eine Ausprägung eines fundamentaleren Zugs angeht. Dies braucht in unserem Kontext keine Kritik ihrer Art von Betrachtung zu bedeuten. Es zeigt im Gegenteil, daß ihre Art von Betrachtung vermutlich sehr viel tragfähiger ist, als manche Kritikerinnen und Kritiker meinen; und es macht zugleich deutlich, daß es sich bei den in Rede stehenden Perspektiven um Ränder auf einem Spektrum handeln dürfte. Von hier erscheint der Gedanke einer Integration beider Sichten durchaus plausibel und vielversprechend.

18. Attacken des Post-Modernismus

I.

Als Gründungsdokument des sog. Post-Modernismus innerhalb der Philosophie ist wohl Rortys Buch *Der Spiegel der Natur* anzusehen.[1] Denn hier geht es nicht nur um eine Diagnose der Philosophie der Neuzeit, sondern zugleich um den Versuch, wenn nicht alle, so doch wesentliche Themen der Philosophie zu entwurzeln. Gelegentlich wird die Meinung vertreten, daß die Keime dieses Denkens bei Heidegger und Gadamer angelegt seien. Dies mag stimmen oder nicht. In jedem Fall ist es wichtig, einen Unterschied zu bedenken. Rorty ist ein systematischer Philosoph hohen Ranges und argumentiert.[2] Wenn die Philosophie traditioneller Prägung zum Schluß dieses Buches zu guter Letzt mit leeren Händen dasteht und ihres angestammten Status als maßgebender und rechtfertigender Wissenschaft beraubt scheint, so ist dies die Frucht großer Könnerschaft, die ihresgleichen sucht.

Des weiteren gilt es zu sehen, daß Rorty aus seinen Destruktionen praktische Konsequenzen zieht. Diese machen auch vor der Philosophie-Ausbildung nicht halt. So wendete er sich in einem Aufsatz „Zur Lage der Gegenwartsphilosophie in den USA"[3] gegen die an den führenden Universitäten dominierende Tendenz, Logik und formale Methoden als synonym mit philosophischer Qualität anzusehen und diejenigen als inkompetent zu disqualifizieren, die über keine solche Fähigkeiten verfügen. Er spottet über die Tendenz seiner Kollegen, sich als Elite zu gerieren, die Fähigkeit, formale Methoden verwenden zu können, mit der Fähigkeit zu verwechseln, interessante Fragen zu stellen, und Leute mit anderen Begabungen in die Disziplinen der Vergleichenden Literaturwissenschaft, Soziologie oder sonstwohin abzudrängen. Dies alles mit dem Resultat, daß es an den philosophischen Instituten zwar jede Menge interessanter Bücher gebe, aber keine Leute, die sie interessierten Studierenden erklären könnten. In all dem sieht Rorty nicht nur eine Verkrüppelung des Faches, sondern potentiell eine fatale Auswirkung auf die Bildung von Menschen. Dabei versteht er unter ‚Bildung‘ hier, wie schon im Schlußteil seines Buches *Der Spiegel der Natur* dargetan, genau jene Sache, die bedauerlicherweise schon in der erkenntnistheoretisch orientierten Philosophie der Neuzeit aus dem Bereich der Philosophie in andere Domänen abgewandert sei – eine Sache, die um so nötiger wäre, als Solidarität das sei, worauf alles ankomme, und diese Fähigkeit die Ausbildung anderer Talente und Dispositionen verlange.

Vieles von dem, was hier durchscheint, atmet den Geist des Klassischen Pragmatismus eines James und Dewey (s. Kap. 1). Dies gilt nicht nur für den humanistischen Aspekt der Sache und deren sozialphilosophische Relevanz. Davon wird noch die Rede sein. Es gilt auch für die besondere Art der Anamnese vergangenen Denkens, die vor allem an Deweys *Reconstruction in Philosophy* erinnert.

II.

Mit dem Titel ‚Spiegel der Natur‘ bringt Rorty zum Ausdruck, daß sich Philosophie essentiell von jeher als Unterfangen begreift, die Wirklichkeit exakt abzubilden, nämlich in der verbindlichen Erkenntnis der Wirklichkeit ein Bild von ihr zu formen. Diese Intuition macht er z. B. an Platons Charakterisierung des Geistes als Auge der Seele fest sowie an Aristoteles’ Vorstellung philosophischen Tuns als Schau (*theoria*) und an Lockes Auffassung von Erkenntnis als Haben von Ideen. Für diesen Zusammenhang prägt er die Rede von der gläsernen Natur des Menschen[4] und bringt damit eine Erwägung auf den Punkt, die Dewey vor Augen stand: „Die Erkenntnistheorie wird jenen Vorgängen nachgebildet, die im Akt des Sehens stattfinden sollen. Der Gegenstand reflektiert Licht und wird gesehen; dieser Vorgang macht für das Auge und die Person, die über den optischen Apparat verfügt, einen Unterschied, nicht jedoch für das gesehene Ding. Der wirkliche Gegenstand ist das Objekt, das so sehr in einer königlichen Abgeschlossenheit besteht, daß es für den anschauenden Geist, der es erblicken mag, ein König ist. Eine am Sehen orientierte Erkenntnistheorie ist das unvermeidliche Resultat.“[5]

Parallel zu dieser Auffassung einer besonderen Erkenntnisinstanz in uns habe sich die Vorstellung herausgebildet, daß die

Seele oder der Geist eine vom Körper getrennte Existenz habe und daß das Bewußtsein als etwas gedacht werden könne, was vom Körper abgelöst sei (*Der Spiegel der Natur* S. 66). Damit wurde der Leib/Seele-Dualismus zementiert und tendenziell auch die Vorstellung, daß Wesen mit Geist bzw. Bewußtsein Personen seien. Insbesondere aber haben sich in und mit diesen Vorstellungen auch die spezifischen Annahmen verfestigt, die in unserer traditionellen Auffassung von Erkenntnis eine Rolle spielen, nämlich die Annahme von Intentionalität usw. So untersucht Rorty im 2. Teil seines Buches zunächst die Idee der Erkenntnistheorie und das Selbstverständnis der Philosophie, später die Annahme von notwendigen Wahrheiten und privilegierten Vorstellungen. Dabei geht er von dem Befund aus, daß die Selbstcharakterisierung der Philosophie als fundamentaler Disziplin mit der Auszeichnung der Erkenntnistheorie als Kernbestand der Philosophie einhergeht. Mit anderen Worten: Die Auffassung der Philosophie als höchster, weil allgemeiner Wissenschaft, die sich mit allem befasse, wurde im Zeitalter des Aufkommens der Einzelwissenschaften neu plaziert. Nämlich Philosophie als Disziplin, die nach den Bedingungen der Möglichkeit von Erkenntnis überhaupt fragt und deshalb allen anderen Disziplinen zugrunde liege. Diese Art von Neuplazierung habe der philosophischen Diskussion zwar ihre Zukunft gewiesen, sie gleichzeitig aber von ihrem Sitz im Leben abgeschnitten bzw. jene Tradition unterdrückt oder verdrängt, die, wie die Moralisten, Philosophie als Sache ansahen, die etwas mit dem Leben von Menschen zu tun habe. Was sich herauskristallisiert, ist nun mehr denn je eine Lehnstuhldisziplin (*Der Spiegel der Natur* S. 157), die im Gestus der kantisch-juridischen Metaphorik vom Gerichtshof der Vernunft nach den Bedingungen der Möglichkeit von Erkenntnis fragt und so in der Lage war, „die formalen (oder in späteren Fassungen die ‚strukturellen‘, ‚phänomenologischen‘, ‚grammatischen‘, ‚logischen‘ oder ‚begrifflichen‘) Merkmale eines jeden menschlichen Lebensbereiches zu entdecken" (*Der Spiegel der Natur* S. 157).

Hier wird eine erste Spur jener Kritik deutlich, die Rorty in späteren Arbeiten zu neuen Einschätzungen philosophischen Tuns führen wird, zur Auffassung nämlich, daß man auch jenseits der normalen, angestammten Probleme tätig werden müsse. Gleichzeitig artikulieren sich Anzeichen von Skepsis gegenüber der traditionell angenommenen, tiefen Berechtigung in der Zuspitzung, die gewisse Fragen erfahren haben. Typisch für diese Einschätzung ist Rortys Behandlung (*Der Spiegel der Natur* S. 334 ff.) von Moores Auffassung von ‚gut' als unanalysierbarer Qualität (s. Abschn. 3, V). Diese Auffassung ist in seinen Augen durch und durch künstlich. Sie sei Reflex einer Idee der reinen Vernunft, deren Pointe es sei, nicht mehr mit dem Erfülltsein bestimmter Bedingungen identifiziert werden zu können, und die damit mit unserem Leben nichts zu tun habe. Er empfiehlt daher, zwischen einer philosophischen Bedeutung von ‚gut' zu unterscheiden, für die der naturalistische Fehlschluß entstehe, und einer normalen Bedeutung, für die das nicht gelte. Was bedeutet dies nun alles für die Einschätzung des Ganges der neuzeitlichen Philosophie? Rorty meint, daß die Ideale eines strengen Wissens, einer primär und essentiell als Erkenntnistheorie aufgefaßten Philosophie an Glanz verliere und auch sachlich ihre Berechtigung einbüße. Diese schwindende Berechtigung dokumentiere sich in der bei Dewey, Wittgenstein, Quine, Sellars und Davidson greifbaren Tendenz, anti-fundamentalistische, pragmatische und holistische Behandlungen von Wissen und Bedeutung zu favorisieren; und Rortys eigene Analysen philosophischer Problematiken dokumentieren, daß das in der Philosophie der Neuzeit gewachsene Ideal der Hüterin von Rationalität aus prinzipiellen, innerphilosophischen Gründen nicht realisierbar sei.

III.

Nun legt dieser Befund auch handfeste Konsequenzen nahe. Dies zeigen jene Essays, die unter dem Obertitel *Solidarität oder Objektivität?* veröffentlicht wurden. Mit dieser Grundfrage signalisiert Rorty eigentlich eine Grundsatzfrage, nämlich die Situation einer tiefgreifenden Wahl: „Für nachdenkliche Menschen, die ihrem Leben durch Einordnung in einen größeren Zusammenhang Sinn zu verleihen" suchen,[6] gebe es im wesentlichen zwei Verfahrensweisen – beim ersten Verfahren erzählt man die Geschichte des eigenen Beitrags zur Gemeinschaft; beim zweiten Verfahren beschreibt man sich selber als jemanden, der sozusagen in unmittelbarer Beziehung zu einer nicht-menschlichen Realität steht. Geschichten ersterer Art exemplifizieren den Wunsch nach

Solidarität, Geschichten letzterer Art hingegen den Wunsch nach Objektivität: „Soweit man Solidarität anstrebt, geht es nicht um die Frage, was außerhalb dieser Gemeinschaft steht – und soweit man nach Objektivität strebt, entfernt man sich von den wirklichen Personen der eigenen Umgebung" (*Solidarität oder Objektivität?* S. 11). Versucht man die Art der Rechtfertigung zu erkennen, die für die Abwendung von der Solidarität hin zur Objektivität in Anspruch genommen wurde, so ist dies die Position des Realismus. Dabei handelt es sich um jene Tradition, welche den Begriff der Wahrheit in den Mittelpunkt stellt und sich der brisanten Unterscheidung zwischen Schein und Wirklichkeit bedient. Es ist diese Tradition, die sich in der Neuzeit mit dem Ideal der Wissenschaft paarte und so eine objektivistische Tradition schuf. Sie ist mit der Vorstellung verbunden, daß wir jeweils transzendierende Züge untersuchen, um so Maßstäbe zu gewinnen, auf die hin wir die Belange unseres Lebens ordnen wollen. Wann immer es also darum geht, Solidarität auf Objektivität zu gründen, müssen wir Wahrheit in irgendeiner Form als Übereinstimmung mit einer Realität deuten. Dies wiederum bedeutet u. a., daß wir eine Metaphysik entwerfen müssen, Annahmen über die wahre Natur der Dinge eruieren und zugleich Mittel und Wege artikulieren, die es uns gestatten, zwischen wahren und falschen Überzeugungen zu unterscheiden. Damit gewinnen wir Rechtfertigungsstrategien, die zur Wahrheit führen.

Anders liegen die Dinge da, wo wir den pragmatistischen Weg einschlagen und Objektivität auf Solidarität gründen: Der Pragmatist hat keine eigentliche Metaphysik und verfügt daher auch über kein Arsenal sakrosankter Überzeugungen. Denn Wahrheit ist für ihn im Prinzip das, was, wie William James sagte, für uns zu glauben gut ist. In Rortys Augen bedeutet dies soviel, wie daß „die Aussage, das, woran zu glauben jetzt für uns rational ist, ist womöglich nicht *wahr*" auf nichts anderes hinauslaufe als auf die Aussage, „jemand könnte eine bessere Idee präsentieren". Im Lichte dieser Betrachtungsweise richtet man sich also auf die Vorstellung ein, daß es stets Raum für verbesserte Auffassungen gebe und daß stets neue Belege und Hypothesen zum Vorschein kommen können. Aber der springende Punkt ist, daß für den Pragmatisten „der Wunsch nach Objektivität nicht der Wunsch" ist, „den Beschränkungen der eigenen Gemeinschaft zu entkommen, sondern einfach der Wunsch nach möglichst weitgehender intersubjektiver Übereinstimmung" (*Solidarität oder Objektivität?* S. 14).

Die Leser von *Der Spiegel der Natur* wissen, daß Rorty Gründe hat, die Haltung des Realismus zu verwerfen und mithin auch den Weg des Objektivismus abzulehnen. Wie andere Denker vor ihm scheut er sich nicht, den Vorwurf des Relativismus in Kauf zu nehmen. Denn diesen Vorwurf hält er für eine bloße Projektion eigener Denkgewohnheiten auf den Pragmatisten (*Solidarität oder Objektivität?* S. 27 und schon S. 15). Weder meint der Pragmatist, daß jede Überzeugung so gut sei wie eine andere; noch dramatisiert er die Bedeutung des Wahrheitsprädikats. Insofern nimmt er den Vorwurf zumindest als Etikette in Kauf – für den Fall nämlich, daß mit ,Relativismus' jene Auffassung gemeint sei, wonach es über Wahrheit oder Rationalität außer den vertrauten Rechtfertigungsstrategien, die eine bestimmte Gesellschaft, nämlich die unsrige, auf diesem oder jenen Forschungsgebiet verwendet, nichts zu berichten gebe. Allenfalls akzeptiert der Pragmatist die Vorhaltung, ein formeller Verzicht auf Zurückweisung des Relativismus-Vorwurfs setze ihn womöglich dem Vorwurf des Ethnozentrismus aus. Diesen Vorwurf nimmt Rorty achselzuckend hin. Denn es gibt kein Argument, das sich als Rechtfertigung dieses Verhaltens anführen ließe. Und doch scheint es so, daß wir mit dem, was wir denken und wollen, jeweils irgendwo eingebettet sind; dieser Ort ist die jeweilige Gemeinschaft. Mag dies auch provinziell anmuten, so läßt es sich doch nicht vermeiden.

Rorty sieht sehr gut, daß der Pragmatismus weniger wegen seiner relativistischen Ingredienzen stört, als vielmehr deshalb beunruhigt, weil er uns „zweier Arten metaphysischen Trostes beraubt, an die wir uns in unserer intellektuellen Tradition gewöhnt haben" (*Solidarität oder Objektivität?* S. 28). Der eine Trost besteht in der Annahme, daß die Zugehörigkeit zu unserer biologischen Rasse bestimmte Rechte mit sich bringe – Rechte, die in irgendeinem Teil der Realität wurzeln; der andere Trost ist die Vorstellung, unsere menschliche Gemeinschaft könne nicht gänzlich aussterben – als sei unsere menschliche Natur von einem günstigen Schicksal dazu bestimmt, jene Tugenden, Leistungen, Erkenntnisse usw. wiederzugewinnen, die der Gemeinschaft insgesamt Ruhm eingetragen haben. Die erste Art von Trost sagt dem Pragmatisten nichts. Denn er hält dafür, daß die Aussage, bestimmte Personen hätten bestimmte Rechte, nichts weiter besage, als daß wir sie in bestimmter Weise behandeln sollten: „Ein Grund, weshalb wir sie in dieser Weise behandeln sollten, sei damit jedoch nicht angegeben" (*Solidarität oder Objektivität?* S. 29). Der andere Trost ist noch zweifelhafter; und der Pragmatist sieht, daß sich Hoffnungen dieser Art ebensowenig austreiben lassen wie die Hoffnung auf individuelles Überleben. Seinerseits urgiert Rorty, daß Solidarität unser einziger Trost sein sollte und daß dieser Trost keiner metaphysischen Stütze bedürfe.

IV.

Eine ähnliche Umkehrung traditioneller Denkmuster findet sich auch in dem Essay „Der Vorrang der Demokratie vor der Philosophie". Dieser Essay setzt bei dem Befund einer Spannung besonderer Art an. Sie besteht darin, daß Menschen vis-à-vis der Schranken öffentlichen Handelns ihre religiösen und gewissensmäßigen Überzeugungen, wie Thomas Jefferson meinte, fallen lassen müssen, als ob das, was sie ohnehin mitbringen, für die politischen Belange ausreiche und die privaten Meinungen nichts zur Sache tun und gegebenenfalls vor dem Altar des öffentlichen Nutzens zu opfern seien. Nun gab es hier offensichtlich eine Hilfskonstruktion. Und zwar handelt es sich um eine absolutistische Sicht, der zufolge uns die Vernunft allein Zugang zur Wahrheit eröffne und uns mit geschichtslosen Wahrheiten bezüglich Sein und Sollen versehe (*Solidarität oder Objektivität?* S. 83). Nur ist aber das Aufklärungsdenken mit seiner Annahme der Existenz von Vernunftwahrheiten, die uns womöglich angeboren seien, bekanntlich gleich an mehreren Fronten ins Wanken geraten. Rorty verweist einmal auf die Erkenntnisse von Ethnologie und Pädagogik; er bezieht sich auf die von Heidegger und Gadamer eröffnete Möglichkeit, den Menschen als geschichtliches Wesen zu denken; und er erinnert an die von Quine und Davidson geförderte Einsicht, „daß die Unterscheidung zwischen Vernunftwahrheiten und Tatsachenwahrheiten nicht mehr deutlich ist" (*Solidarität oder Objektivität?* S. 84). Schließlich gibt er zu bedenken, daß die Psychoanalyse die Unterschiede zwischen dem Gewissen und den Gefühlen Liebe, Haß und Angst verwische und damit auch den Unterschied zwischen Sittlichkeit und Klugheit verschliffen habe. Dies alles führe zu (und wirke zusammen in) einer „Auslöschung jenes Ich-Bildes, welches der griechischen Metaphysik, der christlichen Theologie und dem Aufklärungsrationalismus gemeinsam war. Dies war das Bild eines ahistorischen natürlichen Mittelpunktes, in dem die Würde des Menschen ihren von einer nebensächlichen, unwesentlichen Peripherie umgebenen Sitz hat" (*Solidarität oder Objektivität?* S. 84).

Dies heißt jedoch, daß die oben angesprochene Hilfskonstruktion einer Brücke zwischen öffentlichen Forderungen und privaten, zur Not gänzlich verzichtbaren Auffassungen nicht mehr hält und genaugenommen nicht mehr zur Sache spricht. Doch gerät sie vorläufig wohl nur ins Schwanken: Auf der einen Seite absolutistisch orientierte Denker, die nach wie vor von unveräußerlichen Rechten sprechen, selbst wenn sie wie Ronald Dworkin[7] keine metaphysischen Ansätze in Anspruch nehmen, auf der anderen Seite Denker wie Dewey und Rawls. Die beiden letzteren sieht Rorty als Verfechter der Meinung, daß die liberale Demokratie ohne philosophische Voraussetzungen auskomme. Tatsächlich betont Rawls, dem wohl das wichtigste Buch der politischen Philosophie im 20. Jahrhundert zu verdanken ist, in seinem Aufsatz „Justice as Fairness: Political not Metaphysical", daß die Philosophie als Suche nach der einen, vorgegebenen Wahrheit für einen politischen Gerechtigkeitsbegriff in einer demokratischen Gesellschaft keine gemeinsame, anwendbare Basis abgeben könne (s. Abschn. 13, III).[8] Zwar teilt Rorty die positive Grundeinschätzung der Philosophie nicht, die Rawls unterstellt. Doch teilt er dessen Grundgedanken, daß eine quasi-platonische Erkenntnis objektiver, vorgegebener Ordnungen für die demokratische Politik belanglos sei und daß im Falle eines Konfliktes zwischen Philosophie und Demokratie letztere den Vorrang habe (*Solidarität oder Objektivität?* S. 104).

V.

Diesen Gedanken geht Rorty in seinen Wiener Vorlesungen *Hoffnung statt Erkenntnis* weiter nach, die er im Untertitel als ‚Einführung in die pragmatische Philosophie' bezeichnet. Hier betont er zunächst einmal mehr, daß die Vorstellung einer Realität und

Wahrheit, die von unseren Überzeugungen unabhängig wäre, uneinholbar sei und beiseite bleiben müsse;[9] er wendet sich gegen jede Dramatisierung des Wahrheitsbegriffes und macht geltend, die Ideen von Wahrheit und Rechtfertigung seien in der Weise miteinander verbunden, daß die meisten unserer Überzeugungen gerechtfertigt seien, und zwar aus dem gleichen Grund, aus dem die meisten Überzeugungen wahr seien (*Hoffnung statt Erkenntnis* S. 29).[10] In einem nächsten Schritt argumentiert er für die Annahme einer Welt ohne Substanzen und Wesen. Mit anderen Worten: Er argumentiert gegen einschlägige metaphysische Dualismen wie den von Wirklichkeit und Erscheinung, Inneres und Äußeres. In diesem Kontext nimmt er den Vorwurf an, daß diese Denkweise – der Anti-Essentialismus – „zu anthropozentrisch sei und allzu geneigt, die Menschen als Maß aller Dinge zu behandeln. Viele haben den Eindruck, dem Anti-Essentialismus fehle es an Demut, an einem Sinn für das Geheimnisvolle, am Gefühl für die Endlichkeiten des Menschen" (*Hoffnung statt Erkenntnis* S. 42).[11] Derartige Vorhaltungen muß er ernst nehmen. Denn als Pragmatist muß ihm, wie seinerzeit James, sehr daran liegen, den Faktor Erfahrung substantiell zu gewichten. Doch hält er die Vorhaltungen für unbegründet. Philosophisch gesehen, spricht nämlich nichts für die Annahme eines fixen Unterschiedes zwischen wesentlichen und nicht-wesentlichen Eigenschaften (s. Abschn. 1, I); und dies gilt in seinen Augen – zumal unter den Voraussetzungen der Evolutionsbiologie – auch für die Einschätzung des Selbst oder Ich. So charakterisiert Rorty u. a. auch Kants Annahme invarianter Züge von Subjektivität als Plädoyer für ahistorische Strukturen; und derartige Plädoyers sind in seinen Augen unglaubwürdig: „Im Laufe dieser Jahre haben wir den Versuch, uns selbst von einem Ort außerhalb der Zeit und der Geschichte zu betrachten, allmählich durch das Streben ersetzt, für uns eine bessere Zukunft – eine utopische, demokratische Zukunft – zu schaffen. Der Anti-Essentialismus ist eine Äußerung dieses Wandels. Eine weitere Äußerung ist die Bereitschaft, die Philosophie nicht als Instrument zur Erkenntnis unserer selbst zu begreifen, sondern als Mittel zur Änderung unserer selbst"(*Hoffnung statt Erkenntnis* S. 66).[12]

Natürlich bergen all diese Auffassungen massive Implikationen bezüglich der möglichen Statur einer Ethik. Deshalb ist es auch folgerichtig, daß Rorty in einem abschließenden Schritt die Idee allgemeiner, unbedingter Pflichten attackiert. Dabei geht er so vor, daß er die gemeinhin akzeptierte Unterscheidung zwischen unbedingten und bedingten Pflichten unterhöhlt und so auch den in seiner Terminologie traditionellen Gegensatz zwischen Moralität (Sittlichkeit im engeren Sinn) und Besonnenheit entdramatisiert. Wie Dewey hat er nämlich einen Unterschied zwischen eher routinemäßigen und eher nicht-routinemäßigen Beziehungen vor Augen und betont, daß wir von Recht, Pflicht und Moral eigentlich dann sprechen, wenn Gewohnheit und Brauchtum nicht ausreichen und mehr verlangt zu sein scheint als das Tun des Selbstverständlichen und Routinemäßigen. Dabei handelt es sich hier im Kern um eine Philosophie, die durch Kant begrifflich Gestalt gewonnen hatte. Was Rorty an dessen Konstruktion des Gedankens stört, ist einerseits das Vertrauen in die Vernunft als Quelle allgemein anwendbarer Patentprinzipien, andererseits aber die, wie er meint, parallele Reduktion des moralischen Selbst auf einen angeblich wesentlichen Kern, nämlich die Vernunft. Diese Reduktion ist in seinen Augen schon deshalb falsch, weil das Ich damit als etwas Nicht-Relationales betrachtet wird, nämlich als kalter Psychopath, „der dazu gezwungen werden muß, die Bedürfnisse anderer Menschen in Betracht zu ziehen. Dies ist das Bild des Ichs, das die Philosophen seit Platon im Sinne der Kluft zwischen ‚Vernunft‘ und ‚Leidenschaften‘ gedeutet haben" (*Hoffnung statt Erkenntnis* S. 73).[13] Dieses Bild hält Rorty ebenso wie Annette Baier, auf die er sich hier z.T. bezieht,[14] für desaströs, und zwar aus zwei Gründen. Erstens verzeichnet es das Ich; zweitens trägt es dazu bei, den moralischen Fortschritt zu inhibieren. Denn Fortschritt im relevanten Sinn der Hoffnung auf Schaffung solidarischer Gemeinschaften setzt die Bildung und Anerkennung der ganzen Person voraus. Dem ist eigentlich nichts hinzuzufügen.[15]

19. Philosophie der Kunst

I.

Wenige Disziplinen haben in den hinter uns liegenden Jahrzehnten in ähnlicher Weise von den Entwicklungen in der Philosophie profitiert wie die Philosophie der Kunst; und wenige Disziplinen haben ihrerseits die Philosophie so bereichert wie diese Disziplin.[1] Das ist nicht selbstverständlich. Denn gerade mit der Kunst taten sich Philosophen in der Vergangenheit schwer. Dies hat im wesentlichen zwei Gründe, *(i)* die Unterschätzung von Kunst und *(ii)* die essentialistische Grundhaltung.

(i) Der erste Punkt hängt damit zusammen, daß Kunst von maßgeblichen Denkern – man denke an Platon und Hegel, um nur besonders prominente Beispiele zu nennen – vor dem Hintergrund ihrer eigenen Gedankengebäude oder Systeme kaum anders denn als fehlgeleiteter Versuch gedeutet werden konnte, Wahrheit(en) zu eruieren oder das Absolute zu artikulieren. Von hieraus gewann das Vorurteil Gewicht, Kunst sei der Philosophie prinzipiell unterlegen.[2] Platon wollte die großen Dichter aus einem idealen Staat verbannt wissen (s. *Politeia* X);[3] und Hegel betonte in seinen *Vorlesungen zur Ästhetik*, „daß die Kunst weder dem Inhalte noch der Form nach die höchste und absolute Weise sei, dem Geist seine wahrhaften Interessen zum Bewußtsein zu bringen".[4] So liegt es dann in der Konsequenz des Hegelschen Ansatzes, daß „uns [i. e. der Philosophie des Idealismus] die Kunst nicht mehr als die höchste Weise gilt, in welcher die Wahrheit sich Existenz verschafft".[5] Mit anderen Worten: Wir glauben nicht mehr an Bilder, und wir brauchen keine Symbole. Denn „in Symbolen ist die Wahrheit durch das sinnliche Element noch getrübt".[6] Auch sprach Hegel bekanntlich vom Ende der Kunst[7] – das ist eine Thematik, die in anderer Weise bei Arthur C. Danto wiederkehrt. In dem Maße, wie das Selbstverständnis der Philosophie als *prima philosophia* schwindet oder gar geschwunden ist[8] und dem Verständnis als Metadisziplin weicht, öffnen sich nun wieder neue Horizonte.

(ii) Philosophen haben mehrheitlich immer wieder Wesensdefinitionen von Kunst artikuliert. Nur erwies sich die Vorstellung, es gebe eine gemeinsame Eigenschaft, die Kunst bzw. Kunstwerke ausnahmslos aufwiesen, jedoch immer wieder als Chimäre. Stets genügte der Hinweis auf ein Gegenbeispiel. Und der Gang der Entwicklung tat sozusagen ein übriges, indem die Zeitgebundenheit jener Elemente zutage trat, die ausgezeichnet oder verabsolutiert wurden. Zwar gibt es seit 1948 in zunehmendem Maße anti-essentialistische Stellungnahmen, darunter auch einen Aufsatz aus der Feder von John Passmore, dem späteren Autor von *A 100 Years of Philosophy*. Gleichwohl bedeutete wohl erst das Jahr 1956 so etwas wie einen wirklichen Einschnitt. Zu dieser Zeit nämlich publizierte Morris Weitz seinen Aufsatz „The Role of Theory in Aesthetics".[9] Dieser Aufsatz wirkte als Fanal und bestimmte für die nächsten beiden Jahrzehnte den Gang der Erörterungen. Immerhin war Weitz noch 1950 als Essentialist in Erscheinung getreten. Nun brachte er eine neue Dimension in die Diskussion, und zwar eine Verlagerung weg von der Frage ‚Was ist Kunst?' hin zu der Frage ‚Was (für ein Begriff) ist „Kunst"?'

Diese Frage – sie markiert den für die Sprachliche Wende (s. Kap. 2) so typischen semantischen Aufstieg – beantwortete er folgendermaßen: ‚Kunst' sei ein empirisch-klassifikatorischer Begriff mit einer offenen bzw. unabgeschlossenen Struktur. Diese Strategie ist geschickt. Denn sie scheint geeignet, den faktischen Entwicklungen von Kunst Rechnung zu tragen. Nur basiert Weitz' anti-essentialistische Attacke auf bestimmten Voraussetzungen. Dies ist einmal Wittgensteins These, daß wir nicht nach dem Gemeinsamen schauen sollen, das wir ohnehin nicht erblicken, sondern nach Verwandtschaften und Familienähnlichkeiten: „Sag nicht: ‚Es *muß* ihnen etwas gemeinsam sein, sonst hießen sie nicht „Spiele"' – sondern *schau*, ob ihnen allen etwas gemeinsam ist. – Denn wenn du sie anschaust, wirst du zwar nicht etwas sehen, was allen gemeinsam wäre, aber du wirst Ähnlichkeiten, Verwandtschaften, sehen, und zwar eine ganze Reihe. Wie gesagt: denk nicht, sondern schau!" (*Philosophische Untersuchungen* § 66). Und hier mag man sich fragen, ob sich das, was Wittgenstein in bezug auf ‚Spiel' geltend macht, auf andere generelle Termini übertragen läßt bzw. für diese vorausgesetzt werden kann. Zum anderen ist an Waismanns These von der porösen

Struktur (*open texture*) von empirischen Begriffen überhaupt zu denken.[10]

Ob Begriffe dieser Art letztlich ihre Aufgabe erfüllen können, Kunstwerke zu identifizieren, ist fraglich. Dies gilt um so mehr, wenn sich – auch dies wurde von einem Kritiker geltend gemacht[11] – Familienähnlichkeiten z.B. anhand von relationalen Eigenschaften bestimmen ließen. Damit sind wir bei einem grundsätzlichen Punkt. Weitz' anti-essentialistische Haltung mag für den Fall gerechtfertigt sein, daß sich der Essentialist nur auf Perzeptuelles bezieht und es sich bei den fraglichen notwendigen und hinreichenden intrinsischen Eigenschaften um wahrnehmbare Eigenschaften handelt. Aber wer sagt uns, daß diese Voraussetzung gilt? Wenn Gebilde von der Art der *Ready-mades* Duchamps Kunstwerke sind, so gilt auch, daß sie sich nicht auf Grund ihrer wahrnehmbaren Eigenschaften als solche ausmachen lassen. Mit anderen Worten: Die Unterscheidung zwischen Kunstwerk und bloßem Objekt wäre auf diese Weise nicht gewährleistet (s. IV).[12]

II.

Mit diesem Problem ist ein anderes verhängt, das sich als kaum weniger virulent erwiesen hat. Es betrifft die Unterscheidung zwischen ästhetischen Eigenschaften und nicht-ästhetischen Eigenschaften im Allgemeinen und die Auffassung der Ästhetik als Domäne *sui generis* im Besonderen. Die letztere Vorstellung steht und fällt damit, daß das Ästhetische selbst als begrifflich irreduzibel und fundamental ausgewiesen werden kann und zwischen ‚Ästhetisch' (*A*) einerseits und ‚Nicht-Ästhetisch' (*NA*) andererseits eine undurchlässige Dichotomie besteht. Diese Problematik stellt sich vor dem Hintergrund der Arbeiten Frank Sibleys. Er versuchte, die Autonomie der Ästhetik durch den Nachweis der Selbständigkeit des ästhetischen Urteils nahezulegen; und dieser Nachweis würde darin bestehen, daß sich das ästhetische Urteil nicht auf verwandte oder ähnliche Urteilsarten zurückführen läßt. Damit stehen wir vor der Aufgabe, sagen zu müssen, ob und wie ästhetische Beschaffenheiten oder Merkmale eigentlich registriert werden können und wie die entsprechenden Termini angemessen Verwendung finden.

Sibley selber war der Meinung, daß *A*-Eigenschaften direkt und unmittelbar erfaßt werden: „Man muß die Anmut oder Einheit eines Werkes *sehen*, die Wehmut oder Raserei in der Musik *hören*, das Aufdringliche einer Farbzusammenstellung bemerken, das Ergreifende eines Romans, seine Stimmung oder Unsicherheit *fühlen*."[13] Ferner hielt Sibley dafür, daß die korrekte Anwendung der Termini etwas mit Geschmack zu tun habe, nämlich mit einer besonderen Wahrnehmungsfähigkeit des Verstandes, mit Sensibilität und ästhetischem Einschätzungsvermögen. Diese Konstruktion scheint in mancher Hinsicht fragwürdig. Da ist erstens der Verdacht, daß *A*-Termini nur so bestimmt werden können, daß man auf eine entsprechende Wahrnehmungsleistung verweist, und sich die in Rede stehende Wahrnehmungsleistung ihrerseits nur im Rekurs auf entsprechende Bestimmungen von *A*-Eigenschaften explizieren lasse. Zweitens scheinen in der Charakterisierung selber zwei Betrachtungsweisen zu kollidieren. Auf der einen Seite finden wir jene Art von Unmittelbarkeit, die in der Wahrnehmung traditionell allenfalls der Wahrnehmung von Sinnesdaten zugeschrieben wird; und diese Konstruktion ist seit Austins Einlassungen in *Sense and Sensibilia* (s. Abschn. 3, III) ohnehin nicht mehr selbstverständlich. Auf der anderen Seite finden wir in dieser Auffassung von Geschmack Eigenschaften, die intuitionistische Züge nahelegen.

Andere Autoren suchten die Situation so zu vereinfachen, daß wir nicht an *per se* ästhetische Eigenschaften denken, sondern an Eigenschaften, die von einem ästhetisch qualifizierten Betrachter *als* ästhetisch wahrgenommen werden. In diesem Sinne argumentierte K. Mitchells, daß ein solcher Beobachter die Farben anders wahrnehme als ein nicht-ästhetischer Beobachter, nämlich nicht als neutral, sondern als kühl und ruhig. Er sieht Pastellfarben als weich und mild, Kurven nicht einfach als Linien, die geometrisch beschreibbar sein mögen, sondern als sanft und fein gezogen. Danach unterscheiden sich ästhetische und nicht-ästhetische Perzeption, „sofern sie sich auf verschiedene Ziele richten und dadurch verschiedene Aspekte der wahrnehmbaren Wirklichkeit erschließen".[14] Wiederum anders versteht Virgil Aldrich ästhetische Wahrnehmung als impressionistische Art des Schauens – „Man betrachte etwa, wie bei Dämmerung eine dunkle Stadt und ein blauer westlicher Himmel in der Silhouette zusammentreffen. In rein

ästhetischer Sicht dringt der helle Himmelsraum oberhalb der ge-
zackten Silhouette in Richtung auf den Betrachter vor, ist dem
Betrachter näher als die dunkle Sphäre der Gebäude. Also ist,
wenn man will, ästhetische Wahrnehmung eine impressionistische
Art des Schauens, aber doch immer Wahrnehmung. Die Impres-
sionen beseelen objektiv die materiellen Dinge, die sind, um in
dieser Weise erfaßt zu werden."[15] So oder so scheint sich das Ästhetische begrifflich zu verflüchtigen: „Die Hörer eines Konzer-
tes, die Besucher einer Galerie, die Leser eines Gedichtes können
mehr oder minder ähnliche Sinneseindrücke haben, aber manchen
unter ihnen gibt das, was sie wahrnehmen, sehr viel mehr als
anderen, und sie beurteilen es anders. Was ist dies ‚Mehr‘, wie
erfährt man es?"[16]

Nun hat das Problem noch eine weitere Facette. Zwar mag
vieles dafür sprechen, daß die Annahme eines Unterschiedes zwischen *A*-Eigenschaften und *NA*-Eigenschaften ein *fundamentum
in re* hat. So tendieren wir intuitiv dazu zu sagen, daß es Prädikate
gibt, die zwar auf körperliche, nicht aber auf künstlerische Gegenstände anwendbar seien (s. III). Ein Gemälde mag Tiefe haben,
eine Leinwand ist flach.[17] Auch scheint es vielleicht plausibel, die
Beziehung zwischen *A*- und *NA*-Eigenschaften in der Weise zu
denken, daß erstere von letzteren abhängen, ohne auf diese reduzierbar zu sein. Das Vorkommen von *A*-Eigenschaften wäre dann
ähnlich wie schon im Fall von ‚gut‘ bei Moore als Weise der Supervenienz zu denken (s. Abschn. 13, II). Doch rankt sich das
Problem um die Verwendung der entsprechenden *A*-Termini.

Viele Termini, die zur Konnotierung ästhetischer Eigenschaften
Verwendung finden, werden nämlich metaphorisch oder quasi-
metaphorisch gebraucht. Wir drängen Worten damit eine Funktion auf, die sie – das gesteht Sibley selber zu – normalerweise
nicht haben.[18] Stuart Hampshire ging so weit zu sagen, daß „der
für praktische Zwecke geschaffene Wortschatz" einer „desinteres-
sierten Wahrnehmung von Dingen widerstrebt" und daß diese
Eigenschaften „normalerweise metaphorisch beschrieben" werden" – „durch Übertragung von Begriffen aus dem gewöhnlichen
Vokabular" – und daß „Beschreibungen ästhetischer Eigenschaften, welche für uns metaphorisch sind", für eine „Kolonie von
Ästheten einen durchaus wörtlichen und vertrauten Sinn" erhalten können, als „unmittelbar deskriptives Vokabular".[19] Betrach-

ten wir nun unser Problem. Es besteht darin, daß *A*-Eigenschaften in vielen Fällen von Termini bedeutet werden, die normalerweise *NA*-Eigenschaften zum Ausdruck bringen, und *NA*-Eigenschaften *A*-Eigenschaften subvenieren. Somit stürzt uns der Trennungsversuch zwischen *A*- und *NA*-Eigenschaften in Schwierigkeiten, die mit der Handhabung der Sprache zu tun haben. Offensichtlich können Termini nicht gleichzeitig metaphorisch und deskriptiv verwendet werden. Doch schließt das nicht aus, daß Metaphern – ,starke Metaphern' in der Diktion von Max Black – über so etwas wie Darstellungsvermögen verfügen können und in dieser kognitiven Funktion durchaus nicht etwa als Ersatz für eindeutig beschreibende Begriffe aufgefaßt zu werden brauchen.[20] In diesem Sinn wäre die Verwendung von Termini, die ästhetische Eigenschaften verdeutlichen oder womöglich darstellen und zu diesem Zweck metaphorisch verwendet werden, vermutlich unproblematisch. Verwendungen dieser Art wären nicht der Alternative von *wahr* oder *falsch* unterworfen, wohl aber beispielsweise Darstellungsbewertungen in Begriffen von *richtig* und *falsch*.

III.

Eine andere Frage, die innerhalb der Philosophie der Kunst begreiflicherweise Aufmerksamkeit auf sich zog und Aufklärung verlangt, ist die Frage nach der Seinsweise und Existenzart von Gegenständen, die als Kunstwerke gelten. Auch diese Frage erweist sich rasch als Problemnest. Denn sie konfrontiert uns mit hartnäckigen Schwierigkeiten. Die traditionell naheliegende Antwort weist in Richtung einer Auffassung *(i)*, der zufolge Kunstwerke physische Gebilde wären, eine andere *(ii)* besagt, daß es sich um Geistiges handele; und eine dritte *(iii)* Auffassung geht dahin, daß Kunstwerke objektive/nicht-wirkliche Entitäten seien, in relevanter Hinsicht etwa den Gebilden der Dritten Welt Freges vergleichbar (s. Abschn. 2, IV).

(i) Die Annahme, Kunstwerke seien materielle Dinge, liegt vielleicht zu nahe, als daß sie sich einfach ausklammern ließe. Doch hat sie immer wieder Kritik erfahren. Denn nicht alle Kunstwerke befinden sich zu einem bestimmten Zeitpunkt an einem bestimmten Ort,[21] wie das für physische Objekte gefordert werden müßte. Mithin kann diese These nicht richtig sein. Diesen naheliegenden

Einwand hat Franz von Kutschera in seinem Buch *Ästhetik* zu entkräften versucht;[22] und zwar machte er geltend, daß Kritiker von *(i)* einer Verwechslung von ‚physisches Ding' einerseits und ‚gemeinsame Form physischer Dinge' andererseits zum Opfer fallen und damit z.B. auch die Existenz von Masse als solcher leugnen müßten, nur weil sie nicht an einem bestimmten Ort sei (S. 212). Mit anderen Worten: Letzteres sei ein physischer *Gegenstand*, ohne deshalb ein physisches *Objekt* sein zu müssen. Dieser Einwand scheint subtil. Aber ist er auch stichhaltig? Was wäre mit der Unterscheidung zwischen ‚physisches Objekt' und ‚physischer Gegenstand' hier erreicht? Könnte damit dem Vertreter der These *(i)* irgendein Gefallen erwiesen sein?

Die Antwort kann nur negativ ausfallen. Vermutlich kondensiert sich das Problem in von Kutscheras Verwendung des Ausdrucks ‚Masse als solche'. Wenn damit irgendein amorpher Klumpen von Realität gemeint wäre, müßte es sich, wie Schmücker zu bedenken gibt, um „ein raum-zeitliches Vorkommnis" und damit um „etwas Physisches handeln".[23] Handelt es sich hingegen um die Bezeichnung einer „Eigenschaft von Seiendem als solchem", so kann es sich dabei nicht gut ihrerseits um etwas Seiendes handeln, von dem sich sagen ließe, es sei etwas Physisches. Offensichtlich bleibt die Verwendung von ‚physisch' unklar, wenn nicht sogar, wie Schmücker sagt, äquivok (S. 185). Falls letzteres vom Autor selber so intendiert sein sollte, um einem ‚nicht-engen Physizismus' das Wort zu reden, verliert die Geschichte ihre Relevanz. Denn der Physizist, der in *(i)* gemeint ist und attackiert wird, ist nun einmal ein engerer Physizist als der nicht-enge Physizist im Sinne der Sicht von Kutscheras.

Ein anderes Argument, das gegen *(i)* ins Feld geführt wird, besagt, daß ein und derselbe Gegenstand nicht Träger von *A*- und *NA*-Eigenschaften sein könne. Dieser Punkt ist jedoch zweifelhaft. Dabei ist weniger an den Einwand zu denken, die Aussage ‚*X* (qua Gemälde) ist *A*' lasse sich in eine Aussage ‚*X* (qua Leinwand) ist *NA*' übersetzen. Das mag sein oder auch nicht. Solange wir in bezug auf die *A*/*NA*-Unterscheidung, begrifflich gesehen, auf verlorenem Posten stehen, verfügen wir ohnehin über keine Äquivalenzregeln, die uns bei dem Unterfangen einer Übersetzung helfen könnten. Alles, was sich sagen ließe, ist z.B., daß anstelle des Satzes ‚Dieses Gemälde ist ein Stilleben' gesagt werden mag: ‚Es stellt bei der üblichen perspektivischen Interpretation ein Stilleben dar'.[24] Nur wäre damit nichts gewonnen. Denn wie die Verwendung des Ausdrucks „... stellt dar ...' unschwer zu erkennen gibt, hätten wir es bei dieser Betrachtung mit einer Repräsentationsrelation zu tun.[25] Damit wäre dem sog. Physizisten natürlich nicht geholfen. Ähnlich liegen die Dinge im Falle des Beispiels: Statt ‚Dieses Wort ist ein biologischer Term' können wir z.B. sagen: ‚Dieses Wort drückt bei seiner normalen Interpretation in der deutschen Sprache einen biologischen Begriff aus' (*Ästhetik* S. 213–214). Einfacher scheint darum folgende Überlegung. So, wie man sagen könnte, Personen seien diejenigen Einzeldinge, denen sich sowohl physische als auch mentale Eigenschaften zuschreiben lassen (s. Kap. 20), so ließe sich mit Jens Kulenkampff geltend machen, daß ein und dasselbe Objekt unter verschiedenen Beschreibungen sehr wohl *A* als auch *NA* sei.[26] Dies und anderes spricht zwar für Kulenkampffs Argumentation, zumal wenn die jeweiligen Redekontexte bedacht werden, innerhalb derer wir uns bewegen; und doch bleibt vielleicht ein Unbehagen: Wenn jemand innerhalb einer ästhetischen Erfahrung – so wie sie von Roman Ingarden suggestiv beschrieben wird[27] – von der Milde der Gesichtszüge Niobes spricht, so bezieht er sich einfach nicht auf den spröden Marmor!

(ii) Auch die Auffassung von Kunstwerken als mentalen bzw. geistigen Gebilden, wie sie Benedetto Croce und R.G. Collingwood zugeschrieben wird, ist gegen Kritik nicht gefeit. Zwar wird kaum jemand die Relevanz von Ideen und Vorstellungen bestreiten, die Künstlerinnen und Künstler in ihrem Tun leiten und in ihre Schöpfungen eingehen. Doch scheuen sich Philosophinnen und Philosophen in der Regel, Gebilden dieser Art viel Gewicht beizumessen. Dies hängt mit bestimmten epistemologischen Bedenken zusammen, die seit der Psychologismuskritik Freges im allgemeinen und dessen Desavouierung von Vorstellungsinhalten als bloß subjektiven, intersubjektiv unzugänglichen und damit unzuverlässigen Entitäten im besonderen im Raum stehen. Vor diesem Hintergrund muß sich die Identifikation von Kunstwerken mit geistigen Gebilden als höchst problematisch ausnehmen: Gerade weil das Studium von Gegenständen der Kunst deren Zugänglichkeit nicht nur voraussetze, sondern geradezu beweise, könne die These *(ii)* nicht richtig sein. Doch beruht die von Frege

her motivierte Skepsis möglicherweise auf einem Trugschluß. Denn aus der Tatsache, daß Vorstellungen an das Sein von Subjekten gebunden sind, folgt nicht, daß Vorstellungen auch epistemisch subjektiv sein müssen (s. Abschn. 2, III). Nur würde diese Korrektur das eigentliche Problem kaum beseitigen. Dies wird in dem Moment deutlich, da bedacht wird, daß sachkundige Interpreten an Kunstwerken immer wieder Züge erkennen, die von der Künstlerin bzw. dem Künstler nicht intendiert waren oder jedenfalls als vor- bzw. unbewußte Zusammenhänge zu denken sind.[28] Damit wird *(ii)* inkohärent.

(iii) Wer *(i)* und *(ii)* zurückweist, wird nach anderen Wegen suchen müssen, die Seinsweise von Kunstwerken verständlich zu machen. Die sauberste Lösung wäre nun die Auffassung von Kunstwerken als abstrakten, idealen Gegenständlichkeiten, etwa als objektiven/nicht-wirklichen Gebilden im Sinne Freges. In diese Richtung weist die Position Günther Patzigs. Er vertritt die Auffassung, daß Kunstwerke zwar in zeitlichem Material fundiert seien, versteht das Kunstwerk selbst aber als „Inbegriff derjenigen Elemente und Eigenschaften des physischen Gegenstandes, die für seine ästhetische Erfahrung relevant sind" (S. 207). Diese Position vermeidet nicht nur die Nachteile, die *(i)* und *(ii)* anhaften. Sie hat ihrerseits den Vorzug, den ontologischen Status der Kunst einheitlich zu verstehen.[29]

In anderer Weise hatte bereits Roman Ingarden (s. Abschn. 6, VI) Kunstwerke als Gegenständlichkeiten im Spannungsfeld von idealen und realen Faktoren gedeutet.[30] Natürlich fußen Kunstwerke in materiellen Gegebenheiten unterschiedlichster Art. Auch scheinen ihnen ideale Gebilde in Gestalt von Ideen zu entsprechen, die allen Erkenntnisakten gegenüber invariant bestehen und so die Identität des Kunstwerks verbürgen. Fokus seiner Sichtweise ist freilich der Begriff des intentionalen Aktes bzw. Gegenstandes (s. Abschn. 6, V). Diese Art der Betrachtung bringt mit sich, daß das Eigentliche an bzw. von Kunstwerken in Korrelaten intentionaler Akte bestehe. In technischer Diktion gesprochen, sind Kunstwerke mithin nicht seinsautonom. Sie sind vielmehr von intentionalen Akten abhängig und auch in diesem Sinn seinsheteronome Gebilde.

Damit scheint gewährleistet, daß Kunstwerke nicht einseitig auf der Ebene des Psychologischen bzw. Materiellen angesiedelt werden. Was Ingardens Ansatz mit der eben erwähnten Position Günther Patzigs verbindet, ist die These, daß materielle Faktoren und Gegebenheit zwar die Identität des Kunstwerks (mit-)bestimmen bzw. ermöglichen, aber nicht als Teil bzw. Schicht desselben angesehen werden können. Was Ingardens Ansatz freilich belastet (und vielleicht *in concreto* wohl auch gefährdet), ist sein Rekurs auf extrem platonistisch anmutende Gebilde wie Ideen. Sofern diese nämlich buchstäblich einer anderen Welt angehören und keinen Einfluß auf die reale Sphäre nehmen können, bleibt fraglich, was sie wirklich leisten können. Ähnliche Probleme stellen sich hinsichtlich der Annahme eines überindividuellen Bewußtseins, welches ermöglicht, daß bei allen unterschiedlichen Konkretisationen doch die Identität des Kunstwerks gewährleistet bleibt.[31] Leider haben Ingardens Arbeiten in unserem Sprachraum wenig Beachtung gefunden.[32] Das dürfte mit den Erfolgen der Philosophischen Hermeneutik (s. Kap. 7) einerseits und der Kritischen Theorie (s. Kap. 8) andererseits zu tun haben. Doch sind Ingardens Untersuchungen im Detail so komplex, daß manchem der Aufwand zu groß erschienen sein mochte. Nur sollte das nicht darüber hinwegtäuschen, daß Ingardens Sondierungen im Detail ein ebenso anspruchsvolles wie ehrgeiziges Projekt verfolgen, das seinesgleichen sucht.

Unter den heute maßgeblichen Autoren, die *(i)* und *(ii)* bestreiten, befindet sich Joseph Margolis. Dieser hatte bereits 1968 betont, daß Kunstwerke weder eine Reduktion auf materielle Objekte gestatten noch etwa bloß im Geist des Künstlers oder Betrachters existieren.[33] In seiner Sicht handelt es sich bei Kunstwerken ebenso wie im Falle von Personen (s. III u. Kap. 20) um kulturell emergente Entitäten (*culturally emergent entities*), die in physischer Weise verkörpert seien.[34] Diese Charakterisierung birgt wichtiges philosophisches Potential. Erstens ermöglicht sie eine vernünftige Bestreitung der These *(i)*. So ist sie mit einem nicht-reduktiven Materialismus kompatibel und gestattet überdies die Annahme der Existenz von Eigenschaften wie Intentionalität (s. u.). Zweitens verdeutlicht sie, weshalb Kunstwerke über die bloße Referenz auf physische Körper hinaus nur insofern identifiziert werden können, als der entsprechende kulturelle Kontext in Betracht gezogen wird. Dieser Punkt macht sich der Unterscheidung zwischen extensionaler und intensionaler Ebene zunutze, wie sie im Zusammenhang von Freges Unterscheidung zwischen Bedeutung und Sinn hervortritt (s. Abschn. 2, V). Damit unterliegt also die Zuschreibung bestimmter Attribute oder Eigenschaften entsprechenden Einschränkungen, die unsere normalen Intuitionen widerspiegeln: Körper sind nicht großherzig und Personen nicht porös. Drittens wird es möglich, für kulturelle Gebilde, wie Personen und Kunstwerke es in dieser Sicht sind, einen Typus von Attribut in Anspruch zu nehmen, der ansonsten kein Fundament hätte; und zwar handelt es sich hier um das, was Margolis ‚das Intentionale' nennt oder ‚Intentionalität'. Damit meint er strukturelle Züge bestimmter Art, etwa daß Farbschattierungen in bestimmter Absicht verteilt sind oder beim Tanz bestimmte Schrittfolgen erkennbar werden, die den Gedanken einer bestimmten Artikulierung nahelegen (S. 192).

In späteren Arbeiten wie „The Cultural Nature of Art"[35] und „The Deviant Ontology of Art"[36] hat Margolis den konstitutiven Charakter dieser Züge herausgearbeitet. In diesem Zusammenhang kommt auch eine Unterscheidung zum Tragen, die das Verständnis von ‚Interpretation' angeht und hier Klarheiten schafft, die auch unabhängig von Margolis' eigenem Projekt relevant sind. So macht er auf den Unterschied zwischen Interpretationen aufmerksam, die sich innerhalb eines Kontextes bewegen, und anderen, die solche Kontexte erst schaffen.[37]

IV.

Interpretation spielt auch da eine Rolle, wo Kunstwerke gewissermaßen konstituiert werden. So betrachtet Danto Interpretationen in seinem Buch *The Transfiguration of the Commonplace* als Art der Verwandlung, einer Taufe vergleichbar, in der – und durch die – ein Gegenstand eine neue Identität erhält (S. 120). Dies heißt u.a., daß der Gegenstand auch in den Rang des Trägers einer Aussage erhoben wird. Dabei hatte Danto schon frühzeitig betont, daß Interpretationen theorieabhängig seien. In seinem Aufsatz „The Artworld" ging seine Überlegung noch dahin, daß Gegenstände dadurch zu Kunstwerken werden, daß sie mit und zu Kunstgegenständen in Beziehung gesetzt werden. Der Begriff der Kunstwelt bezog sich in diesem Sinne auf die Welt der Kunstgegenstände.[38] Später hat er dieses Verständnis modifiziert. Denn in seinem Essay „The Artworld Revisited" wird der Begriff nun als Geflecht von Gründen aufgefaßt, als Gründe, die Leute in die Lage versetzen, Objekte als Kunstwerke anzusehen.

An dieser Stelle zeichnet sich eine Berührung mit jener Theorie ab, die als Instititutionstheorie der Kunst gilt und von George Dickie vertreten wird. Danach wird etwas zu einem Kunstwerk, indem es zu einem solchen erklärt wird. Doch ist Dantos Ansatz hier wohl subtiler.[39] Denn sein semantisches Verständnis von Kunstwerken verlangt, daß eine Interpretation stattfindet, welche die besagten historischen und kulturellen Bezüge eröffnet und den fraglichen Gegenstand entsprechend einbettet; und es ist diese Interpretation, die den Status des Gegenstandes ausmacht.

Hier nun fällt ins Gewicht, daß Danto näherhin zwei Arten von Interpretation unterscheidet, nämlich die Oberflächeninterpretation (*surface interpretation*) und die Tiefeninterpretation (*deep interpretation*).[40] Dabei ähnelt die Oberflächeninterpretation dem, was wir tun, wenn wir das beobachtbare Verhalten einer Person nach dem Muster bekannter Handlungstheorien zu erklären suchen und dabei „auf eine innere Vorstellung von diesem Verhalten Bezug" nehmen, „von der angenommen wird, daß es die des Handelnden sei".[41] Bei der Tiefeninterpretation liegen die Dinge anders. Hier geht es – bei marxistischen Theorien *mutatis mutandis* ebenso wie bei psychoanalytischen oder strukturalistischen Auffassungen – um Faktoren, die dem Handeln selbst verborgen bleiben und im übrigen auch dem Künstler nicht bewußt sind. Nun meint Danto, die Oberflächeninterpretation konstituiere das Kunstwerk, während die Tiefeninterpretation auf der Basis der damit gegebenen Interpretanda weitere Fragen verfolge.

Daß diese Auffassung bei Lichte besehen große Schwierigkeiten aufwirft, dürfte absehbar sein. Denn im Interesse einer sauberen Trennung würden wir uns bei der Oberflächeninterpretation an das halten wollen, was die Künstlerin selber intendierte. Doch tun wir dies selten. Wie aber steht es dann mit der Abhängigkeit der Tiefeninterpretation von der Oberflächeninterpretation? Offensichtlich sind hier unterschiedlich starke Beziehungen denkbar, nämlich solche, wo Interpretationen des ersteren Typus mit solchen letzteren Typus konsistent sind, und solche, in denen erstere darüber hinaus auch auf den theoretischen Annahmen der Künstlerin basierten.[42] Auch dieser Punkt bedarf weiterer Überlegung.[43]

20. Person und Selbst

I.

Was der Mensch im Kern ist und was seine Existenz eigentlich ausmacht, ist eine Frage, die immer wieder neu aufgeworfen wird und nun auf seiten der akademisch orientierten Philosophie vermehrt Resonanz findet. Leitend sind dabei die Begriffe ‚Person‘ und ‚Selbst‘. Was gehört zu einer Person, was nicht?[1] Läßt sich der Vorstellung eines Selbst ein greifbarer Sinn abgewinnen?[2] – Wer die Diskussion um Fragen wie ‚Sind Personen bildbar?‘, ‚Dürfen wir Person bilden?‘, ‚Was sind Personen?‘ ‚Sind Gorillas Personen?‘ verfolgt und dabei Wendungen wie ‚personale Existenz‘ und ‚Kriterien von Personhaftigkeit‘ beachtet, ahnt bald, daß hier gelegentlich von zwei verschiedenen Dingen die Rede ist. Offensichtlich geht es auf der einen Seite um Erwägungen, die auf moralphilosophische bzw. moralphilosophisch relevante Aspekte abstellen, auf der anderen Seite hingegen um Überlegungen, die metaphysische und z. T. psychologische Gesichtspunkte betreffen. So werden nicht nur unterschiedliche Fragen beantwortet. Vermutlich wird das Wort ‚Person‘ sogar unterschiedlich verwendet. In manchen Kontexten geschieht dies in der Absicht, bestimmte Rechte auf seiten menschlicher Wesen zu begründen und Pflichten namhaft zu machen, die ihnen als solchen geschuldet seien. In anderen Zusammenhängen begegnet uns der Terminus ‚Person‘ als Verweis auf Eigenschaften wie Identität durch die Zeit, Bewußtsein von Vergangenheit und Zukunft usw. Beide Verwendungen dienen nicht nur unterschiedlichen Zwecken. Sie gründen auch in unterschiedlichen philosophischen Traditionen. Im einen Fall werden wir in die Philosophie des Mittelalters zurückverwiesen,[3] im anderen auf John Locke.[4]

Dabei scheint die mittelalterliche Diskussion vor allem bei dem Gegensatz ‚Naturding‘ (*ens naturale*) und ‚Moralwesen‘ (*ens morale*) anzuheben und den Personbegriff an die Eigenschaft ‚moralisch sein und die Würde angehend‘ (*esse personae est morale et respicit dignitatem*)[5] zu binden. Diejenige bei Locke hingegen er-

221

wächst vor dem Hintergrund der Gegenüberstellung von ‚Mensch‘ und ‚Person‘.[6] Die unterschiedliche Art der Plazierung der Person wirft nicht nur Licht auf die unterschiedliche Funktion des zugehörigen Begriffs. Im einem Fall werden nämlich Dinge unter dem Gesichtspunkt ‚Personen versus Nicht-Personen‘ in disjunkte Klassen gegliedert, nicht selten in der Absicht zu zeigen, wen oder was wir nicht töten dürfen. Im anderen Fall werden bestimmte Aspekte bewußten Seins identifiziert. Sie zeigt auch – und dieser Punkt sollte nicht unerwähnt bleiben –, daß die bei Locke ins Auge gefaßte Frage auf eine noch ältere Tradition zurückgeht. Da ist einmal die in den Dialogen Platons verhandelte Frage nach dem Verhältnis von Selbst, Seele und Leib (s. *Charmides*), und da ist zweitens die von Aristoteles in den Schriften *Über die Seele* und *Metaphysik* aufgeworfene Konstitutionsproblematik. Ebenso wichtig ist jedoch drittens, daß die von Locke thematisierte Leitidee, nämlich Identität und Verschiedenheit, in Zeugnissen über die ältere stoische Schule eine wichtige Rolle spielte. Die Stoiker diskutierten Fragen, ob und wie ein Individuum mit seiner physischen Substanz identisch sei.[7]

Der oben angezeigte Gegensatz spielt bis in die Gegenwartsphilosophie hinein und hat zu Unklarheiten geführt. So monierten Vertreter der moralphilosophischen Besetzung des Personenbegriffs, daß die Verfechter des metaphysischen, jedoch moralisch neutralen Personenverständnisses dem *esse morale* keine oder zuwenig Beachtung schenken und *de facto* hinter „das schon Erreichte" zurückfallen.[8] Damit läuft die Kritik aber auf den Vorwurf hinaus, den Terminus ‚Person‘ bzw. die damit bedeutete Sache falsch zu verstehen.

Dieser Punkt darf so nicht im Raum stehenbleiben. Erstens ist klar, daß aus dem Vorhandensein eines Wortes nicht auf das Vorhandensein einer Sache geschlossen werden kann, die diesem Wort als Bedeutung gegenüberstünde (s. Kap. 4). Dies gilt um so mehr, als es sich bei ‚Person‘ im hier relevanten Sinne um ein philosophisches Kunstwort handelt. Zweitens hat ‚Person(a)‘, wie die nicht minder alte juristische Verwendung zeigt oder die neuere, an alte Traditionen anschließende Verwendung in Zweigen der Tiefenpsychologie dokumentiert, noch andere Bedeutungen. Drittens verkennt dieser Vorwurf auch, daß hier, im Falle der philosophischen Verwendung, zwei verschiedene Fragen zur Beantwortung stehen; und wird überdies in Betracht gezogen, daß die *Esse-morale*-Tradition mit den Begriffen ‚Würde‘ und ‚Freiheit‘ substantielle Voraussetzungen macht, so scheint klar, auf welcher Seite die Beweislast liegt (s. IV). Schließlich bleibt zu befürchten, daß die Verfechter des ‚schon Erreichten‘ Opfer ihrer Ambition werden. Indem sie für den Begriff der Person bestimmte Merkmale als Bedingung *sine qua non* reklamieren, errichten sie Sperrdefinitionen. Dies bedeutet, daß nicht-menschliche Wesen – tatsächliche ebenso wie mögliche – von vornherein ausgeschlossen bleiben.

II.

In der Philosophie der Neuzeit gewinnt die oben angezeigte Frage als Frage nach dem Ich Gestalt. Descartes hatte wenig Mühe, sie zu beantworten: Das Ich sei eine denkende Substanz. Diese Antwort erwies sich als wenig tragfähig.[9] Dies hat, wie auch im Falle der Einschätzung von Tieren als Automaten, erstens damit zu tun, daß sich Descartes vor dem Hintergrund eines rigiden Substanz-Dualismus bewegt und sein Denken durch die Möglichkeiten und Grenzen dieser Orientierung bestimmt ist.[10] Zweitens fällt ins Gewicht, daß ‚Substanz‘ im hier relevanten Sinn u. a. die Bedeutung von Träger von Eigenschaften hat. Genau diese Auffassung scheint anderen Denkern wie John Locke problematisch.

Locke verstand ‚Substanz‘ eher so, wie dies auch im Lichte heutiger naturwissenschaftlicher Sicht naheliegen würde, nämlich im Sinne stofflicher Gebilde, aus denen etwas besteht.[11] Dies erklärt ein Stück weit, warum Locke bei seinen Erörterungen von ‚Mensch‘, ‚Person‘, ‚Selbst‘, ‚Bewußtsein‘ wie selbstverständlich davon ausgehen kann, daß es sich bei Personen nicht um Substanzen handelt.[12] Statt dessen scheint er die Auffassung der Substanz des Menschen als Teil seines Selbst zu bevorzugen: „In diesem Bewußtsein können mehrere Substanzen vereinigt gewesen sein, um dann wieder davon getrennt zu werden. Diese Substanzen bildeten dabei einen Teil desselben Selbst, solange sie in einer lebensfähigen Verbindung mit dem damaligen Sitz des Bewußtseins standen. So bildet jeder Teil unseres Körpers, der mit dem, was in uns Bewußtsein hat, lebensfähig verbunden ist, einen Teil unseres

Selbst" (II, xxvii, § 25).[13] Die Identität dieses Selbst wird also nicht durch die numerische Identität der Substanz begründet, sondern durch die Identität des Bewußtseins (dt. S. 434/engl. S. 346, 3–4);[14] und als Name des Selbst wiederum gilt der Ausdruck ‚Person' (II, xxvii, § 26).[15] Gleichwohl spricht Locke wie selbstverständlich von der Person auch als einer Realität, deren Identität in der Identität des Bewußtseins bestehe (II, xxvii, § 19). Insofern kann kein Zweifel daran aufkommen, daß er ‚Selbst' und ‚Person' als Synonyma behandelt. Doch birgt das wenigstens ein Problem. Denn zu Beginn von II, xxvii, § 9 erläutert Locke die Bedeutung von ‚Person' u. a. durch „sich selbst als sich selbst betrachten können" (dt. S. 419/engl. S. 335, 12). Damit scheint aber die Gefahr eines Zirkels, wenn nicht Regresses invoziert.

In der Gegenwartsphilosophie gewann die Frage nach dem Status von Personen vor dem Hintergrund des Projektes der Deskriptiven Metaphysik von Sir Peter F. Strawson neue Bedeutung. Mit seinem Buch *Individuals* unternahm Strawson nämlich den Versuch zu klären, was in unserem Begriffssystem fundamental ist.[16] Seine Antwort besagt, daß Einzeldinge fundamental (*basic*) seien und Personen als eine Gruppe von Einzeldingen figurieren. Doch lehnt Strawson es ab, den Begriff der Person in Begriffen etwa eines beseelten Körpers oder einer verkörperten (*embodied*) Seele zu analysieren (*Individuals* S. 103/dt. S. 133).

Um die mögliche Relevanz dieser Position absehen zu können, ist es wichtig, die Art von Klärung einzuschätzen, die Strawson beabsichtigt. So fragt Strawson nicht nach ultimativen Bestandteilen des Universums. Er sucht nicht einmal nach neuen Wahrheiten bezüglich der Wirklichkeit. Was er eruiert, sind Voraussetzungen, die wir eingehen, wenn wir über die Welt so sprechen, wie wir es nun einmal tun. Mit anderen Worten: Er eruiert und rekonstruiert das Begriffssystem, das wir tatsächlich verwenden; und dabei bringt er eine Fülle von Einsichten an den Tag, die uns schließlich mit der Struktur eines Musters komplexer Verweisungen und Voraussetzungen versehen. So zehrt die Auszeichnung von Einzeldingen u. a. von der Überlegung, daß Prozesse, Vorfälle oder Ereignisse nicht als fundamental anzusehen seien. Denn diese Gebilde können wir nur unter Hinweis auf Einzeldinge wiedererkennen bzw. reidentifizieren, die mit ihnen verbunden sind (z. B. Garfields Wüten). Vielleicht ist diese Überlegung (*Individuals*

S. 55/dt. S. 70) problematisch. Immerhin ließe sich argumentieren, daß die Reidentifikation von Einzeldingen ihrerseits Bezugnahme auf Ereignisse usw. verlange, die mit ihnen verbunden sind.[17] Daß im Kontext von Strawsons Unternehmen dem Begriff der Person eine wichtige Rolle zufallen muß, läßt sich leicht verstehen. Denn er fungiert als logisch primitiver Begriff (*Individuals* S. 101/dt. S. 130). Damit ist gemeint, daß dieser Begriff keine bestimmte Analyse gestattet, sofern potentielle Analysantia bereits das Verständnis des Personenbegriffs voraussetzen. So können wir Bewußtseinszustände uns selber und anderen nur zuschreiben, sofern wir über den Begriff der Person verfügen. In diesem Sinn also ist der Begriff der Person gegenüber dem Begriff des individuellen Bewußtseins „logisch prioritär" (*Individuals* S. 103/dt. S. 133). Entscheidend ist bei diesem Gedanken mithin, daß die Voraussetzung dafür, „daß man sich selbst als Subjekt derartiger Prädikate betrachtet", sei, „daß man auch andere als Subjekte betrachtet. Dies wiederum ist nur möglich unter der Voraussetzung, daß man imstande ist, verschiedene Subjekte für derartige Prädikate, d. h. verschiedene Individuen des besagten Typus, zu unterscheiden und zu identifizieren" (dt. S. 133/engl. S. 104).

Bei dem in Frage stehenden primitiven Begriff des Individuums handelt es sich um den Begriff „eines Typus von Entitäten derart, daß ein und dasselbe Individuum von diesem Typ sowohl Bewußtseinszustände als auch körperliche Eigenschaften, eine physikalische Situation etc. zugeschrieben werden können" (S. 130/engl. S. 104).

III.

Strawsons Erörterungen bildeten den Ausgangspunkt weiterer Diskussionen. Dabei hat die Frage nach dem ontologischen Status von Personen, ähnlich wie die diesbezügliche Kontroverse über die Leib/Seele-Problematik (s. Kap. 13) oder über Kunstwerke (s. Abschn. 19, III), unterschiedliche Richtungen genommen. Auf der einen Seite kristallisierten sich materialistische Identitätstheorien heraus, auf der anderen Seite diverse Dualismen, die an die Stelle des früheren Gegensatzes zwischen Körper und Geist traten.[18] Immerhin fällt auf, daß namentlich die materialistischen Alternativen etwas an Terrain verlieren. Dies ist, wenn wir uns an jüngere Beiträge halten, solchen Arbeiten wie denen von Jonathan E. Lowe[19] und Lynne Rudder Baker[20] zu verdanken. Beide zeigen, daß und wie bestimmte Problematiken interessanteren Lösungen entgegengeführt werden können. *(i)* Ersterer artikuliert im Kontext seiner Erörterungen des Leib/Seele-Problems eine Reihe von Punkten, die neue Grenzen materialistischer und reduktionistischer Thesen deutlich werden lassen. Insbesondere legt er ein Verständnis von Personen als Subjekten von Erfahrung nahe und deutet diese als Substanzen besonderer Art, nämlich als psychologische Gebilde. *(ii)* Letztere bemüht sich um eine alternative Einschätzung des Verhältnisses von Person und Körper jenseits der Identitätsannahme. Dabei erweist sich die Konstitutionsauffassung als hilfreich. Denn bei ihr handelt es sich um eine Einheitsrelation (s. u., *ii*).[21]

(i) Die These, daß Personen psychologische Substanzen seien, bedeutet in Lowes Argumentation, daß es sich hier um substantielle Individuen handelt, die psychologischen Gesetzen unterworfen sind und in ihrem Überdauern von Bedingungen bestimmt werden, welche distinkt psychologischen Charakter haben (*Subjects of Experience* S. 32). Doch heißt das offenbar nicht, daß diese Substanzen essentiell immaterieller Natur wären und insofern keine körperlichen Charakteristika haben können. Anders als traditionelle Substanz-Dualisten hält Lowe dafür, daß dem Selbst bzw. der Person – beide Termini werden von ihm synonym verwendet – rein körperliche Charakteristika zugeschrieben werden können, sofern sie seinem Körper zugeschrieben werden können, dessen Eigenschaften sie supervenieren. Dies erklärt auch ein Stück weit, was es für das Selbst heißt, einen bestimmten Körper als seinen Körper zu haben (*Subjects of Experience* S. 37). Wie aber steht es um jene Substanzen, die als Selbst bzw. Person angesprochen werden? Lowes Antwort geht dahin, daß Selbste bzw. Personen nicht durch biologische Prozesse hervorgebracht werden, sondern Produkte soziokultureller Kräfte seien (*Subjects of Experience* S. 48). Im gewissen Sinne handelt es sich bei ihnen um Artefakte. Denn Personen schaffen Personen (*Subjects of Experience* S. 51). Diese Antwort ist auffällig. Sie divergiert von jenem Betrachtungsmuster, wonach psychologische Eigenschaften den Eigenschaften des Körpers supervenieren. Hier wird die Stoßrichtung seines Substanz-Dualismus besonders deutlich.

(ii) Bei der Konstitutionsauffassung handelt es sich um eine ziemlich generelle Position, die in verschiedenen Kontexten Anwendung finden kann, im Fall von Kunstwerken ebenso wie im Falle von Personen. Zu sagen, daß etwas, x, etwas anderes, y, konstituiere heißt vorauszusetzen, daß x und y nicht identisch sind. Wären x und y identisch, so könnte es nicht der Fall sein, daß x eine Eigenschaft F hätte, die y nicht aufwiese. Insofern ist es wichtig zu sehen, daß es sich bei der Konstitutionsbeziehung nicht um eine Identitätsbeziehung handelt; und Baker betont dies entsprechend (*Persons and Bodies* S. 27). Die Relevanz dieses Punktes liegt offen zutage. Erstens gestattet er, unseren normalen Intuitionen hinsichtlich der Unterscheidung kategorial verschiedener Prädikate Rechnung zu tragen. So, wie wir sagen würden, daß der Ausdruck einer Niobe-Statue Trauer verbreite, nicht aber der Marmor, aus dem sie gemeißelt ist, so würden wir sagen, daß eine bestimmte Person liebenswürdig sei, nicht aber ihr Körper (s. Abschn. 19, II). Zweitens versetzt er uns in die Lage, dem Umstand Rechnung zu tragen, daß manche Eigenschaften, F, die ein Ding, y, hat, diesem in abgeleiteter Weise zukommen, nämlich von jenem Ding, x, her, von dem es konstituiert wird. Wenn der Dekan der Fakultät 2 Meter groß ist, so verfügt er über diese Eigenschaft derivativ, nämlich von seinem Körper her, der dieses Maß hat (*Persons and Bodies* S. 46). Interessanterweise zieht Baker auch den Fall in Betracht, daß etwas, x, seine Eigenschaft, G, von demjenigen, y, her erlangt, das es konstituiert (*Persons and Bodies* S. 47–48). Im gleichen Zug unterscheidet Baker zwischen Eigenschaften, die ein Ding essentiell hat, und anderen, über die es kontingenterweise verfügt (*Persons and Bodies* S. 56). Eine andere Eigenart der Konstitutionsauffassung besteht darin, daß hier an eine asymmetrische Beziehung gedacht ist. Mithin gilt, daß, wenn ein Ding, x, ein anderes Ding, y, konstituiert, y nicht von x konstituiert wird. Dies bedeutet, daß es sich bei der Konstitutionsbeziehung nicht nur um eine Einheitsbeziehung handelt. Es geht um eine Einheitsbeziehung dergestalt, daß die Identität des Konstituierenden in die Identität dessen eingeht (*submerged*), das es konstituiert (*Persons and Bodies* S. 33).

Was aber macht, wenn überhaupt, den Unterschied zwischen der Person und dem Körper aus, der sie konstituiert? Hier lautet die Antwort, daß Personen essentiell über die Fähigkeit verfügen, die Perspektive der ersten Person einzunehmen, während der Körper diese Eigenschaft kontingenterweise hat. Die Perspektive der ersten Person ist für Bakers Art der Betrachtung zentral.[22] Denn sie liegt allen Phänomenen des Selbstbewußtseins zugrunde, und Selbstbewußtsein wiederum – darin unterscheidet sie sich von anderen Autoren[23] – bietet den Schlüssel zum Verständnis personalen Seins. Dies bedeutet jedoch, daß Baker unterschiedlich starke Ausprägungen vom Phänomen der ersten Person unterscheiden muß und daß die Perspektive der ersten Person nur Wesen offensteht, die starke Phänomene an den Tag legen. Den dabei relevanten Punkt illustriert sie am Beispiel grammatischer Verschiedenheiten wie denen zwischen ‚Ich bin groß gewachsen‘ auf der einen und ‚Ich wünschte, ich wäre groß gewachsen‘ auf der anderen Seite. Im ersten Fall liegen die Dinge so, daß sich jemand oder etwas von anderen unterscheiden kann, im anderen hingegen so, daß dieser Jemand oder dieses Etwas die Unterscheidung auch zu konzeptualisieren vermag: „The former *makes* first-person reference; the latter *attributes* (as well as makes) first-person reference to *herself*" (S. 65).

Bakers Version einer Konstitutionsauffassung hat einiges für sich. Sie ist mit vielen unserer normalen Intuitionen über die natürliche Welt vereinbar und vermeidet doch alle Engführungen extremer Naturalismen. Insbesondere aber schafft sie Raum für die Spannung, uns sowohl als Naturwesen wie auch als Personen verstehen zu müssen.

IV.

In der Praktischen Philosophie und angewandten Ethik ist der Personenbegriff auf besonderes Interesse gestoßen. Denn von hieraus schien sich die Möglichkeit zu eröffnen, Fragen bezüglich des moralischen Status von Wesen zu präzisieren.[24] Insbesondere aber schien sich nunmehr eine akzeptable Argumentationsstrategie für die Anerkennung des Tötungsverbots abzuzeichnen, d. h. ein Grund, weshalb es moralisch verboten sei, menschliches Leben zu vernichten. Diese Konstellation bedarf sicher genauerer Beachtung. Denn sie erweist sich bei näherem Hinsehen als Syndrom merkwürdiger Auffassungen. Dazu gehört nicht nur die Vorstellung, menschliche Wesen seien paradigmatische Träger von Personhaftigkeit. Diese Auffassung wäre so oder so als Speziesmus zu brandmarken. Philosophisch gravierender ist die Vorstellung, daß aus dem Vorliegen bestimmter faktischer Eigenschaften *F*, *G*, *H* auf eine Werthaftigkeit dergestalt geschlossen werden dürfe, daß es falsch sei, Dinge zu eliminieren, die *F*, *G*, *H* sind bzw. aufweisen. Denn damit forcieren wir einen Übergang von Faktum zu Wert; und wir lizenzieren einen Schritt zu explizit normativen Folgerungen. Beide Bewegungen sind unstatthaft und haben keinerlei Fundament. Um so wichtiger ist wohl der Hinweis, daß die Auszeichnung bestimmter Eigenschaften *F*, *G*, *H* (z.B. Erinnerungsvermögen, Bewußtsein einer Zukunft usw.) als moralisch relevante Eigenschaften einen Entscheid voraussetzt, bestimmte Dinge oder Züge moralisch zu gewichten. Nur läßt sich ein solcher Entscheid wiederum nicht begründen; und schon gar nicht ließe sich das zirkelfrei dartun. Denn ein derartiger Entscheid wäre an ein bestimmtes Verständnis von Ethik gebunden; und dieses Verständnis – ein Kantianismus etwa oder eine der Spielformen des Utilitarismus – wäre mit einer bestimmten Anthropologie verhängt, die zugleich Vorentscheide bezüglich moralisch relevanter Eigenschaften bergen würde. Insofern scheint diese Diskussion bei Lichte besehen kaum etwas erbringen zu können.

Dies gilt namentlich auch für diejenigen Debatten, die für Wesen bestimmter Art Titel wie ‚Träger von Würde‘ reklamieren oder/ und Achtung und Respekt einfordern.[25] Hier liegen die Bruchstellen offen vor Augen: Achtung und Respekt sind Gefühle mit affektiven Komponenten, die kaum anders als in konkreten Beziehungen mit einzelnen Menschen begründet sein können. In diesem Sinn müßte etwa Kants Charakterisierung des Gefühls der Achtung vor dem Gesetz als einziges nicht-pathologisches Gefühl vor allem Erstaunen hervorrufen. Nicht umsonst sprach hier der Oxforder Rechtsphilosoph Joseph Raz herablassend von „philosophischem Respekt“.[26] Dasselbe gilt auch für die Verwendung von ‚Würde‘. Zwar mögen Menschen in ihrem Verhalten ähnlich wie Tiere Würde an den Tag legen und von daher Respekt gebieten. Doch scheint es abwegig, Menschen *qua* Menschen *a priori* Würde zuzuschreiben, und diese Zuschreibung unter Hinweis auf einen bestimmten Status *in abstracto* rechtfertigen zu wollen. Lassen sich auf diese Weise Ansprüche begründen? Insbesondere aber scheint es anstößig, wenn das Anliegen, den Rang menschlichen

Lebens zu begründen, *pari passu* in die Konsequenz einmünden muß, alles Nicht-Personale zu Sachen herabzuwürdigen.[27]

Nun ist es wichtig zu sehen, daß diese und andere Schwierigkeiten keineswegs an die Beobachtung eines besonderen Begriffs wie den der Person gebunden sind. Sie treten vielmehr mit der Problematik der Ethik als Disziplin eigener Art in den Raum. Allenfalls werden sie vor dem Hintergrund dieser speziellen Orientierung noch deutlicher. Insofern bedeutet Peter Singers Ausweitung des Personen-Begriffs im V. Kapitel seines Buches *Praktische Ethik* (s. Kap. 15) einen ersten, überfälligen Schritt in die richtige Richtung. Indem Singer nämlich nicht-menschliche Wesen als Personen in Betracht zieht (S. 147–176/engl. S. 110–135), ist die Frage, wen oder was wir töten dürfen, plötzlich nicht mehr im voraus entschieden. Von hieraus bliebe eigentlich nur ein kleiner Schritt zur Frage, mit welchem Recht wir annehmen, überhaupt irgend jemanden oder irgend etwas töten zu dürfen.

V.

Mehr noch als das philosophische Kunstwort ‚Person' gehört der Ausdruck ‚Das Selbst' zu jenen Termini, deren Verwendung im innerphilosophischen Commerce mit besonderem Mißtrauen betrachtet wird.[28] Dies gilt um so mehr, als hier jenseits der Grenzen umgangssprachlicher Rede (z. B. ‚Er war nicht er selbst') eine Entität eigener Art eingeführt zu werden scheint (s. Kap. 13), die nicht nur nicht ausweisbar ist. Sie scheint auch verzichtbar. Dies würde zumindest unter der Voraussetzung gelten, daß wir dem Begriff der Person eine durchsichtige Funktion zuerkennen. Doch ist gerade dies der wunde Punkt. Weder besteht bezüglich der Funktion des Begriffes ‚Person' ein tragfähiger Konsens. Noch ist genau absehbar, inwieweit der Begriff eines ‚Selbst' im substantiellen Sinne die Diskussion inhaltlich bereichern könnte.

Immerhin bieten sich Betrachtungsweisen an, die die mögliche Relevanz eines Selbst-Begriffes nahelegen mögen. Dazu würden moralphilosophische Entwürfe gehören, die die moralische Identität einer Person in deren Festlegungen und starken Wertungen sehen. Vor diesem Hintergrund müßte sich ein Verständnis von Autonomie anbieten, das als sukzessive und graduelle Befreiung von internen Konflikten aufzufassen wäre, mit denen hierarchische Willensmodelle rechnen (s. Kap. 14).[29] In diesem Zusammenhang scheint es sinnvoll, zwischen ‚Person' und ‚Selbst' auf der Sinnebene so zu unterscheiden, daß erstere als Fähigkeit verstanden wird, Volitionen zweiter Ordnung zu bilden, letzteres hingegen etwa als Fokus divergierender Gewichtungen und Inbegriff dessen, für was man steht und mit dem man sich identifiziert. Hier hätten wir einen Kontext, innerhalb dessen der Begriff eines Selbst Arbeit leisten würde, die der Begriff der Person nicht schultern könnte. Ein anderer Bereich, der den Gedanken an ein Selbst nahelegen mag, verweist auf bestimmte Richtungen der Ökologie, in denen die Natur als Quasi-Subjekt gesehen wird. Natur als Quasi-Subjekt zu verstehen suchen heißt nicht, sie als Person im hier relevanten Sinne der Vorgaben Lockes ansehen müssen. Dies würde um so mehr gelten, als Betrachtungen dieser Art unnötige Komplikationen bergen, die das eigentliche Anliegen durchkreuzen müßten. Will man dem holistischen Charakter dieser Auffassung(en) Rechnung tragen, der u. a. auch den Ansatz der Tiefenökologie[30] bestimmt, so käme es in erster Linie darauf an, etwas anderes verständlich werden zu lassen: nämlich, daß Spezies, Regenwälder, Ökosysteme und die Biosphäre Interessen haben, die moralisch relevant sind.[31] Diesem Anliegen wäre gedient, wenn der Natur selbsthafte Züge zugeschrieben würden. Mit ‚selbsthaft' könnte hier – etwa auf der Linie, die Freya Mathews in ihrem Buch *The Ecological Self* verfolgte[32] – die Überlegung angesprochen werden, daß sich manche Systeme selbst aufrechterhalten und selbst verwirklichen, also von einem *conatus* bestimmt sind und in diesem Sinn Selbsthaftigkeit (*selfhood*) an den Tag legen.

Diese und andere Überlegungen[33] legen nahe, daß der Terminus ‚Selbst' in gewissen Zusammenhängen informative Arbeit leisten mag. Nur scheint klar, daß diese Arbeit – wie oben angedeutet – auf der Sinnebene verweilt: ‚Selbst' und ‚Person' hätten demnach keine distinkte Referenz. Sie verweisen vielmehr auf ein und denselben Gegenstand. Doch tun sie dies unter verschiedener Beschreibung und versehen uns mit unterschiedlichen Gegebenheitsweisen des fraglichen Gegenstandes.

Rückblick und Ausblick

I.

Die hinter uns liegenden Jahrzehnte präsentieren ein reiches Spektrum philosophischer Fachdiskussion. Manches daran mutet recht abstrakt an, anderes scheint eher bodenständiger Natur zu sein. Nun sind Beurteilungen dieser Art immer subjektiv und bis zu einem gewissen Grade Sache persönlicher Präferenzen. Gleichwohl liegt die Vermutung nahe, daß Außenstehende dieses Phänomen als Beleg für schlechtes bzw. gutes Philosophieren deuten und innerhalb der Philosophie selbst so etwas wie einen Kulturkampf wittern, der die Lager zu Recht spalte und dessen Existenz im Ernstfall gegen die akademische Disziplin spreche.

Soviel daran auch wahr sein mag, so wichtig ist es, einige Punkte zurechtzurücken. Wenn die Entwicklung der Diskussion(en) nämlich eines erbracht hat, so dies: Selbst vertraut anmutende Dinge wie der Gedanke des Eigenwertes der Natur erweisen sich als Problemnester von hoher Komplexität. Können wir Ideen, wie die von den intrinsischen bzw. extrinsischen Werten, überhaupt klar genug artikulieren? Gelingt es uns, den Wald der jeweiligen metaphysischen Voraussetzungen einigermaßen zu durchforsten?[1] Hier bleibt Hegels Diktum ‚Das Bekannte ist nicht erkannt' ebenso im Recht wie Husserls Maxime ‚Kleingeld, meine Herren!'. Ähnlich liegen die Dinge bei den Rechten von Tieren[2] oder im Falle der aktiven Sterbehilfe. Wer hat hier welche moralischen Rechte, wer welche moralischen Pflichten? Wenn Philosophinnen und Philosophen heute z.B. fragen, ob nicht bereits die Beschreibung eines bestimmten Phänomens Wertungen importiere oder ob wir in der Ethik überhaupt von Rechten reden können, so mag dies die Lösung der Probleme *hic et nunc* nicht voranbringen. Doch handelt es sich deswegen weder um eine Verweigerung gegenüber der Praxis noch um eine Geringschätzung des Problems, geschweige denn um die Behauptung, daß man dieses oder jenes tun oder nicht tun dürfe. Vielmehr geht es, zumindest in einem ersten Schritt, jeweils darum zu zeigen, wie eine diesbezügliche

Begründung eigentlich aussehen könnte und wie nicht. Diese und andere Klarheiten sind wichtig. Sich um sie zu bemühen ist Sache der Selbstachtung.

II.

Dies bringt uns zu einem verwandten Punkt. Wenn es so ist, daß die Philosophie auch Standards u. a. für die Behandlung praxisrelevanter Fragen und Probleme setzt, so ist klar, daß diese Standards weder innerhalb des Faches noch außerhalb der Profession straflos ignoriert werden. Die Anfälligkeit gewisser Denkrichtungen oder philosophischer Stile für Versuchungen demagogischer Art[3] ist ebenso unbestreitbar wie die Bereitschaft, sich Thematiken zu öffnen, die vor dem Hintergrund der Fachdiskussion keinen Bestand haben. So, wie vor dem Hintergrund der Rawlsschen Konzeption von Gerechtigkeit als Fairneß die im Utilitarismus denkbare Frage nach den möglichen Vor- und Nachteilen einer Sklavenhaltergesellschaft gar nicht erst auf die Traktanden gelangen würde, so dürfte das Ansinnen, eine intellektuelle Elite genetisch zu fördern, keine Frage in irgendeinem ernsthaften Sinn sein.[4]

Generell gilt es zu sehen, daß mit Unklarheiten irgendwelcher Art niemandem gedient ist. Sie sind intellektuell unappetitlich, psychisch unhygienisch und menschlich womöglich desaströs. Um so mehr fällt jene Klarheit ins Gewicht, die schriftstellerisch mit Frege Einzug in die Philosophie hielt.[5] Seither gilt, daß nur dasjenige klar gedacht sei, was klar geschrieben ist; und nur was klar gedacht ist, tritt so in den öffentlichen Raum, daß es sich gegebenenfalls verteidigen oder kritisieren läßt.

Dies bedeutet, daß weite Teile der philosophischen Diskussion in und außerhalb der Profession unzulänglich sind. Dies zu sagen heißt nicht, zu behaupten, daß alle Texte unklar wären, die die hier in Rede stehende Bedingung nicht erfüllen. So gelten für Texte der Vergangenheit andere Maßstäbe; und ein Teil der Faszination und des professionellen Engagements besteht hier darin, hinter dem Schleier möglicher Unklarheiten präzise Gedanken auszumachen. Doch befinden wir uns hier bald in einer Grauzone. Zumindest Texte der Gegenwartsphilosophie müssen sich an Kriterien von Klarheit und Stringenz messen lassen.

III.

Diesen Kriterien verdanken sich so gut wie alle thematischen Neuerungen, die in den hinter uns liegenden Jahrzehnten Gestalt gewannen. Das gilt für die Belange der Ethik ebenso wie für die Philosophie des Geistes, für die der Sprachphilosophie nicht weniger als für Ontologie, Philosophie der Wissenschaft und Erkenntnistheorie. Viele dieser Neuerungen sind nicht einfach Produkte besonderen Scharfsinns, sondern eindrückliche Spezimina sorgfältigen Nachdenkens.

Indes hat auch diese Münze eine andere Seite. So, wie denkerische Bewegungen leicht eine Eigendynamik entwickeln und sich unabhängig von den ursprünglichen Zielsetzungen weiter entfalten, so haben auch philosophische Bewegungen die Tendenz, sich einzuspinnen. Zu guter Letzt laufen sie Gefahr, punktuell zu werden. Dann stellt sich beim Beobachter das Gefühl von Sterilität ein, entsteht der Eindruck, daß die Karten ausgereizt seien und sich nichts Substantielles am Horizont abzeichne. Konstellationen dieser Art profitieren im Lichte pragmatistischer Reflexion. Autoren wie William James und John Dewey lehren uns, Unterscheidungen nicht als Selbstzweck mißzuverstehen. Denn sie erinnern uns daran, Tragweite und Relevanz begrifflicher Distinktionen auf Kontexte und spezifische Projekte hin zu relativieren. Damit schwindet der Hauch des Scholastischen, und es eröffnen sich vielleicht neue Perspektiven. Diese Einstellung unterscheidet sich von derjenigen Richard Rortys, der im Grunde keinerlei philosophische Weiterungen vorsieht. Aber diese Vorstellung ist wohl unrealistisch.[6] Denn immer wieder entstehen wichtige Texte,[7] die der Fachdiskussion neue und sogar ungeahnte Dimensionen erschließen. Sie sind z.T. so gut, daß man spürt, daß das Fach lebt, Perspektiven hat und man selbst zu Recht in seinem Bann steht.

IV.

Daß die Entwicklung hier tatsächlich nach vorn weist, dürfte damit zusammenhängen, daß Schulbildungen alten Stils allmählich der Vergangenheit angehören. In dem Maße, wie Traditionen und Loyalitäten weniger als Einschränkungen empfunden werden, eröffnet sich so etwas wie ein gemeinsamer Blick. So verlor die Analytische Philosophie nach und nach ihre dogmatischen Aspirationen, indem sie die Ideale der Gründungsväter als historisch bedingte Irrwege zu verstehen lernte; und so beginnen Vertreter geisteswissenschaftlicher Orientierungen die analytische Haltung als ‚stilistische Option' zu verstehen und sogar schätzenzulernen. Das gilt für Erforschungen historischer Belange und so insbesondere für die Interpretation großer Denker der Vergangenheit; es gilt aber ebenso für Thematiken mit systematischer Dimension wie ‚Bewußtsein', ‚Selbstbewußtsein', ‚Verstehen', ‚Interpretation' usw. So ist zu erwarten, daß sich nach und nach ein gemeinsames Problembewußtsein herausbildet[8] und auch gemeinsame Standards Gestalt gewinnen. Vor diesem Hintergrund würden Engführungen aller Art – dazu gehören auch Nationalismen wie noch 1958 Heideggers Bezug auf Hegel als deutschen Denker, der es immerhin wissen mußte[9] – als Provinzialismen und Sektierertum erkennbar.

Fragen wir schließlich, welche Themen in der Philosophie vermehrt Aufmerksamkeit finden dürften. Nach allem, was gesagt wurde, mag klar sein, daß es an Desideraten nicht mangelt. Dazu gehören Fragen wie die nach der Logik des Umdenkens, der Struktur von Wertungen und Motivationen sowie Probleme der Voraussetzungshaftigkeit im allgemeinen und Verständigung im besonderen. Daneben nimmt sich der Bestand gesellschaftlich dringlicher Fragen fast schon als Bastion der Resignation aus: So klar sein mag, daß unserer Verhalten Tieren und der Umwelt gegenüber völlig unakzeptabel ist, so klar ist auch, daß dies zu viele Leute in und außerhalb der Zunft kaltläßt; und so klar auch sein mag, daß dieser Planet ein besserer Platz für alle sein könnte, so klar ist ebenfalls, daß Gruppeninteressen und andere Egoismen dem entgegenstehen werden. Hier im Angesicht der üblichen Katastrophen von der Philosophie Direktiven zu erwarten und so etwas wie eine neue Ethik einzufordern hieße, sich selber und andere darüber hinwegzutäuschen, daß wir bereits wissen, was falsch ist. Wenn wir aber wissen, was falsch ist, wissen wir auch, was richtig wäre.[10]

V.

Über all dem darf nicht aus dem Blick geraten, daß Wert und Unwert philosophischen Tuns nicht an seinem Beitrag zur Lösung praktischer Probleme gemessen werden können. Denn für Fragen wie ‚Sollen wir unseresgleichen klonen?‘ gibt es keine besondere philosophische Kompetenz; und Philosophinnen und Philosophen sind um nichts befugter als alle anderen auch, sich diesen Problemen zu stellen. Etwas anderes zu behaupten wäre vermessen. Vielleicht ist es ein Resultat der Sprachlichen Wende, daß der Sinn für die Möglichkeiten und Grenzen der Philosophie heute schärfer entwickelt scheint als früher, da sich Vertreter der Zunft allzugern als Priester der eigenen Muse verstanden. Demgegenüber läßt sich die Sachlichkeit, die mehr und mehr Bereiche der akademischen Diskussion besetzt, auch als Ausdruck einer gewissen Bescheidenheit ansehen: Es gibt Dinge, die Philosophinnen und Philosophen von Berufes wegen tun können, und es gibt anderes, was sich ihrer Kompetenz entzieht.[11] Was man tun kann, dürfte im Vorangegangenen hinreichend deutlich geworden sein: Das ist das durch und durch undogmatische Unterfangen, Klarheit in unsere begrifflichen Vorstellungen zu bringen. Dieses Anliegen deckt sich mit Sokrates’ Frage ‚Was genau meinst Du?‘; und es exemplifiziert eine Haltung, die produktiv war und produktiv bleiben wird.

Anhang

Anmerkungen

1. Die Pragmatistische Wende

1 Allerdings gilt es auch zu sehen, daß dezidierte Pragmatisten vom Schlage etwa eines Nicholas Rescher bestreiten, daß Rorty als Pragmatist im Sinne der klassischen Tradition gelten dürfe; siehe *Realistic Pragmatism. An Introduction to Pragmatic Philosophy*, Albany, N.Y. 2000, S. xi u. S. 44–47.

2 Siehe seine Arbeit „The Analytic and the Synthetic: An Untenable Dualism", in *Semantics and the Philosophy of Language. A Collection of Readings*, hrsg. v. L. Linsky, Urbana, Ill., Chicago u. London 1952, S. 272–286.

3 *Reconstruction in Philosophy.* Enlarged edition with a new forty page introduction by the author, Boston 1957 (1. Aufl. 1948, urspr. 1920), S. ix–x.

4 *Experience and Nature*, 2. erw. Aufl., New York 1956, S. 95.

5 Interessante Sondierungen der Aversionen im deutschsprachigen Bereich findet man bei H. Joas, „Amerikanischer Pragmatismus und deutsches Denken. Zur Geschichte eines Mißverständnisses", in ders., *Pragmatismus und Gesellschaftstheorie*, Frankfurt a. M. 1992, S. 114–145. Die z. T. verständnislose und vor allem wohl auch selektive Orientierung der führenden Köpfe des nach New York emigrierten Instituts für Sozialforschung zeichnet im Detail H.-J. Dahms nach: *Positivismusstreit. Die Auseinandersetzung der Frankfurter Schule mit dem logischen Positivismus, dem amerikanischen Pragmatismus und dem kritischen Rationalismus*, Frankfurt a. M. 1994, S. 191–225 u. ö.

6 Vgl. den Titel „Purpose and Thought" zur Charakterisierung der Bedeutung des Pragmatismus bei J. E. Smith (*Purpose & Thought. The Meaning of Pragmatism*, Chicago 1978).

7 Eine zweisprachige Ausgabe samt Einleitung und Kommentar legte K. Oehler vor: *Charles S. Peirce. Über die Klarheit unserer Gedanken*, Frankfurt a. M. 1968 (= *Klostermann Texte Philosophie*).

8 Vgl. *Prinzipien der Philosophie* I § 40.

9 Siehe *Selected Philosophical Writings* Bd. 1, hrsg. v. N. Houser u. Chr. Kloesel, Bloomington u. Indianapolis, Ind. 1992 (= *The Essential Peirce*), S. 125.

10 Siehe vor allem Ch. L. Stevenson, *Language and Ethics*, New Haven, Con. 1944.

11 *Pragmatism*, Cambridge, Mass. 1975 (= *The Works of William James*), S. 29. – Im Kontext der Ausführungen erscheint diese Charakterisierung zugleich als Bericht über die Meinungen Peirces. – Eine neue deutsche Übersetzung legte Klaus Oehler vor.

12 Der Text wurde unter dem Titel „William James' Conception of Truth" als Kapitel V. der *Philosophical Essays* (London 1910) abgedruckt. – Zur Frage des Verständnisses von ‚Wahrheit' bei James siehe auch R. Schantz, „Pragmatismus zwischen Realismus und Antirealismus. Zur Wahrheitskonzeption von William James", *Grazer Philosophische Studien 54* (1998) S. 19–43.

13 Daß dies so zu verstehen ist, läßt sich im Blick auf *The Meaning of Truth. A Sequel to Pragmatism*, Cambridge, Mass. 1978 (= *The Works of William James*), S. 117 wahrscheinlich machen: „Pragmatism defines ‚agreeing' to mean certain ways of working."

14 Bereits Dewey hat in einem Beitrag „What does Pragmatism mean by Practical?", *The Journal of Philosophy* 5 (1908) S. 89 auf eine dreifache Mehrdeutigkeit hingewiesen: (a) Konnotation, (b) Gegenstandsbezeichnung, (c) Gewicht und Tragweite einer Sache. – Namentlich James ist oft genug als Freund des ‚sowohl als auch' charakterisiert worden. Eine philosophisch sehr interessante, jedoch exegetisch problematische Studie zu James liegt nun in Gestalt des Buches von R. M. Gale vor: *The Divided Self of William James*, Cambridge 2000. Eine andere Tendenz verfolgte H. Putnam in seinem Buch *Pragmatismus. Eine offene Frage*, aus d. Engl. v. R. Grundmann, Frankfurt a. M. 1994 (*Edition Pandora*), Kpt. 1. Anders als N. Rescher (s. Anm. 1) und R. M. Gale versucht Putnam hier wie z. T. schon in *Realism with a Human Face*, Cambridge, Mass. u. London 1990, James gegen Kritik zu verteidigen.

15 Vgl. *The Journal of Philosophy* 6 (1908) S. 547: „I was primarily concerned in my lectures with contrasting the belief that the world is still in the process of making with the belief that there is an eternal edition of it ready made and complete."

2. Die Sprachliche Wende

1 Siehe die gleichnamige Dokumentation *The Linguistic Turn. Essays in Philosophical Method. With two Retrospective Essays*, hrsg. v. R. Rorty, Chicago u. London 1992 (1. Aufl. 1967).

2 Eine repräsentative Sammlung wichtiger Arbeiten findet sich in dem Sammelband *The Philosophy of Language*, hrsg. v. A. Martinich, New York u. Oxford 1985.

3 G. Ryle, „Systematisch irreführende Ausdrucksweisen", in *Sprache und Analysis. Texte zur englischen Philosophie der Gegenwart*, hrsg. v.

R. Bubner, Göttingen 1968, S. 31 ff.; urspr. „Systematically Misleading Expressions", *Proceedings of the Aristotelian Society*, 32 (1932), abgedruckt in G. Ryle, *Collected Papers* Bd. 2: *Collected Essays 1929–1968*, London 1971, S. 39–62.

4 Siehe dazu speziell E. Bencivenga, *Die Referenzproblematik*, hrsg. v. G. J. W. Dorn, Frankfurt a. M. u. a. 1987.

5 Vgl. M. Sukale, „Logik und Psychologismus", *Zeitschrift für allgemeine Wissenschaftstheorie* 19 (1988) S. 62–85.

6 Siehe *Logische Untersuchungen* Bd. 1, Tübingen 1980 (1. Aufl. 1900); siehe dazu speziell G. Soldati, *Bedeutung und psychischer Gehalt. Zur sprachanalytischen Kritik von Husserls früher Phänomenologie*, Paderborn u. a. 1994, S. 116–120.

7 A. a. O., S. VII. Ausg. der *Philosophischen Bibliothek* S. 7.

8 Siehe *Logische Untersuchungen*, hrsg. und eingel. v. G. Patzig, Göttingen 1976 (= *Kleine Vandenhoeck-Reihe* Bd. 1919).

9 Aus späterer Sicht nehmen sich Freges holzschnittartige Charakterisierungen recht naiv aus. Daß sich bestimmte Redeweisen sehr wohl zu einer formalen Semantik einpassen lassen, versuchte 1967 Paul Grice in seiner Studie „Logic and Conversation" zu zeigen; siehe seinen Band *Studies in the Way of Words*, Cambridge, Mass. u. London 1989, S. 22–40.

10 Siehe *Funktion, Begriff, Bedeutung. Fünf logische Studien*, hrsg. u. eingel. v. G. Patzig, Göttingen 1980 (= *Kleine Vandenhoeck-Reihe* Bd. 1144).

11 Unter den nachgelassenen Texten findet sich ein Manuskript, das hier weitere Klärung verspricht, indes diese Klärung schuldig bleiben muß. Informativer scheint demgegenüber ein Brief an Husserl, der aus jener Zeit stammt. – Den systematischen Kern der Problematik habe ich in meiner Arbeit „Sinne von Begriffswörtern" diskutiert, siehe *Bedeutung, Wert, Wirklichkeit. Positionen und Probleme*, Bern u. a. 2000, S. 51–77.

12 In diesem Zusammenhang spricht A. Kemmerling von Unbestimmtheit bzw. Amorphie, siehe „Gedanken und ihre Teile", *Grazer philosophische Studien* 37 (1990) S. 1–30, bes. S. 16.

3. Wege der Begriffsanalyse

1 Siehe *The Principles of Mathematics* [1903], London 1992, S. 64 N.

2 Siehe „Überwindung der Metaphysik durch logische Analyse der Sprache", *Erkenntnis* 2 (1931) S. 219–241, bes. S. 233–235.

3 Carnaps Kritik steht nach wie vor im Raum. Gleichwohl meinen Theologen und Philosophen ebenso wie Politiker, die unangenehmen Probleme aussitzen zu dürfen; s. § 5 der dreizehnten Enzyklika über *Fides et Ratio*, wo es heißt, daß die moderne Philosophie das „*Fragen nach dem Sein vernachlässigt*" (so auch der protestantische Theologe

F. E. Anhelm, „Anmerkungen zum Verhältnis von Theologie und Philosophie", in *Die Aufgaben der Philosophie heute*, hrsg. v. V. Hösle u. a., Wien 1999, S. 67).

4 Daß logisch relevante Belange der ‚lebendigen Sprache' nicht weniger präzis analysiert werden können (und müssen!), zeigt P. F. Strawson, *Introduction to Logical Theory*, London 1952.

5 Eine wichtige Dokumentation einschlägiger Arbeiten der frühen Diskussion bietet der Sammelband *Perceiving, Sensing, and Knowing. A Book of Readings from Twentieth-Century Sources in the Philosophy of Perception*, hrsg. v. R. Swartz, New York 1965.

6 Sie wurden posthum unter einem anderen Titel veröffentlicht: *Sense and Sensibilia. Reconstructed from the Manuscript Notes by G. J. Warnock*, Oxford 1962. Die hier relevanten Einlassungen finden sich S. 8–32.

7 *Der Utilitarismus*, übers. m. e. Anm. u. Nachw. v. D. Birnbacher, Stuttgart 1985, S. 60.

8 In der ursprünglichen Ausgabe (*Principia Ethica*, Cambridge 1903, S. 67); in der kürzlich erschienenen ‚Revised Edition', m. e. Vorw. z. zweiten Ausgb. u. anderen Arbeiten, hrsg. v. T. Baldwin, Cambridge 1993, S. 118.

9 Siehe näher meine Erörterungen in *Philosophie und Ethik*, Düsseldorf u. Bonn 1999, § 1.

4. Auf der Suche nach der Bedeutung [1]

1 Zu den Autoren, die das Bedeutungsproblem breit konzipierten und sprachliche Bedeutung als eine Art Sonderfall zu verstehen suchten, gehört E. Cassirer.

2 Siehe *Studies in the Way of Words*, Cambridge, Mass. 1989, S. 349 f.

3 Siehe *Sein und Zeit*, Tübingen 1979 (1. Aufl. 1926), §§ 32–33 und dazu kritisch meine Erörterungen in *Philosophie in ‚Sein und Zeit'*, St. Augustin 1994, S. 15–28.

4 Diese Auffassung ist offensichtlich Teil der Position, die man in H.-G. Gadamers Werk *Wahrheit und Methode* findet. Da hier der Text als Dialogpartner angesehen wird, der zu uns spricht, wird die sprachliche Bedeutung sozusagen ganz natürlich zur Sprecherbedeutung und umgekehrt (s. Abschn. 7, IV).

5 Unter dem Begriff ‚Gebrauch' werden hier – was vielleicht problematisch ist – auch behaviouristische Ansätze subsumiert. Andere Gliederungen werden z. B. von W. P. Alston, *Philosophy of Language*, Englewood Cliffs, N. J. 1964 (= *Foundations of Philosophy Series*, hrsg. v. E. und M. Beardsley) skizziert.

6 Vgl. J. Lyons, „Bedeutungstheorien", in *Semantik. Ein internationales Handbuch der zeitgenössischen Forschung*, hrsg. v. A. v. Stechow u. D. Wunderlich, Berlin u. New York 1992, S. 1–24.

7 Siehe *Philosophische Untersuchungen*, Frankfurt a.M. 1967, § 43. – Viele Autoren werden sich vermutlich gegen die Verwendung des Wortes ‚identifizieren' wehren, unter Hinweis auf *Über Gewißheit* § 67.

8 Eine Erwägung dieser Art findet sich bei G. Harman, „Three Levels of Meaning", *The Journal of Philosophy* 65 (1968) S. 590–602, abgedruckt in *Semantics. An Interdisciplinary Reader in Philosophy, Linguistics and Psychology*, hrsg. v. D.D. Steinberg u. L.A. Jakobovits, Cambridge 1971, S. 66–75 und in G. Harman, *Reasoning, Meaning and Mind*, Oxford 1999, S. 155–165.

9 Vgl. C. Taylor, „Theories of Meaning", in ders., *Philosophical Papers* Bd. 1, Cambridge 1985, S. 255, 270; ders., „Language and Human Nature", a.a.O., S. 219.

10 Vgl. C. Taylor, „Theories of Meaning", S. 265.

11 Vgl. C. Taylor, „Theories of Meaning", S. 275: „But when it comes to our emotions, aspirations, goals and social relations and practices, this cannot be. The reason is that these are partly constituted by language, and you have to understand this language to understand them."

12 Siehe „The Meaning of a Word" [1940], in J.L. Austin, *Philosophical Papers*, 3rd. ed., hrsg. v. J.O. Urmson u. G.J. Warnock, Oxford 1979, S. 58 (dt. *Wort und Bedeutung. Philosophische Aufsätze*, übers. v. E.v. Savigny, München 1970, S. 15).

13 *Philosophical Papers* S. 59, *Wort und Bedeutung* S. 16.

14 Aus heutiger Sicht wäre anzumerken, daß diese Rede vom Enthalten-Sein auf dem Hintergrund entsprechender Ausdrucksweisen bei Kant Gestalt gewonnen hat und zumindest im Blick auf die sog. semantische Analyzitität noch Geltung hat.

15 *Philosophical Papers* S. 63: „We are using a working-model which fails to fit the facts that we really wish to talk about".

16 Eine Reihe von Einwänden formuliert A. Hoffmann, *Bedeutungsbegriff und Bedeutungsmodell. Zur Erklärung eines Rätsels*, Basel u. Tübingen 1995 (= *Basler Studien zur Philosophie* Bd. 6), S. 24–29. In einem Punkt scheint mir der Autor einem Mißverständnis zu erliegen, nämlich wenn er fragt, mit welchem Recht Austin im Falle der Frage *(i)* nach der Bedeutung, y, eines Ausdrucks, x, die Generalisierung für falsch und unstatthaft erachtet, im Falle der Frage *(ii)* nach der Quadratwurzel einer Zahl hingegen als unproblematisch ansieht. Der Punkt ist m.E. der, daß Austin findet, *(i)* habe die Form $(\exists y)(x)(x$ ist ein Wort & x hat (eine) Bedeutung & y ist die Bedeutung von x), *(ii)* hingegen die Form von $(x)(\exists y)(x$ ist ein Wort & x hat (eine) Bedeutung & y ist die Bedeutung von x). Dieser Unterschied, der indirekt auch von Sir A.J. Ayer (*Foundations of Empirical Knowledge*, London 1940, S. 98) betont wird („There is no one thing that all symbols mean" [i.e. $\neg\,(\exists y)(x)$, im Gegensatz zu $(x)(\exists y)$], ist wichtig und wird allzuoft übersehen.

17 Einen ähnlichen Punkt macht Quine geltend: *Word and Object*, Cambridge, Mass. 1976 (1. Aufl. 1960), S. 206; dt. *Wort und Gegenstand*, aus d. Engl. v. J. Schulte, Stuttgart 1980, S. 356, Anm. 1.

18 Siehe *Das Blaue Buch*, Frankfurt a. M. 1984, S. 115.

19 Siehe *Ontological Relativity and Other Essays*, New York 1971 (1. Aufl. 1969), S. 27; dt. *Ontologische Relativität und andere Schriften*, aus d. Engl. übers. v. W. Spohn, Stuttgart 1975, S. 42.

20 Vgl. *Ontologische Relativität* (s. Anm. 19), S. 37.

21 Vgl. „Two Dogmas of Empiricism", in ders., *From a Logical Point of View*, Cambridge, Mass. 1953, S. 28; dt. „Zwei Dogmen des Empirismus" in *Von einem logischen Standpunkt. Neun logisch-philosophische Essays*, m. e. Nachw. v. P. Bosch, Frankfurt a. M. 1979, S. 36.

22 Die sog. kognitive Bedeutung wird von Quine ähnlich wie von Carnap und vorher von Frege als „genausoviel an Bedeutung" verstanden, „wie für den Wahrheitswert des Satzes und nicht dessen dichterische Qualität oder seinen Gefühlsausdruck relevant ist" (*Ontologische Relativität* [Anm. 19], S. 190).

23 „Two Dogmas" (s. Anm. 21), S. 31; „Zwei Dogmen des Empirismus", S. 37.

24 Freges eigentümliche Ausdrucksweise und namentlich seine Verwendung des Wortes ‚Bedeutung' sind in der Forschung Gegenstand mancher Spekulation geworden. Eine gute Diskussion dieser Fragen liefert G. Bornet, *Die Bedeutung von ‚Sinn' und der Sinn von ‚Bedeutung'*, Bern, Stuttgart u. Wien 1996 (= *Berner Reihe Philosophischer Studien* Bd. 17), S. 193–229 [‚4. Frege als Rezeptionsproblem'].

25 Siehe *Kleine Schriften*, 2. Aufl., hrsg. v. I. Angelelli, Hildesheim, Zürich u. New York 1990, S. 144.

26 *Kleine Schriften* S. 148.

27 *Kleine Schriften* S. 347.

28 *Kleine Schriften* S. 348 sowie *Nachgelassene Schriften*, u. Mitw. v. G. Gabriel, W. Rödding bearb., eingel. u. m. Anm. vers. v. H. Hermes, F. Kambartel, F. Kaulbach, 2. rev. u. erw. Aufl., Hamburg 1983 (= *Nachgelassene Schriften und Wissenschaftlicher Briefwechsel* Bd. 1), S. 213 f.

29 Siehe näher meine Erörterungen „Sinne, Beleuchtungen und Vorstellungen. Vier Bemerkungen zu Frege", *Allgemeine Zeitschrift für Philosophie* 20 (1995) S. 53 f.; ders., *Bedeutung, Wert, Wirklichkeit. Positionen und Probleme*, Bern u. a. 2000, S. 42 f.

30 Folgt man dem Gedanken des 1956 vorgetragenen Textes „Performative Utterances" (*Philosophical Papers* [s. Anm. 12], S. 233 ff.), so scheint klar, daß Austins Intuition von der Beobachtung bestimmt war, daß die logischen Positivisten bei ihrer Fixierung auf deklarative Sätze, die wahr oder falsch sein können, eine Klasse von Sätzen übersehen hatten, die zwar indikativischer Natur sind, aber offensichtlich nicht wahr und falsch sein können. Bei diesen Sätzen

(z. B. „Ich taufe dieses Schiff Königin Elizabeth", a. a. O., S. 235) handelt es um Äußerungen, mit denen wir etwas tun (*performative utterances*).

31 Dieser Umstand ist insofern sonderbar, als Austin seinen Begriff *force* aus Freges Terminus (behauptende) ‚Kraft' gewonnen haben dürfte. Das Wort ‚Rolle' verwendet Wittgenstein in der *Logischen Grammatik*.

32 *How To Do Things With Words*, 2. Aufl. hrsg. v. J. O. Urmson u. Marine Sbisa, Oxford 1975, S. 33, 73, 100, dt. *Zur Theorie der Sprechakte*, dt. Bearbeitung v. E. v. Savigny, Stuttgart 1972. Dieser Text bezieht sich auf die 1. Aufl. von 1962.

33 A. a. O., S. 33, 104.

34 Vgl. *Philosophical Papers* (s. Anm. 30), S. 251.

35 A. a. O., S. 92, Anm. 1. Diese Anmerkung findet sich in der dt. Ausgabe nicht.

36 A. a. O., S. 94.

37 A. a. O., S. 95.

38 Vgl. Marylin Fryre, „Force and Meaning", *The Philosophical Journal* 70 (1973) S. 283, gegen J. Cohen, „Do Illocutionary Forces Exist?", *The Philosophical Quarterly* 14 (1964) S. 118–137.

39 Siehe im übrigen F. Recanati, *Meaning and Force. The Pragmatics of Performative Utterances*, Cambridge 1987 (= *Cambridge Studies in Philosophy*).

5. Flucht in die Metaethik

1 Dt. *Sprache, Wahrheit und Logik*, aus d. Engl. v. H. Herring, Stuttgart 1970.

2 Das zeigt sich auch im wohl einzigen Ethikbuch, das aus dem Umkreis dieser Schule hervorgegangen ist: V. Kraft, *Die Grundlagen der Erkenntnis und der Moral*, Berlin 1968 (= *Reihe Erfahrung und Denken* Bd. 28).

3 Dt.: *Die Sprache der Moral*, aus d. Engl. v. Petra Morstein, Frankfurt a. M. 1972 (= Reihe *Theorie*). Hare hat später weitere wichtige Bücher veröffentlicht. Eine Würdigung seines Beitrags zur Moralphilosophie liegt in Gestalt einer zweibändigen Festschrift vor: *Zum Moralischen Denken*, 2 Bde., hrsg. v. Chr. Fehige u. G. Meggle, Frankfurt a. M. 1995.

4 Dies hat E. Werner in seinem Aufsatz „Ethical Realism", *Ethics* 93 (1993) S. 663 betont.

5 „Good and Evil", *Analysis* 17 (1956) S. 33–42, abgedr. in *Theories of Ethics*, hrsg. v. Philippa Foot, Oxford 1967, S. 64–73.

6 Die klassische Arbeit zu diesem Komplex stammt aus der Feder des englischen Philosophen J. O. Urmson, „Einstufen", in *Sprache und Ethik. Zur Entwicklung der Metaethik*, hrsg. v. G. Grewendorf und G. Meggle, Frankfurt a. M. 1971, S. 140–174; ursprünglich erschien

diese Arbeit unter dem Titel „On Grading" in der Zeitschrift *Mind* 59 (1950).

7 Siehe z. B. R. Rorty, „Sind Aussagen universelle Geltungsansprüche?", *Deutsche Zeitschrift für Philosophie* 42 (1994) S. 975–988.

8 Siehe z. B. S. Blackburn, *Essays in Quasi-Realism*, Oxford 1993.

9 Siehe z. B. D. O. Brink, *Moral Realism and the Foundations of Ethics*, Cambridge 1989 (= *Cambridge Studies in Philosophy*), sowie P. Schaber *Moralischer Realismus*, Freiburg 1997 (= *Alber Reihe Praktische Philosophie* Bd. 52).

10 Zuletzt wohl in seinem Buch *Mind, Language and Society. Philosophy in the Real World*, London 1999, S. 44–45.

11 Einige seiner Arbeiten zu diesem Komplex finden sich im ersten Band seiner gesammelten Aufsätze abgedruckt: *Mind, Value, and Reality*, Cambridge, Mass. u. London 1998, Teil II.

6. Die Entdeckung der Intentionalität

1 Ähnliche Untersuchungen legte C. D. Broad vor: „Emotion and Sentiment", *Journal of Art & Art Criticism* 13 (1953/54) S. 203–214.

2 Es lohnt sich, darauf hinzuweisen, daß L. Wittgenstein (siehe *Ludwig Wittgenstein und der Wiener Kreis: Gespräche*, aufgezeichnet von Friedrich Waismann, Schriften 3, hrsg. v. B. F. McGuinness, Frankfurt a. M. 1967) bemerkte: „Ich kann mir wohl denken, was Heidegger mit Sein und Angst meint" (S. 68). Siehe dazu M. Murray, „A Note on Wittgenstein and Heidegger", *The Philosophical Review* 83 (1974) S. 501–503.

3 Kierkegaard, *Der Begriff der Angst* [1884], Ges. Werke Bd. 4, Jena 1923, S. 23; Heidegger, *Was ist Metaphysik?* [1929]. 12. Aufl. Frankfurt 1981, S. 17: „Die Angst offenbart das Nichts." Daß Heidegger geradezu triviale Fehler begeht, ist eine Sache, daß diese von wenigen Lesern wahrgenommen werden, eine andere. Eine saubere Analyse der relevanten Stellen bietet A. Dorschel, „Furcht und Angst. Über die Intentionalität von Emotionen", *il cannocchiale. rivista di studi filosofici* 3 (1993) S. 53–72.

4 Vgl. J. Hintikka, „Die Intentionalitäten der Intentionalität", *Neue Hefte für Philosophie* 8 (1975) S. 65 ff.

5 Vgl. B. Schuwey, *Chisholm über Intentionalität. Kritik und Verteidigung von Chisholms Explikation der sogenannten These Brentanos*, Bern 1983.

6 Sie wird in der Forschung gelegentlich als die orthodoxe Interpretation bezeichnet. Vgl. R. Richardson, „Brentano on Intentional Inexistence and the Distinction between Mental and Physical Phenomena", *Archiv für Geschichte der Philosophie* 65 (1983) S. 250–262.

7 Daß es Brentano „bekanntlich völlig mißlungen" sei, „ein Problem zu lösen, das ebensosehr wie seine positiven Theorien ein Bestandteil der

Erbschaft geworden ist, die er seinen Anhängern hinterlassen hat", ist die Meinung von Michael Dummett (s. *Ursprünge der analytischen Philosophie*, übers. v. J. Schulte, Frankfurt a. M. 1988, S. 39).

8 Auch seine späteren Bemerkungen über Frege (i. e. er wisse eigentlich nicht mehr, was der Anlaß des brieflichen Kontaktes gewesen sei) legen den Eindruck nahe, daß Husserl wenig großzügig war – ein Zug, der dann auch an seinem Schüler Heidegger (in *Sein und Zeit*) hervortritt.

9 Der norwegische Philosoph Dagfin Føllesdal hat seit 1958 in einer Reihe von Arbeiten Analogien zwischen Freges *Sinn* und Husserls *noema* aufgezeigt. Dabei ist es zu Lagerbildungen *pro* und *contra* gekommen. Siehe zu dieser Kontroverse C. Bermes, *Bedeutung als Bestimmung und Bestimmbarkeit*, Würzburg 1997, Kpt. 3.3.

10 Husserls Gedanke tritt vielleicht dann klarer hervor, wenn bedacht wird, daß die lateinische Charakterisierung Descartes' Bestimmung der Substanz evoziert (vgl. *Prinzipien* I § 41).

11 Siehe *Intentionality. An Essay in the Philosophy of Mind*, Cambridge 1983, ders., *The Rediscovery of the Mind, Cambridge*, Mass. 1992.

12 Siehe *Mind, Language and Society. Philosophy in the Real World*, London 1999, S. 85.

7. Die Hermeneutische Wende der Philosophie

1 Siehe „Empiricism and the Philosophy of Mind", in ders., *Science, Perception and Reality,* London 1963, S. 170. Im großen Stil hat R. Brandom diesen Gedanken zur „inferential role" ausgearbeitet: *Making it Explicit. Reasoning, Representing & Discursive Commitment,* Cambridge, Mass. u. London 1994, dt. *Expressive Vernunft. Begründung, Repräsentation und diskursive Festlegung,* übers. v. Eva Gilmer u. H. Vetter, Frankfurt a. M. 2000.

2 Das Buch trägt den Untertitel *Grundzüge einer philosophischen Hermeneutik* und figuriert im ursprünglichen Text als Band 1 der *Gesammelten Werke* des Autors. Die zum Verständnis wichtigen Präzisionen, die sich z. B. im Vorwort zur zweiten Auflage finden, sind zusammen mit anderen Texten im Band 2 gesammelt: *Hermeneutik II: Wahrheit und Methode. Ergänzungen und Register.*

3 Daß der Autor damit Probleme kreiert, zeigt gut K. Petrus, „Hermeneutische Erfahrung", in *Der Begriff der Erfahrung in der Philosophie des 20. Jahrhunderts*, hrsg. v. J. Freudiger, A. Graeser, K. Petrus, München 1996, S. 222–234.

4 Ähnliche Auffassungen findet man bei P. Ricoeur, „The Model of the Text: meaningful action considered as a text", *Social Research* 38 (1971) S. 529–562, abgedr. in ders.: *Hermeneutic and the Human Sciences*, hrsg. u. übers. v. J. B. Thompson, Cambridge 1981 (= *Editions de la Maison des Sciences de l'Homme*), S. 197–211; eine dt. Übersetzung

findet sich in *Philosophische Hermeneutik*, hrsg. v. H. W. Lessing, Freiburg i. Br. 1999 (= *Alber-Texte-Philosophie* Bd. 7), S. 259–293. Zur Diskussion siehe J. J. Dilenso, *The Hermeneutic and the Disclosure of Truth*, Charlotteville 1990.

5 *Hermeneutik und Dialektik* Bd. I, hrsg. v. R. Bubner, K. Cramer, R. Wiehl, Tübingen 1970, S. 79–103.

6 Im Ergänzungsband zu *Wahrheit und Methode* sagt er, daß mit der Auflösung allen Herrschaftszwanges die anarchische Utopie als Leitbild drohe (*Gesammelte Werke* Bd. II, S. 250). In anderer Weise gibt auch sein Herder-Vortrag aus dem Jahre 1941 Aufschluß. Siehe dazu die Beiträge in *Internationale Zeitschrift für Philosophie* 1 (2001).

7 Siehe *Gesammelte Werke* Bd. II, S. 265 ff.

8 *Philosophy and the Mirror of Nature*, Princeton, N. J. 1979. Die 1981 erschienene deutsche Ausgabe (übers. v. M. Gebauer) trägt den Titel *Der Spiegel der Natur. Eine Kritik der Philosophie.*

9 Einen wichtigen *terminus a quo* bedeutet in der zeitgenössischen Diskussion hier die 1963 publizierte Studie von Donald Davidson: „Handlungen, Gründe und Ursachen", in: ders., *Handlung und Ereignis*, übers. v. J. Schulte, Frankfurt a. M. 1990, S. 19–42 (orig.: *Essays on Actions and Events*, Oxford 1980; der Aufsatz erschien ursprünglich in *The Journal of Philosophy* 60); s. Abschn. 12, IV.

10 Die Spannbreite seines Denkens wird sehr gut an der Festschrift deutlich, die von J. Tully besorgt wurde: *Philosophy in an Age of Pluralism. The Philosophy of Charles Taylor in Question*, Cambridge 1994.

8. Die Kritische Wende

1 Eine wertvolle (wenn auch menschlich erschütternde) Darstellung der Personen und Anliegen bietet R. Wiggershaus, *Die Frankfurter Schule. Geschichte. Theoretische Entwicklung. Politische Bedeutung*, München 1986 (1. Aufl. 1988). Eine rückblickende Bestandsaufnahme wesentlicher Kontroversen bietet M. Schmid, „Der Positivismusstreit in der Deutschen Soziologie. Dreißig Jahre danach", *Logos* 1 (1993) S. 35–70.

2 So vor allem in seiner Antrittsvorlesung 1965 („Erkenntnis und Interesse", in *Merkur* 19 [1965] S. 146–168 und in ders., *Technik und Wissenschaft als ‚Ideologie'*, Frankfurt a. M. 1965).

3 Siehe Max Horkheimer, *Traditionelle und kritische Theorie. Vier Aufsätze*, Frankfurt a. M. 1968, S. 12–56 mit *Nachtrag* S. 57–64; ders., *Kritische Theorie. Eine Dokumentation*, hrsg. v. A. Schmidt, Bd. II, Frankfurt a. M. 1968, S. 137–191, 192–200.

4 *Kritische Theorie. Eine Dokumentation* Bd. I, S. 2.

5 *Kritische Theorie. Eine Dokumentation*, Bd. I, S. 154.

6 *Kritische Theorie. Eine Dokumentation*, Bd. II, S. 222.

7 Viele dieser Dinge sind verblüffend interessant; andere dürften, bei aller Sympathie, nicht so stehenbleiben. Dazu gehören auch die Bemerkungen zu Wesen und Geschichte der Logik.

8 Siehe die Beiträge in *The Quality of Life*, hrsg. v. Martha C. Nussbaum u. A. Sen, Oxford 1993 (= *Wider Studies in Development Economics*).

9 *Traditionelle und kritische Theorie. Vier Aufsätze* S. 58; *Kritische Theorie. Eine Dokumentation*, Bd. II, S. 193–194.

10 *Traditionelle und kritische Theorie. Vier Aufsätze* S. 29; *Kritische Theorie. Eine Dokumentation*, Bd. II, S. 157.

11 *Traditionelle und kritische Theorie. Vier Aufsätze* S. 57; *Kritische Theorie. Eine Dokumentation*, Bd. II, S. 192.

12 *Kritische und traditionelle Theorie. Vier Aufsätze* S. 57; *Kritische Theorie. Eine Dokumentation*, Bd. II, S. 192.

13 *Kritische und traditionelle Theorie. Vier Aufsätze* S. 49 ff.; *Kritische Theorie. Eine Dokumentation*, Bd. II, S. 186: „Dieser Einfluß der gesellschaftlichen Entwicklung auf die Struktur der Theorie gehört zu ihrem eigenen Lehrbestand" u. ö.

14 *Kritische und traditionelle Theorie. Vier Aufsätze* S. 40; *Kritische Theorie. Eine Dokumentation*, Bd. II, S. 171.

15 *Kritische und traditionelle Theorie. Vier Aufsätze* S. 41; *Kritische Theorie. Eine Dokumentation*, Bd. II, S. 175. An dieser Stelle verweist Horkheimer auf weitergehende Analysen in seinem Essay über Wahrheit (*Kritische Theorie. Eine Dokumentation*, Bd. I, S. 263, 268 ff.).

16 *Kritische und traditionelle Theorie. Vier Aufsätze* S. 44; *Kritische Theorie. Eine Dokumentation*, Bd. II, S. 176.

17 Max Horkheimer, *Zur Kritik der Instrumentellen Vernunft*, hrsg. v. A. Schmidt, Frankfurt a. M. 1992 (1. Aufl. 1967, orig. *Eclipse of Reason*, New York 1947), S. 39.

18 *Zur Kritik der Instrumentellen Vernunft* S. 75. Wenig später spricht der Verf. vom Philosophischen Wahrheitsbegriff und dann einfach von Wahrheit (S. 79).

19 Sehr instruktiv sind hier die Erörterungen von I. Hacking: *Eine Einführung in die Philosophie der Naturwissenschaften*, aus d. Engl. übers. v. J. Schulte, Stuttgart 1996, Teil A (orig. *Representing and Intervening. Introductory Topic in the Philosophy of Natural Science*, Cambridge 1983).

20 Dieser Vorwurf ist J. Habermas zu machen (und gemacht worden, vgl. *Erkenntnis und Interesse* S. 406–407.

21 *Kritik der Instrumentellen Vernunft* S. 93.

22 Derartige Vorstellungen findet man bei T. W. Adorno, einem bekannten Vertreter der Frankfurter Schule; siehe *Negative Dialektik*, Frankfurt a. M. 1975 (1. Aufl. 1966), S. 315 und kritisch dazu G. Rohrmoser, *Das Elend der kritischen Theorie*, 2. unv. Aufl., Freiburg i. Br. 1970, S. 23.

23 Siehe *Kölner Zeitschrift für Soziologie und Sozialpsychologie* 16 (1964) S. 225–256.

24 Ursprünglich 1963 in der Adorno-Festschrift, dann aufgenommen bzw. abgedruckt in dem Band *Der Positivismusstreit in der deutschen Soziologie*, Neuwied 1969.

25 *Der Positivismusstreit* S. 175.

26 Sie läßt sich aus dem Buch *Theorie und Praxis. Sozialphilosophische Studien*, Frankfurt a. M. 1978 (1. Aufl. 1963), S. 9ff. herausdestillieren.

27 Kongenial, wenn auch zu Recht sehr kritisch sind hier die Erörterungen von R. Geuss: *The Idea of A Critical Theory. Habermas and the Frankfurt School*, Cambridge 1981; dt. *Die Idee einer kritischen Theorie*, aus d. Amerikanischen v. Anna Kusser, Königstein i. T. 1983 (= *Philosophie. Analyse und Grundlegung* Bd. 8). Eine weitere Monographie, die hier zu erwähnen wäre, ist die von Seyla Benhabib, *Critique, Norm and Utopia. A Study of the Foundations of Critical Theory*, New York 1986.

28 *Erkenntnis und Interesse* S. 241.

29 G. Patzig, „Erklären und Verstehen. Bemerkungen zum Verhältnis von Natur- und Geisteswissenschaften", in ders., *Gesammelte Schriften* IV: *Theoretische Philosophie*, Göttingen 1996, S. 145.

30 Weitergehende Aspekte der Diskursethik habe ich in meinem Buch *Philosophie und Ethik*, Düsseldorf u. Bonn 1999 behandelt („Anhang').

9. Die Kritizistische Wende

1 *The Open Society and its Enemies*, Bd. 2, London 1945, S. 282; dt. *Die offene Gesellschaft und ihre Feinde*, übers. v. Paul K. Feyerabend, Tübingen 1992, 7. Auflage (1. Auflage 1957) (= *UTB für Wissenschaft*); vgl. ders., *Conjectures and Refutations*, London 1963, S. 229.

2 *Die offene Gesellschaft und ihre Feinde*, Bd. 2, S. 269; *The Open Society and its Enemies*, Bd. 2, S. 230.

3 *Die offene Gesellschaft und ihre Feinde*, Bd. 2, S. 270; *The Open Society and its Enemies*, Bd. 2, S. 231.

4 *Conjectures and Refutations* S. 229.

5 Dieser Begriff wird bei dem Wissenschaftsphilosophen S. Toulmin thematisch: *The Place of Reason in Ethics*, Cambridge 1958.

6 Die deutsche Ausgabe erschien 1973 unter dem Titel *Objektive Erkenntnis. Ein evolutionärer Entwurf.*

7 *Logik der Forschung* S. 5.

8 Vgl. *Erkenntnis* 1 (1930) S. 186.

9 *Logik der Forschung* S. 8.

10 Dieser Text wurde verschiedentlich nachgedruckt, so auch in *The World of Parmenides – Essays on the Presocratic Enlightenment*, London u. New York 1998, dt. *Die Welt des Parmenides. Der Ursprung des europäischen Denkens*, hrsg. v. A. F. Peterson, München und Zürich 2001.

11 Diese und andere Beiträge sind in dem Band *Logischer Empirismus – der Wiener Kreis* (hrsg. v. H. Schleichert, München 1975) abgedruckt.

12 *Erkenntnis* 4 (1934).

13 *Logik der Forschung* S. 61, vgl. S. 76.

14 *Logik der Forschung* S. 63.

15 So Popper selber im Rückblick: *Objektive Erkenntnis* S. 42.

16 *Objektive Erkenntnis* S. 95.

17 Um so wichtiger wiegt darum die kompakte Herausforderung in Gestalt von Hans Alberts Monographie *Kritik der reinen Hermeneutik*, Tübingen 1994 (= *Die Einheit der Gesellschaftswissenschaften* Bd. 85).

18 Dieses Buch enthält in neuen Auflagen jeweils substantielle, philosophisch weiterführende Auseinandersetzungen mit seinen Kritikern.

19 *Traktat über kritische Vernunft* S. 16.

20 Vgl. Wilfrid Sellars, „Empiricism and the Philosophy of Mind", in ders., *Science, Perception and Reality*, Atascadero, Cal. 1991 (1. Aufl. 1963), S. 170. – Dieser Standpunkt wird auch von den jüngeren Exponenten des Kritischen Rationalismus seit Jahren vertreten.

10. Auf der Suche nach der Bedeutung [2]

1 Cambridge, Mass.

2 Oxford.

3 Siehe auch Louisa Röska-Hardy, *Die ‚Bedeutung' in natürlichen Sprachen*, Frankfurt a. M. 1988 (= *Athenäum Monographien. Philosophie* Bd. 251), S. 12.

4 Siehe *The Philosophical Review* 66 (1957) S. 377–388. Diese Arbeit wurde u. a. in *Readings in Semantics*, hrsg. v. F. Zabeh, E. D. Klemke u. A. Jacobsen, Chicago u. London 1974, S. 499–512 abgedruckt und findet sich auch in Grices Band *Studies in the Way of Words*, Cambridge, Mass. 1989, Kpt. 14. Dt. „Intendieren, Meinen, Bedeuten", in *Handlung, Kommunikation, Bedeutung*, hrsg. v. G. Meggle, Frankfurt a. M. 1989, S. 2–15.

5 Grices diesbezügliche Argumentation wurde von P. Horwich attakkiert: *Meaning*, Oxford 1998, S. 20, Anm. 6, sowie S. 179, Anm. 15.

6 Siehe „Utterer's Meaning, Sentence Meaning, and Word Meaning", *Foundations of Language* 4 (1968) S. 225–242, dt. „Über Sprecherbedeutung, Satz-Bedeutung, Wort-bedeutung", in *Handlung, Kommunikation, Bedeutung* (s. Anm. 4), S. 85–111; „Utterer's Meaning and Intentions", *The Philosophical Review* 78 (1969) S. 147–177, dt. „Sprecher-Bedeutung und Intentionen", in *Handlung, Kommunikation, Bedeutung* S. 16–51; „Meaning Revisited", in *Mutual Knowledge*, hrsg. v. N. Smith, New York 1982. Die drei letztgenannten Arbeiten finden sich in Grices Band *Studies in the Way of Words*, Kpt. 6, 5 und 18.

7 *Studies* S. 92.

8 Eine Auseinandersetzung mit einigen kritischen Einlassungen findet sich z. B. bei P. Suppes, „The Primacy of Utterer's Meaning", in *Philosophical Ground of Rationality. Intention, Categories, Ends*, hrsg. v. R. E. Grandy u. R. Warner, Oxford 1986, S. 109–130.

9 Siehe seinen Aufsatz „Was Grice mit ‚Meinen' meint", in *Sprechakte und Semantik*, hrsg. v. G. Grewendorf, Frankfurt a. M. 1979, S. 69.

10 Siehe „Utterer's Meaning Revisited", in *Philosophical Grounds of Rationality* (s. Anm. 7), S. 145.

11 Siehe *Syntax and Semantics* Bd. 3, New York 1975, S. 41–58, dt. „Logik und Konversation", in *Handlung, Kommunikation, Bedeutung* S. 243–265.

12 *Studies* S. 26–27. Die Übersetzung wurde von mir leicht geändert.

13 Siehe hierzu K. Petrus, „Kommunikation, Adäquatheit, Rationalität", *Logos* NF 3 (1996) S. 293–302.

14 *Studies* S. 24.

15 Siehe P. F. Strawson, *Introduction into Logical Theory*, London 1952, S. 175.

16 Die originellen und z. T. bahnbrechenden Arbeiten von Stalnaker finden sich in seinem Band *Context and Content. Essays on Intentionality in Speech and Thought*, Oxford 1999 (= *Oxford Cognitive Science Series*) abgedruckt.

17 Eine nützliche Studie legte E. Rolf vor: *Sagen und Meinen. Paul Grices Theorie der Konversations-Implikaturen*, Opladen 1994; kritisch ist die Monographie von W. A. Davis, *Implicature. Intention, convention and principle in the failure of Gricean Theory*, Cambridge 1998 (= *Cambridge Studies in Philosophy*).

18 Siehe *Reflexionen über Sprache*, Frankfurt a. M. 1975, S. 98.

19 Siehe „Meaning, Communication, and Representation", in *Philosophical Grounds of Rationality* (s. Anm. 6), S. 216.

20 Dieser Einwand geht wohl auf M. Platts, *Ways of Meaning*, London 1979, S. 89 zurück, findet sich aber auch bei W. G. Lycan in seiner Rezension des Buches von Anita Avramides in „Meaning and Mind", *Mind and Language* 6 (1991) S. 84.

21 Siehe W. G. Lycan, *Philosophy of Language*, London 2000, S. 110.

22 Siehe dazu J. Bennett, „The Meaning-Nominalist Strategy", *Foundations of Language* 10 (1973) S. 141–168, dt. „Die Strategie des Bedeutungs-Nominalismus" in *Handlung, Kommunikation, Bedeutung* (s. Anm. 4), S. 153–196. – Vgl. auch sein Buch *Linguistic Behaviour*, Indianapolis, Ind. 1990, § 3 u. v. ö. (1. Aufl. Cambridge 1976, dt. *Sprachverhalten*, Frankfurt a. M. 1982).

23 Siehe *Logico-Linguistic Papers*, London 1971, S. 149–169; die Arbeit erschien ursprünglich in *The Philosophical Review* 73 (1964) S. 439–460, dt. in *Sprachhandlung – Existenz-Wahrheit. Hauptthemen der Analytischen Philosophie*, hrsg. v. W. Schirn, Stuttgart–Bad Cannstatt 1974.

24 Siehe *Logico-Linguistic Papers* S. 170–189, dt. *Logik und Linguistik. Aufsätze zur Sprachphilosophie*, München 1994.

25 Fairerweise muß man sagen, daß sich Davidson mit dem einen oder anderen Aspekt dieses Problems auseinandergesetzt hat, z. B. in „Modi und performative Äußerungen" und „Kommunikation und Konvention" in *Wahrheit und Interpretation* S. 163–182 bzw. S. 372–393.

26 Cambridge. Dt. *Intentionalität. Eine Abhandlung zur Philosophie des Geistes*, Frankfurt a. M. 1987.

27 Siehe *Speechacts. An Essay in the Philosophy of Language*, Cambridge 1969, dt. *Sprechakte. Ein sprachphilosophischer Essay*, aus d. Engl. v. R. u. R. Wiggershaus, Frankfurt a. M. 1976; *Expression and Meaning. Studies in the Theory of Speechacts*, Cambridge 1979, dt. *Ausdruck und Bedeutung. Untersuchungen zur Sprechakttheorie*, übers. v. A. Kemmerling, Frankfurt a. M. 1982.

28 *Philosophical Grounds of Rationality* S. 214.

29 Cambridge, Mass. 1984.

30 Die Autorin möchte jeden unnötigen Hinweis auf Belange der Statistik vermieden wissen und erklärt ihr quasi-normatives Verständnis von ‚normal' unter Hinweis auf den biologischen oder medizinischen Begriff des Normalen (a. a. O., S. 5).

31 *Studies* S. 93–104.

32 Cambridge, Mass. u. Oxford (= *A Bradford Book*).

33 Bereits ein Jahr nach dem Erscheinen von *Remnants of Meaning* widmete die Zeitschrift *Mind and Language* ein Spezialheft mit hochkarätigen Beiträgen zu Schiffers Thesen: 3,1 (1988).

34 So erstaunt es auch nicht, wenn mit dem Buch *Illocutionary Acts and Sentence Meaning* aus der Feder William P. Alstons die Diskussionsgrundlage wieder verändert scheint: Der weit ausholende Versuch, die Bedeutung eines Satzes in Begriffen des illolkutionären Aktpotentials zu verstehen, das seine mögliche Rolle in der Kommunikation bestimmt, rückt die Vorzüge der Sprechakttheorie in ein interessantes Licht.

11. Versuchungen des Anti-Realismus

1 Siehe auch u. a. I. Hacking, *Representing and Intervening*, Cambridge 1983, S. 33, dt. *Einführung in die Philosophie der Naturwissenschaft*, aus d. Engl. übers. v. J. Schulte, Stuttgart 1996, S. 43, sowie M. Sacks, *The World we Found. The Limits of Ontological Talk*, London 1989, S. 2–6.

2 Siehe die guten Bemerkungen bei R. Crossman, „Der Materialismus und die neue ‚Folk'-Philosophie", *Logos* 4 (1997) S. 47, die speziell gegen Paul Churchland gemünzt sind, einen prominenten Verfechter des sog. eliminativen Materialismus (s. Abschn. 13, II).

3 Siehe z. B. *Realism with a Human Face*, hrsg. v. J. Conant, Cambridge, Mass. u. London 1992, S. 138–139, sowie A. Burri, *Hilary Putnam*, Frankfurt a. M. 1994 (= *Reihe Campus Einführungen*), S. 35.

4 Siehe *Essays on Faith and Morals*, hrsg. v. R.B.Perry, New York 1997, S. 66 oder *The Will to Believe and other Essays in Popular Philosophy*, New York 1956, S. 66.

5 Dies ist die Thematik, der Thomas Nagel seit geraumer Zeit nachspürt; siehe vor allem *The View from Nowhere*, Oxford 1986, ders., *The Last Word*, Oxford 1997.

6 Siehe die Kritik bei C.Norris, *Resources of Realism. Prospects for ‚Post Analytic‘ Philosophy*, London 1997.

7 Siehe *Wahrheit. Fünf philosophische Aufsätze*, übers. u. hrsg. v. J.Schulte, Stuttgart 1982, S. 7–36, urspr. *Proceedings of the Aristotelian Society* 59 (1959) S. 141–162 mit dem *Postscriptum* in *Logic and Philosophy for Linguistics*, hrsg. v. J.Moravcsik, Den Haag, 1974, S. 220–255; beide Texte finden sich auch in Dummetts Band *Truth and Other Enigmas*, London 1978, S. 1–24.

8 Siehe seine Aufsatzsammlung *The Seas of Language*, Oxford 1993, bes. Kpt. 11 (‚Realism‘) und Kpt. 20 (‚Realism and Anti-Realism‘) sowie das Buch *The Logical Basis of Metaphysics*, London 1993.

9 Seine diesbezüglich relevanten Texte wurden in einem Band vereinigt: *Von einem realistischen Standpunkt. Schriften zu Sprache und Wirklichkeit*, hrsg. eingel. u. übers. v. V.C.Müller, Reinbek bei Hamburg 1993.

10 Siehe seinen Aufsatz „Empirismus, Semantik und Ontologie“, in *Das Universalien-Problem*, hrsg. v. W.Stegmüller, Darmstadt 1978, S. 338–362. Diese Arbeit erschien als ‚Supplement A‘ in der zweiten, erweiterten Auflage von *Meaning and Necessity. A Study in Semantics and Modal Logic*, Chicago u. London 1956, ursprünglich aber als Beitrag in der *Revue internationale de philosophie* 4 (1950) S. 20–40.

11 Einen Versuch in diese Richtung unternahm ich in „Moralische Beobachtung, interner Realismus und Korporatismus“, *Zeitschrift für philosophische Forschung* 50 (1996) S. 51–64, aufgenommen in *Bedeutung, Wert, Wirklichkeit. Positionen und Probleme*, Bern 2000, S. 209–225.

12 Siehe z.B. auch L.Krüger, „Objectivity and the Science-Ethics Distinction“, in *The Quality of Life*, hrsg. v. Martha C.Nussbaum u. A.Sen, Oxford 1993, S. 158–164, bes. 160.

13 Siehe *The Construction of Social Reality*, New York 1995, Kpt. 7: ‚Does the Real World Exist?‘ Part I: Attacks on Realism. Wichtig ist, systematisch gesehen, natürlich auch sein Versuch, der sog. Korrespondenz-Theorie einen Sinn abzugewinnen; dazu siehe Kpt. 9 ‚Truth and Correspondence‘.

14 *The Threefold Cord: Mind, Body, and the World*, New York 1999.

15 A.a.O., S. 182, Anm. 36.

16 Dt. *Weisen der Welterzeugung*, übers. v. M.Loser, Frankfurt a.M. 1984.

17 *Synthese* 45 (1980).

18 *On Mind and Other Matters*, Cambridge 1984, dt. *Vom Denken und anderen Dingen*, übers. v. B. Philippi, Frankfurt a. M. 1987.

19 Dt. *Versuch über den Menschen. Einführung in eine Philosophie der Kultur*, aus d. Engl. v. R. Kaiser, Frankfurt a. M. 1990.

20 *Philosophie auf neuem Wege. Das Symbol im Denken, im Ritus und in der Kunst*, übers. v. Ada Löwith, Frankfurt a. M. 1984, urspr. *Philosophy in a New Key*, New Haven, Conn. 1942.

21 *Philosophie auf neuem Wege* S. 8.

22 Eine Neuausgabe erschien in der Fordham University Press. Soeben publizierte R. Bachmann eine deutsche Übersetzung *Symbolismus* mit entsprechenden Erläuterungen, Frankfurt a. M. 2000.

23 *Feeling and Form. A Theory of Art Developed from Philosophy in a New Key*, New York 1953.

24 *Mind: An Essay in Human Feeling*, gekürzte Ausg., gek. v. G. van den Heuvel, mit e. Vorw. v. A. Danto, Baltimore 1988.

25 Sie wurden 1929 publiziert, erwiesen sich aber auf Grund vieler Fehler und Unzulänglichkeiten als revisionsbedürftig. Die heute maßgebliche Ausgabe ist *Process and Reality*. Korr. Ausg., hrsg. v. D. R. Griffin u. D. W. Sherburne, New York 1979, siehe bes. Kpt. VIII (,Symbolic Reference').

26 Siehe die sorgfältigen Erwägungen von J. Kulenkampff, „Mehr als eine Welt?", in *Zeichen und Realität*, hrsg. v. K. Oehler, Tübingen 1984, Bd. I, S. 131–139.

27 *Weisen der Welterzeugung* S. 21 u. ö.

28 Näherhin ist zu bedenken, daß Goodman in seinem zusammen mit J. Ullian verfaßten Aufsatz „Truth About Jones", *The Journal of Philosophy* 74 (1977) S. 317–338 in bezug auf ,wahr von' und ,wahr über' Unterscheidungen beobachtet, siehe auch *Weisen der Welterzeugung* S. 135, Anm. 2.

29 Siehe sein Hauptwerk *Interpretationswelten. Gegenwartsphilosophie jenseits von Essentialismus und Relativismus*, Frankfurt a. M. 1993.

30 Siehe u. a. *Philosophie und Interpretation. Vorlesung zur Entwicklung Konstruktionistischer Interpretationsansätze*, Frankfurt a. M. 1993, sowie *Von Deutungen zu Wertungen. Eine Einführung in aktuelles Philosophieren*, Frankfurt a. M. 1994.

31 Abel ist unlängst neueren Einwänden begegnet: „Interpretationsphilosophie. Kommentare und Repliken", *Deutsche Zeitschrift für Philosophie* 44 (1996) S. 907–910.

32 *Interpretations-Welten* S. 16; dieser Gedanke findet sich in der Arbeit „Einzelding-Ontologie und Ereignis-Ontologie", *Zeitschrift für philosophische Forschung* 39 (1985) S. 157–185 näher ausgeführt.

33 Vgl. „Nominalismus und Interpretation. Die Überwindung der Metaphysik im Denken Nietzsches", in *Nietzsche und die philosophische Tradition*, hrsg. v. J. Simon, Bd. 2, Würzburg 1985, S. 60.

34 Siehe dazu G. Löhrer, „Einige Bemerkungen zur Theorieebene der Interpretationsphilosophie", *Allgemeine Zeitschrift für Philosophie* 21 (1996) S. 267.

35 „Interpretationsphilosophie. Eine Antwort auf H. Lenk", *Allgemeine Zeitschrift für Philosophie* 13 (1988) S. 82, vgl. „Interpretationswelten", *Philosophisches Jahrbuch* 96 (1988) S. 12.

36 Siehe in größerem Detail meine Arbeiten „Interpretation, Interpretativität und Interpretationismus", *Allgemeine Zeitschrift für Philosophie* 21 (1996) S. 253–260, „Interpretation, Erfahrung und Bedeutung", *Studia Philosophica* 57 (1998) S. 1–25; abgedr. in *Bedeutung, Wert, Wirklichkeit* (s. Anm. 11), S. 153–164. 165–180.

12. Philosophie der Wissenschaft(en)

1 Siehe die Beiträge in dem Sammelband *Wozu Wissenschaftsphilosophie?*, hrsg. v. P. Hoyningen-Huene u. G. Hirsch, Berlin u. New York 1988.

2 Siehe „The Ethics of Belief" [1877] in ders., *The Ethics of Belief and Other Essays*, abgdr. in *The Theory of Knowledge*, hrsg. v. L. P. Pojmon, Belmont, Cal. 1993. – Zum Status der Kontroverse siehe D. A. Hollinger, „James, Clifford, and Scientific Conscience", in *The Cambridge Companion to William James*, hrsg. v. Ruth A. Putnam, Cambridge 1997, S. 82 Anm. 5.

3 Siehe z. B. V. Hösle, „Aufgaben der Naturphilosophie heute", in *Die Aufgabe der Philosophie*, hrsg. v. V. Hösle, P. Koslowski u. R. Schenk, Wien 1999, S. 37.

4 Vgl. die exemplarischen Diskussionen in dem Sammelband *Method, Medicine, and Metaphysics. Studies in the Philosophy of Ancient Science*, hrsg. v. J. Hankinson, Edmonton, Alberta 1988 (= *Apeiron*, XXI, 2).

5 Vgl. J. Freudiger, „Methodus resolutiva. Antikes und Neuzeitliches in Jacobo Accontios Methodenschrift", *Freiburger Zeitschrift für Philosophie und Theologie* 45 (1998) S. 407–446.

6 Zu den wichtigsten Diskussions- und Lösungsvorschlägen gehören die Arbeiten von Bas van Fraassen; siehe bes. sein Buch *The Scientific Image*, Oxford 1980 (= *Clarendon Library of Logic and Philosophy*).

7 Siehe *Die beiden Grundprobleme der Erkenntnistheorie*, Tübingen 1979, S. 427 f.

8 Zum Problem der unterschiedlich starken Deutungen von ‚Objektivität' siehe E. Agazzi, „Eine Deutung der wissenschaftlichen Objektivität", *Allgemeine Zeitschrift für Philosophie* 3 (1978) S. 20–47.

9 Eine wichtige Sammlung seinerzeit einschlägiger Arbeiten bietet der Band *Theories and Observation in Science*, hrsg. v. R. E. Grandy, Atascadero, Cal. 1973.

10 Siehe *Meaning and the Moral Sciences*, London 1979, S. 130–133.

11 Siehe *Progress and Its Problems*, London 1977, S. 47–48.

12 Siehe *Patterns of Discovery*, Cambridge 1958.

13 Siehe *Die Struktur wissenschaftlicher Revolutionen.* Zweite rev. u. um das Postscriptum von 1969 erg. Aufl. von 1969, aus. d. Engl. v. H. Vetter, Frankfurt a. M. 1978; orig.: *The Structure of Scientific Revolutions*, Chicago 1970.

14 Weitere Stellungnamen in dieser Richtung findet man bei P. Feyerabend, *Wider den Methodenzwang. Skizze einer anarchistischen Erkenntnistheorie*, übers. aus d. Engl. v. H. Vetter, Frankfurt a. M. 1976 (orig.: *Against Method*, London 1975), Mary Hesse, „Is There an Independent Observation Language?", in *The Nature and Foundation of Scientific Theory*, hrsg. v. R. Colodny, Pittsburgh 1970, S. 35–77, P. Churchland, *Scientific Realism and Plasticity of Method*, Cambridge 1979.

15 Siehe „An Attempt at a Realistic Interpretation of Experience", *Proceedings of the Aristotelian Society* 58 (1958) S. 163.

16 Der Begriff des Holismus ist heute wohl recht weit verbreitet und kaum eindeutig definiert. Einige Auffassungen werden von Verena Mayer in ihrem Buch *Semantischer Holismus. Eine Einführung*, Berlin 1997 (= *Edition Philosophie*) zur Sprache gebracht. Vielerorts ist noch immer von der Quine/Duhem-These die Rede. Daß diese Betrachtung nicht gerechtfertigt ist, zeigt M. Flügel in seinem Aufsatz „Duhems Holismus", *Philosophia Naturalis* 33 (1996) S. 143–167.

17 Vgl. L. Krüger, „Wissenschaftliche Revolutionen und Kontinuität der Erfahrung", in *Tendenzen der Wissenschaftstheorie* (= *Neue Hefte für Philosophie* Bd. 6/7), Göttingen 1974, S. 8.

18 Wichtige Arbeiten Hempels zu diesem Kontext finden sich in seinem Buch *Aspects of Scientific Explanation and other Essays*, New York 1965. Siehe auch sein Lehrbuch *Philosophy of Natural Science*, Englewood Cliffs, N. J. 1965 (= *Foundations of Philosophy Series*, hrsg. v. Elizabeth u. M. Beardsley).

19 Siehe „The Function of General Laws in History", *The Journal of Philosophy* 15 (1942) S. 35–48 (abgedruckt in *Aspects of Scientific Explanation* S. 231–243), „Studies in the Logic of Explanation", *Philosophy of Science* 15 (1948) S. 135–148 (abgedruckt in *Aspects of Scientific Explanation* S. 245–290).

20 Im Detail wäre die Sache viel komplizierter, nämlich in Richtung einer Aussage ‚(x) ((Gx & Rx & Sx & Tx) $\supset$ Hx)‘.

21 Siehe „Can Science Explain Everything", *The New York Review of Books* 48, 9 (31. Mai) (2001) S. 49.

22 Siehe die Zusammenfassung der einschlägigen Diskussion bei G. Schurz, „40 Jahre nach Hempel-Oppenheim", in *Erklären und Verstehen in der Wissenschaft*, hrsg. v. G. Schurz, München 1990, S. 11–30.

23 Siehe dazu näher E. Nagel, *The Structure of Science. Problems in the Logic of Scientific Explanation.* Second edition, Indianapolis, Ind. u. London 1979, Kpt. 2.

24 Siehe *Philosophy of Biology*, Oxford 1993, S. 23–24.

25 Zur Relevanz der Arbeiten von Mayr siehe die ziemlich kritischen Einlassungen bei E.-M. Engels, *Die Teleologie des Lebendigen*, Berlin 1988 (= Reihe *Erfahrung und Denken* Bd. 63), S. 184–206. Leider kennt die Verf. R. Brandons Arbeit „Biological Explation. Questions and Explanations", *Studies in the History and Philosophy of Science* 12 (1981) S. 91–105 nicht.

26 Siehe R. Brandon (s. Anm. 25) Anm. 8. (Der Aufsatz findet sich in seinem Sammelband *Concepts and Methods in Evolutionary Biology*, Cambridge 1996, S. 43.)

27 Termini dieser Art bergen eigene Schwierigkeiten; siehe generell L. Nissen, *Teleological Language in the Life Sciences*, Lanham, Maryland 1997.

28 Zweite Ausgabe, London u. New York 1990.

29 Ithaca N.Y. u. London 1971, dt. *Erklären und Verstehen*, aus d. Engl. v. G. Grewendorf u. G. Meggle, Frankfurt a.M. 1974; siehe u.a. auch *Normen, Werte, Handlungen*, Frankfurt a.M. 1994, und vorher *Handlung, Norm und Intention*, hrsg. u. eingel. v. H. Poser, Berlin 1977.

30 Zu den wichtigsten Studien, die zugleich die Frage des praktischen Denkens aufwerfen, gehören immer noch das Buch von Bruce Aune, *Reason and Action*, Dordrecht 1977 (= *Philosophical Studies Series* Bd. 9), sowie die beiden Sammelbände *Analytische Handlungstheorie*, Frankfurt a.M. 1985, hrsg. von G. Meggle u. A. Beckermann, speziell mit der vorzüglichen Einleitung von A. Beckermann zu Bd. 2.

31 Siehe *Understanding Action*, Cambridge 1991, „Allowing for Understanding", *The Journal of Philosophy* 89 (1992) S. 30–41, sowie *Making Choices. A Recasting of Decision Theory*, Cambridge 1997.

32 „What an Emotion Is. A Sketch", *The Philosophical Review* 97 (1988) S. 183–209, bes. S. 187 u.ö.

33 So etwa bei Elisabeth Ströker, „Geschichte als Herausforderung", in *Tendenzen der Wissenschaftstheorie*, Göttingen 1974 (= *Neue Hefte für Philosophie* Bd. 6/7), S. 27. (Siehe auch *Wissenschaftsgeschichte als Herausforderung*, Frankfurt a.M. 1976 [= *Wissenschaft und Gegenwart. Geisteswissenschaftliche Reihe* 59/60], S. 8).

34 Oxford 1952.

35 Oxford 1957.

36 Diese Thematik hat White immer wieder beschäftigt. Seine definitive Einschätzung des Problems findet sich in seinem Buch *The Question of Free Will. A Holistic View*, Princeton, N.J. 1993.

37 Siehe z.B. die Behauptung „Revolutionen enden mit einem totalen Sieg eines der beiden gegnerischen Lager" (S. 128/engl. S. 92).

38 Als autoritative Exposition der Gedanken Kuhns gilt die Monographie von P. Hoyningen-Huene: *Die Wissenschaftsphilosophie Thomas Kuhns*, Braunschweig 1989.

39 Siehe „Linguistic Relativity", *The Philosophical Review* 68 (1959) S. 228–238.

40 Feyerabend formuliert seine Position(en) sehr zugespitzt: „Es ist unsere Sache, eine Beobachtungssprache zu wählen" (siehe „Problems in Empiricism", in *Beyond the Edge of Certainty*, hrsg. v. R. G. Colodny, Englewood Cliffs, N. J. 1965, S. 207).

41 Siehe die Diskussion bei A. Burri, „Kuhn über bloße Fakten", *Philosophia Naturalis* 30 (1993) S. 172–188.

42 Siehe L. Krüger, „Wissenschaftliche Revolutionen und Kontinuität der Erfahrung" (s. Anm. 17), S. 23.

13. Rückkehr der Leib/Seele-Problematik

1 Dt. *Der Begriff des Geistes*, aus d. Engl. v. K. Baier, überarb. v. G. Patzig u. U. Steinforth, Stuttgart 1997, urspr. 1967.

2 An dieser Diskussion sind auch zahlreiche Autoren des deutschsprachigen Bereiches beteiligt. Siehe u. a. M. Carrier u. J. Mittelstrass, *Mind, Brain, Behaviour*, Berlin u. New York 1995, V. Gadenne, *Bewußtsein, Kognition und Gehirn*, Bern 1996, G. Brüntrup, *Mentale Verursachung. Eine Theorie aus der Perspektive des semantischen Anti-Realismus*, Stuttgart 1994, ders., *Das Leib-Seele-Problem*, Stuttgart 1996. Pionierarbeit leistete seinerzeit P. Bieri mit seiner sorgfältig dokumentierten Anthologie *Analytische Philosophie des Geistes*, Königstein i. T. 1981 (= *Philosophie: Analyse und Grundlegung* Bd. 6). Der profilierteste Autor ist hier sicher Ansgar Beckermann, dem auch der Band *Analytische Einführung in die Philosophie des Geistes*, Berlin 1999 *(= de Gruyter Studienbuch)* zu verdanken ist.

3 Auch in unserem Sprachraum wurde dem Autor entgegengehalten, daß er Descartes eigentlich unangemessen begegnet und zudem auch unhistorisch angeht. Siehe z. B. W. Röd, „Descartes' Mythus oder Ryles Mythus?", *Archiv für Geschichte der Philosophie* 55 (1973) S. 310–333; dazu E. v. Savigny, „Röds Fehlinterpretation von Ryles Fehlinterpretation von Descartes", *Archiv für Geschichte der Philosophie* 57 (1975) S. 54–59.

4 Siehe *The Concept of Mind* Kpt. X, 2.

5 Abgedruckt in ders., *Mind, Language and Reality*, Cambridge 1975, S. 429–440, sowie in *Mind and Cognition. A Reader*, hrsg. v. W. G. Lycan, Oxford 1990; dt. „Die Natur mentaler Zustände", in *Analytische Philosophie des Geistes* (s. Anm. 2) S. 123–135.

6 Siehe „Mad Pain and Martian Pain", in ders., *Philosophical Papers* Bd. 1, Oxford 1983, S. 122–132. Eine deutsche Version dieser Arbeit erschien als monographische Schrift: *Die Identität von Körper und Geist*, übers. m. einem Nachw. von A. Kemmerling, Frankfurt a. M. 1989 (= *Klostermann Texte Philosophie*).

7 Siehe J. C. Eccles, *Wie das Selbst sein Gehirn steuert*, München 1996 (= *Serie Pieper*), sowie K. R. Popper und J. C. Eccles, *The Self and its Brain*, Heidelberg u. a. 1977.

8 Siehe P. Churchland, „Eliminative Materialism and the Propositional Attitudes", *The Journal of Philosophy* 78 (1981) S. 67–90. Zehn Jahre zuvor hatte Churchland bereits das traditionelle Verständnis von Handlungen bzw. Handlungserklärungen attackiert, siehe „The Logical Character of Action Explanation", *The Philosophical Review* 79 (1970) S. 214–236, dt. „Der logische Status von Handlungserklärungen", in *Analytische Handlungstheorie*, Bd. 2: *Handlungserklärungen*, hrsg. v. A. Beckermann, Frankfurt a. M. 1985, S. 304–331.

9 Einer der führenden Autoren, der selber einmal Eliminativist war, hat die Dinge massiv zurechtgerückt und dabei eine Reihe von wichtigen Gesichtspunkten formuliert: S. Stich, *Deconstructing the Mind*, New York u. Oxford 1996 (= *Philosophy of Mind Series*, hrsg. v. O. Flanegan).

10 Siehe dazu A. Stephan, *Emergenz. Von der Unvorhersagbarkeit zur Selbstorganisation*, Dresden 1999.

11 Eine neue Publikation aus seiner Feder erschien auf der Basis seiner Townsend Lectures unter dem Titel *Mind in a Physical World. An Essay on the Mind-Body Problem and Mental Causation*, Cambridge, Mass. u. London 1998 (= *Representation and the Mind*, hrsg. v. H. Putnam u. N. Block). Zwei Jahre früher erschien sein Band *Philosophy of Mind*, Boulder, Col. u. Oxford 1996 (= *Dimensions of Philosophy Series*, hrsg. v. N. Daniels u. K. Lehrer). Wichtiger für unseren Zusammenhang ist sein Band *Supervenience and Mind. Selected Philosophical Essays*, Cambridge 1993.

12 „What is it like to be a Bat?", *The Philosophical Review* 84 (1974) S. 435–450, abgedr. in ders., *Mortal Questions*, Cambridge 1979, Kpt. 12, bes. S. 166; dt. *Über das Leben, die Seele und den Tod*, aus d. Amerik. v. K.-E. Prankel u. R. Stoecker, Königstein 1984 (= *Analyse und Grundlegung* Bd. 3), S. 186.

13 Siehe die Beiträge in dem von Th. Metzinger herausgegebenen Sammelband *Bewußtsein. Beiträge zur Gegenwartsphilosophie*, Paderborn 1995. Eine luzide Darstellung der kontroversen Diskussion bietet A. Beckermann, „Was macht Bewußtsein für Philosophen zu einem Problem?", *Logos* 4 (1997) S. 1–19.

14 Dazu und zum Folgenden siehe meine Ausführungen „Die Leib/Seele-Problematik. Einige Vorfragen", in *Bedeutung, Wert, Wirklichkeit*, Bern u. a. 2000, S. 323–324.

15 Ähnliche Punkte moniert G. Harman, „The Intrinsic Quality of Experience", *Philosophical Perspectives* 4 (1990) S. 42 u. ö., auch in ders., *Reasoning, Meaning, and Mind*, Oxford 1999, S. 244–261.

16 *Individuals. An Essay in Descriptive Metaphysics*, London 1959; dt. *Einzelding und logisches Subjekt. Ein Beitrag zur deskriptiven Metaphysik*, aus d. Engl. übers. v. F. Scholz, Stuttgart 1972.

17 Siehe *Individuals* S. 101, *Einzelding und logische Subjekt* S. 136.

18 Siehe „Actions, Reasons, and Causes", in ders., *Essays on Action and Events*, Oxford 1980, S. 3–20, dt. *Handlung und Ereignis*, übers. v.

J. Schulte, Frankfurt a. M. 1985, S. 19–42. Genauer gesagt, denkt Davidson an den ‚primären Grund‘ (S. 11/dt. S. 31).

19 Siehe dazu *Mental Causation*, hrsg. v. J. Heil u. A. Mele, Oxford 1995, bes. Teil I.

20 Siehe *Essays on Actions and Events* S. 207–224, dt. *Handlung und Ereignis* S. 291–316.

21 Siehe die Diskussion in *Mental Causation* (s. Anm. 18).

22 Siehe *Mental Causation* (s. Anm. 18), S. 3–17.

23 Siehe die wichtigen Erörterungen von Jennifer Hornsby in ihrem Band *Simple Mindedness. In Defense of Naive Naturalism in the Philosophy of Mind*, Cambridge, Mass. u. London 2000, S. 149. (Das Kapitel 8 „Agency and Causal Explanation" geht auf ihren gleichnamigen Beitrag zum Sammelband von J. Heil u. A. Mele zurück.)

14. Verstehen und Interpretieren

1 Selbst sympathetische Autoren wie Rorty können ihr Erstaunen über diese Formulierung nicht ganz verbergen (siehe „Being that Can be Understood is Language", *London Review of Books* 22, 6 [16. März 2000] S. 23–25; siehe die deutsche Version in *Philosophie und die Zukunft. Essays*, aus d. Engl. von M. Grässlin, R. Kaiser, Chr. Mayer u. J. Schulte, Frankfurt a. M. 2000, S. 122–136). Doch scheint klar, daß Gadamer – ganz im Sinne des zweiten Vorwurfs – eine autoritätsstiftende Verbindung zu Heidegger herstellt, dessen Gedanken über Seins-Verstehen er modifiziert bzw. vertieft und damit seine eigene ‚Theorie‘ (welche ist es eigentlich?) entsprechend überhöht. Genauer betrachtet handelt es sich hier um ästhetisierende Collage.

2 Siehe Davidsons Einleitung zu seiner Aufsatzsammlung *Inquiries into Truth and Interpretation*, Oxford 1984, S. XIII, dt., *Wahrheit der Interpretation*, übers. v. J. Schulte, Frankfurt a. M. 1986, S. 9.

3 *Inquiries into Meaning and Truth*, S. 127, *Wahrheit und Interpretation* S. 186.

4 Siehe A. Burri, „Methoden der radikalen Interpretation", *Allgemeine Zeitschrift für Philosophie* 23 (1998) S. 205.

5 *Wahrheit und Interpretation* S. 184 Anm. 1, *Inquiries into Truth and Interpretation* S. 126 Anm. 1.

6 Siehe *Wahrheit und Interpretation* S. 228, *Inquiries into Truth and Interpretation* S. 157.

7 Siehe *Wahrheit und Interpretation* S. 205, *Inquiries into Truth and Interpretation* S. 142.

8 Diese Auffassung bestimmter Phasen im Denken Davidsons wird von U. Bruderer entwickelt: *Verstehen ohne Sprache. Zu Donald Davidsons Szenario der radikalen Interpretation*, Bern u. a. 1997 (= *Berner Reihe philosophischer Studien* Bd. 17), S. 14 u. ö. Eine in manchen Punkten recht ähnliche Dramatisierung der Gedankenentwicklung von „Truth

and Meaning" zu „Radical Interpretation" zeichnet Jane Heal, „Radical Interpretation", in *A Companion to the Philosophy of Language*, hrsg. v. B. Hale u. C. Wright, Oxford 1997, 175–196.

9 Daß dieses ,was' sinngemäß nicht als *quod*, sondern als *quid* zu lesen ist, zeigte D. Wiggins in seiner Arbeit „Meaning, Truth-Condition, Proposition: Frege's Doctrine of Sense Retrieved, Resumed and Redeployed in the Light of Recent Criticism", *Dialectica* 46 (1992) S. 217. – Die These selber ist natürlich problematisch.

10 *Inquiries into Meaning and Truth* S. 179.

11 Siehe U. Bruderer, *Verstehen ohne Sprache* S. 19.

12 Vgl. *Wahrheit und Interpretation* S. 183: „Das Problem der Interpretation gilt für die Muttersprachen ebenso wie für die Fremdsprachen" – „The problem of interpretation is domestic as well as foreign" (*Inquiries into Truth and Interpretation* S. 125).

13 Diese Meinung wird u. a. von Kathrin Glüer, *Davidson zur Einführung*, Hamburg 1993, S. 15 und von K. Stüber, *Donald Davidsons Theorie sprachlichen Verstehens*, Frankfurt a. M. 1993, S. 45 vertreten.

14 *Inquiries into Truth and Interpretation* S. 125.

15 U. Bruderer, *Verstehen ohne Sprache* S. 29.

16 *Der Wahrheitsbegriff in den formalisierten Sprachen*, Lemberg 1935.

17 *Wahrheit und Interpretation* S. 10, *Inquiries into Truth and Interpretation* S. XIV.

18 Eine leichter lesbare Version der Arbeiten erschien 1945 unter dem Titel „Die semantische Konzeption der Wahrheit und die Grundlagen der Semantik", abgedr. u. a. in *Wahrheitstheorien*, hrsg. v. G. Skirbekk, Frankfurt a. M. 1977, S. 140–187.

19 Elemente dieses Gedankens untersuchte K. Petrus, *Genese und Analyse. Logik, Rhetorik und Hermeneutik im 17. u. 18. Jahrhundert*, Berlin u. New York 1997 (= *Quellen und Studien zur Philosophie* Bd. 47), S. 142 ff. Extrem wichtig ist der Aufsatz von W. Künne, „Prinzipien der wohlwollenden Interpretation", in *Intentionalität und Verstehen*, hrsg. v. Forum Philosophie Bad Homburg, Frankfurt a. M. 1990, S. 212–236.

20 Siehe seinen Aufsatz „Substances without Substrata", *The Review of Metaphysics* 12 (1959) S. 521–538.

21 Dt. *Wort und Gegenstand*, aus d. Engl. übers. v. J. Schulte in Zusammenarb. m. D. Birnbacher, Stuttgart 1980.

22 „Substances without Substrata", S. 531.

23 *Wort und Gegenstand* S. 113, *Word and Object* S. 59.

24 W. Künne, „Prinzipien der wohlwollenden Interpretation", S. 217. Der Autor offeriert diesen Gedanken zugleich als Begründung der These Gadamers, „daß Verstehen Einverständnis impliziert".

25 Manche Autoren tun sich mit diesem Prinzip schwer, so etwa I. Hacking in seinem faszinierenden Buch *Why does Language matter to Philosophy*, Cambridge 1975, S. 147 u. 149, und sehen hier Momente des Kulturimperialismus.

26 Siehe Kathrin Glüer, *Davidson zur Einführung* S. 184 Anm. 3: „In unserem Kontext werden jedoch notwendige Voraussetzungen allen Verstehens unabhängig vom semantischen Gehalt spezifischer Aussagen beschrieben."

27 Diese Auffassung ist vielleicht nicht unkontrovers. Doch scheint sie in der Literatur weitgehend unproblematisch. Zur Sache siehe etwa J. R. Searle, *Intentionality. An Essay in the Philosophy of Mind*, Cambridge 1983, Kpt. 3; wichtig ist hier insbesondere der Abschnitt VI mit der Diskussion der Frage, in welchem Sinn unsere Rede ‚er tat Y' unabsichtlich' interpretiert werden kann.

28 Siehe seine Sammlung von Arbeiten unter dem Titel *Articulating Reasons. An Introduction to Inferentialism*, Cambridge, Mass. u. London 2000, sowie *Making it Explicit. Reasoning, Representing & Discursive Commitment*, Cambridge, Mass. u. London 1998 (1. Aufl. 1994).

29 Siehe *What is and what ought to be done. An Essay on Ethics and Epistemology*, New York 1981.

30 Eine gute Kritik an Teilen dieser Auffassung, die in der Sache weiterführt, findet sich bei Th. Gfeller, „Korporatismus und die Revision moralischer Begründungen", *Logos* NF 3 (1996) S. 303–316; siehe auch sein Buch *Was ist wichtig? Beschreibung, Wertung und ethische Theorie*, 1998 (= *Berner Reihe philosophischer Studien* Bd. 20).

31 Siehe seinen Aufsatz „Rational Animals", *Dialectica* 36 (1982) S. 317–328.

32 U. Bruderer, *Verstehen ohne Sprache* S. 66.

33 Siehe B. McGuiness u. G. Olivieri (Hrsg.), *The Philosophy of Michael Dummett*, Holland 1994, S. 1–16.

34 „The Social Aspect of Language", S. 11.

35 Siehe *Die Wahrheit der Interpretation. Beiträge zur Philosophie Donald Davidsons*, hrsg. v. Eva Picardi u. J. Schulte, übers. v. J. Schulte, Frankfurt a. M. 1999, S. 203–227, urspr. in *Truth and Interpretation – Perspectives on the Philosophy of Donald Davidson*, hrsg. v. E. Lepore, Oxford 1986, S. 433–446.

36 Sie ist im übrigen gut etabliert, siehe z. B. ‚Satzbedeutung' und ‚Äußerungsbedeutung' bei J. R. Searle, *Ausdruck und Bedeutung, Untersuchungen zur Sprechakttheorie*, übers. v. A. Kemmerling, Frankfurt a. M. 1982, S. 99. (Urspr. *Expression and Meaning. Studies in the Theory of Speech Acts*, Cambridge 1979, S. 77).

37 „Eine hübsche Unordnung von Epitaphen", S. 206.

38 A. a. O., S. 11.

15. Dimensionen der politischen Philosophie

1 *The Philosophical Review* 67 (1958), abgedruckt in J. Rawls, *Collected Papers*, hrsg. v. S. Freeman, Cambridge, Mass. 1999, S. 47–72; dt. „Gerechtigkeit als Fairneß" in ders., *Gerechtigkeit als Fairneß*, übers. v.

J. Schulte, hrsg. v. O. Höffe, Freiburg i. Br. u. München 1977 (= *Alber Reihe Praktische Philosophie* Bd. 6), S. 34–87.

2 Siehe sein Buch *Anarchy, State, and Utopia*, Oxford u. Cambridge, Mass. 1993 (1. Aufl. 1973), in dem der Gedanke vertreten wird, daß sich nur ein Minimalstaat rechtfertigen lasse.

3 Siehe *The Liberalism-Communitarianism Debate: Liberty and Community Values*, hrsg. v. C. F. Delaney, Langham, Maryland 1994 sowie Elizabeth Frazer, *The Problem of Communitarian Politics*. Unity and Conflict, Oxford 2000.

4 Auch J. Habermas, ein in unserem Sprachraum wichtiger Theoretiker des Demokratieverständnisses, hat sich ausdrücklich auf eine Auseinandersetzung mit Rawls eingelassen. Dies betrifft aber eher den ‚späteren‘ Rawls: „Reconciliation Through the Public Use of Reason. Remarks on John Rawls' Political Liberalism“, *The Journal of Philosophy* 92 (1995) S. 103–131.

5 Siehe A. Margalit, *The Decent Society*, übers. v. N. Goldblum, Cambridge, Mass. u. London 1996.

6 „Gerechtigkeit als Fairneß“, S. 37, *Collected Papers*, S. 49; *A Theory of Justice*, S. 60; dt. *Eine Theorie der Gerechtigkeit*, übers. v. H. Vetter, Frankfurt a. M. 1975, S. 81.

7 „Gerechtigkeit als Fairneß“, S. 73; *Collected Papers* S. 67.

8 „Gerechtigkeit als Fairneß“, S. 107.

9 „Gerechtheit als Fairneß“, S. 112.

10 „The Sense of Justice“, *The Philosophical Review* 72 (1963) S. 282–330; *Collected Papers*, S. 96–116; dt. „Der Gerechtigkeitssinn“, in ders., *Gerechtigkeit als Fairneß* (s. Anm. 1), S. 34–83.

11 J. Rawls, *Political Liberalism*, New York 1993, S. 133–172; dt. *Politischer Liberalismus*, übers. v. W. Hinsch, Frankfurt a. M. 1998, S. 219–265; siehe auch „The Idea of an Overlapping Political Consensus“, *Oxford Journal of Legal Studies* 7 (1987) S. 1–25, abgedruckt in *Collected Papers* S. 421–449, dt. in J. Rawls, *Die Idee des Politischen Liberalismus*. Aufsätze 1978–1989, hrsg. v. W. Hinsch, Frankfurt a. M. 1997, S. 293–332.

12 *Philosophy and Public Affairs* 14 (1985) S. 223–251, *Collected Papers*, S. 388–414; dt. „Gerechtigkeit als Fairneß. Politisch und nicht metaphysisch“, in *Die Idee des Politischen Liberalismus* S. 255–292.

13 Die Zahl der diesbezüglich einschlägigen Arbeiten sprengt schon das ‚übliche‘ Maß philosophischer Aufmerksamkeit. Stellvertretend sei hier auf die beiden Faszikel der Zeitschrift *Ethics* hingewiesen, erstens auf „Symposium on Rawlsian Theory of Justice“, *Ethics* 99, 4 (1988/1989), zweitens auf „Symposium on John Rawls“, *Ethics* 105, 1 (1994). Siehe ferner *Rawls. A Theory of Justice and Its Critics*, hrsg. v. C. Kukathas u. P. Pettit, Stanford, Cal. 1990 sowie I. Pies u. M. Lesche, *John Rawls' politischer Liberalismus*, Tübingen 1995 (= *Konzepte der Gesellschaftstheorie* Nr. 1).

14 *Political Liberalism* S. 11 Anm. 1: „In saying that a conception is moral, I mean, among other things, that its content is given by certain ideals, principles and standards; and that these norms articulate certain values, in this case political values" (dt. *Politischer Liberalismus*, S. 76, Anm. 11).

15 Vgl. z. B. G. Doppelt, „Is Rawls' Kantian Liberalism Coherent and Defensible?", *Ethics* 99 (1988–1989) S. 850–851.

16 *Politischer Liberalismus* S. 223, *Political Liberalism* S. 137.

17 Siehe „The Moral Basis of Political Liberalism", *The Journal of Philosophy* 96 (1999) S. 608.

18 A. a. O., S. 608.

19 Dazu siehe in größerem Detail mein Buch *Philosophie und Ethik*, Düsseldorf u. Bonn 1999, u. a. § 18.

20 Princeton, N. J. 2000 (= *Princeton Philosophical Monographs*, hrsg. v. H. Frankfurt).

21 A. a. O., S. 26: „Self-definition by opposition is the moral equivalent of the old logical principle ‚*Omnis determinatio est negatio*'".

22 Siehe Fragment B 80 in der Sammlung *Die Fragmente der Vorsokratiker*. Griechisch u. Deutsch v. H. Diels, 7. Aufl. hrsg. v. W. Kranz, Bd. I, Berlin u. Dublin 1954, S. 169: „Man soll aber wissen, daß der Krieg gemeinsam (allgemein) ist und das Recht der Zwist und daß alles geschieht auf Grund von Zwist und Schuldigkeit". (Anders übersetzt J. Mansfeld, *Die Vorsokratiker I*, Stuttgart 1983, S. 259 [Fr. 50] das Wort *eris* mit „Zwiespalt".) Der Kontext der Äußerung Heraklits verweist wohl auf Fr. B 10. Siehe dazu jetzt A. Bächli, „Heraklit. Einheit der Gegensätze", in *Philosophen des Altertums*, Bd. I. *Von der Frühzeit bis zur Klassik*, hrsg. v. M. Erler u. A. Graeser, Darmstadt 2000, S. 56–71, bes. 59.

23 Auf S. XII zitiert Hampshire Humes Diktum „Reason both is, and ought to be the slave of the passions" und macht deutlich, daß er seine eigenen Auffassungen als Expansion dieses Gedankens verstanden wissen will.

24 Siehe u. a. „Normative Ethics, Normative Epistemology, and Quine's Holism", in *The Philosophy of Willard Van Orman Quine*, hrsg. v. P. Schilpp u. L. Hahn, La Salle, Ill. 1983 (= *The Library of Living Philosophers*), S. 649–661.

16. Praktische Wende

1 *The New York Review of Books*, 5. April (1973). Darauf aufbauend erschien *Animal Liberation: A New Ethics for Our Treatment of Animals*, New York 1975.

2 Siehe die Bände *Rehabilitierung der Praktischen Philosophie*. Bd. 1: *Geschichte, Probleme, Aufgaben*, Bd. 2: *Rezeption, Argumentation, Diskussion*, hrsg. v. M. Riedel, Freiburg i. Br. 1972 u. 1974 (= *Sammlung Rombach NF*, Bde. 14 u. 23).

3 Ein bedeutender australischer Logiker wechselte nicht nur seinen Namen, sondern auch seine professionelle Identität und publiziert heute unter dem Namen Richard Sylvan (seine Frau unter dem Namen Valerie Plumwood) zu Themen der ökologischen Ethik.

4 Über das Leben und Wirken eines Aktivisten, des ehemaligen Seemannes Henry Spira, der bei ihm in New York Kurse besuchte, berichtet P. Singer in seinem neuen Buch *Ethics into Action: Henry Spira and the Animal Rights Movement*, New York 2000.

5 Siehe die exemplarische Auswahl von Arbeiten im Sammelband *Singer and his Critics*, hrsg. v. D. Jamieson, Oxford u. New York 1999.

6 Die beste Analyse und zugleich eine konstruktive Weiterführung der Problematiken ist A. Flury zu verdanken: *Der moralische Status der Tiere. Henry Salt, Peter Singer und Tom Regan*, Freiburg i. Br. u. München 1999 (= *Alber Reihe Praktische Philosophie* Bd. 57). Dieses Buch ist heute als *terminus a quo* weiterer Diskussion anzusehen.

7 So vor dem Hintergrund seines 1979 von der Cambridge University Press publizierten Buches *Practical Ethics* bzw. der dt. Ausgabe *Praktische Ethik*, aus d. Engl. übers. v. J.-C. Wolf, Stuttgart 1984.

8 M. W. hat nur ein Autor zu argumentieren versucht, weshalb Singer kein Gehör geschenkt werden sollte: A. W. Müller, „Toleranz in Sachen Singer?", *Zeitschrift für philosophische Forschung* 51 (1997) S. 448–470. Mit einigen seiner Gedanken setze ich mich in meiner Arbeit „Gewichtungen" auseinander, siehe *Bedeutung, Wert und Wirklichkeit. Positionen und Probleme*, Bern u. New York 2000, S. 259.

9 Singer berichtete von diesbezüglichen Erfahrungen in *The New York Review of Books*, 15. August (1991). Der Text wurde als Appendix „Being Silenced in Germany" in *Practical Ethics. Second Edition*, Cambridge 1993, S. 337–359 abgedruckt; dt. *Praktische Ethik. Neuausgabe*, übers. aus d. Engl. v. O. Bischoff, J.-C. Wolf u. D. Klose, Stuttgart 1999, S. 426–451. – Dazu siehe jetzt die Stellungnahme von Günther Patzig, „Gibt es Grenzen der Redefreiheit?", *Zeitschrift für philosophische Forschung* 54 (2000) S. 581–592.

10 *Praktische Ethik* (1. Aufl.) S. 181 ff., 201–203; *Practical Ethics. Second Edition* S. 184 ff., 202–203; *Praktische Ethik. Neuausgabe* S. 262.

11 *Praktische Ethik* (1. Aufl.) S. 203; *Practical Ethics. Second Edition* S. 205; *Praktische Ethik. Neuausgabe* S. 263.

12 *Praktische Philosophie* (1. Aufl.) S. 209; *Practical Ethics. Second Edition* S. 213; *Praktische Ethik. Neuausgabe* S. 271.

13 Siehe sein Buch *The Nature of Morality*, New York u. Oxford 1977, S. 3–4, 16.

14 Siehe seine Arbeit „Moral Relativism Defended", *The Philosophical Review* 84 (1975) S. 3–22.

15 Siehe ihre Arbeit „Überlegungen zu Menschenwürde und Fortpflanzungsmedizin", *Zeitschrift für philosophische Forschung* 44 (1990) S. 442–473. In diesem Kontext ist auch die Studie von P. Balzer,

K. P. Rippe u. P. Schaber zu nennen: *Menschenwürde vs. Würde der Kreatur, Begriffsbestimmung, Gentechnik, Ethikkommission*, Freiburg i. Br. u. München 1998 (= *Alber Reihe Philosophie*).

16 *Umweltethik und Umweltpolitik*, Freiburg i. Ü. 2000 (= *Ethik und Politische Philosophie* Bd. 5).

17 *Praktische Ethik* (1. Aufl.) S. 24; *Practical Ethics*. Second Edition S. 13; *Praktische Ethik. Neuausgabe* S. 31.

18 Aus dem Text der 1. Aufl. von *Praktische Ethik* geht hervor, daß Singer diesen Terminus seinerzeit als exakte(ere) Bezeichnung desjenigen Utilitarismus verstanden wissen wollte, mit der „die Ökonomen im Bereich der ‚Wohlfahrtsökonomie‘ arbeiten" (S. 112).

19 Probleme wie diese diskutiere ich z. T. in extenso in meiner Monographie *Philosophie und Ethik*, Düsseldorf u. Bonn 1999.

20 Einschlägige Themen werden in dem Sammelband *Applied Ethics. A Reader*, hrsg. v. E. R. Winkler u. J. R. Coombs, Oxford 1993 dokumentiert. Eine Darstellung wichtiger Diskussionsstränge bietet *Angewandte Ethik. Die Bereichsethiken und ihre theoretische Fundierung. Ein Handbuch*, hrsg. v. J. Nida-Rümelin, Stuttgart 1996.

21 Siehe besonders den Band von J. M. Fischer u. M. Ravizza, *Responsibility and Control. A Theory of Moral Responsibility*, Cambridge 1998 (= *Cambridge Studies in Philosophy and Law*).

22 Sie ist es um so weniger, wenn man wie W. Wieland wie selbstverständlich so etwas wie unbedingte Geltung voraussetzt (*Verantwortung – Prinzip der Ethik?*, Heidelberg 1999 [= *Schriften der Philosophisch-historischen Klasse der Heidelberger Akademie der Wissenschaften* Bd. 16], S. 85), weil sonst alles erlaubt wäre (S. 96), von der Notwendigkeit der Letztbegründung spricht (S. 85) und von der Unantastbarkeit der Menschenrechte (S. 92). Der Autor bietet keine Form von Rechtfertigung.

23 Siehe H. Frankfurt, „Freedom of the Will", in ders., *The Importance of What we Care About. Philosophical Essays*, Cambridge 1988, S. 170.

24 Siehe Ch. Taylor, „What is Human Agency?", in *Philosophical Papers* Bd. 1, Cambridge 1985, S. 29, dt. „Was ist menschliches Handeln?", in ders., *Negative Freiheit? Zur Kritik des neuzeitlichen Individualimus*, übers. v. H. Kocba, Frankfurt a. M. 1992, S. 28.

25 Siehe G. Watson, „Free Agency", *The Journal of Philosophy* 72 (1975) S. 215.

26 Siehe D. Lewis, „Dispositional Theories of Value", *Proceedings of the Aristotelian Society*, suppl. vol. 65 (1989) S. 115, aufgenommen in ders., *Papers in Ethics and Social Philosophy*, Cambridge 2000 (= *Cambridge Studies in Philosophy*), Kpt. 7, S. 71. Im Detail wäre auf eine weitere Komplikation hinzuweisen, die für Lewis wichtig ist; und zwar geht es darum, daß näherhin zwischen *De-dicto*-Verlangen einerseits und *De-se*-Verlangen andererseits zu unterscheiden ist und letzteres als grundlegend anzusehen sei. Dieser Punkt basiert auf seiner Untersuchung

„Attitudes De Dicto and De Se", *The Philosophical Review* 88 (1979) S. 513–543; sie findet sich auch in Lewis' Sammlung *Philosophical Papers* Bd. 1, Oxford 1983, S. 133–156, mit neueren Nachträgen (S. 156–159).

27 Siehe G. Harman, „Desired Desires", in ders., *Explaining, Value and Other Essays in Moral Philosophy*, Oxford 2000, S. 117–136.

28 A. a. O., S. 120.

29 A. a. O., S. 123.

30 Siehe „Valuing and the Will", *Philosophical Perspectives* 14 (2000) S. 249–265.

17. Eine Attacke des Feminismus

1 Die Zahl der Beispiele ist Legion. Interessanterweise wurde auch Francis Bacon, der Begründer der neuzeitlichen Wissenschaft, von wichtigen Autorinnen wie Sandra Harding und Evelyn Fox Keller diesbezüglich attackiert. Eine kritische Gegenattacke formulierte nun I. Landau, „Feminist Criticism of Metaphors in Bacon's Philosophy of Science", *Philosophy* 73 (1998) S. 47–61.

2 Einen instruktiven Überblick über die thematische Breite der relevanten Diskussion bietet Herta Nagl-Docekal, *Feministische Philosophie. Ergebnisse. Probleme. Perspektiven*, Frankfurt a. M. 2000.

3 Zentral ist Kohlbergs Band *The Philosophy of Moral Development*, San Francisco, Cal. 1981. Siehe jetzt auch die Sammlung Kohlbergscher Texte unter dem Titel *Die Psychologie der Moralentwicklung*, hrsg. v. W. Althof u. Mitw. v. G. Noam u. F. Oser, Frankfurt a. M. 1996 (= *Beiträge zur Soziogenese der Handlungsfähigkeit*, hrsg. v. W. Edelstein u. a.).

4 Siehe die Kritik bei Don Locke, „The Principle of Equal Interest", *The Philosophical Review* 90 (1981) S. 531–559.

5 *Die andere Stimme. Lebenskonflikte und Moral der Frau*, aus d. Amerik. v. Brigitte Strein, München 1984. Die englische Ausgabe erschien 1982; bereits zuvor hatte Gilligan ihren Leitaufsatz „In a Different Voice. Women's Conception of the Self and Morality", *Harvard Educational Review* 47 (1977) S. 481–517 (dt. in *Moralische Entwicklung und Erziehung*, hrsg. v. G. Schreiner, Braunschweig 1983, S. 133–174) publiziert.

6 *Die andere Stimme* S. 128 u. ö.; in der deutschen Ausgabe wird der Ausdruck ‚care' bisweilen mit ‚Fürsorge', ‚Anteilnahme' u. ä. übersetzt. Dies scheint mir gerechtfertigt.

7 Einen instruktiven Rückblick findet man bei Seyla Benhabib, „Ein Blick zurück auf die Debatte über ‚Frauen und Moraltheorie'", in dies., *Selbst im Kontext. Gender Studies*, aus d. Amerik. v. Isabella König, Frankfurt a. M. 1992 (= *Edition Suhrkamp*), S. 192–220. Siehe auch Annemarie Pieper, *Aufstand des stillgelegten Geschlechts. Einführung*

in die feministische Ethik, Freiburg i. Br. 1993 (= *Herder Spektrum*), S. 152 ff.

8 Siehe meine diesbezüglichen Erörterungen in *Bedeutung, Wert, Wirklichkeit. Probleme und Positionen,* Bern u. a. 2000, Kpt. 15 ('Gewichtungen').

9 Hier ist die Monographie von Charles Taylor einschlägig: *Sources of the Self. The Making of Modern Identity,* Cambridge, Mass. u. London 1989.

10 Diesen Punkt habe ich in meinem Buch *Philosophie und Ethik* § 12 in den Vordergrund gestellt.

11 So Gertrud Nunner-Winkler, „Ein Plädoyer für einen uneingeschränkten Universalismus", in *Zur Bestimmung der Moral. Philosophische und sozialwissenschaftliche Beiträge zur Moralforschung,* hrsg. v. W. Edelstein u. G. Nunner-Winkler, Frankfurt a. M. 1986 (= *Beiträge zur Soziogenese der Handlungsfähigkeit,* hrsg. v. W. Edelstein u. a.), S. 132.

12 Siehe auch Eva-Maria Schwickert, „Carol Gilligans Moralkritik zwischen Universalismus und Kontextualismus", *Deutsche Zeitschrift für Philosophie* 42 (1994) S. 260 im Anschluß an Gertrud Nunner-Winkler; ein anderer Kritikpunkt betrifft den Vorwurf des pragmatischen Widerspruchs (S. 261).

13 Seit dem Aufsatz „Subjektiv und Objektiv", in ders., *Über das Leben, die Seele und der Tod,* aus d. Amerik. v. K.-E. Prankel u. R. Stoecker, Königstein i. T. 1984, S. 215–233 (urspr. *Mortal Questions,* Cambridge 1979).

14 Siehe W. Sellars, *Science, Perception and Reality,* Atascadero, Cal. 1991 (1. Aufl. 1963), S. 1–40, bes. S. 38.

15 Siehe Sarah Lucia Hoagland, „Einige Gedanken über Sorgen", in *Jenseits der Geschlechtermoral. Beiträge zur feministischen Ethik,* hrsg. v. H. Nagl-Docekal u. H. Pauer-Studer, Frankfurt a. M. 1993, S. 173–193, die eine Problematisierung dieses Modells für weibliches Agieren (S. 174) bietet und u. a. auch das Buch von Nel Noddings diskutiert: *Caring. A Feminine Approach to Ethics and Moral Education,* Berkeley, Cal. 1984.

16 Seine Studien bilden zwei Sammelbände: *The Importance of What We Care About. Philosophical Essays,* Cambridge 1988; *Necessity, Volition and Love,* Cambridge 1999. Eine Auswahl von Schriften Frankfurts erschien nun unter dem Titel *Freiheit und Selbstbestimmung,* hrsg. v. Monika Belzler u. Barbara Guckes, Berlin 2001 (= *Polis* Bd. 3).

17 Siehe *Analytische Philosophie des Geistes,* hrsg. v. P. Bieri, Königstein i. T. 1981, S. 287–302, ursprünglich erschien dieser Aufsatz in *The Journal of Philosophy* 68 (1971) S. 5–20, siehe auch *Freiheit und Selbstbestimmung* S. 65–83, sowie *The Importance of What We Care About* S. 11–25.

18 Frankfurt spricht auch vom „resonance effect", siehe *The Importance of What We Care About* S. 163 (s. *Freiheit und Selbstbestimmung* S. 124), so im Rücklick auf die frühere Arbeit.

19 In seiner Arbeit „Identification and Wholeheartedness", in ders., *The Importance of What We Care About* S. 175. In der deutschen Ausgabe finden sich „ungeteilter Wille" bzw. „ungeteiltes, sich aus ganzem Herzen Identifizieren" (*Freiheit und Selbstbestimmung* S. 136).

20 *Necessity, Volition, and Love* S. 133: „In active love, the lover is not motivated by any interest of this sort in the utility to him of his beloved. Rather, he is motivated by an interest in the loving itself." Vgl. S. 173: „Loving is valuable in itself".

21 *Necessity, Volition, and Love* S. 162: „... indispensably foundational activity through which we provide continuity and coherence to our lives" (*Freiheit und Selbstbestimmung* S. 210).

22 *Necessity, Volition, and Love* S. 163: „caring about things is a fundamentally constituent feature of our lives" (*Freiheit und Selbstbestimmung* S. 113).

23 *The Importance of What We Care About* S. 93: „making the thing important to him by caring about it" (*Freiheit und Selbstbestimmung* S. 210).

18. Attacken des Post-Modernismus

1 Der Terminus selber kommt hier nicht vor. Er figuriert im Titel des Buches von Jean-François Lyotard, *La Condition postmoderne: rapport sur le savoir*, Paris 1979. Siehe auch seinen Essay „Réponse à la question: qu'est-ce que le postmoderne?", *Critique* 419 (1982).

2 Viel Detailarbeit, namentlich intensive Auseinandersetzungen mit zeitgenössischen Denkern und Thesen finden sich in Rortys Aufsätzen, die in der Zwischenzeit fünf Sammelbände füllen.

3 Er erschien in der Zeitschrift *Analyse und Kritik* 3 (1981) S. 33–2; engl. Version in R. Rorty, *Consequences of Pragmatism. Essays: 1972–1980*, Minneapolis, Minn. 1982, Kpt. 12: ‚Philosophy in America Today'. Eine Art von differenzierterer Version liegt vor in Gestalt der Arbeit „Analytische Philosophie und verändernde Philosophie" in ders., *Philosophie und die Zukunft. Essays*, aus d. Engl. von M. Grässlin, R. Kaiser, Chr. Mayer u. J. Schulte, Frankfurt a. M. 2000, S. 54–78. – Daß Rortys Einlassungen seitens mancher Kollegen wenig Sympathie entgegenschlägt, zeigt sich z. B. in der Besprechung einiger seiner Sammelbände aus der Feder des Mit-Pragmatisten (und Sellars-Schülers) Jay F. Rosenberg, „Raiders of the Lost Distinction: Richard Rorty and the Search for the Last Dichotomy", *Philosophy and Phenomenological Research* 53 (1993). Man beachte die kalkulierte Zweideutigkeit im Haupttitel.

4 Daß Rorty hier wichtige Beobachtungen trifft, könnte auch durch Studien aus dem Bereich der literaturwissenschaftlichen Forschung bestätigt werden. Die Geschichte der Analogie von Seele und Spiegel wurde von dem Anglisten Herbert Grabes untersucht: *Speculum, Mirror, and Looking Glass*, Cambridge 1973.

5 J.Dewey, *The Quest for Certainty*, New York 1960, S. 23, zitiert in *Der Spiegel der Natur. Eine Kritik der Philosophie.* übers. von M.Gebauer, Frankfurt a.M. 1981, S. 51.

6 *Solidarität oder Objektivität? Drei philosophische Essays*, aus d. Engl. übers. v. J.Schulte, Stuttgart 1988, S. 11.

7 Siehe *Taking Rights Seriously. New Impression with Reply to Critics*, London 1978 (dt. *Bürgerrecht ernstgenommen*, übers. v. Ursula Wolf, Frankfurt a.M. 1984); neueren Datums ist das Buch *Life's Domain*, New York 1993; dt. *Die Grenzen des Lebens*, Reinbek bei Hamburg 1994.

8 *Philosophy and Public Affairs* 1985, S. 230.

9 *Hoffnung statt Erkenntnis. Eine Einführung in die pragmatische Philosophie*, aus d. Amerik. v. J.Schulte, Wien 1994 (= *IMW – Vorlesungen zur modernen Philosophie*, hrsg. am Institut für den Menschen), S. 23; siehe jetzt auch *Philosophy and Social Hope*, Harmondsworth 1999, Teil II.

10 *Philosophy and Social Hope* S. 37.

11 *Philosophy and Social Hope* S. 51.

12 *Philosophy and Social Hope* S. 69.

13 *Philosophy and Social Hope* S. 77.

14 Siehe ihren Band *Moral Prejudices*, Cambridge, Mass. 1993, und dies., *Postures of the Mind*, Minneapolis, Minn. 1985.

15 Vertiefungen dieser mit anderen Thematiken entwickelt Rorty in *Wahrheit und Fortschritt*, Übers. v. J.Schulte, Frankfurt a.M. 2000 (orig.: *Truth and Progress*, Cambridge 1998).

19. Philosophie der Kunst

1 Wesentlich skeptischer ist der Grundtenor bei K.Lüdeking, *Analytische Philosophie der Kunst*, München 1998 (1. Aufl. 1988), S. 208ff.

2 Siehe zu dieser Thematik A.C.Danto, *Die philosophische Entmündigung der Kunst*, aus d. Engl. übers. v. Karen Lauer, München 1993, Kpt. I (orig.: *The Philosophical Disenfranchement of Art*, New York 1986).

3 Zur Argumentation selbst siehe A.Nehamas, „Plato on Imitation and Poetry in *Republic* X", in ders., *Virtues of Authenticity. Essays on Plato and Socrates*, Princeton, N.J. 1999, S. 251–278.

4 Theorie Werkausgabe, hrsg. v. Eva Moldenhauer und K.M.Michel, Frankfurt a.M. 1970, Bd. XIII, S. 23.

5 A.a.O., S. 141.

6 *Wissenschaft der Logik* I, Gesammelte Werke Bd. 21, hrsg. v. F.Hogemann u. W.Jaeschke, S. 207,4–5.

7 Die Bedeutung dessen, was Hegel meinte, ist in der Forschung kontrovers. Dabei müßte klar sein, was er sagen wollte: Mit der Erreichung einer Konzeption absoluten Wissens sei die Kunst als Weg zum

Absoluten obsolet geworden. Zu Hegels Ästhetik siehe Brigitte Hilmer, *Scheinen des Begriffs. Hegels Logik der Kunst*, Hamburg 1997 (= *Hegel-Deutungen* Bd. 3).

8 Dieser Zusammenhang wurde von verschiedenen Autoren in z.T. unterschiedlicher Weise expliziert; siehe dazu R. Schmücker, *Was ist Kunst? Eine Grundlegung*, München 1998, S. 35–39.

9 Siehe *The Journal of Aesthetics and Art Criticism* 15 (1956) S. 23–38, dt. in *Ästhetik*, hrsg. v. W. Henckmann, Darmstadt 1977, S. 193–208.

10 Siehe „Verifiability", *Proceedings of the Aristotelian Society* 19 (1945) S. 119–150, dt. in *Sprache und Analysis*, hrsg. v. R. Bubner, Göttingen 1968, S. 154–169.

11 Siehe M. Mandelbaum, „Family Resemblances und Generalizations Concerning the Arts", *American Philosophical Quarterly* 2 (1965), S. 219–228.

12 Diesen Einwand lancierte A. C. Danto (*The Transfiguration of the Commonplace. A Philosophy of Art*, Cambridge, Mass. 1981, S. 61; dt. *Die Verklärung des Gewöhnlichen. Eine Philosophie der Kunst*, übers. v. M. Looser, Frankfurt a. M. 1991) anhand des Beispieles zweier Warenhäuser, in denen dieselben Sachen als Kunstwerke bzw. als Nicht-Kunstwerke auftauchen.

13 Siehe „Ästhetisch und Nicht-Ästhetisch", in *Das ästhetische Urteil*, hrsg. v. R. Bittner u. P. Pfaff, Köln 1977, S. 135. Der Aufsatz erschien ursprünglich in *The Philosophical Review* 74 (1965) S. 135–159.

14 Siehe „Aesthetic Perception and Aesthetic Quality", *Proceedings of the Aristotelian Society* 67 (1967) S. 53.

15 Siehe *Philosophy and Art*, Englewood Cliffs, N. J. 1963, S. 23.

16 Margaret Macdonald, „Einige Besonderheiten der ästhetischen Argumentation", in *Das ästhetische Urteil* (s. Anm. 13) S. 33.

17 Zahlreiche Beispiele dieser Art vermerkt R. Wollheim in seinem Buch *Objekte der Kunst*, übers. v. M. Looser, Frankfurt a. M. 1982, S. 23 u. ö. (orig. *Art and its Objects. Second Edition. With Six Supplementary Essays*, Cambridge 1980).

18 Siehe „Ästhetische Begriffe", in *Das ästhetische Urteil* (s. Anm. 13) S. 88.

19 Siehe „Logik und Wertschätzung", in *Das ästhetische Urteil* (s. Anm. 13) S. 59–60.

20 Siehe „More About Metaphors", *Dialectica* 31 (1977) S. 456–457, dt. in *Theorie der Metapher*, hrsg. v. A. Haverkamp, Darmstadt 1983, S. 379–414.

21 Siehe etwa T. Diffey, „Der ontologische Rang von Kunstwerken", *Ratio* 19 (1977) S. 12.

22 Berlin u. New York 1988. Nur am Rande sei bemerkt, daß recht anspruchsvolle Autorinnen wie Susanne Langer (*Feeling and Form*, New York 1956) hier nicht Erwähnung finden, geschweige denn analysiert werden.

23 *Was ist Kunst? Eine Grundlegung* (s. Anm. 8), S. 185.

24 F. v. Kutschera, *Ästhetik* (s. Anm. 22), S. 214.

25 Das sagt richtig R. Schmücker, *Was ist Kunst? Eine Grundlegung* (s. Anm. 8), S. 203.

26 Siehe „Gibt es ein ontologisches Problem des Kunstwerks?", in *Kant oder Hegel? Formen der Begründung in der Philosophie*, hrsg. v. D. Henrich, Stuttgart 1983, S. 575 ff.

27 Siehe „Das ästhetische Erlebnis" in ders., *Erlebnis, Kunstwerk und Wert. Vorträge zur Ästhetik 1937–1967*, Tübingen 1969, S. 3–7.

28 Siehe G. Patzig, „Über den ontologischen Rang von Kunstwerken", in *Gesammelte Schriften IV*, Göttingen 1996, S. 207.

29 Vgl. R. Schmücker, *Was ist Kunst? Eine Grundlegung* (s. Anm. 8), S. 240.

30 Siehe bes. *Das Literarische Kunstwerk*, Tübingen 1931; *Vom Erkennen des Literaischen Kunstwerks*, Tübingen 1968.

31 Claudia Risch, *Die Identität des Kunstwerks. Studien zur Wechselwirkung von Identitätskriterien und ontologischem Status des Kunstwerks*, Bern u. Stuttgart 1986 (= *Berner Reihe philosophischer Studien* Bd. 5), S. 39.

32 Partielle Auseinandersetzungen liegen etwa in Gestalt von Käte Hamburgers Einlassungen gegen Ingardens Auffassung der ‚Quasi-Urteile' vor (*Logik der Dichtung*, Stuttgart 1977 [1. Aufl. 1957], S. 24–28). Auch wurde Ingarden gelegentlich verwendet, so etwa im Kontext der Leerstellenkonzeption des Literaturwissenschaftler W. Iser. Dazu siehe allerdings R. Fieguth, „Rezeption contra falsches und richtiges Lesen", *Sprache im technischen Zeitalter* 38 (1991) S. 142–159.

33 Siehe „On Disputes About the Ontological Status of A Work of Art", *British Journal of Aesthetics* 8 (1968) S. 17–158.

34 Siehe „Works of Art as Physically Embodied and Culturally Emergent Entities", *British Journal of Aesthetics* 14 (1974) S. 188.

35 Siehe *Art and Philosophy*, London 1980, Kpt. 3.

36 Siehe *Theories of Art Today*, hrsg. v. N. Caroll, Madison, Wisc. 2000, S. 109–129.

37 Siehe *Interpretation Radical But Not Untruly*, Berkeley u. Los Angeles 1995, S. 21 ff.; diesen Punkt habe ich weiterverfolgt in „Interpretation, Erfahrung und Bedeutung", *Studia Philosophica* 57 (1998) S. 11–25 (aufgenommen in *Bedeutung, Wert und Wirklichkeit. Positionen und Probleme. Texte zur Philosophie des 20. Jahrhunderts*, Bern 2000, Kpt. 11).

38 Siehe *The Journal of Philosophy* (1964) S. 571–584.

39 Dazu siehe im Detail Ursula Thomet, *Kunstwerk, Kunstwelt, Weltsicht. Arthur C. Dantos Philosophie der Kunst und der Kunstgeschichte*, Bern u. Stuttgart 1999 (= *Berner Reihe philosophischer Studien* Bd. 23), S. 53 ff.

40 Siehe *The Philosophical Disenfranchisment of Art* (s. Anm. 2), Kpt. III.

41 *Die Philosophische Entmündigung der Kunst* (s. Anm. 2), S. 75.

42 Siehe Peg Brand u. M. Brand, „Surface and Deep Interpretation", in *Danto and his Critics*, hrsg. v. M. Rollins, London 1993, S. 55–69.

43 In seinen „Responses and Replies" (*Danto and his Critics* S. 203) bleibt Danto eine klare Antwort schuldig.

20. Person und Selbst

1 Eine recht detaillierte Übersicht über große Teile der Diskussion finden sich in dem Buch von M. Leder, *Was heißt es, eine Person zu sein?*, Paderborn 1999. Spezielle Themen der Problematik werden in dem Band *Philosophie der Person. Die Selbstverhältnisse von Subjektivität und Moralität*, hrsg. v. D. Sturma, Paderborn 1997 behandelt.

2 Auch diese Fragen werden von M. Leder, *Was heißt es, eine Person zu sein?* S. 328–411 behandelt. Eine aktuelle Auseinandersetzung mit z. T. speziell eingeladenen Beiträgen zu seinem Leitartikel bietet G. Strawson, „The Self and the Sesmet", *Journal of Consciousness Studies* 6 (1999) S. 99–135.

3 Dazu siehe T. Kobusch, *Die Entdeckung der Person. Metaphysik der Freiheit und modernes Menschenbild*, Freiburg i. Br. 1993. Eine Neuauflage, ergänzt um den Nachtrag „Die Tradition des ens morale und die gegenwärtige Krise des Personbegriffs" (S. 263–280) erschien in Darmstadt 1997.

4 *An Essay concerning Human Understanding*, hrsg. v. P. H. Nidditch, Oxford 1979, Buch II, Kpt. xxvii, § 9 ff.; dt. *Über den menschlichen Verstand*, übers. v. C. Winckler, Hamburg 1976 (= *Philosophische Bibliothek* Bd. 75/76).

5 Vgl. T. Kobusch, *Die Entdeckung der Person* S. 24.

6 Locke legt Wert auf diese Gegenüberstellung: „Sokrates" kann die Person bedeuten *oder* den Menschen (II, xxvii, § 179).

7 Diese Aspekte sind allgemein weniger bekannt; siehe A. A. Long u. D. N. Sedley, *The Hellenistic Philosophers*, Bd. 1, Cambridge 1987, S. 167 u. ö., mit dem Kommentar S. 173.

8 Siehe T. Kobusch, *Die Entdeckung der Person* S. 17. Im Detail ist, von den sachlichen Punkten einmal abgesehen, zu bemängeln, daß moralphilosophisch relevante Züge als ontologische Charakteristika behandelt werden. – Wie wenig *de facto* erreicht ist, zeigt die philosophische Analyse von Daniel C. Dennett, „Bedingungen der Personalität", in *Analytische Philosophie des Geistes*, hrsg. v. P. Bieri, Königstein i. T. 1981, S. 303–324, sowie in *Identität der Person. Aufsätze aus der nordamerikanischen Gegenwartsphilosophie*, hrsg. v. L. Siep, Basel u. Stuttgart 1983, S. 21–45; orig.: „Conditions of Personhood", in *The Identities of Persons*, hrsg. v. Amelie Rorty, Berkeley, Cal. 1976.

9 Das heißt nicht, daß der Ansatz nicht in veränderter Form weiter verfolgt wird; siehe z. B. J. Foster, *The Immaterial Self. A Defence of the*

Cartesian dualist conception of the Mind, London 1991 (= *International Library of Philosophy*).

10 Zu diesem Komplex ist insbesondere die Monographie von H.-P. Schütt hervorzuheben: *Substanzen, Subjekte und Personen. Eine Studie zum Cartesischen Dualismus*, Heidelberg 1990.

11 Aus der Nähe betrachtet, erweist sich Lockes Ontologie als kompliziert und wenig klar; siehe Vere Chappell, „Locke on the Ontology of Matter", *Philosophical Studies* 60 (1990) S. 19–32.

12 Dieses Verständnis wird von Vere Chappell, a.a.O. S. 28 unter Hinweis auf II, xxvi, § 16 angefochten, wo just von den Attributen der Substanz die Rede ist, die im Kontext von II, xxvii, § 26 auftauchen und hier entsprechend eingeordnet werden müßten. Eine andere Richtung nimmt der Gedanke von W.P. Alston u. J. Bennett, „Locke on People and Substances", *The Philosophical Review* 97 (1988) S. 25–46, die im Blick auf § 9 (engl. S. 359.9) argumentieren und hier einen Bruch mit Lockes genereller Auffassung sehen.

13 Dt. S. 435 u. ö./engl. S. 346 u. ö.

14 Vgl. II, xxvii, § 21 (dt. 431/engl. 343. 33)

15 Dt. S. 435/engl. S. 346. 24.

16 London 1959; dt. *Einzelding und logisches Subjekt*, übers. v. F. Scholz, Stuttgart 1972.

17 Siehe z.B. J.M.E. Moravcsik, *Thought and Language*, London 1990, S. 29 u.ö.

18 Dieser Punkt tritt gut bei M.B. Burke hervor: „Persons and Bodies. How to avoid the new dualism", *American Philosophical Quarterly* 34 (1997) S. 457–467. Seinerseits plädiert der Autor für die Annahme einer Identität zwischen Personen und ihren Körpern.

19 Siehe *Subjects of Experience*, Cambridge 1996 (= *Cambridge Studies in Philosophy*).

20 Siehe *Persons and Bodies. A Constitution View*, Cambridge 2000 (= *Cambridge Studies in Philosophy*).

21 Vgl. „Real Selves: Persons as a Substantial Kind", in *Human Being*, hrsg. v. D. Cockburn, Cambridge 1991, S. 87–107.

22 Siehe „Die Perspektive der ersten Person: Ein Test für den Naturalismus", in *Naturalismus. Philosophische Beiträge*, hrsg. v. G. Keil u. H. Schnädelbach, Frankfurt a.M. 2000, S. 250–272.

23 So setzt sie sich (*Persons and Bodies* S. 60 Anm. 2) von D. Chalmers ab, dessen Buch *The Conscious Mind. Toward a Fundamental Theory*, Oxford 1996 zu den eindrücklichsten Veröffentlichungen zählt.

24 Die hier relevanten Gesichtspunkte wurden von Mary Anne Warren zusammengestellt und eingehend diskutiert: *Moral Status. Obligations to Persons and Other Living Things*, Oxford 1997 (= *Issues in Biomedical Ethics*).

25 Diese Punkte habe ich in meinem Buch *Philosophie und Ethik*, Düsseldorf u. Bonn 1999 näher analysiert.

26 Siehe „The Amoralist", in *Ethics and Practical Reason*, hrsg. v. C. Cullity u. B. Gaut, Oxford 1997, S. 371 Anm. 5.

27 Ein Beispiel dieser Art bietet das Buch von R. Spaemann, *Personen. Versuche über den Unterschied zwischen ,etwas' und ,jemand'*, Stuttgart 1996.

28 Siehe die Hinweise bei G. Strawson, „The Self", *Journal of Conciousness Studies* 4 (1997) S. 405–428, bes. S. 405–406.

29 Siehe besonders B. Berofsky, *Liberation from Self. A Theory of Personal Autonomy*, New York u. Cambridge 1995, S. 235 im Blick auf Taylors Auffassungen, die seiner Meinung nach zu Selbst-internen Konflikten zwischen einem moralischen Ideal (bzw. Ego-Ideal) und der psychischen Realität führen müssen.

30 Der Ausdruck selbst geht auf den norwegischen Philosophen Arne Naess zurück, siehe „The Shallow and the Deep. Long-Range Ecology Movement: A Summary", *Inquiry* 16 (1976) S. 95–100. Naess' Darlegungen sind zugegebenermaßen nicht sehr spezifisch. Eine präzisere Charakterisierung bieten R. Sylvan u. D. Bennett, *The Greening of Ethics. From Human Chauvinism to Deep-Green Theory*, Cambridge u. Tucson 1994, S. 137–159, sowie L. E. Johnson, *A Morally Deep World. An Essay on Moral Significance and Environmental Ethics*, Cambridge 1991, S. 230–288 (Kpt. 7: „Deep and Shallow").

31 Siehe L. E. Johnson, *A Morally Deep World* S. 287.

32 London 1991. Das Kpt. IV dieses Buches („Value in Nature and Meaning in Life") findet sich in dem Sammelband *Environmental Ethics*, hrsg. v. R. Elliot, Oxford 1995, S. 142–154 abgedruckt.

33 Siehe auch D. Davidson, „The Irreducibility of the Self", in *Philosophie in synthetischer Absicht*, hrsg. v. M. Stamm, Stuttgart 1998, S. 123–131.

Rückblick und Ausblick

1 Zu diesen philosophieinternen Komplikationen siehe im Detail meine Ausführungen in *Philosophie und Ethik*, Düsseldorf u. Bonn 1999, §§ 8–9.

2 Im deutschsprachigen Raum sind die Arbeiten von Jean-Claude Wolf maßgeblich, siehe z. B. „Gründe und Motive, Tiere (nicht) zu töten", in: *Tiere ohne Rechte?*, hrsg. v. J. C. Joerden u. B. Busch, Heidelberg, Berlin u. a. 1999, S. 41–51.

3 Genaugenommen sind es natürlich Menschen, die für bestimmte Positionen votieren und *post festum* auch Argumentationen adjustieren. In diesem Sinn ist z. B. *Wahrheit und Methode* Ausdruck einer bestimmten Geisteshaltung und charakterlichen Disposition, desgleichen *Sein und Zeit* usw.: Auf jeden Fall scheint es verfehlt, etwa das moralische Versagen der Juristen zur NS-Zeit, so wie Gustav Radbruch es seinerzeit tat („Gesetzliches Recht und übergesetzliches Recht", *Südwestdeutsche Juristenzeitung* 1 [1946]), kausal mit dem akademisch damals

vorherrschenden Rechtspositivismus in Verbindung zu bringen. Ist der Slogan ,Gesetz ist Gesetz' in solchen Fällen nicht eher ein opportunistischer Ausdruck moralischer Selbstberuhigung? – Zur Labilität ganzer Philosophengenerationen siehe Hans Sluga, *Heidegger's Crisis*, Cambridge, Mass. u. London 1993. Siehe auch die Beiträge im ersten Heft der *Internationalen Zeitschrift für Philosophie* 1 (2001).

4 Daß Ansinnen dieser Art in Feuilletons hofiert werden und Verfechter solcher Meinungen unter Genieverdacht geraten, ist an sich nicht erstaunlich – *mundus decipi vult*. Nur scheint dieses Phänomen im deutschsprachigen Raum besonders resistent zu sein.

5 Um der Wahrheit willen muß betont werden, daß Freges Tagebücher ressentimentgeladen sind und hier eine unerträgliche Diskrepanz zur Serenität seiner wissenschaftlichen Texte besteht. Dieser Punkt hat viele Bewunderer Freges entsetzt. Daß vermutlich 80 % der damaligen Professorenschaft so dachten, ist kein Trost.

6 Rortys Position ist auch an anderer Stelle wenig glaubhaft: Wenn die Philosophie gewissermaßen nur noch als Hermeneutik weiterbestehen soll – nämlich als Vermittlerin zwischen verschiedenen Diskursen –, so kann sie diese Funktion in angemessener Form eigentlich nur für den Fall wahrnehmen, daß das Fach auch im traditionellen Sinn ,professionell' gelehrt wird, also inklusive jener Problematisierungen, die Rorty genaugenommen für Mißverständnisse hält. Wie anders sollten sonst Leute seines Kalibers tätig werden können?

7 Daß englischsprachige Institute dabei in so gut wie sämtlichen Belangen – dies gilt z. B. auch bei Büchern über Hegel oder Spinoza – führend sind, hat verschiedene Gründe. Ausschlaggebend dürften dabei genuines Interesse an Austausch, die Akzeptanz von Kritik als Teil solchen Austausches sowie ungleich bessere Ausbildungsbedingungen sein. Diese Punkte liegen in erster Linie in der unterschiedlichen Mentalität begründet. Deshalb dürften wirkliche Veränderungen in der deutschsprachigen Philosophie noch lange auf sich warten lassen.

8 Dies scheint für Frankreich merkwürdigerweise nicht zuzutreffen. Warum das so ist, läßt sich z. T. einem Interview entnehmen, das Giovanna Borradori mit Arthur C. Danto führte, einem profilierten Vertreter der Analytischen Philosophie, der u. a. auch über Sartre publizierte: dies., *The American Philosopher. Conversations*, Chicago u. London 1993, S. 100.

9 So in seinem Aufsatz „Hegel und die Griechen", der in der Festschrift für H.-G. Gadamer erschien.

10 Insofern mag man sich wundern, weshalb Autoren wie Karl-Otto Apel und seine Schüler unser aller Wohl und Wehe von der Möglichkeit einer Letztbegründung *in ethicis* abhängig machen (siehe mein Buch *Philosophie und Ethik*, Düsseldorf u. Bonn 1999, § 10 u. ö.; eine spezielle Kritik der sog. Diskursethik entwickele ich im *Anhang*, S. 151–176). Die Vorstellung, daß wir *dann* entsprechend motiviert

wären, das Richtige zu tun, ist mehr als naiv. – Daß Letztbegründungen überhaupt möglich sind, ist im übrigen keine plausible Annahme: Denn es ginge hier ja nicht allein um inhaltliche Punkte. In ihnen würden wir möglicherweise übereinstimmen können. Da ja Begründungen anstehen, ginge es auch um Annahmen der Logik im weiteren und engeren Sinne, die wir voraussetzen müßten. Siehe meine Bemerkungen „Ein Beweis für Letztbegründung?" *Zeitschrift für philosophische Forschung* 49 (1995) S. 450–455, aufg. in *Bedeutung, Wert, Wirklichkeit*, Bern [u.a.] 2000, S. 269–276.

11 Diejenigen, die das bestreiten und anderes sehen, *wollen* es anders sehen. Also wäre eine Schlichtung der in Rede stehenden Divergenz vermutlich Sache der Psychologie.

Literatur

Adorno, T. W. u. a. (Hrsg.), *Der Positivismusstreit in der deutschen Sozio-logie*, Darmstadt u. Neuwied 1972 (= *Soziologische Texte* Bd. 58).

Albert, H. u. Topitsch, E. (Hrsg.), *Werturteilsstreit*, Darmstadt 1979 (= *Wege der Forschung* Bd. 175).

Allen, C., Bekof, M. u. Lauder, G. (Hrsg.), *Nature's Purposes. Analyses of Function and Design in Biology*, Cambridge, Mass. u. London 1998.

Apel, K.-O. u. Kettner, M. (Hrsg.), *Die eine Vernunft und die anderen Rationalitäten*, Frankfurt a. M. 1996 (= *Suhrkamp Taschenbuch Wissenschaft 1207*).

Becker, W. u. Hübner, K. (Hrsg.), *Objektivität in den Natur- und Geisteswissenschaften*, Hamburg 1976.

Beckermann, A. (Hrsg.), *Analytische Handlungstheorie*. Bd. 2: *Handlungserklärungen*, Frankfurt a. M. 1977 (= *Suhrkamp Taschenbuch Wissenschaft* 489).

Bell, D. u. Cooper, N. (Hrsg.), *The Analytic Tradition. Meaning, Thought and Knowledge*, Oxford 1990 (= *Philosophical Quarterly Monographs* Vol. 1).

Benaceraf, P. u. Putnam, H. (Hrsg.), *Philosophy of Mathematics. Selected Readings*, Cambridge 1983 (1. Aufl. 1964).

Berka, K. u. Kreiser, L. (Hrsg.), *Logik-Texte. Kommentierte Auswahl zur Geschichte der Modernen Logik*. 3. u. erw. Aufl. u. Mitarb. v. S. Gottwald u. W. Stelnzner, Berlin 1983.

Bermes, Chr. (Hrsg.), *Sprachphilosophie*, Freiburg i. Br. u. München 1999 (= *Alber Texte Philosophie* Bd. 4).

Bieri, P. (Hrsg.), *Analytische Philosophie des Geistes*, Königstein i. T. 1981 (= *Philosophie: Analyse und Grundlegung* Bd. 6).

–: *Analytische Philosophie der Erkenntnis*, Frankfurt a. M. 1987 (= *Philosophie: Analyse und Grundlegung* Bd. 13).

Bittner, R. u. Pfaff, P. (Hrsg.), *Das ästhetische Urteil. Beiträge zur sprachanalytischen Aesthetik*, Köln 1977 (= *Neue Wissenschaftliche Bibliothek*, Bd. 89, *Literaturwissenschaft*).

Blasche, S. u. a. (Hrsg.), *Realismus und Anti-Realismus*, Frankfurt a. M. 1992 (= *Forum für Philosophie Bad Homburg*).

Block, N. (Hrsg.), *Readings in the Philosophy of Psychology*, Bd. 1, Cambridge, Mass. 1980.

Block, N., Flanegan, O., Guzeldere, G. (Hrsg.), *The Nature of Consciousness*, Cambridge, Mass. u. London 1997.

Boghossian, P. u. Peacocke, C. (Hrsg.), *New Essays On The Apriori*, Oxford 2000.

Boyd, R., Gasper Ph., Trout, J. B. (Hrsg.), *The Philosophy of Sciences*, Cambridge, Mass. u. London 1991.

Brown, S.C. (Hrsg.), *Philosophy of Psychology*, London 1974.

Bubner, R. (Hrsg.), *Sprache und Analysis. Texte zur englischen Philosophie der Gegenwart*, Göttingen 1968 (= *Kleine Vandenhoeck Reihe* 275 S).

Burri, A. (Hrsg.), *Sprache und Denken*, Berlin u. New York 1997.

Caroll, N. (Hrsg.), *Theories of Art Today*, Madison, Wisc. 2000.

Carruthers P. u. Smith, P.K. (Hrsg.), *Theories of Theories of Mind*, Cambridge 1996.

Carruthers, P. u. Boucher, J. (Hrsg.), *Language and Thought. Interdisciplinary Themes*, Cambridge, Mass. 1998.

Charles, D. u. Lennon, K. (Hrsg.), *Reduction, Explanation and Realisation*, Oxford 1992.

Cooper, D.E. u. Palmer, Joy A. (Hrsg.), *The Environment in Question. Ethics and Global Issues*, Oxford 1992.

Crisp, R. u. Slote, M. (Hrsg.), *Virtue Ethics*, Oxford 1997 (= *Oxford Readings in Philosophy*).

Danneberg, L., Graeser, A. u. Petrus, K. (Hrsg.), *Metapher und Innovation. Die Rolle der Metapher im Wandel von Sprache und Wissenschaft*, Bern 1995 (= *Berner Reihe philosophischer Studien* Bd. 16).

Dancy, J. (Hrsg.), *A Companion to Epistemology*, Oxford 1991 (= *Blackwell Companions to Philosophy*).

Davidson, D. u. Harman, G. (Hrsg.), *Semantics of Natural Language*, Dordrecht u. Boston 1972 (= *Synthese Library*).

Davies, M. u. Stone, T. (Hrsg.), *Folk Psychology*, Oxford 1995.

–: (Hrsg.), *Mental Simulation*, Oxford 1995.

Davis, S. (Hrsg.), *Pragmatics*, New York u. Oxford 1991.

Delaney, C.F. (Hrsg.), *The Liberalism-Communitarism Debate: Liberty and Community Values*, Lanham, Maryland 1994.

Demmerling, Chr. u. Rentsch, T. (Hrsg.), *Die Gegenwart der Gerechtigkeit. Diskurse zwischen Recht, praktischer Philosophie und Politik*, Berlin 1995.

Ekman, P. u. Davidson, R.J. (Hrsg.), *The Nature of Emotion. Fundamental Questions*, New York u. Oxford 1994 *(= Series in Affective Science).*

Engels, Eve-Marie (Hrsg.), *Biologie und Ethik*, Stuttgart 1999.

Esken, F. u. Heckmann, H.-D. (Hrsg.), *Bewußtsein und Repräsentation*, Paderborn 1998.

Evans, G. u. McDowell, J. (Hrsg.), *Readings in Semantics*, Oxford 1976.

Feigl, H. u. Brodbeck, May (Hrsg.), *Readings in the Philosophy of Science*, New York 1953.

Feinberg, J. (Hrsg.), *Moral Concepts*, Oxford 1969 (= *Oxford Readings in Philosophy*).

Fink-Eitel, H. u. Lohmann, G. (Hrsg.), *Zur Philosophie der Gefühle*, Frankfurt a.M. 1993 (= *Suhrkamp Taschenbuch Wissenschaft* 1074).

Fischer, J.M. u. Ravizza, M. (Hrsg.), *Perspectives on Moral Responsibility*, Ithaca, N.Y. 1993.

Flügel, M., Gfeller, T. u. Walser, Charlotte (Hrsg.), *Werte und Fakten. Eine Dichotomie im Spiegel philosophischer Kontroversen*, Bern, Stuttgart u. Wien 1999 (= *Berner Reihe philosophischer Studien* Bd. 26).

Foot, Philippa (Hrsg.), *Theories of Ethics*, Oxford 1967 (= *Oxford Readings in Philosophy*).

Freudiger, J., Graeser, A. u. Petrus, K. (Hrsg.), *Der Begriff der Erfahrung in der Philosophie des 20. Jahrhunderts*, München 1996.

Gadamer, H.-G. u. Boehm, G. (Hrsg.), *Seminar: Die Hermeneutik und die Wissenschaften*, Frankfurt a. M. 1978 (= *Suhrkamp Taschenbuch Wissenschaft* 238).

Garry, Ann u. Pearsall, Marilyn (Hrsg.), *Women, Knowledge, and Reality. Explorations in Feminist Philosophy*, London 1989.

Geirsson, H. u. Losonsky, M. (Hrsg.), *Readings in Language and Mind*, Oxford 1986.

Glover, J. (Hrsg.), *Utilitarism and Its Critics*, New York 1990 (= *Philosophical Topics*).

Goldman, A. (Hrsg.), *Readings in Philosophy and Cognitive Science*, Cambridge, Mass. u. London 1993.

Gosepath, S. (Hrsg.), *Motive, Gründe, Zwecke. Theorien praktischer Rationalität*, Frankfurt a. M. 1999.

Grandy, R. E. u. Warner, R. (Hrsg.), *Philosophical Grounds of Rationality. Intentions, Categories, Ends*, Oxford 1986.

Grewendorf, G. u. Meggle, G. (Hrsg.), *Seminar: Sprache und Ethik. Zur Entwicklung der Metaethik*, Frankfurt 1974 (= *Suhrkamp Taschenbuch Wissenschaft* 91).

–: *Linguistik und Philosophie*, Frankfurt a. M. 1974 (= *Wissenschaftliche Paperbacks. Grundlagenforschung. Studien* Bd. 3).

Grewendorf, G. (Hrsg.), *Sprechakttheorie und Semantik*, Frankfurt a. M. 1978 (= *Suhrkamp Taschenbuch Wissenschaft* 276).

Griffith, A. Ph. (Hrsg.), *Knowledge and Belief*, Oxford 1967.

Grundmann, Th. u. Stüber, K. (Hrsg.), *Philosophie der Skepsis*, Paderborn (u. a.) 1996.

Grundmann, Th. (Hrsg.), *Erkenntnistheorie. Positionen zwischen Tradition und Gegenwart*, Paderborn 2001.

Gustavson, D. F. (Hrsg.), *Essays in Philosophical Psychology*, London 1967.

Guttenplan, S. (Hrsg.), *A Companion to the Philosophy of Mind*, Oxford 1994 (= *Blackwell Companions to Philosophy*).

Haldine, J. u. Wright, C. (Hrsg.), *Reality, Representation and Projection*, Oxford 1993 (= *Mind Association Occasional Series*).

Hale, B. u. Wright, C. (Hrsg.), *A Companion to the Philosophy of Language*, Oxford 1997 (= *Blackwell Companions to Philosophy*).

Heil, J. u. Mele, A. (Hrsg.), *Mental Causation*, Oxford 1995.

Henckmann, W. (Hrsg.), *Ästhetik*, Darmstadt 1977.

Henrich, D. u. Iser, W. (Hrsg.), *Theorien der Kunst*, Frankfurt a. M. 1982.

Hollinger, R. (Hrsg.), *Hermeneutics and Praxis,* Notre Dame, Ind. 1985 (= *Revisions. A Series of Books on Ethics*).

Hollis, M. u. Vossenkuhl, W. (Hrsg.), *Moralische Entscheidung und rationale Wahl*, Oldenburg u. München 1992.

Honneth, A. (Hrsg.), *Kommunitarismus. Eine Debatte über die moralische Grundlage moderner Gesellschaften*, Frankfurt a. M. 1994 (= Reihe *Theorie und Gesellschaft* Bd. 26).

Hughes, R. I. G. (Hrsg.), *A Philosophical Companion to First-Order-Logic*, Indianapolis, Ind. 1993.

Jánoska, G. u. Kauz, F. (Hrsg.), *Metaphysik*, Darmstadt 1977 (= *Wege der Forschung* Bd. 346).

Keil, G. u. Schnädelbach, H. (Hrsg.), *Naturalismus. Philosophische Beiträge*, Frankfurt a. M. 2000 (= *Suhrkamp Taschenbuch Wissenschaft* 1450).

Kim, J. u. Sosa, E. (Hrsg.), *A Companion to Metaphysics*, Oxford 1995 (= *Blackwell Companions to Philosophy*).

Klein, H.-D. (Hrsg.), *Systeme im Denken der Gegenwart*, Bonn 1993 (= *Studien zum System der Philosophie* Bd. 1).

Kockelmanns, J. J. (Hrsg.), *Phenomenology. The Philosophy of Edmund Husserl and its Interpretation*, Garden City, N. Y. 1967.

Köhler, W. u. a. (Hrsg.), *Intentionalität und Verstehen*, Frankfurt a. M. 1990 (= *Forum für Philosophie Bad Homburg*).

Koppe, F. (Hrsg.), *Perspektiven der Kunstphilosophie. Texte und Diskussionen*, Frankfurt a. M. 1991 (= *Suhrkamp Taschenbuch Wissenschaft* 951).

Kornblith, H. (Hrsg.), *Naturalizing Epistemology*, Cambridge 1985.

Krämer, Sybille (Hrsg.), *Geist – Gehirn – Künstliche Intelligenz. Zeitgenössische Modelle des Denkens*, Berlin u. New York 1994.

–: *Bewußtsein. Philosophische Beiträge*, Frankfurt a. M. 1996 (= *Suhrkamp Taschenbuch Wissenschaft* 1240).

Krebs, Angelika (Hrsg.), *Naturethik. Grundtexte der gegenwärtigen tier- und ökoethischen Diskussion*, Frankfurt a. M. 1997 (= *Suhrkamp Taschenbuch Wissenschaft* 1262).

Kulenkampff, A. (Hrsg.), *Methodologie der Philosophie*, Darmstadt 1979 (= *Wege der Forschung* Bd. 216).

Lessing, H.-U. (Hrsg.), *Philosophische Hermeneutik*, Freiburg i. Br. u. München 1999 (= *Alber Texte Philosophie* Bd. 7).

Ludlow, P. (Hrsg.), *Readings in the Philosophy of Language,* Cambridge, Mass. u. London 1997.

Lycan, W. G. (Hrsg.), *Mind and Cognition. A Reader*, Oxford 1990.

MacDonald, C. u. MacDonald G. (Hrsg.), *Philosophy of Psychology. Debates on Psychological Explanations*, Oxford 1995.

–: *Connectionism. Debates on Psychological Explanations*, Oxford 1995.

Margalit, A. (Hrsg.), *Meaning and Use*, Dordrecht 1979.

Martens, E. (Hrsg.), *Texte der Philosophie des Pragmatismus*, Stuttgart 1975.

Martinich, A. P. (Hrsg.), *The Philosophy of Language*, New York u. Oxford 1985.

Meggle, G. (Hrsg.), *Analytische Handlungstheorie*, Bd. 1: *Handlungsbeschreibungen*, Frankfurt a. M. 1977 (= *Suhrkamp Taschenbuch Wissenschaft* 488).

–: *Handlung, Kommunikation. Bedeutung*, Frankfurt a. M. 1993, urspr. 1979 (= *Suhrkamp Taschenbuch Wissenschaft* 1083).

Mele, A. (Hrsg.), *The Philosophy of Action*, Oxford 1997.

Menne, A. u. Frey, G. (Hrsg.), *Logik und Sprache*, Bern u. München 1972 (= *Exempla Logica* Bd. 1).

Mersch, D. (Hrsg.), *Zeichen über Zeichen. Texte zur Semiotik von Peirce bis Eco und Derrida*, München 1998.

Metzinger, T. (Hrsg.), *Bewußtsein. Beiträge aus der Gegenwartsphilosophie*, Paderborn, München, Wien u. Zürich 1995.

Moore, A. W. (Hrsg.), *Meaning and Reference*, Oxford 1993 (= *Oxford Readings in Philosophy*).

Morrick, H. (Hrsg.), *Challenges to Empiricism*, Indianapolis, Ind. 1980.

Nagl, L. u. Heinrich, R. (Hrsg.), *Wo steht die Analytische Philosophie heute?*, Wien u. München 1986 (= *Wiener Reihe. Themen der Philosophie* Bd. 1).

Nagl-Docekal, Herta (Hrsg.), *Feministische Philosophie*, München 1990.

Nagl-Docekal, Herta u. Pauer-Studer, Herlinde (Hrsg.), *Jenseits der Geschlechtermoral*, Frankfurt a. M. 1993 (= *Zeitschriften*).

Osborne, H. (Hrsg.), *Aesthetics*, Oxford 1972.

Petitot, J. u. a. (Hrsg.), *Naturalizing Phenomenology*, Stanford, Cal. 1999.

Petöfi, J. S. u. Franck, D. (Hrsg.), *Präsuppositionen in Philosophie und Linguistik*, Frankfurt a. M. 1973 (= *Linguistische Forschungen* Bd. 7).

Pettit, Ph. u. McDowell J. (Hrsg.), *Subject, Thought and Context*, Oxford 1986.

Pojman, L. P. (Hrsg.), *The Theory of Knowledge*, Belmont, Cal. 1993.

Poser, H. (Hrsg.), *Wandel des Vernunftbegriffs*, Freiburg i. Br. 1981 (= *Alber Broschur Philosophie*).

Pothast, U. (Hrsg.), *Seminar: Freies Handeln und Determinismus*, Frankfurt a. M. 1978 (= *Suhrkamp Taschenbuch Wissenschaft* 257).

Preston, J. (Hrsg.), *Thought and Language*, Cambridge 1997 (= *Royal Institute of Philosophy* Supplement 42).

Rachels, J. (Hrsg.), *Ethical Theory*, Oxford 1998 (= *Oxford Readings in Philosophy*).

Radnitzky, G., Andersson, G. (Hrsg.), *Fortschritt und Rationalität der Wissenschaft*, Tübingen 1980.

Rajchman, J. u. West, C. (Hrsg.), *Post-Analytic Philosophy*, New York 1985.

Rorty, Amély (Hrsg.), *Explaining Emotions*, Berkeley u. Los Angeles 1980.

Rorty, R. (Hrsg.), *The Linguistic Turn. Essays in Philosophical Method. With two retrospective essays*, Chicago 1993 (1. Aufl. 1967).

Rosenthal, D. (Hrsg.), *The Nature of Mind*, Oxford 1991.

Savellos, E. E. u. Yalgin, Ü. (Hrsg.), *Supervenience. New Essays*, Cambridge 1995.

Savigny, E. von (Hrsg.), *Philosophie und normale Sprache. Texte der Ordinary-Language-Philosophie*, Freiburg i. Br. u. München 1969.

Schildknecht, Ch. u. Teichert, D. (Hrsg.), *Philosophie in Literatur*, Frankfurt a. M. 1996 (= *Suhrkamp-Taschenbuch Wissenschaft* 1225).

Schleichert, H. (Hrsg.), *Logischer Empirismus – der Wiener Kreis. Ausgewählte Texte*, München 1975 (= *Kritische Information*).

Schneider, N. (Hrsg.), *Erkenntnistheorie im 20. Jahrhundert. Klassische Positionen*, Stuttgart 1998.

Schulte, J. u. McGuiness, B. (Hrsg.), *Einheitswissenschaft*, Frankfurt 1992 (= *Suhrkamp Taschenbuch Wissenschaft* 963).

Schurz, G. (Hrsg.), *Erklären und Verstehen in der Wissenschaft*, München 1988 (= *Scientia Nova*).

Searle, J. R. (Hrsg.), *The Philosophy of Language*, Oxford 1971 (= *Oxford Readings in Philosophy*).

Sen, A. u. Williams, B. (Hrsg.), *Utilitarism and Beyond*, Cambridge 1982.

Shute, S. u. Hurley, Susan (Hrsg.), *Die Idee der Menschenrechte*, aus dem Englischen von M. Bischoff, Frankfurt a. M. 1996 (= *Zeitschriften*). Original 1993 = *The Oxford Amnesty Lectures*.

Siep, L. (Hrsg.), *Identität der Person. Aufsätze aus der nordamerikanischen Gegenwartsphilosophie*, Basel 1983.

Singer, P. (Hrsg.), *A Companion to Ethics*, Oxford 1991 (= *Blackwell Companions to Philosophy*).

Sinnreich, J. (Hrsg.), *Zur Philosophie der idealen Sprache*, München 1972.

Skirbekk, G. (Hrsg.), *Wahrheitstheorien. Eine Auswahl aus den Diskussionen über Wahrheit im 20. Jahrhundert*, Frankfurt a. M. 1977 (= *Suhrkamp Taschenbuch Wissenschaft* 210).

Smith, B. u. Smith, J. E. (Hrsg.), *Pragmatism. A Second Look*, La Salle, Ill. 1992 (= *The Monist* 75, 4).

Stamm, M. (Hrsg.), *Philosophie in synthetischer Absicht*, Stuttgart 1988.

Stegmüller, W. (Hrsg.), *Das Universalien-Problem*, Darmstadt 1978 (= *Wege der Forschung* Bd. 83).

Strasser, P. u. Starz, E. (Hrsg.), *Personsein aus Bioethischer Sicht*, Stuttgart 1997 (= *Archiv für Rechts- und Sozialphilosophie* Beiheft 73).

Sukale, M. (Hrsg.), *Moderne Sprachphilosophie*, Hamburg 1976 (= *Kritische Wissenschaft*).

Swartz, R. J. (Hrsg.), *Perceiving, Sensing, and Knowing. A Book of Readings from Twentieth Century Sources in the Philosophy of Perception*, Garden City, N. Y. 1965.

Trabant, S. (Hrsg.), *Sprache denken. Positionen aktueller Sprachphilosophie*, Frankfurt a. M. 1995 (= *Philosophie der Gegenwart*).

Ullmann-Margalit, E. (Hrsg.), *Reasoning Practically*, Oxford 2000.

Varela, F. u. Shear, J. (Hrsg.), *The View from Within. First Person Approaches to the Study of Consciousness*, Lawrence, Kansas 1979 (= *Journal of Consciousness Studies* 6, 2–3).

Wagner, S.J. u. Warner, R. (Hrsg.), *Naturalism. A Critical Appraisal*, Notre Dame, Ind. 1993.

Warner, R. u. Szubka, T. (Hrsg.), *The Mind – Body Problem. A Guide to the Current Debate*, Oxford 1994.

Weiland, R. (Hrsg.), *Philosophische Anthropologie der Moderne*, Frankfurt a. M. 1995 (= *Neue Wissenschaftliche Bibliothek*).

Weitz, M. (Hrsg.), *20th-Century Philosophy: the Analytic Tradition*, New York u. London 1966 (= *Readings in the History of Philosophy*).

Willaschek, M. (Hrsg.), *Realismus*, Paderborn 2000 (= *Probleme der Philosophie. Texte aus der neueren Diskussion*).

Winkler, E.R. u. Coombs, J.R. (Hrsg.), *Applied Ethics. A Reader*, Oxford 1993.

Wright, C., Smith, B.C., MacDonald, C. (Hrsg.), *Knowing Our Own Minds*, Oxford 1998.

Wunderlich, D. (Hrsg.), *Linguistische Pragmatik*, Frankfurt a. M. 1972.

Zabeh, F., Klemke, E.D. u. Jacobson, A. (Hrsg.), *Readings in Semantics*, Urbana, Chicago u. London 1974.

Register
(in Auswahl)

absolutes Sein 79
abstraktive Täuschung 43
Achtung 179, 180, 229
adverbielle Wahrnehmung 162
ästhetische Begriffe 50
ästhetische Eigenschaften 50, 211, 212, 213, 214
ästhetisches Urteil 211
Äußerung 62, 63, 117, 167
Agglomerationsprinzip 115
ahistorische Strukturen 207
Akt/Objekt-Ambiguität 62, 63
Akt/Objekt-Analyse 162
Alltagspsychologie 158
Alltagssprache 45, 48
Analyse 47
analytisch vs. synthetisch 18, 52, 58, 60, 160
Analyzitität 60
Angst 75
anomaler Monismus 165
anständige Gesellschaft 175
antagonistisches Denken 183
Anti-Essentialismus 207, 211
Aspekt-Sehen 151
attributives Adjektiv 50, 67, 69
,Audiatur et altera pars' 181
Autonomie 230

Basissätze 110
Begriffssystem 132, 224
Begründung 233
Beobachtungssprache 146
Beobachtungstermini 145
Bewußtseinsgestalten 153
Bildung 200
Bivalenz-Prinzip 135
Brüderlichkeit 177

cash value 21, 26

data bruta 82
De-dicto-Verlangen vs. De-se-Verlangen 265 Anm. 26
deduktiv-nomologisch 148
definitionsrelativ 18
deskriptive Sprachverwendung 57
Ding/Eigenschaftsbeziehung 30, 31, 42
direkt vs. indirekt 46

Eigenschaften (wesentliche vs. unwesentliche) 15
Eigenschaftsdualismus 157, 164
Einfühlung 82
Einheitswissenschaft 149
Einzeldinge 163, 224
eiminativer Materialismus 158
Elimination von Eigennamen 32
Emergenztheorie 159, 298
Emotionen 151, 189
Emotivismus 66
Engagement (care) 197, 198
entschiedene Festlegung 197
Ereignisse 140, 163, 224
Erleben vs. Erlebtes 161
erste Person 228
Essentialismus 210
Existenzfragen 146
existieren 31, 32
extern vs. intern 136

facta bruta 68, 91
faire Gesellschaft 175
Familienähnlichkeit 210
Frage nach der Bedeutung 241 Anm. 16
Freiheit 223
funktionale Erklärungen 145
Funktionalismus 156
Furcht 74, 75

Gedankenteile 40
Gefühle 74, 75
Geisteswissenschaften 37
Gelegenheitssätze 173
Genese vs. Geltung 186
Gerichtshof der Vernunft 201
Geschmack 212
Gesetze 152, 164
Gottesgesichtspunkt 136

Handlungsgründe 150
Holismus 147, 172, 255 Anm. 16
Humanismus 29
hypothetisch-deduktive Methode 82

ideale Sprache 44
Identitätsbeziehung 38, 42
illokutionäre Rolle 123
immanentes Sein 79
Implikaturen 120
Induktion 143
Induktionsprinzip 109
Institutionstheorie 220
Instrumentalismus 135, 144
intentionale Inexistenz 72
Intentionalität 124, 126, 219
interessegeleitet 101
interner Realismus 137
Interpretation 141, 142, 167, 219
Interpretationismus 140, 141, 142, 167
Interpretationstheorie 168
Intersubjektivität 145
intrinsisch vs. extrinsisch 232

kausale Geschlossenheit 157
Klassensubordination 31
kognitiv vs. nicht-kognitiv 64, 66, 67
kognitive Bedeutung 242 Anm. 27
kognitive Synonymität 60
Kohärenz 172
Kommunikation 55, 117, 119, 174
Konflikt 181

Konsequentialismus 188
Konstatierungen 112
Konstitutionsauffassung 227, 228
Konstitutionsbeziehung 227
Konstitutionsproblematik 227
Konversationsmaximen 119
Kontextgebundenheit 136
Korporatismus 172
Korrespondenz (u. Wahrheit) 26
Kraft (force) 62, 63
Kunstwelt 219

Legitimität 179
Letztbegründung in ethicis 275 Anm. 10
Liberalismus 178 u. ö.
Liebe 198
linguistisches Relativitätsprinzip 153
logische Priorität 225
logische Wahrheit 60
logischer Behaviourismus 156
logischer Empirismus 64, 67, 68

Meinen 118
mentale Eigenschaften 164 u. ö.
Metaphern für Erkenntnis 37
Methodik der Nachprüfung 108
Moralentwicklung 193
moralische Realität 26

naturalistischer Fehlschluß 49, 202
negativer Utilitarismus 107
Nicht-Analysierbarkeit (v. „gut') 49
Noema vs. Sinn 245 Anm. 9
Nominalismus 30

Oberflächeninterpretation 220
Objektivität 145, 187, 271 Anm. 32

Personen 163
phänomenale Sprache 110
Phänomenalismus 135
Phänomene 71, 73

Physikalismen 158
Platonismus 37
poröse Struktur (v. Begriffen) 211
Positivismus 107
präskriptiv 66
Präsuppositionen 120, 171
prima philosophia 209
primäre Bedeutung 174
Prinzip der Nachsicht 170
Projektivismus 68
Proposition 33, 35
propositionale Einstellung 33, 167
Protokollsätze 110, 112
Provinzialismus 13, 235
Pseudowissenschaften 148
Psychoanalyse 88, 205
psychologische Substanzen 226
Psychologismus 32, 33, 34, 36 u. ö.

Qualia 160, 161, 162, 163
qualitative Inhalte 160
qualitatives Erleben 159
Quasi-Person 86
Quasi-Subjekte 231
Quasi-Urteile 271 Anm. 32
Quine/Duhem-These 255 Anm. 16

Rationalismus 103, 104, 105
rationalistisch 103
Rationalität 171
reduktiver Physikalismus 159
reduzierte Universalisierungs-
    ansprüche 195
Rede vs. Sprache 124
reflektives Werten 191
reflexive kognitive Struktur 100
Relativismus 204
Reversibilität 194
Rolle (v. Worten) 243 Anm. 8
Rollentausch 193

sakrosankte Überzeugungen 203
Schmerz 75, 76
sein 72
Sein vs. Sollen 48

seinsautonom 217
seinsheteronom 217
Sektierertum 235
Selbsthaftigkeit 231
Sinnesdaten 46
Sollensaussagen 65
Spiel 210
Sprachverwendung 62
Sprecherintentionen 53
Stimmungen 74
subjektiv 34, 39, 165
Subjektunabhängigkeit 132
Substanz-Dualismus 157, 226
Substanz-Monismus 164
subtraktive Täuschung 43
Supervenienz-Theorie 159, 160
Symbole 209
symbolische Form 138
Synonymität 59, 60

Teleologie 150
teleologische Erklärungen 149
Text 86
theoretische Termini 145
Theoria 200
Theorieabhängigkeit 219
Theoriebeladenheit (d. Beobach-
    tung) 94
Tiefeninterpretation 220
Tiefenökologie 231
Tiefenontologie 133
Tierversuche 184
Transzendentalpragmatik 114

Übereinstimmung 25, 26
Übergangstheorie 173
Überlegungsgleichgewicht 98
Übersetzung 167
Universalismus 195
unmittelbare vs. mittelbare
    Beobachtung 46
Unmittelbarkeit 84
Unterlassungen vs. Tun 185
Urwahrheiten 36
Utilitarismuskritik 176

Vernunftethiken 188
Verstehen vs. Erklären 82, 142
Voraussetzungshaftigkeit 235
vorbegrifflich 83
vorprädikativ 83
Vorstellung(en) 35, 36, 39

Wahrheit (als Spezies d. Guten) 28
Wahrheitsbedingungen 123, 124, 169
Wahrheitsprädikat 170, 204
Wahrheitstheorie 169
Wahrheitswerte 40, 61
Weltversionen(en) 137

Werturteile 26, 56
Wille 189
wirklich vs. objektiv 35
Wirklichkeit 69, 131, 133
Wissen als Bekanntschaft 46
wissenschaftliche Erklärung 147, 148
wissenschaftliche Wahrnehmung 153
Wünsche 189
Würde 221, 223

zeitlose Gebilde 37
Zuwendung 194
Zwecke 96, 97

Philosophie in der Beck'schen Reihe

Rafael Ferber
Philosophische Grundbegriffe
Eine Einführung
6., überarbeitete Auflage. 1999. 238 Seiten. Paperback
Beck'sche Reihe Band 1054

Otfried Höffe (Hrsg.)
Lesebuch zur Ethik
Philosophische Texte von der Antike bis zur Gegenwart
2. Auflage. 1999. 440 Seiten. Paperback
Beck'sche Reihe Band 1341

Nora K. / Vittorio Hösle
Das Café der toten Philosophen
Ein philosophischer Briefwechsel für Kinder und Erwachsene
2. Auflage. 2001. 256 Seiten mit 1 Abbildung. Paperback
Beck'sche Reihe Band 1448

Carola Meier-Seethaler
Jenseits von Gott und Göttin
Plädoyer für eine spirituelle Ethik
2001. 272 Seiten mit 13 Abbildungen. Paperback
Beck'sche Reihe Band 1438

Wolfgang Röd
Der Weg der Philosophie
Band I: Altertum, Mittelalter und Renaissance
2000. 526 Seiten. Paperback
Beck'sche Reihe Band 1390

Band II: 17. bis 20. Jahrhundert
2000. 638 Seiten. Paperback
Beck'sche Reihe Band 1391

Verlag C. H. Beck